国家出版基金项目
NATIONAL PUBLICATION FOUNDATION

中國古代物質文化史

书籍

徐雁
黄镇伟
张芳 著

开明出版社

出版说明

在人类历史长河中，我们的民族创造出光辉灿烂的中华文明，虽历经坎坷而连绵不绝，成为我们这个星球上唯一从远古走来，中途不曾断裂的最完整的一脉文化体系，留下了博大丰厚的文化遗产，对人类文明进步作出了独特而巨大的贡献。完整而丰富的地上、地下物质文化遗存就是中华文明传承与发展的最好佐证。然而遗憾的是，到目前为止，尽管我们的物质遗存如此丰赡，却没有一部全面系统基于实体的物质资料而构建和叙写的中国古代文化史。我们这个出版项目的主旨，就是尝试弥补这个巨大缺憾和学术空白。

以往我们看到的中国历史著作，大都是基于传统文献资料，来进行政治、经济、军事、文化等各个领域的书写和诠释。当我们开始有意识地利用考古资料、地上文物遗存资料，并借助人类学、民族学、社会学等研究方法和手段来观察历史时，我们的研究空间和视域顿时更加广阔，某些隐藏至深的信息得以深入发掘，原有的历史认识进一步丰富而立体。这是因为历史本身的复杂性，决定了我们发掘历史信息的方法和途径也应该是多方面的。而随着近几十年考古发掘工作的不断推进，地下考古发现越来越丰富，地上文物遗存越来越受关注，同时学界的相关研究也越来越多，这些地下、地上文物遗存所展示给我们的信息就越来越系统，这些信息所构成的历史文化空间就越来越恢宏。最终使得我们不仅有必要而且也有可能不再拘泥于传统的历史记述与研究的路数，另辟蹊径，书写一部基于物质的中国古代文化史，即首先立足于地下、地上文物遗存，同时充分参考文献资料来诠释这些文物遗存的文化内涵与外延而构建的中国古代物质文化史。

这样的一部中国古代物质文化史，必然是一部能够让我们从物质实体出发来认识博大精深的中国古代文化的历史，一部广阔而深邃、客观而生动、系统而完整的历史，既能反映政治、经济、军事、文化、法制、科技、社会各方面情况，又能反映人们的生产、生活、信仰以及思想观念、审美理念、价值取向、生活情趣等。从中我们可以感受到历史发展的脉搏，探索历史最生动的层面，还原历史本来面貌。

从某种意义上来说，编纂这样一部系统科学的物质文化史不但势在必行，而且极具创新价值、学术价值和开拓意义。这样的工作，对于彰显中华民族的伟大创造力、诠释中华民族优秀的历史文化、使我们更好地认识源远流长的中华文明有着极为重要的意义。同时这种注重物质的客观性和系统关联性的学术视角，也必然会在学术领域产生积极的影响，对于推动历史学、人类学、考古学等学科的深入研究具有积极意义。此外，我们也希望这部书能够进一步唤起我们珍视历史、热爱文物、保护文物的意识。一个爱护文物、爱护历史文化遗产、尊重历史的民族，才是一个有未来的民族。

我们的中国古代物质文化史项目从策划到最终立项经过了数年时间的酝酿，从立项到陆续开始出版又经历了数年。我们计划全套书共出70卷，除索引卷外，分为通史和专题两个系列，以纵、横的脉络建立历史时空坐标。纵的是通史系列，分为史前、商周、秦汉、魏晋南北朝、隋唐五代、宋元明清六个阶段，按中国历史的时间顺序，遵循物质文化变化节奏和规律，在历史大背景下宏观阐述中国古代物质文化史的发展进程，使读者对文化遗存在中国历史洪流中有个整体、全局性的把握。横的是专题系列，按照材质、用途和功能、艺术表现形式等的不同分为石器、陶器、瓷器、玉器、青铜、金银器、漆器、兵器、乐器、家具、纺织、货币、天文历法、水利、建筑、墓葬、雕塑、绘画、书法篆刻等类。内容丰富的类别再做进一步的细致分类，并分册出版，如绘画类包括壁画（寺观壁画、墓室壁画、石窟寺壁画）、卷轴画等；雕塑类包括石窟寺雕塑、墓葬雕塑和其他雕塑等。各专题或以时间为轴或以类别为序，展现各个物质形态继承与发展、沿袭与嬗变的过程，通过点线面结合，揭示物质遗存所特有的发展曲线和深层次的历史内涵。每卷随文附图200幅左右，以体现内容和版面的活泼生动，强调实证效果，增强视觉感知及可读性。对于某些卷册，如龟兹、敦煌等，由于涉及大量译名，还会附加名词索引。

经过编委、各位作者和编辑人员的共同努力，如今这套书终于要依次与读者见面。个中滋味，甘苦各半。回顾起来，我们不得不说，这样大规模高难度的项目，在当今要集合如此众多的专家学者，进行如此大量的资料、图片的收集与整理工作，其难度远超我们的预期；尤其是若没有足够的资金支持，仅凭一家出版社的力量，几乎是不可能开展也不可能完成的。对此，国家出版基金会给我们提供了最大限度的支持，不仅是资金方面，还有精神方面，使得我们有决心、有信心也有力量把这个项目逐步完成。也正因为这样，这套书才能有幸与读者见面。在此，我们对国家出版基金会表示由衷的感谢。此外，参与主编策划和书稿撰写的各位专家、学者也付出了异常艰辛的努力，他们每个人本身的工作都很忙，可为了这套书的构思策划，为了每一卷书稿的高质量完成，还是付出了大量的时间和精力，做了最严谨而细致的工作，在此也对他们表示诚挚的谢意。

项目编辑组

总序：中国历史和文化的物质表征

《中国古代物质文化史》经过参与该书策划、撰写和编辑的诸多学者的共同努力，现在终于问世了。这个总序本来应该由项目的主编、前国家文物局局长、北京大学兼职教授张文彬先生来写，以阐述项目成果即本套书的编写宗旨、设计体例、内容特点，并介绍每分卷的写作情况等。由于张文彬先生在主持项目过程中遇身体不适，我这个后来被指定的执行主编只有勉为其难，代张文彬先生撰写这个《中国古代物质文化史》的总序了。鉴于这套书的编写宗旨、内容特点及框架体例等在出版说明中已有介绍，每分卷的写作情况在每本书的后记中也多有述及，无须我在这里重复。下面，我拟从中国物质文化史的概念定义、发展历程、专项分类三个方面，谈谈自己对中国古代物质文化史以及编写这套书的粗浅认识。

一、中国物质文化史的含义

人们通常这样认为，“物质文化，是指为了满足人类生存和发展需要所创造的物质产品及其所表现的文化”。物质文化既然是文化的一种呈现形态，那么，与“物质文化”相对应的另一种文化呈现形态就应是“非物质文化”，它们之间的关系是怎样的呢？要弄清这个问题，还需要从“文化”这个最基本的概念说起。

关于文化的定义很多，二十世纪五十年代有人作过统计，据说那时就有164种之多。文化人类学的鼻祖英国学者爱德华·伯内特·泰勒（Edward Burnett Tylor，1832—1917）是第一个从学术的角度对文化进行定义的学者。他认为，文化是复杂的整体，它包括知识、信仰、艺术、道德、法律、风俗，以及其他作为社会成员所习得的任何才能与习惯的综合体，是人类为使自己适应其环境和改善其生活方式的努力的总成绩[1]。泰勒关于“文化”的定义，尽管还存在不全面等问题（如泰勒没有提及需要后天习得的文化要素“语言”），却已给后人奠定了很好的解释基础，以后的学者又不断有补充和发展。英国功能主义人类学家A. R. 拉德克利夫-布朗（Alfred Radcliffe-Brown，1881—1955）认为，文化是一定的社会群体或社会阶级与他人的接触交往中习得的思想、感觉和活动的方式，是人们在相互交往中获得知识、技能、体验、观念、信仰和情

1 [英]爱德华·泰勒著，连树声译：《原始文化》，上海文艺出版社，1992年。

操的过程，文化只有在社会结构发挥功能时才能显现出来，如果离开社会结构体系就观察不到文化。美国学者阿尔弗雷德·克鲁伯（A.L Kroeber）和克莱德·克拉克洪（Clyde Kluekhohn）在1951年出版的著述中，对西方164种文化的定义进行了评析后，提出了他们新的定义，即“文化存在于各种内隐的和外显的模式之中，借助符号的运用得以学习与传播，并构成人类群体的特殊成就，这些成就包括他们制造物品的各种具体式样，文化的基本要素是传统（通过历史衍生和由选择得到的）思想观念和价值，其中尤以价值观最为重要”[1]。以后，还有一些学者对文化下过定义，如美国学者罗伯特·F.墨菲(Robert F.Murphy)这样定义文化：“文化是意义、价值和行为标准的整合系统，社会的人们据此生活并通过社会化将其在代际传递。”文化具有这样一些特点：“文化定义关键部分就是，它意指行为的规则和确定方式，而不是指行为的本身”“文化是我们在这个世界上的行为导引和对这个世界经验的符号表达”“文化也是所有知识、信念和生存技能的百科全书”“行为的不同习惯方式，以及某些特定的物质制品或艺术风格，可以使文化具有典型特征”[2]。根据以上学者对文化这一概念的解释，我们可以将文化理解为：

文化是人类社会在长期发展过程中凝固下来并在代际传承的价值观念、社会机制和行为规则，社会的人们据此思维、交流和行为，并且产生和创造具有特征的物质制品或艺术风格。

上述对文化的解释，包括了三个层面：其核心层面是人们的社会性，其中间层面是人们基于这种社会性的思维和行为，其外表层面则是人们思维和行为的产物。文化从表至里的三个不同的层面，其他两个层面都蕴含在表层的物质层面之下，故文化的三个层面又可以归结为两个不同的范畴（或两种不同的存在状态）——无固定形态的非物质的范畴就是所谓“非物质文化”（无形文化），有固定形态的物质范畴就是通常所说的“物质文化”（有形文化），这两种文化范畴构成了完整的文化形态。作为前人的完成了代际传承，经历了时间的筛选的两种文化的存在形态，已经成为我们需要加以关注、保护和传承的遗产。按照通行的解释，“非物质文化遗产”是人类创造这些物质文化的过程以及人类各社群为了满足自己精神生活需要的具有社会性、凝固性和典型性的行为，它是被各地区和社群视为其文化传统的表现形式、知识和技能，包括了口头传说、表演艺术、社会风俗、礼仪节庆、传统工艺等；而“物质文化遗产”，则是人类这些思维和行为的创造物，是有固定形态的可以被视觉感知的人类创造、制作和使用的人工遗留物。

说到文化的物质层面，就不得不提到考古学的一个核心概念“考古学文化”。我的专业是考古学，我们考古学家天天都在与考古学的文化打交道，不少考古学家还强调我们的考古学文化与别的学科的文化如何的不一样。翻开《中国大百科全书·考古卷》，该书对考古学文化的解释代表了目前中国考古界的主流认识：“文化一词有着不同的含义，一般是指人类社会在科学、技术、艺术、教育、精神生活以及其他方面所达到的总成就，如中国文化、文化遗产等。考古学中所讲的文化，有其特定的含义，专门指考古发现中可供人们观察到的属于同一时代、分布于共同地区、并且具有

1 A.L.Kroeber & Clyde Kluckhohn, Culture: A Critical Review of Concepts and Definition, Random House, New York, 1952.

2 [美]罗伯特·F.墨菲著，王卓君译：《文化与社会人类学引论》，北京：商务印书馆，2009年。

共同的特征的一群遗存。”[1]从这个定义中也可以看出，所谓具有独特性的考古学文化，与其他学科的文化概念并没有什么不同。文化的物质表层要素——即可以观察到的一定时期、一定区域的一群经常共存的具有共同特征的遗迹和遗物——就是考古学的文化；获取并研究这些文化的物质表征，透过现象去发现本质，揭示隐藏在物质表层之下的创造和使用这些遗存的人们的行为及其社会关系，即这些物质遗存所蕴含的非物质的东西，就构成了考古学这一学科的基本内涵。

考古学在包括中国在内的不少国家和地区的学科分类中，是历史学的分支，是以物质材料为主要研究对象去探究人类历史的一门学问。这里，我们有必要再谈谈物质文化史与考古学的联系与区别。考古学是通过调查和发掘地下古代物质遗存、并通过这些遗存提供的信息来理解和复原古代社会历史的学科，物质文化研究也是通过古人的物质文化遗存来重构古代社会历史，从研究目的上来看，二者并没有什么不同。正是由于这样的原因，苏联的全国性考古研究机构曾经被命名为“物质文化史科学院”或“物质文化研究所”[2]，以后才改为“考古学研究所”。仅从研究机构名称上来说，物质文化研究与考古学之间无疑具有密切的关系。不过，物质文化研究与考古学尽管内涵大致相同，其外延（主要是研究对象、研究内容等）也还存在差异。考古学研究的主要是埋藏在地下的古代物质遗存，物质文化研究的对象则包括了地下、地上和传世的古代文化遗存，后者比前者的研究范围要宽；考古学不仅研究古人遗留下来的物质遗存所包含的历史文化信息，还要研究获取这些物质遗存并提取其包含信息的技术和方法，后一方面的研究已经不是物质文化史研究所关注的问题。就中国的考古学科而言，其构成包括了考古学理论与方法、中国考古学、外国考古学、专门考古学等，如何开展田野考古和如何更多地提取遗存的历史信息，已经包含在考古学方法和专门考古学的分支中。可以这样说，中国考古学是基于考古获取的物质资料和考古学的研究方法所构建的中国物质文化史；而中国物质文化史，则是通过考古发现和现存于世的实物资料所构架的能够反映历史发展主线的中国古代史。

英国学者鲁惟一（Michael Loewe）和美国学者夏含夷（Edward Louis Shaughnessy）在《剑桥中国古代史》的序言中，将研究中国古代史的材料分为“文献资料”和“物质资料”两类，前者包括了出土文献和传世文献，后者也就是通过考古调查和发掘获取的实物资料。他们指出：“一个不注意考古证据的历史学家会感到他无法去顺应当代的学术潮流；同样，一位不熟悉传统文献的考古学家会难以把握相当一部分的中国文化之精髓。”正是基于这种考虑，这两位学者在主编《剑桥中国古代史》时，组织了历史学家和考古学家两个领域学者，各自基于不同类型资料来分别撰写同一个时期同一个区域的历史[3]。《剑桥中国古代史》的先秦卷面对的是文献资料并不丰富的“原史时代”，所以他们采取了历史学家和考古学家各自表述而不加整合的编写方式。即使在文献资料逐渐丰富的汉唐时代，甚至文献资料已经非常丰富

1 中国大百科全书总编辑委员会《考古学》编辑委员会：《中国大百科全书·考古学》，北京/上海：中国大百科全书出版社，1986年。

2 王伯洪、王仲殊：《苏联考古工作访问记（一）》，《考古》1959年第2期，101—104页。

3 The Cambridge History of Ancient China: From the Origins of Civilization to 221B.C., Edited by Michael Loewe and Edward L. Shaughnessy. Cambridge University Press, 1999.

的宋元明清时代，主要基于通过物质的资料来编写一套中国古代的历史，与主要采用文献资料编写的中国古代历史并行于世，这对于全面认识和理解中国的古代文化和古代社会，仍然会有很大的帮助。

二、中国古代物质文化发展的历程

我们这套"中国古代物质文化史"是由纵、横两部分组成。最前面的是"中国物质文化史综述"，这是按中国历史的纵向时间顺序来概述中国古代物质文化史的发展进程。中国古代漫长的物质文化发展进程从来不是匀速前进，波澜不惊的，发展中会有大小不同的转折，高低不同的峰谷。根据物质文化面貌变化节奏的不同和撰写史书详略的不同，一套多卷本的中国古代物质文化史也有不同的分卷方式。如果编写比较简明的中国古代物质文化史，我个人倾向于以魏晋之际将其划分为两个阶段，也就是一套两卷本的书系。如果编写稍微详细的中国古代物质文化史，我希望划分为四卷，四卷本除了以魏晋之际作为一个分界外，另两个分界可定在龙山时代与二里头文化时代之间、五代十国与北宋之间。如果要编写更为详细的中国古代物质文化史，也就是类似本书系的规模，我们可将其细分为史前中国、商周、秦汉、魏晋南北朝、隋唐五代、宋元明清六个阶段即六卷，这样分卷主要基于这样一些理由。

我们知道，最能导致物质文化发生大变化的因素，是重大技术发明带来的产业革命。这些发明或本土自身产生，或域外传播而来。正是基于这些重大发明，才导致了中国古代社会的巨大变化，才引起中国物质文化的多次明显转折。在这些创造性的发明中，首先应该提到的是谷物栽培和动物驯化。谷物中的人工粟等人工栽培作物大约在距今一万年前后出现在中国北方的黄河流域，以后向周边传布，甚至远布至青藏高原地区，形成了范围广大的北方旱地粟作农业区。而稻等人工栽培作物，更远在一万多年前就出现在中国南方长江中游地区，以后更传播至东北至朝鲜半岛，东南至东南亚等广阔的温暖湿润的区域，形成了广大的南方水田稻作农业区。农业的发生和推广，使得人类的生活资源趋于稳定，从而脱离了栖居山洞和追猎迁徙的不稳定生活，开始走出山洞步入旷野，在平川形成了定居的聚落，产生了钻孔、磨制和制陶等新的工艺，促使社会逐渐复杂化和多样化，奠定了中国万年农业文明的基础。大约在距今4000年前后，大麦、小麦和青稞等作物传入中国，这种适应性强的谷物丰富了旱地农业的种类，除了在低海拔地区普遍种植外，青稞这类作物还经过了高原严酷的自然选择，成为青藏高原的单一谷物。至于工业的技术革命，从先前的手工业发展成为近代化的大工业，在中国开始较晚，直到清代晚期的鸦片战争后才逐渐引入西方工业革命的成果，从而从某种程度上推动了社会的变革。因此，以农业革命的发生和工业革命的引入为标志，将中国的物质文化史划分为三个大的时代，也就是猎取时代、农业时代和工业时代（相当于以生产工具为标准划分社会发展史的旧石器时代，新石器、青铜、铁器的时代，以及机器的时代），应该是比较恰当的。只是中国的工业时代已经属于近代，古代的物质文化史不宜包括工业革命时代；而旧石器时代的人类物质文化遗存较少，如果把它作为书系中的一本就显得单薄，故将其与新石器时代合并称为"中国史前物质文化史"，只是在这个"史前时代"

中，也明确划分出这两个时代而已。换句话说，这套中国古代物质文化史去掉了工业时代，弱化了猎取的时代，强调的是建立在农业革命基础上的石器、铜器、铁器三个时代。物质文化材料的年代越早，保存至今的也就越少，因而石器时代和青铜时代只能各自作为一卷，而物质文化材料丰富的铁器时代却被划分为四卷，可能会给人以前轻后重之感，尽管历史时代考古学的重要性已不如更早的时代。

说到史前时代，这就不可避免地会涉及介于史前与历史时代之间的“原史时代”。学术界一般认为，原史时代是一个过渡性质的时期，这一时期无论是属于本社群文字还是他社群文字的文献记录都相当有限，仅据这些零星和片段的文字和文献资料无法复原该社群历史的主要梗概，要认识一时期该社群的历史需要综合考古学、人类学、文字学、历史学及自然科学的知识体系和研究手段[1]。原史时代可有广狭二义：严格的原史时代不包括传说时代，而是以成熟文字体系的出现为开始，以这种文字体系撰写的史书出现为结束。具体到中国古代史来说，也就是商代晚期至西周时期，其开端以殷墟甲骨文的出现为标志，结束以中国最早的编年体史书《春秋》开始的年代为标志，二者间的年代跨度很小[2]。宽泛的原史时代以中国古史传说时代为开始，以文字产生后出现史书为结束，具体到中国古代史来说，其开端可以上推到传说中的夏代甚至龙山时代，而其下限则与狭义的原史时代相同。不过，就物质文化这个层面来看，无论是技术上还是艺术上，大约相当于夏代后期的二里头文化与先前的龙山时代诸文化都发生了许多变化，而这种变化在战国中期又一次出现。这之间的时间幅度约略相当于中国考古学界的夏商周时代或史学界的先秦时代，也约略相当于西方汉学界所说的“从文明起源到秦统一”的阶段[3]。在这个时代里，青铜既是一种制作工具、武器和礼仪用器的最重要材料，制造青铜器又是当时技术含量最高的工艺，青铜器具这类作品还是当时艺术的集中体现，如果史前时代是以石器制作为标志的石器时代，这个时代就是以青铜为标志的青铜时代。尽管关于中国青铜时代开始和结束的时间，学术界还有一些不同的说法。

按照我个人的见解，中国的原史时代应当定位在二里头文化中期至战国前期，这是基于这样几个考虑。首先，从二里头文化兴盛开始，具有中国金属铸造的特色的泥范铸造技术开始出现，并完成了从红铜时代（或称铜石并用时代）向青铜时代的转变；而人工铁器尽管早在两周之际就已引入中国，却也是在战国前期偏晚才与青铜冶铸技术相结合，使得大量冶炼铁和普遍使用铁器成为可能，才真正进入了铁器时代。其次，也是从二里头文化兴盛期起，青铜鼎等礼器、青铜戈等兵器，以及兽面纹等动物纹样才出现并流行，独特的中国艺术传统才开始形成；而到了战国前期以后，先前流行的礼器种类和装饰纹样已经趋于消失，来自北方草原地区的艺术风格已经占据主导地位。其三，从中国的史学传统来看，中国古人向来有将秦以前的历史划分为五帝时代和三王时代的传统，现代的史学家也还将先秦史单独出来，并将夏以前的传说时代与夏商周三代区分开来。因此，我们将夏、商、周三代作为中国物质文化

1 Glyn Daniel, A Short History of Archaeology. London: Thames and Hudson, 1981.

2 李学勤先生就这样说，这样一个原史时代与中国古代历史时代的对应关系，学者们认识也不尽相同，李学勤先生认为，商与西周时期属于原史时代，而不同于商和西周的东周已脱离了原史时代而跨入真正意义的历史时代了。参看李学勤《东周与秦代文明》，北京：文物出版社，1984年。

3 鲁惟一、夏含夷主编的《剑桥中国古代史》，其副标题就是“从文明起源到秦统一”，由此可见一斑。

发展历程中的第二个时期，也就是这套书通史系列的第二卷。

中国中心地区在战国后期就已出现了统一的趋势，东齐西秦是当时最有可能推进统一事业进行的大国，在齐国当时就有一批学者聚集在一起，开始构拟大一统后的政治构架，勾画新王朝的理想图景。秦国结束了战国时期诸侯割据的局面，建立了中央集权的大一统王朝，开创了中国历史的一个全新的时代。从此广泛推行的郡县制代替了传统的封建制，由中央政府控制的官营手工业作坊遍及全国各地，各地间的商业往来也较过去更为频繁。在这种背景下，秦汉王朝直接统治范围内物质文化产品，无论是工艺、种类，还是形制、纹饰，都逐渐呈现高度一致的状况，中国大部分地区的延续了千百年的区域文化差异从此逐渐减弱甚至消失。尽管从战国后期到西汉前期，这一时期物质文化的总体面貌还处在从商周旧制向秦汉新制的转变过程中；尽管在三国至两晋时期，中国的物质文化的发展进程发生了从“早期中国”到“晚期中国”的大转变；但如果模糊这个具体的分界，将秦汉时期这个中国古代文化发展的高峰期作为中国物质文化史的一个时期，单独设置秦汉卷作为这套书通史系列的第三卷，这应该是恰当的。

从三国鼎立局面形成一直到隋代，除了西晋短暂的统一外，中国出现了长达三百余年的分裂局面。北方古族在这期间纷纷进入中原，出现了空前的民族大融合。在这种历史背景下，各地区在文化面貌上的差异也进一步缩小，但由于从西晋以后长期的南北对峙，以及僻处一隅的某些由少数民族建立的国家保留了比较多的自身文化传统，这一时期文化除了存在着比较明显的南北差别外，在北方还存在一些更小的地区之间的差异。隋王朝结束了自西晋以后长期的分裂混乱局面和南北对峙的政治文化格局，中国遭受长期战乱破坏的社会经济得以恢复和发展。唐王朝继承了隋王朝的统一基业，实行了一系列重要的政治、经济和军事的改革措施，将中国古代社会推向了秦汉王朝以来又一个空前鼎盛的发展阶段。盛唐气象强大而持久，流风余韵，一直延续至五代十国间。基于这种考虑，虽然两晋南北朝和隋唐都是宗教热情极度高涨的时期，但两晋南北朝与隋唐五代的物质文化仍然存在比较大的差异。因此，我们将两晋南北朝与隋唐五代各自作为中国物质文化史的一个时期，各自单独作为一卷。

至于宋元明清时期，这个时期文献资料已经非常丰富，考古学家讲历史时期考古一般都只讲到元，北京大学过去的中国考古学教材最后一卷就是《宋元考古》，就反映了这个问题。我们认为，尽管在中国历史的重要性中，明清时期的物质遗存的确不如早先时期，但作为中国物质文化史应该是一个完整的过程。因此，我们这套中国古代物质文化史通史系列的最后一卷，从宋代一直写到清代，希望这些年代较晚的物质文化资料有助于丰富对这段时期历史的认识。

三、中国古代物质文化的种类

如同历史著述有通史和专门史一样，按照中国物质文化发展阶段编写的历史，只是基于物质文化遗存透露的历史文化信息，按照时间发展顺序和物质文化表征的变化程度连缀而成的中国物质文化的“通史”，“通史”中不同时段的物质文化史则相当于“断代史”。就整个中国物质文化史来说，有了这个“通史”系列，虽然可以从纵向认识整个中国古代物质文化发展的概貌，却难以从横向全面展示中国古代物质文化的方方面面。因此，还需要根据中国古代物质文化遗存的分类，按“类”来叙述某类物质文化遗存的分述系列，这个系列就是中国物质文化的“专门史”。

物质文化具有可视性，不同的物质文化具有不同的面貌特征，因而可以根据这些特征展开分类。物质文化是一个笼统的概念，我们所面对的古代物质文化是过去人们行为创造的物质遗留，也就是人们通常所称的“物质文化遗产”或“文物”。物质文化遗产的体量有大有小，大的文化遗产如建筑、壁画、纪念碑等，当初选址、设计、创造时就考虑了永固性等因素，没有考虑其位置变换，今天我们采取保护措施时也不便于将其移至他处，只能在原地保存（从保留关联信息的角度，也只能在原地保存）；小的文化遗产如家具、陈设、用具等，当初设计制作时就考虑了方便移动的使用功能，今天我们对其进行保护时，可以将其搬移到博物馆等具有更好保存环境的空间去保存。因此，物质文化遗产即文物首先可以划分为不可移动文物和可移动文物两大类，这两大类文物各自可以作为中国古代物质文化史“专门史”中的一个系列。

不可移动文物包括了大到历史城镇、传统村落、古代遗址等综合性的文物，也包括了宫殿衙署、寺观祠庙、陵园坟墓、石刻造像等专门性的文物，这些文物有三类不同的保存状态：第一类文物在历史上就已经废弃，成为历史的陈迹，呈现在人们面前的只是残缺不全的局部，有的还全部或大多掩埋在地下。历史上城镇村落的废墟、曾经一度兴旺的工矿作坊场所、废弃并垮塌殆尽的寺观祠庙、地面建筑甚至封树都已经不存的帝陵坟墓，乃至于一座房屋或一座塔幢的废址等，都属于这类文物。第二类文物虽然失去了它在历史上的作用，却仍然屹立在地表，被作为其他用途或作为历史名胜而存在。已经没有皇室官员使用的宫殿衙署、中断了宗教活动的寺观祠庙、原有功能已经退化或消失的石窟碑刻、已经弃置或被改做他用的城堡等，都属于这类文物。 第三类恐怕已不能简单地称之为文物，而是具有“物”和“非物”的综合体。至今还基本保持着原来的功能和文化传统，并随着时代的推移，继续在发生着变化，古今重叠且文化延续的城镇和村落，至今还有人居住的古村落民居，仍在使用传统工艺进行生产的作坊、农庄、牧场等，都可归属此类。

可移动文物，包括历史上各时代的重要工具、武器、礼仪用器、生活用器、艺术品、文书、档案、图书等，这些文物的材料和材质大致有两大类：第一类采用曾经具有生命的物质制作而成，也就是被称为“有机质文物”的一类，如竹木漆器、骨牙角器、纤维制品等。这类文物的存在周期相对较短，对保存条件要求也较高。第二类采用没有生命的物质制作而成，也就是被称为“无机质文物”一类，包括地球自然演化形成的天然材料和人工合成的金属材料，如玉石制品、金属制品等。这类文物的存在周期相对较长，对保存条件的要求也相对较低。

上述对于物质文化遗产即文物的分类方式，是以文物的保存状态和保存条件作为分类标准，这对于文物的保护研究来说，无疑是最恰当的分类方式。不过，这种分类没有考虑这些文物的用途和功能，而文物这方面的属性恰好是从文物这一文化的表层物质现象通向创造和使用这些文物的人、人的行为及其社会关系的桥梁，是将物质资料变为物质文化史的重要途径。因此，我们这部中国古代物质文化史的“专门史”不采取上述分类方式来分卷，而是按照材质和功能对不可移动文物进行分类。

中国文物管理部门对于不可移动文物的分类，以全国重点文物保护单位的分类最具代表性。该文物分类体系将不可移动文物分划为古遗址、古墓葬、古建筑、石窟寺及石刻、近现代重要史迹及代表性建筑等类。这些类型的不可移动文物，除了古遗址是以文物的保存状态为分类标准，近现代重要史迹及代表性建筑是以时代为分类标准，其类型与以功能作为分类标准的类型有所不同外，其他诸类都可以作为中国物质文化专门史的不可移动分系列。由于遗址大多都在中国物质文化通史系列中曾经引述，且通史系列的物质材料主要就是遗址加上遗址和墓葬等出土的各类可移动文物，专门史系列可以不必再列出遗址作为一卷；由于中国物质文化史只是有关古代中国，不涉及近代中国，故本丛书也没有近现代重要史迹及代表性建筑的内容。

中国文物管理部门对于可移动文物的分类，以全国首次可移动文物普查的分类标准最为详细。该分类标准“根据文物的异同，即构成每件文物基本物质的自然属性和社会属性之差异性、同一性”，将可移动文物划分为金/银器、铜器、铁器、陶/泥器、瓷器、砖瓦、宝/玉石器、石器石刻、漆/竹器、绘画、书法、拓片、珐琅器、玻璃器、骨/牙/角器、纺织/绣品、皮革、玺印、文具/乐器/法器、货币、雕塑/造像、古人类遗体遗骸、文献图书、徽章/证件、邮品、票据、音响制品、交通/运输工具、度量衡器、武器装备/航天装备、古脊椎动物化石和古人类化石、其他共32类[1]。正如该分类系统的分类标准有文物的自然属性和社会属性两个一样，可移动文物实际上可以划分为两个小系列：一个系列是按照文物的自然属性即材料和材质划分的系列，如玉石器、金银器、铜器、铁器、陶器、瓷器、玻璃器、骨牙角器等；一个系列是按照文物的社会属性即功能用途等划分的系列，如纺织品、货币、雕塑、武器、度量衡器等。我们编写的这套中国物质文化史的可移动文物部分基本就按照这个体系进行划分，只是一些偏小的文物类型和产生年代较晚的文物类型难以单独成册，我们这套古代物质文化史只能暂且舍弃了。

在艺术史学界，尤其是西方关于中国艺术史的研究，往往综合考虑其时代、功能和形式等方面的因素，将能够基于视觉观察的物质文化领域的中国艺术品划分为四大类。第一大类是主要兴盛于商周时期的青铜艺术；第二大类是主要存在于两汉时期的汉画艺术；第三大类是风行于晋唐时期的佛教艺术；第四大类则是从宋代以后大盛的以卷轴画为主体的绘画艺术。青铜艺术比较单纯，其物质材料就是青铜器。绘画艺术也不复杂，主要是卷轴画，此外就是壁画。汉画艺术的涉及面较广，包括了汉代画像砖、画像石、独立雕塑和建筑雕刻等诸多类型的文物。佛教艺术就更为广泛，与佛教相关的石窟、雕像、壁画、供器等，乃至于佛教寺庙建筑等都可归属于佛教艺术。以上四大类，只是中国艺术门类的主流，其他如产生于中国本土且长期与佛教艺术并存的道教艺术，在东亚地区具有广泛影响的建筑艺术（尤其是园林建筑），具有中国特色的玉器、漆器、瓷器等艺术类型，也从不同的方面丰富和补充着中国艺术史和中国物质文化史。

正是基于以上诸方面的考虑，我们主编的这套中国物质文化史的专门史划分为了不可移动文物和可移动文物两大系列，前者又包括了古建筑、石窟寺、古陵墓、古水利、古天文等不同的功能类型，后者更包括了玉器、铜器、铁器、瓷器、金银、玻璃

1 国家文物局编：《第一次全国可移动文物普查工作手册》，北京：文物出版社，2013年。

等不同的材料材质类型，雕塑、绘画等不同艺术表现形式的类型，以及兵器、货币、纺织品等不同社会功能的类型。每个类型作为一卷，有的类型因文物丰富再细分为若干册。这种最终分卷的分类标准的不一致，我想读者应该是能够理解的。

四、另类的中国物质文化史

编写一套系统的中国古代物质文化史，是主编张文彬教授提出的构想。张文彬教授早年就读于北京大学历史系考古专业，以后曾在郑州大学历史系任教，对中国古代物质文化史自然非常熟悉；他又曾担任国家文物局局长和中国博物馆学会会长，熟悉全国的文物状况和博物馆藏品情况，是主编中国古代物质文化史的最好人选。在已经拟定了基于文物分类的物质文化史编写纲要，这套书各卷刚启动编写不久，张文彬教授就因病卧床，不能继续主持编写工作。还在张文彬教授患病之前，我就受他之命协助联络作者；张文彬教授患病后，我受参与编写工作的朋友的推举，担任这套书的“执行主编”。我基于自己对中国古代物质文化史的理解，增强了这套书的纵向通史系列，其他基本上按照张文彬教授原先拟定的编写体例来组织。现在大部分分卷已经定稿，回过头来看当时全书的设计框架，总觉得还有一些不尽如人意之处。这些主要表现在以下两个方面：

首先，一套完整的古代物质文化史通史不仅要有以时间为纲的通史主干，还应该有相应的纵向旁支。就如同北宋司马光主持编写《资治通鉴》（下简称《通鉴》），他首先按照年代编出汇集史料的“长编”，以此为基础才编写《通鉴》这部翔实的编年体通史。与此同时，为了说明自己对史料异同的取舍，还编写了《资治通鉴考异》作为附属，以驳斥相反意见并客观保存异说。由于皇帝日理万机，没有那么多时间来翻阅294卷的《通鉴》，他们还编写了简写本30卷的《通鉴目录》，以满足特定读者的需要。除此之外，为了弥补《通鉴》覆盖时间跨度上的不足，司马光等还编写了20卷的《稽古录》这样的简录，时间上溯至传说中的伏羲，下延至宋英宗末年。可见司马光等人编写《通鉴》，原本有一整套完整周密的构想，即便都是编年体的史书，也有主有从，有繁有简，有纲有目，所以《通鉴》才显得与众不同，为史家所重。作为一套体例完整的中国物质文化史，在通史部分也需要像《通鉴》那样，除了需补充强化史前的旧石器时代卷和新增近现代卷，编写与中国古代物质文化史相关的资料和研究汇集外，还需要考虑简化本的中国古代物质文化史。

简化本的中国古代物质文化史以上下两卷最为恰当，这是因为基于可视的物质文化形态和面貌，在公元三四世纪间，也就是三国至两晋间，以佛教传入并流行中国为标志，中国的主流物质文化发生了重大变化——在佛教传布开来之前，中国的城市和乡村的标志性建筑和景观是统治者的宫殿、衙署、宗庙、神祠，人们崇奉的是祖先以及社稷、山川、天地诸神祇，并且这些神祇都不采用造像的形式来表现；而在佛教流行中国后，中国城市的标志性建筑和人文景观除了宫殿和衙署外，佛教寺庙（包括仿效佛寺而建的道教宫观）成为城乡最引人瞩目的标志性建筑和人文景观，大量佛教造像和少许道教造像占据了人们精神世界，成为最广泛的崇奉对象。因此，西方汉学界往往都是以佛教传入并流行中国作为中国历史和艺术的最重要的转折标志，这以前的中国为“早期中国”，这以后的中国是“中晚期的中国”。早期中国的文化主流是传统的自然发展过程，尽管不断会有来自周边，尤其是来自北方草原地区文化的影响，但这种影响的程度是有限的，没有造成传统的变异、转移或中断。晚期的中国，由于外来佛教的强力介入，使原先中国的主流文化发生了变异，佛教深深地浸入到社会生活的各个方面。原先不事偶像崇拜的中国社会，开始将大量财富用于制作顶礼膜拜的佛教像设和象征物，用于营建覆盖这些像设和象征物的殿堂楼塔，从而导致国家财政来源的分流，带来相应的经济和社会问题。宗教的驱动力量往往巨大且持久，以佛教传入中国且在中国流传为标志，将中国物质文化史划分为早晚两个大的时期，我想应该比较恰当。佛教传入中国的年代，尽管可以追溯到两汉之际前后[1]，但在整个东汉时期，佛教都是混杂在中国传统的神仙方士中流传，还没有得到人们的广泛认知。佛教成为一种专门的宗教为人们所接受，不会早于三国两晋时期。三国两晋时期正是中国制度、思想和文化的大变革时期，文学上有所谓“魏晋风骨”，反映在物质文化上，这时期的城市、陵墓、器用、书画等也都出现了一系列新的气象。据此，以三国两晋之际作为首要转折点，将中国古代物质文化史的通史部分划分为两个大的时期，编写一套两卷本的中国古代物质文化史简本，这一定是很有意义的。

其次，我们这套中国古代物质文化史虽配有大量的图片，但基本体例还是以文字为主，图片配合文字出现。而物质文化的视觉感知非常重要，故以文物的图像为基础而加以文字解说和诠释，对于形象地认知和理解中国古代物质文化非常必要。中国国家博物馆（原中国历史博物馆）研究员孙机先生，曾编写了一本《汉代物质文化资料图说》。这是孙机先生基于多年对汉代文物研究的心得，在数十篇论文的基础上完成的图文并茂的著作[2]。这种以图说的方式叙述一个朝代的物质文化史，既是中国“左图右史”史学传统的延续，又是博物馆陈列必要的基础研究和公众获取知识的良好途径，应当大力推广。只是这种以图说史的著述，另有一套独特的编写体系，需做大量资料整理的工作，还需有系统的研究积累，编写难度很大，故迄今未见以图说的形式撰写的其他时代的中国物质文化史的著作。续写一套中国古代物质文化史图说，应当很有必要。

作为一套全方位的“中国古代物质文化史”，理所当然应有一个“中国古代物质文化史图说”系列。这套图说不宜按照中国的历史时代来述说，而应该以物质文化本身发展演变的阶段性来编写。如果按照我们前面所说的中国物质文化发展的进程，需要有史前、三代、秦汉三国、两晋南北朝、隋唐五代、两宋·辽金西夏·南诏大理、蒙元、明清诸时代。每个发展阶段则应该有都城市镇、宫殿衙署、坛壝社稷、神祠寺观、祭祀礼器、街坊住宅、园囿苑林、陵园坟墓、矿场作坊、生产工具、钱币量具、路河邮驿、衣冠服饰、家具陈设、生活用器等名目，每个名目下再细分为若干种类来展开图文的叙述。这样一部图说的中国古代物质文化史，可以弥补目前这套书的不足，

1 关于佛教传入中国的时间，有两种说法：一种是西汉末期汉哀帝元寿年间，大月氏使者伊存向博士弟子景庐口授《浮屠经》之说，见《三国志》卷三〇裴松之注引曹魏鱼豢《魏略·西戎传》；一种是东汉明帝永明年间，蔡愔出使大月氏，与僧人摄摩腾和竺法兰一起用白马驮回佛经和佛像至洛阳之说。二说的年代相差不多，且都与大月氏有关。

2 孙机：《汉代物质文化资料图说（增订本）》，北京：文物出版社，2008年。

能够从更具体和更微观的层面展现中国古代物质文化的面貌。

我希望，今后如果能够有比较充裕的时间，组织相关专家编写一套这样的中国古代物质文化图说，对于更加深入地理解古代中国，普及传统文化知识，推进博物馆教育，将是一件很有意义的事情。

编写中国古代物质文化史是一项长期的工作，要有相当长时间的资料积累和研究积累。北京大学的考古学科，自1952年以来先后编写过多个版本的《中国考古学》征求意见稿，如1960年、1972年版的《中国考古学》铅印本等，并有“多卷本中国考古学”这样的重大科研项目来推动，但迄今为止，这套多卷本《中国考古学》仍然没有问世。这其中既有新的考古资料不断涌现所带来的认识的更新，也有老一辈学者与新一辈学者认识上的差异，当然也还有这样和那样的原因。不过，仅从这一事例就可以看出，要编写一套优秀的学术著作是多么的不容易。《中国考古学》从某种意义上来说，与《中国古代物质文化史》有许多共通之处，要编写这样一套书需要投入较长的时间和相当的人力和精力。这部《中国古代物质文化史》作为一项国家出版项目，有出版的时间限定，我这个慌忙上阵的执行主编，只能尽可能召集一些长期从事中国考古学教学和科研，手头有比较现成的研究成果或讲稿，经过补充、整理、强化就可以成书的研究者，来承担中国古代物质文化史的通史系列各卷的撰写任务[1]。由于撰写时间的限制使得一些作者在完成初稿后，可能没有更多的时间来广泛征求意见和做细致的加工完善。可安慰的是，这套《中国古代物质文化史》本来就有为今后编写《中国考古学》和修订补充各专门物质文化史征求意见的意图。如果读者发现这套《中国古代物质文化史》存在着这样或那样的不足，就尽管提出批评和建议，我们一定虚心听取，以便在今后编写《中国考古学》系列时能够做得更好些。

孙 华

1 考虑到我所在的北京大学考古文博学院，也在考虑重启多卷本《中国考古学》的编写，为了使二者不发生重合，保持《中国古代物质文化史》通史系列自身的特色，我主要邀请了北京大学以外的高校考古专业的专家和教师来承担各卷的编写任务。

目 录

绪论

无数考古发现表明，早在有文字记载的历史之前，华夏先民就已在广袤的黄河、长江流域生活着，那是一个更为漫长的生生不息的时代。那时候，人与人之间想要沟通信息、表达想法、交流意见，获取迁徙游居、采集狩猎以至四季种植的教训和经验，传授生存、生活、生产、生命的信息和知识，凝聚部族群体的共识和合力，只能依靠特定的面部表情、手势比画和口头言语，因为那是一个在原始意义上的“身教”及“言传”时代。

当年，无论是人种起源传说和人类部落神话，还是有关的信息和知识，都是由先民们依靠口与耳之间、耳与口之间的单线传播，全靠听讲者入耳入脑的现场记忆力和理解后的复述水平。正是身教言传的有限性，才使“字”得以应运而生。“依类象形，故谓之‘文’。其后形声相益，即谓之‘字’。”（《说文序》）字发明之后，随即出现了记事性的文书，进而形成了著述性的篇籍。字与文，文与字，就此紧密联系在一起，不可须臾分离。

中国最早的字，是考古出土的殷商时代的先民，刻画在龟甲、兽骨、青铜器和石碑上的文字。从秦、汉开始，字体先后有篆书、隶书、草书（狂草书）和楷书、行书（行草书）等。“古者伏羲氏之王天下也，始画八卦，造书契，以代结绳（爻）之政，由是文籍生焉。”（《尚书序》）基于文字，又产生了文章、文体、文学、文艺、文苑、文风，乃至文献、文物、文化、文明、文雅、文弱及文士、文人、文学家等等一系列衍生性的人事概念。

文字所特有的穿越时代传承、跨越空间传播的记事存史功能，使人类的生存本领、生活内容和生产方式，都发生了一系列质的飞跃。而文字一定是附着在特定物质载体之上，如商、周时代的卜辞被刻画在龟甲、兽骨上，王公贵族的记事纪功铭文被浇制在青铜器皿上，重要文书被镌刻在青石碑上，著述篇籍被用墨笔书写在竹简、木牍、缣帛上等等，才能实现这种文化上的时空位移功能。

断文识字及读书求知的能力，又在具有国家础石作用的士、商、农、工“四民”中（《管子》），分化出了一个知书博识、巧言善辩的“文士”群体。大抵从春秋后期开始，怀抱“任重而道远，仁以为己任”的自负，有着“死而后已”的“弘毅”精神的“文士”（《论语》），开始奔走并活跃于各国的政治舞台。他们或擅长游说讲学，或善于著书立说，或懂得阴阳历算，或惯于出谋划策，但都以才学和谋略以求君王赏识，以期荣身发家为旨归。或如苏秦所言："夫士业已屈首受书，而不能以取尊荣，虽多，奚以为？"（《史记·苏秦列传》）

总之，正是历代文人学士在价值观上，对于书籍的功利性依赖和精神上的青睐，才卓有成效地推动了以书籍为中心的读书、藏书、著书和书业活动的不断发展，造就了"声明文物，振耀古今"（刘禹锡《代裴相公进东封图状》）的华夏文明璀璨格局，而这又与物质文化和精神文明高度融合的中国书籍史的辉煌成就是分不开的。

一、从原始文书到简册书籍的物质文化内涵

"最能导致物质文化发生大变化的因素，是重大技术发明带来的产业革命……正是基于这些重大发明，才导致了中国古代社会的巨大变化，才引起中国物质文化的多次明显转折。"[1] 中国古代的简册书籍，是由原始文书演变而来的。由附丽在不同质地上的汉字，形成不同样式的文书，再到文人学士谋篇布局，把自己的认识、经验和思想，用墨笔书写在竹简、木牍或缣帛之上，著述成为有一定格式的专门篇籍，并日趋范式化和标准性，其间是经历了一个不断发展的过程的。

陈宏天、吕艺在《中国古代书籍制度的发展》一文中指出："书籍是记载和传播文化知识，供人们学习或查阅的工具……不同时期的书籍，由于所用材料及样式的不同，形成各异的书籍制度。概括而言，我国古代书籍制度主要分为三大类，即简牍制度、卷轴制度和册页制度"，"至于如商、周的甲骨刻辞、铜器铭文及后来的石刻碑文，虽然也有学者认为是古代的书籍，但甲骨和青铜器并非书籍的写刻材料，刻辞和铭文也并不以传播文化知识为目的，所以都不能算是书；碑石虽然有铭刻经典或诗文的，但并不能像普通书籍那样流传……所以也可略而不论。"[2]

这段话，不仅清晰地界定了"文书"与"书籍"的不同，而且明确地指出了中国古代三种书籍制度的物质文化属性，主要是因为不同历史时期的书籍，其"所用材料及样式的不同"。据《墨子·兼爱》所记：

> 子墨子曰："夫挈泰山以超江、河，自古之及今，生民而来，未尝有也。今若夫兼相爱、交相利，此自先圣六王者亲行之。"何知先圣六王之亲行之也？子墨子曰："吾非与之并世同时，亲闻其声，见其色也；以其所书于竹帛、镂于金石、琢于盘盂，传遗后世子孙者知之。"《泰誓》曰："文王若日若月，乍照光于四方，于西土。"即此言文王之兼爱天下之博大也，譬之日月，兼

1 孙华：《中国古代物质文化史》总序，开明出版社，2015年，第4—5页。

2 阴法鲁、许树安主编：《中国古代文化史》第1卷第5章，北京大学出版社，1989年，第186页。

照天下之无有私也。即此文王"兼"也;虽子墨子之所谓"兼"者,于文王取法焉!

史载,公元前1048年,周武王姬发(约公元前1087—前1043年)为试探商纣王朝对周人备战活动的反应,率大军东进至黄河南岸的盟津(今孟津西北),结果来响应会盟的各地诸侯和部落首领多至八百余位,史称"八百诸侯会孟津"。人们群情激奋,力劝武王向商纣王朝首都朝歌进军,但武王和姜尚都认为时机还不成熟,于是在军队渡过黄河后又下令撤军返回,并发表了后人称之为《泰誓》的宣言,以"诸位不知天命"告诫大家不可操之过急。两年后,姬发灭商。

墨子(公元前468—前376年)是鲁国人。他的意思是说,虽然不可能亲见当年周武王盟津宣誓时的疾言厉色,但作为后来者,他依据记录在竹简帛书、镂刻在铜器石碑、雕琢在金属盘盂上的文字,知道了大行仁政而奠定了周王朝政治基础的文王姬昌(公元前1102—前1056年)"兼爱天下"的博大胸怀,并成为其思想的源泉。因此,墨子说:"古者圣王,既审尚贤,欲以为政,故书之竹帛,琢之盘盂,传以遗后世子孙"(《墨子·尚贤》),"古之圣王,欲传其道于后世,是故书之竹帛,镂之金石,传遗后世子孙,欲后世子孙法之也。"(《墨子·贵义》)因此,他在到卫国去时,随车乘携带了不少家藏书籍同行,以便随时取阅参考。可见借助一定的物质载体来记言记事的书籍,对于人类的思想传播和文化传承,具有十分深远的意义。

在龟甲、金石载体的文书产生之后,皇家的收藏行为也就随缘而生。

周文王姬昌的第四子,周武王姬发之弟姬旦,大致活动在公元前1100年以后数十年间。因缘际会,他的一生作为和建树多多,成为西周初期最为杰出的政治家、军事家、教育家和思想家,并被尊为"元圣"。为建都镐京的周王朝制礼作乐,奠定了周王朝的基本政治制度,也是初始儒学的奠基人。因其采邑在周,爵位为上公,因而世称"周公"。其长子伯禽代其受封于鲁国时,获得了周王室的大宗封赐。

周成王下令将奄国和"殷民六族"赐给伯禽,众多文物、典册、宝器、仪仗以"昭周公之明德"。据《礼记·明堂位》说:"凡四代之器、服、官,鲁兼用之。是故,鲁,王礼也,天下传之久矣。"伯禽作为首任国君执政鲁国四十六年,坚持以周礼治国,建立了以礼、乐为中心的意识形态体系和人文历史传统。有学者指出:"鲁国重礼文化风格的形成,与鲁先君的努力是分不开的。"而孔子(公元前551—前479年)生平所构建的以礼、乐为中心的学问体系,被认为是"集合了西周以来之文籍及典章制度、伦理道德而形成的","孔子以其礼、乐之学传授生徒,开私家讲学之风,儒学于是创立"[1]。以至于受此传统礼、乐文化浸染深厚的孔子,

1 郭克煜等:《鲁国史》,人民出版社,1994年,第223—225、245—246页。

西行至都城洛邑问礼于老子时，他被告诫说："子所言者，其人与骨皆已朽矣，独其言在耳。"(《史记·老子韩非列传》)

老子即老聃，姓李名耳，字伯阳，楚国苦县厉乡曲仁里人（今河南鹿邑地区），大约生活于公元前571年至公元前471年之间，是春秋时代著名的学者和思想家。著有《德经》《道经》（后世合称为《道德经》），是中国历史上第一部完整的传世哲学著作。

图0-1-1　战国包山楚简

1993年10月，在湖北荆门市郭店村，被考古工作者命名为"郭店一号楚墓"M1的墓主人头箱中，出土了804枚竹简，其中730枚有墨书字迹，计有13000多个典雅、秀丽的楚国古文字（图0-1-1）。包括十六篇先秦时期的文献，其中道家典籍三篇，分别为《老子（甲、乙、丙）》《太一生水》《语丛四》(《说之道》)；儒、道共同典籍《五行》；儒家典籍十二篇，即《缁衣》《鲁穆公问子思》《穷达以时》《唐虞之道》《忠信之道》《成之闻之》《尊德义》《性自命出》《六德》《语丛（一、二、三）》。这批典籍除《老子》《缁衣》见诸传世本，《五行》见于长沙马王堆出土的帛书外，其余都是两千多年前的先秦佚书。

其中《老子（甲、乙、丙）》分布于86枚楚简（其中一枚遭损毁，未存）上，被认为是二十世纪九十年代所见年代最早的《老子》传抄本。三册的竹简长短不一，但绝大部分文句与今本《老子》相近或相同，但不分《德经》和《道经》，具体的分篇、分章次序，也与二十世纪七十年代在湖南长沙马王堆汉墓出土的帛书本《老子》不同，更与传世纸本《老子》有异。特别珍贵的是，楚简本《老子》中，还保留着为世传本所不见的佚文。因该墓以往被盗数次，竹简早有缺失，竹简本《老子》亦不例外。因而如今已无法精准估计简本原有的数量。有专家认为，竹简本《老子》等书，当时"主要流传于楚国社会的上层，是楚国的重要典籍"[1]。

值得注意的是，在竹简书册之外，同时还出土了墓主人生前使用过的铜削刀。

1 崔仁义：《荆门郭店楚简〈老子〉研究》，科学出版社，1994年，第16页。

老子曾经担任过的周王朝"徵（守）藏（室）史"，即当时的宫廷藏书馆馆长。在公元前538年的一天，孔子对其弟子南宫敬叔说："周之守藏室史老聃，博古通今，知礼、乐之源，明道、德之要。今吾欲去周求教，汝愿同去否？"南宫敬叔欣然领命，随即报请鲁国国君批准。鲁君同意了他们师徒两人的行动请求，还派遣了二乘之车及车夫、书童各一名随同前往。

孔子师徒拜见老子后，不仅被教导以"去子之骄气与多欲，态色与淫志""功名存于心，则焦虑之情生；利欲留于心，则烦恼之情增""与世无争，则天下无人能与之争"及"为人之子，勿以己为高；为人之臣，勿以己为上"等诸多为人处世哲言，而且介绍他俩结识了朝中善乐的苌弘大夫，使之得以"观祭神之典，考宣教之地，察庙会礼仪"，他还学琴于师襄，其学问和见识大得以增益。回到鲁国后，孔子对弟子们说："吾今日见老子，其犹龙邪？"（《史记·老子韩非列传》）其"学识渊深而莫测，志趣高邈而难知。如蛇之随时屈伸，如龙之应时变化。老聃，真吾师也！"

史载："周公受封于鲁，以此移风易俗。孔子修成康之道，述周公之训，以教七十子，使服其衣冠，修其篇籍，故儒者之学生焉。"（《淮南子·要略》）孔子去世之后，鲁儒诵读诗、书，学习礼、乐之风不衰，"鲁世世相传，以岁时奉祀孔子冢。而诸儒亦讲礼、乡饮、大射于孔子冢。故所居堂、弟子内，后世因庙，藏孔子衣、冠、琴、车、书，至于汉二百余年不绝。高皇帝过鲁，以太牢祠焉。诸侯卿相至，常先谒然后从政。"（《史记·孔子世家》）至于汉武帝时，百家罢黜，儒家独尊，儒学进入了一枝独秀的时代，而载负着"六艺之科，孔子之术"的典籍，也倍受世人尊崇。

《隋书·经籍志》开篇云："夫经籍也者，机神之妙旨，圣哲之能事，所以经天地，纬阴阳，正纪纲，弘道德，显仁足以利物，藏用足以独善。学之者将殖焉，不学者将落焉。大业崇之，则成钦明之德；匹夫克念，则有王公之重。其王者之所以树风声，流显号，美教化，移风俗，何莫由乎斯道？故曰：'其为人也，温柔敦厚，《诗》教也；疏通知远，《书》教也；广博易良，《乐》教也；洁静精微，《易》教也；恭俭庄敬，《礼》教也；属辞比事，《春秋》教也。'遭时制宜，质文迭用，应之以通变，通变之以中庸。中庸则可久，通变则可大。其教有适，其用无穷。实仁义之陶钧，诚道德之橐籥也。其为用大矣，随时之义深矣，言无得而称焉。故曰：'不疾而速，不行而至。'今之所以知古，后之所以知今，其斯之谓也。是以大道方行，俯龟象而设卦；后圣有作，仰鸟迹以成文。书契已传，绳木弃而不用；史官既立，经籍于是兴焉。"

在孔子、墨子生活的春秋及随后到来的战国时代，藏书已不再是朝廷王官和贵族们的专享文化财富，而日益成为部分民间学士赖以发展的文献资源。如与庄子友善的惠施（约公元前370—约前310年），藏书多达"五车"（《庄子·天下》），因之形成了一个形容人才学广博的成语叫作“学富五车”。苏秦（？—公元前284年）游说诸侯无果，失意归家后发愤夜读，竟能“陈箧数十”，出其书而遍观之，终于找到周朝古书《太公阴符》，“伏而诵之，简练以为揣摩。读书欲睡，引锥自刺其股，血流至足”（《战国策·秦策一》）。这个苦读故事流传后世，加上东汉时人孙敬悬梁读书的事迹，被并称为“悬梁刺股”，发展成为一个劝人苦读的励志成语。但在另一方面，“言生于知，知者不藏书”，“知者不以言谈教，而慧者不以藏书箧”（《韩非子·喻老》）之类“反智”思潮，也在社会上有一定影响。[1]

李零曾仔细辨析中国古代的“书”字所具有的三种含义道：（1）作为铭刻文字和书籍文字之用的“书”；（2）如《尚书》《逸周书》之类作为档案的文书之“书”；（3）作为典籍的“古书”。他认为，我国“研究古文字的人往往只看文字，不看东西，对文字依托的书写材料和书写工具不关心，对文字的物质形式和社会功能不关心”，因此，“如何从文字的物质形式研究文字，如何从考古学的眼光研究文字，这还是一个值得开掘的领域”，而讲古书起源及其形制特点，总是离不开“文书类的简牍”。至于与中国学术史、思想史有关的简牍，则是作为典籍的古书。[2]

诚然，供人学习和阅读的书籍“起源于记录和档案”，它是基于知识传播和文化传承的目的，用文字写在特定形式的材料上的一种著作物。一般认为，“到人们开始在实践中自觉地使用文字来记录自己的经验，阐述自己的思想，以便传布远方，流传后世，才有真正的著作物。这已是文字发生很久以后的事了”[3]。

刘国钧（1899—1980年）指出：“中国最古的正式书籍，即专以供人阅读为目的的书籍，就现在所知道的，是用竹签或木版做成的。竹木是中国最古的书籍材料。”[4]近代以来，出土现世的以竹简、木牍、缣帛为质地的古书日多，其中有《周易》《诗经》《仪礼》《仓颉篇》《论语》《春秋事语》（图0–1–2）、《战国纵横书》等，以及若干被认为亡佚已久而被整理复原的古书，如《太公》《儒家者言》《哀公问五义》《保傅传》《日书》《大事记》《相狗经》《刑德》《万物》《行气》《脉书》《盖庐》《引述》《算数书》《九九术》《相利善剑刀》《六安王朝五凤二年正月起居记》等，内容涉及老子、孔子、子思、管子、晏子、墨子、文子、孙子、黄老学说等，“对于丰富我国的古代文化遗产，研究古代社会，以及今天深入进行中的古籍校勘整理工作，都具有非常重要的价值”[5]。自然，它们也为今人追溯和考察中国古书形制沿革的物质文化史，提供了真切的依据。

“书以杀青简，编以缥丝绳。”（《北堂书钞》引刘向《别录》）今人常常把

1 陈德弟：《先秦至隋唐五代藏书家考略》，天津古籍出版社，2011年，第1—4页。
2 李零：《简帛古书与学术源流》，生活·读书·新知三联书店，2004年，第39、47、51页。
3 刘国钧著，郑如斯订补：《中国书史简编》，书目文献出版社，1982年，第12—14页。
4 刘国钧：《可爱的中国书》，北京建业书局，1952年，第19页。
5 赵超：《简牍帛书发现与研究》，福建人民出版社，2005年，第178—179页。

书籍的单元称“册”、称“卷”，如上篇、下篇，第一篇、第二篇，或上卷、下卷，第一卷、第二卷等。那么，书籍何以会称“篇”、称“卷”呢？

原来图书称“篇”，同书籍的简册制度有关；称“卷”则同古代的帛书制度有关。由班固（32—92年）编撰的《汉书·艺文志》是我国现存最早的一部系统性史志书目，共著录皇家秘府所藏图书三十八种，凡五百九十六家。王子今在《简牍史话》中说，“计有8842篇，4340卷，篇数超过篇、卷合计数的67%……按照一般的理解，帛书以‘卷’计，简册以‘篇’计。以‘篇’计者居于绝对多数，说明皇家收藏图书也以简牍本为主”，而其中又有同一种书籍兼有简册和帛书两种版本形式，如兵书的正文用简册，而附图用帛书的组合形式。中国书籍的简册制度，给中华文化留下了不可磨灭的影响。

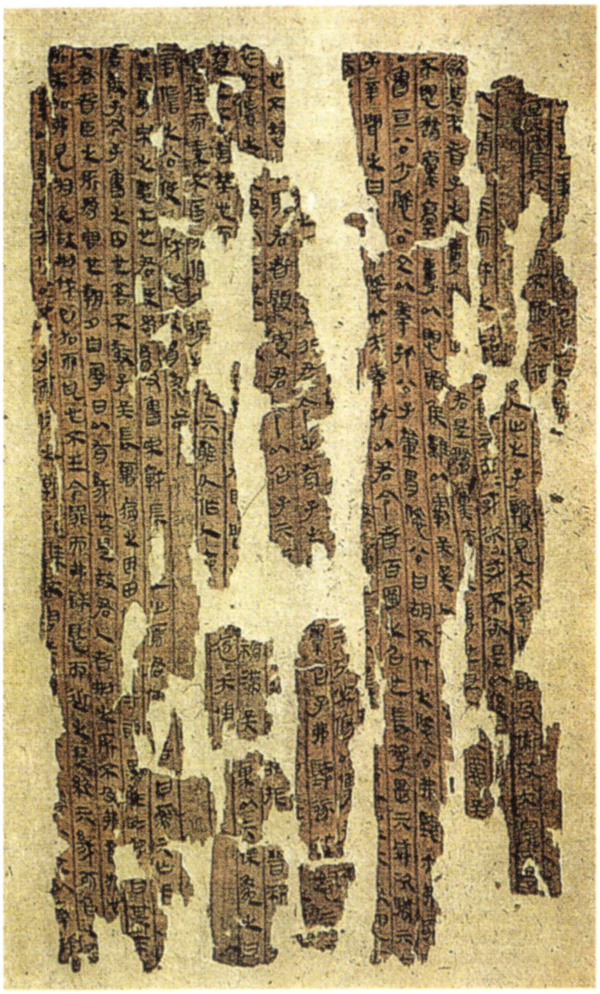

图0-1-2　帛书《春秋事语》

1973年冬，在湖南长沙马王堆三号汉墓东边椁箱北端出土了一个长方形的双层盝顶漆盒，通体黑素无纹饰，盒内被间隔为五个大小不一的小格子，内盛竹简、帛书、帛画，以及一枚牡蛎。这个呈黑褐色的漆盒，是与其他大批漆奁、漆卮、漆耳杯等生活用器放置在一起的。

打开漆盒，其中有长条形的一个格子，上层置有两卷竹简书，内容分为《十问》《合阴阳》《杂禁方》和《天下至道谈》四篇，多与房中术有关（前三种原无篇题，由整理者命名）。下层放置的是帛书，通高24厘米，卷在长条形的木片上，压在两卷竹简下边，年久粘连，破损比较严重。与压在帛书上面的医书竹简放在一起的，是一幅长100厘米的彩色《导引图》，还有《却谷食器》和《阴阳十一脉灸经》两卷古佚书。

其他长方形格子里，分别放置着含有哲学、文学、地理等内容的其他帛书。经初步整理发现，这批帛书包括《老子》甲本（图0-1-3）及卷后佚书四篇，《老子》乙本（图0-1-4）及卷前佚书四篇，《周易》及卷后佚书三篇，还有天文星占、阴阳五行等方面的古书，大部分是已经失传了一两千年的古佚书，有的虽然有传世的本子，但和帛书对照，文字上也有不同，它们为研究我国古代哲学、思想、历史，研究秦、汉时期儒家与法家，以及古代天文、地理、军事、医学等，提供了丰富的新史料。[1]在漆盒的另一个长方形格子中，令今人十分不解的是，放置有一枚牡蛎。[2]

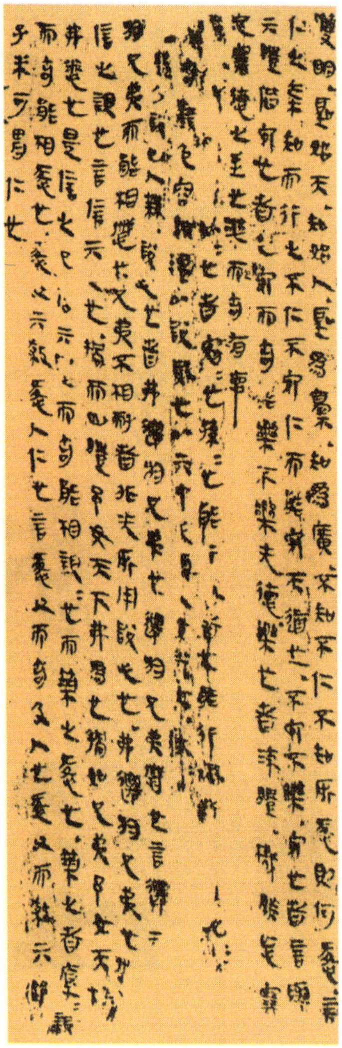

图 0-1-3　帛书《老子》甲本

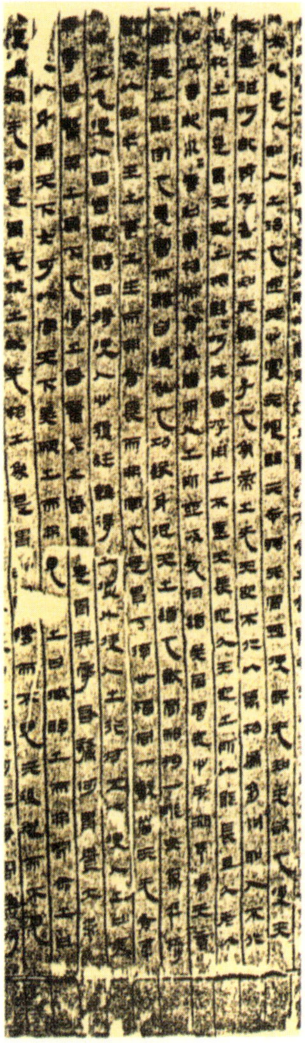

图 0-1-4　帛书《老子》乙本

1975 年在湖北云梦，发现了一个在秦始皇嬴政（公元前 259—前 210 年）统治时期，曾任秦国安陆御史、安陆令史、鄢令史等官职的名字叫“喜”（公元前 262—约前 217 年）的墓葬。他的墓中满满地堆放着抄写有文字的竹简，经清理后统计，共有一千余枚，主要是秦《编年记》《语书》《效律》《日书》《为吏之道》等法律条文，但也有一份竹简记载着墓主人成年后，曾经三次参军从戎的简历。

蒋元卿（1905—1999 年）在《中国书籍装订术的发展》一文中说，写在竹简上的书籍，大都是以一篇文字编为一“策”，并以篇名写在另一枚竹简上，编辑在策首位置，“因为编简为策，既以篇为单位，篇名就很重要，所以策首的竹简是先写小题（篇名），然后把大题（书名）写在下面，以资识别”[3]。

作为“中国古书之祖”，编简为策的竹简书籍，在物质文化的层面奠定了中国历史上最早的，也是最基本的书籍制度，对于华夏书文化的形成和发展，有着不可磨灭的影响。

2015 年冬，在位于江西南昌郊外大塘坪乡的西汉第一代海昏侯刘贺墓中，出

1 晓菡：《长沙马王堆汉墓帛书概述》，《文物》1974 年第 9 期，第 42 页。
2 周世荣、欧光安：《马王堆汉墓探秘》，岳麓书社，2005 年，第 154 页。
3 蒋元卿：《中国书籍装订术的发展》，《图书馆学通讯》1957 年第 6 期，第 20 页。

土了数以万枚计的竹简和二百余片木牍。经中国古代漆木器保护专家吴顺清初步解读，其中包含了刘贺（公元前93或92—前59年）生前阅读、收藏的《易经》《礼记》《论语》及食谱、医药书等，以及写在竹简上的给当朝皇帝的奏章副本等文书，此外便是“遣策”，即记录在木牍上的随葬给墓主人物品的清单。

其中竹简古书的墨写字迹往往在入墓前就干得比较透彻，但“遣策”则在书写后没有多久就随葬入墓了，因此，这种竹简上的墨迹就容易脱落。木牍文字上的墨书字体，后人称之为“汉隶”。它们对于研究汉代侯国社会的贵族生活和思想文化，有着非常重要的历史价值。

令人关注的还有，在刘贺墓的主椁室西侧，考古人员还发现了一组绘有孔子形象的漆屏风组件，屏风上面还有其画像及生平事迹介绍文字。这是迄今为止发现的最早的孔子画像。[1] 这印证了汉武帝“罢黜百家，独尊儒术”后，西汉中晚期社会上流阶层将崇儒作为一种时尚，儒家思想已经根深蒂固。

从屏风上留存的文字墨迹中，能够比较清晰地辨认出“字中（仲）尼，姓孔，子氏”，以及“颜回”“叔梁纥”等人物信息，还能看清楚“野居而生”字样。尤其是这组屏风的第二列文字是“鲁昭公六年，孔子盖卅矣”一句，明确了孔子三十岁时的准确历史纪年，这比司马迁在《史记·孔子世家》中记载的孔子出生时间早了十五年。[2]

二、从“身教”“言传”到“刻画记事”

文字，是从先民原始图画的刻画中演化而来的，是记录人类语言的一种约定俗成的符号。大约在距今约六十万年至一万年的“旧石器时代”，人们就已经通过刻制岩画等形式来记录经验、表达思想、传承知识。如在裸露的岩石或洞壁上刻画牛、鹿等猎物的图形，加上一个手持弓箭的人，以示狩猎之意。

据《易·系辞》云：“古者包犧氏之王天下也，仰则观象于天，俯则观法于地，观鸟兽之文，与地之宜，近取诸身，远取诸物，于是始作八卦，以通神明之德，以类万物之情”，“上古结绳而治，后世圣人易之以书契，百官以治，万民以察。”说明用“书契”取代“结绳”之法后，社会管理效率提高了很多。

“结绳记事”和“刻木记事”的本质，都是利用实物痕迹来作为人类记忆的辅助品。

华夏先祖如轩辕氏、伏羲氏和神农氏时代，主要用的是“结绳记事”法，就是把绳打成各种大小不一的结。由于事先约定了绳结大小、多少和位置所表示的

1 《万余文物，揭开两千年前侯国面纱——探访史上保存最完整的西汉列侯墓园》，《新华日报》2015年11月16日。

2 施泳峰：《汉墓寻踪：从马王堆到海昏侯》，《团结报》2016年3月17日。

不同意义，因此，同一个族群的人看见这些绳结，也就能明白其特定含义，知道所要表示的大概意思。像云南的傈僳族和哈尼族，台湾的高山族等，在历史上都曾流行过“结绳记事”的办法。古代鞑靼民族在调拨军马时，往往“结草为约”。汉代经学家郑玄（127—200年）认为：“古者无文字，结绳为约：事大，大结其绳；事小，小结其绳。”但先民是如何具体地打各种各样绳结，怎样的绳结又具体代表怎样的意义，由于古法失传已久，历史文献上也没有作过具体记载，所以人们至今也没有把它们弄明白。

除了“结绳记事”，先民还以树木为载体，刻上若干符号来辅助记忆。这就是“刻木记事”。在中国古文字系统中的“契”字，右边象形的是一把刀，左边的一竖三横，是表示用一把刀在小木块上刻下若干记号。因此，“契”的本义为刻木，所谓“书契”也就是“在木块上写刻”的意思。后世引申为符契、契约等名词；作为动词，则有符合、投合的含义。

有一块被佤族先民刻写过各种符号的木板，保管在云南省博物馆里。板上的每一个符号，都代表着一个特定的事情。大抵缺口深的表示事件重大，而缺口浅的则表示情节较轻。如有新的事件发生，则可继续加刻上去。据说到每年吃新稻米的时候，就由部落里的长者依据板刻，给大家讲述每个符号所代表的事情。借助它，可以把历年来所遭遇到的大事要事，一代一代地口耳相传下去。

结绳、刻木等记事方法，是一种借助赋予了信息记号的物质载体，来实现跨越时间和空间的信息传递。它们不仅能够同人们特定的思想相关联，来辅助人的记忆，而且还可以发挥在族群中交流信息、传播知识的作用。这种记事方法本身虽然不是文字，但足以说明文字是从刻画、写刻的行为中演化而来的。

“书契”是一种取代“结绳”的新颖记事方式，又分为契刻记事和图画记事两种。二十世纪以来，我国考古工作者在裴李岗、仰韶、大汶口、龙山等数十处远古文化遗址中，发掘出土了大量原始刻画符号（图0-2-1）。经分析，大致可以区分为几何形和象形两种符号，这就部分地印证了契刻记事、图画记事两种方式的存在，足以说明其作为汉文字源头的历史推论。

如在大约六千年前，在陕西省西安市东郊的半坡村，生活着一个原始氏族公社。1954年其生活和生产遗址被发掘出土以后，建为“半坡博物馆”。在半坡出土的陶器上，常常有一些简单的刻画符号。这种刻画符号粗看似乎是随意刻画的，但与陶器上的花纹有着明显的不同，它的形状有点像后来的原始汉字（图0-2-2）。这种刻画的意义至今还没有完全搞明白，但它们已被考古学家和文字学家确认为是具有文字性质的符号。

可以想象，上古时期族群分散，彼此交通和交流不便，试图创造文字的人很多，从事整理和改进的也绝非个别。但如今依据考古发现能够支持的，是殷墟甲骨文为现存最早的汉字。甲骨文是三千五百多年前殷朝人使用过的文字，已是一

图 0-2-1　大汶口出土的刻纹陶尊

图 0-2-2　商代刻纹陶罐

种对事物的表现力较为丰富的成熟文字。

有关汉字创始的文献记载不多。《易·系辞》仅说“上古结绳而治，后世圣人易之以书契”，但这个以“书契”取代“绳结”的“圣人”是谁？没有专属，很不明确。有的古书如《韩非子》《淮南子》和《说文解字》则指为黄帝的史官仓颉，在中国民间，长期流传有“仓颉造字”的传说。

仓颉又写作“苍颉”。相传他竟是一个长有四只眼睛，一生下来就会写字的人间奇人。是他通过上观日月星辰，下看山川鸟兽等各种事物，根据它们千姿百态的形象，创造了千奇百怪的汉字。在山东沂南曾经出土一座汉墓，墓的四壁上刻绘着以历史故事和民间传说为题材的图画，人们惊奇地发现，其中还真有仓颉造字的故事呢！

但还有一种说法是，仓颉用祖传的结绳记事法替黄帝记载史实，结果那些奇形怪状的大小绳结都记了些什么，连他自己后来也说不清楚了。因此，他特别想创造出一种简单易记的符号，用来记载事物。

仓颉为此专心致志地开始了观察和实验。他仰观奎星圆曲之势，俯察龟文鸟迹之象，在伏羲所作“八卦”的基础上，进一步赋予天地事物以特定的符号，这些符号就是所谓的“书”，也就是今天所说的“字”。据说，仓颉照着初升红日的模样创制了“日”字，照着月牙儿的形态创制了“月”字，照着人影儿创制了“人”字，照着鸟兽的蹄爪印创制了“爪”字……就这样一个又一个地发明出了人们今天所沿用着的汉字。李斯《仓颉篇》云：“仓颉作书，以教后诣”，从此仓颉被尊为“古文之祖”“汉字始祖”，永远地被炎黄子孙们所敬仰膜拜。后人为了纪念仓颉的功绩，在他的老家白水县史官乡杨武村修建了仓颉墓，但河南南乐、山东寿光、陕西白水等地的百姓，也都把仓颉说成是他们那里的人，在历史上都建有仓颉庙。明初学者陶宗仪（1321—约 1412 年）在《书史会要》中说：“仓颉，黄帝史也，亦曰皇颉，姓侯刚氏……其冢在冯翊彭衙利阳亭南道旁，北海亦有仓颉藏书台。人得其书，莫之能识，秦李斯识其八字，曰：'上天作命，皇辟迭王。'汉叔孙通识其十二字。今《法帖》中有二十八字。"

如今，在陕西长安区郭杜镇高阳塬上的长里村北，还能见到一座耸立着的古台，这就是传说中汉字的发祥地——"仓颉造字台"。现台高10多米，周长60余米，系方形夯土建筑。原址为大约在三千年前的西周时期建造的一座土台，考古学家曾在夯土层中发现有新石器时代的器皿遗物，可见这确是一个上古文化的遗址。唐代诗人岑参曾至此瞻仰，并题诗云："野寺荒台晓，寒天古木悲。空阶有鸟迹，犹是造书时。"可惜的是，近年来它被当地人士"整旧为新"，土台外竟被包砌了一层青砖成为砖台了。

《荀子》说："古之好书者众矣，而仓颉独传者，壹也。"明确指出了仓颉规整文字之功。确实，文字应当是先人在长期的社会生活和生产实践中共同创造成功的。要是真有仓颉其人，他很可能是受命对当时流传的图形文字，进行一次集中的搜集和规整；他还借此机会，充分发挥自己的天赋，新创制了一批文字，并推广于世。所以后人一直传诵着他的功德。

相传字成公布之日，人们欢呼腾笑，结果震动了苍天，竟然把谷子像雨帘般地降落人间，鬼怪们则是吓得夜啼不已，这就是《淮南子·本经训》所说的"昔者仓颉作书而天雨粟，鬼夜哭"的诡异故事。唐代张彦远在《历代名画记·叙画之源流》中解释说，人类有了文字以后，"造化不能藏其密，故天雨粟；灵怪不能遁其形，故鬼夜哭"[1]，也就是说人类拥有文字后将聪颖异常，从此可以不再受鬼怪神明的束缚了。

总之，汉字的诞生，结束了结绳记事、刻木记事的蒙昧时代，开辟了华夏民族进化史上的新纪元。《尚书·序》云："古者伏羲氏之王天下也，始画八卦，造

图0-2-3　汉字形体的演变

1 （唐）张彦远：《历代名画记》卷第一。

书契，以代结绳之政，由是文籍生焉。”所谓“书契”，就是在特制的木片上刻写文字，此后便诞生了文书及书籍。

汉字的书写，早先有公元前九世纪周宣王（？—前782年）时的“籀书”（也被称作“大篆”或“古文”）。公元前三世纪秦朝建立后，丞相李斯发布了“篆书”（也被称作“小篆”或“秦篆”），而秦国官府文书钞胥习用的“隶书”也开始流行。“隶书”在字体上改圆为方，笔画简省，便于快记速写，到了汉代也就成为朝野通行的字体了。紧接着，在汉代还发展出来一种可以连笔书写的“草书”和“行书”。到三国时期，则有了“楷书”。从雕版印刷术发明以后到大约十七世纪，“宋体”定型为印刷文字中的一种标准字体，沿用至今（图0-2-3）。

三、“甲骨文”“钟鼎文”与“盟书”“石经”

从原始汉字的形成，到出现文书和书籍，历史还有一段漫长的发展之路要走。

所谓“甲骨文”，乃是商代后半期殷王室用龟甲（多用的是龟腹甲）、兽骨（以牛肩胛骨为最常见）占卦时形成的卜辞和少量记事文字（图0-3-1、图0-3-2）。这种记载，虽然并非正式的史著，但因其内涵丰富，时代较早，从清光绪二十五年（1899年）被发现以后，便引起了海内外专家学者们探讨研究的兴趣。至今不过百余年的工夫，已是一门世界性的学问了。它起初被人称为契文、甲骨刻辞、卜辞、龟版文、殷墟文字等，现在通称为“甲骨文”。

“甲骨文”的发现地，是河南安阳城西北五里处的一个村落，那里是当年殷商（第二十代国君盘庚）的故都。因为洹水决堤，将原埋藏在地下的大量甲骨冲刷现世。开始时，人们以为这是“龙骨”，便捡拾来入药。有一个叫王懿荣的金石学

图0-3-1　商武丁时期（前1250—前1192年）龟甲及其拓片

图0-3-2　商武丁时期（前1250—前1192年）兽骨及其拓片

家，在无意中注意到这些甲骨片上的文字，便赶到河南去收集了不少带回去研究。随后，刘鹗也收集了许多。经过他们以及孙诒让、罗振玉、王国维等人的研究，认定这些甲骨文字正是当日史官所窖藏保管的珍贵皇家文献。

商周帝王凡举大事，都要用龟甲或兽骨进行占卜，然后把与占卜有关的事项，诸如占卜时间、占卜者、占问内容、预兆结果、验证情况等一一刻在甲骨上，并作为档案材料由王室史官保存，成为一种档案。除占卜刻辞外，甲骨文献中还有少数属于记事性的刻辞。

甲骨文献作为已知汉语文献的最早形态，其内容涉及当时天文、历法、气象、地理、方国、世系、家族、人物、职官、征伐、刑狱、农业、畜牧、田猎、交通、宗教、祭祀、疾病、生育、灾祸等等，是研究商代社会历史、文化、语言文字的一种最直接的重要史料。

古文字学家们对十万余甲骨片中的文字做了研究后发现，其结构已由独体走向合体，而且有了形声字，因此是一种相当成熟的文字了。如今，在四千六百多个甲骨文单字中，已经辨识出了一千七百多个。

比“甲骨文”稍晚出现的是金文，金文也叫“钟鼎文”。商周是青铜器的时代，其礼器以鼎为代表，乐器以钟为代表，“钟鼎”也就是青铜器的代名词。所以，钟鼎文或金文就是指铸在或刻在青铜器内壁、内底或其他部位上的铭文。

铭文产生于商代早期，但到中期时铭文字数大多只有一两个字，至多四五个字。直到商代晚期，铭文也未超过五十个字。其内容甚是简单，只是在于标记青铜器主人的族氏，识别不同的用途。

进入西周以后，铭文的内容、形式、数量、书体等都有了很大变化，如毛公鼎、小禹鼎铭文长达数百字。就内容而言，记载有王室政治谋划、历代君王事迹、祀典、训诰、田猎、盟约、戎事等，成为反映当时社会政治、经济、军事、法制、礼仪的重要史料。

原来周人灭商以后，为了巩固其统治地位，便竭力加强以礼制为核心的政治建设。他们以青铜礼器为载体，铸以长篇铭文，以颂扬祖德，刻记功烈，旨在传遗后代子孙，强化权威，加强其在宗族体系中的高贵地位。

一般说来，商周到春秋时期的铭文是铸成的，而战国秦汉时期的铭文，大都是刻面或鋬成的。它们是汉字发展史研究的珍贵资料。金文基本上属于籀篆体，字体齐整厚重，和甲骨文相比，脱去了板滞的传统，变得丰富而且富有变化了。

周宣王时铸成的毛公鼎上，有铭文三十二行，四百九十七字，是现今考古发现的青铜器铭文中最长的。其文字结构严整，瘦劲流畅，布局不徐不急，行止得当，是金文作品中的代表作。此外，大盂鼎铭文、散氏盘铭文，也都是钟鼎文中的上乘作品。

钟鼎文在汉武帝时就已有发现，曾经有人将在汾阳出土的一只鼎献进宫里，汉武帝以为吉祥，于是在公元前116年，将年号定为“元鼎”。以后金文又陆续有所发现。宋代文人欧阳修、赵明诚都对金文做过研究和记载。

春秋晚期是中国社会大动荡和大变革的一个时期。这个阶段，原本作为“天下共主”的周天子已徒具虚位，各诸侯国的公室也日渐衰落，而各国卿大夫之间争权夺利却日趋激烈，屡有令人惊悸的事件发生。这在曾为“春秋五霸”之一的晋国尤为典型。

1965年至1966年，在山西侯马的晋国遗址中，出土了大量盟誓辞文玉石片，被称为“侯马盟书”，又称“载书”（图0-3-3）。这批玉片大小不一，总共有五千余件，每件都由人工精琢细磨而成。玉片用毛笔书写，字迹颇为清晰，多为朱红色，也有小部分是黑色的，字形与春秋晚期的青铜器铭文有些相似。字数多的有二百个左右，少的只有十来个。从书法艺术角度看，它们笔锋清丽，显得舒展而有韵律，很有鉴赏价值。

“侯马盟书”作为晋国赵鞅（即赵孟、赵简子）与卿大夫之间订立的文字规约，其文字内容如今已基本识读。它要求参加盟誓的人都效忠盟主，一致诛讨已被驱逐在外的敌对势力，不再扩充奴隶、土地、财产等等。可见，它是赵鞅参与晋国内部由“六卿内争”至“四卿并立”激烈政争的见证，拉开了作为标志战国时代开端的“三家分晋”这一重大事件的序幕。

“侯马盟书”的发现，为研究中国古代盟誓制度，以及晋国的历史，中国由奴隶社会向封建社会过渡时期的情况提供了丰富的信息，被列入1949年以来中国考古发现的十大成果之一。1976年，由文物出版社编辑出版了《侯马盟书》。2004年，山西古籍出版社又予以重新出版，可以参读。

图0-3-3 侯马盟书

李零认为，文字的作用主要体现在记录性和纪念性两个方面，“中国的记录文字主要是简帛类的文字，纪念文字主要是金石类的文字（如西、东周的金文和秦、汉碑铭文）”[1]。但“熹平石经”却是例外，因为它是中国历史上最早由官府颁定的儒家经典书籍的刻石。

图 0-3-4 “熹平石经”拓片

由于当时的图书是依靠人工辗转抄录而成的，抄来写去难免错讹百出，所以由东汉文学家蔡邕等人联名向汉灵帝提出建议，将儒家经文刻制成石，供学官们正定校勘，作为向太学生讲授的标准经本。此举自东汉创例之后，先后有魏“正始石经”、唐“开成石经”、五代“蜀石经”等纷纷在不同的时空间问世，有力地推动了儒学在社会上的传播。其中“熹平石经”（图 0-3-4）与三国魏正始年间所刻“正始石经”、唐文宗开成年间所刻“开成石经”，同为中国古代著名的“三大石经”。

总之，中国象形文字的发明及其各种书写载体的被利用，尤其是当两者结合而为原始文书和书籍被应用推广于世，具有划时代的文化意义。就汉字书写和记录的载体而言，何双全指出，在中国是沿着甲骨、简牍、纸张三个主要阶段推进的：

从三种材料的更替时序看，甲骨最早发现于河南安阳殷墟，消失于西周末期；同时使用的铜器铭文，延至战国，其后被简牍所取代。所以商、周时期的文字书写，其主流是甲骨，因此我们将商、周时期称作“甲骨文时代”，这个时代长达一千五百五十三年之久。

简牍始用，根据甲骨文提供的信息，最早应出现在商代，与甲骨同时使用。但据考古发现，最早见于春秋时期，大量发现于战国，消失于魏、晋。这一段时期内，曾出现过帛、石质等书写材料，但最终因不普遍使用，就逐渐消失了。因此，我们将春秋战国至魏晋时期，又称作书写材料的“简牍时代”，这个长达一千一百九十年左右。

纸张的普及又使竹木简牍消失，即魏、晋以后，纸是文字的主要载体，通用

1 李零：《简帛古书与学术源流》，生活·读书·新知三联书店，2004 年，第 42—43 页。

至今，约有一千五百八十二年的历史。

何双全说："甲骨、简牍、纸张三者构成了我国古代文字的传承系统，使大量历史文献得以流传，其中简牍充当了承前启后的重要作用。这一过程，从地下出土的文物得以充分证明。"[1]

四、图书的起源与中国书籍简策制度的成型

无论是称"书籍"，还是叫"图书"，它们都是人类记录经验、教训和传播信息、知识的重要文化工具。罗树宝指出："组成书籍的核心是文字和图像，所以也把书籍称为'图书'，但其最基本的核心则是文字。因此，文字的产生和发展，也决定着书籍的发展。在文字出现的初期，只能用少数简单的文字符号来记载事件，书籍的形式也必然是很简陋的。随着社会经济、文化的发展，文字也发展到较高的水平，可以用来记载较为复杂的事件，出现了较长的文章，这就要求书籍能够容纳较多的文字，原有的形式已不能满足需求，新的书籍形式又出现了。"[2]

（一）"图书"一词源起于"河出图，洛出书"的历史传说

追溯我国"图书"一词的起源，与"河图""洛书"的传说大有关系。据《易·系辞上》："河出图，洛出书，圣人则之。"《礼记·礼运》云："河出马图。"唐孔颖达（574—648年）疏引《中候握河纪》所言："尧时受河图，龙衔赤文绿色。"又引郑玄注云："龙而形象马，故云'马图'。是龙马负图而出。"又云："伏羲氏有天下，龙马负图出于河，遂法之画八卦。"也就是说，伏羲依据龙马从黄河中负出的"图"、神龟从洛水中驮出的"书"，发明了"八卦"，从而建构了《易》中的刻画符号体系，奠定了文字发明的神秘基础。有专家指出："河出图，洛出书"的"图"和"书"，"即使确有其事，实有其物，也绝不是正式图书，而只是古人出于对图书的喜爱和向往的美好传说而已"[3]。

传说中的《河图》《洛书》，具有"赤文绿色""赤文篆字""丹甲青文"的色泽和纹路特征，因此为伏羲受《河图》《洛书》的启迪而画"八卦"，进而形成文字、文书、图书、书籍系列的重大发明。因为据后世儒生方士们的解说，《河图》《洛书》是由一系列龟甲背上的天然符号组成的数字方阵。而"八卦"文字，或即甲骨文的前身雏形。

据现代考古学发掘研究成果，我国新石器时代晚期的龙山文化已出现大量象形刻符，在相当于夏代纪年的文化遗存中也发现龟甲文字。由一系列符号组成的

1 何双全：《简牍》，敦煌文艺出版社，2004年，第1页。
2 罗树宝：《中国古籍印刷史》，印刷工业出版社，1993年，第19页。
3 来新夏等：《中国古代图书事业史》，上海人民出版社，1990年，第10页。

《河图》《洛书》，符合夏朝先民所见所用刻画文字的史实。

前已述及，汉字的发明，不但和原始陶器上的这种刻画有重要的联系，而且还和图画有着密切的关系。图画是用点和线的艺术形式，在一个特定的面上表现出来的形象，它是文字的源头，所以后来有“图书”（图片和书籍）、“图籍”（疆域图和户口册）、“图表”（表示各种情况和注明各种数字的图式和表格的合称）、“图谱”（据实物描绘或绘制以后系统编辑起来的图片系列），以及“图鉴”“图说”（均指以图画为主，辅之以文字解说的著述）等种种称呼，它们无不同图画形式有关。

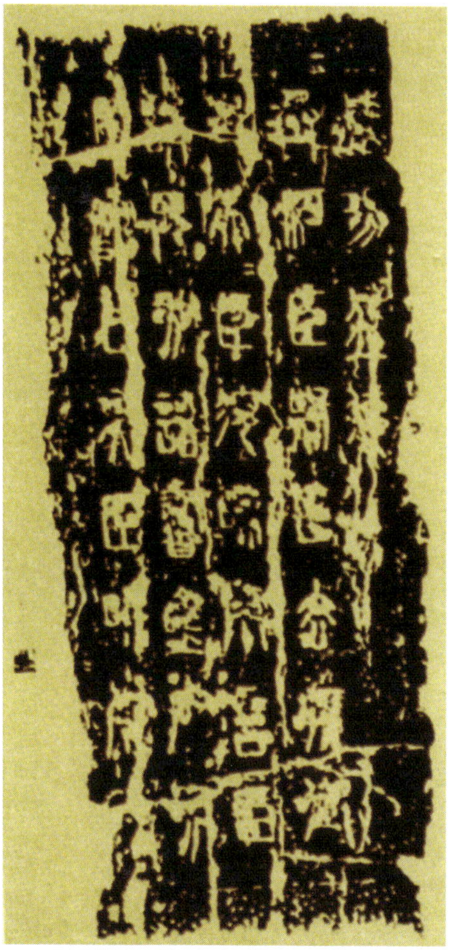

图 0-4-1　秦代山东琅琊石刻拓本

就图画而言，远古的人类就会用它来表达生活环境中的事物，洞壁山崖往往就是先民的“画室”。这些直观的岩画生动而逼真，人们一看就懂。这就是“图形文字”的起源（图 0-4-1）。图形文字的特点，在于以具体的图形来表达具体的事物。起初是刻画得非常真实的，慢慢地当大家基本熟识了这种图画之后，也就只需要用数根线条作个简单勾勒，有个基本轮廓就可以了，再后来它成了特定事物的概念性代表。图画就是这样一步步地脱离了对事物的具体描绘，向着抽象表意方向蜕变演化，并约定俗成的。

图形文字在萌生和雏形阶段是很不统一的。如起初，不同的人画牛，有画得有头有尾的，也有只画一个头两只角的。就是同样想画全牛像的，也还有用线条多少繁简的差别……于是，经规整以后，复杂的图像简化了，把不统一的图像尽量规范起来。经过不断的刻画，不断的规整，这种原始状态的图形文字，就越来越趋于简化，也越来越被认同了，便利了人们的学习、领会和掌握。这种原始的图形文字，被称为“象形文字”。

史载“河图”“洛书”出现于黄河、洛水之中。据有限的历史文献记载和目前的田野考古发现，河南西部的颍水上游和洛阳附近的伊河、洛河下游地区、山西南部黄河支流的汾水下游、涑水附近是夏朝人的主要活动区域。

可以说，“河图”与“洛书”的传说，是夏代先民灵物崇拜意识与使用早期文字实践的综合产物，这说明在夏朝，由文书到图书的基本历史进程可能已经完成。或如《吕氏春秋·先识览》所云："夏太史令终古出其图法，执而泣之。夏桀迷惑，暴乱愈甚。太史令终古乃出奔如商。"太史令是替皇家执掌法令文书起草、记事记言、天文历法、史书编写及典册守藏的要职。

（二）"简策制度"的形成及其文化内涵

所谓"书籍"，顾名思义，就是指书写在竹简上的文字读物。具有识字断字能力的史官和文人，把自己听到的故事、获得的经验和教训、掌握的知识和道理，记录和写作在特制的竹简上，被人传抄开去后也就成为了书籍。历史上竹简、缣帛何时成为汉文字书写的载体材料，也就是说中国古代书写的"简策制度"起源于何时，这是中国历史上一个久而未决的问题。但从现有的出土竹简看，以战国时代的简策来研究中国书籍的"简策制度"，还是比较合适的。

"惟殷先人，有册有典，殷革夏命。"这是《尚书·多士篇》中的话。《多士篇》是成周时迁殷遗民于洛后周公的训言。《诗经·小雅·出车》是一首关于周文王、宣王执政时期，南仲奉命率军北攘猃狁、西伐西戎的战事纪事诗，诗中有"岂不怀归？畏此简书"之句。简书，当指书写在竹简上的文书。周宣王是公元前827年至公元前782年在位的，也就是说最晚在公元前八世纪，竹简已经成为军政文书的书写载体。

在商、周时代，为数极少的上层贵族家庭垄断着官方刻画和书写的权利，并在史官之家得以世代传承。据《史记·历书》记载，在周幽王（公元前795—前771年）、厉王（？—前828年）执政时代结束后，由于周王室的中央政权旁落于"陪臣"也就是家臣之手，出现了"史不记时，君不告朔"，"畴人子弟分散，或在诸夏，或在夷狄"[1]的局面。所谓"畴人"，是指掌管天文观测、农业生产、历法和算术的行政官员和世袭专家。

鲁昭公十七年（前525年），孔子向郯子学习古代官制时曾谈其体会道："吾闻之，'天子失官，学在四夷'，犹信。"[2]"天子失官，学在四夷"局面的形成，意味着在春秋末年，上层贵族和史官世家垄断官方书写、把持教育权利的格局逐渐被打破，于是，诸子百家学说应运而生，私家讲学兴起于民间，带动了生产知识和学术思想的社会大传播。

与此同时，学有专长的史官也在各诸侯国的政权中，找到了自己无可替代的位置。刘向《新序·杂事》中就曾记载下这样一个故事："愿为谔谔之臣，墨笔操牍，随君之后，司君之过而书之。日有记也，月有效也，岁有得也"[3]的周舍，为

1 （汉）司马迁：《史记》卷二十六。
2 （春秋）左丘明：《春秋左传注疏》卷四十八。
3 （汉）刘向：《新序》卷一。

了发挥自己的一技之长，立于晋国执政官赵鞅（？—前475年）之门三个日夜，终于得遂所愿，成为主公的诤臣。他去世以后，赵鞅还曾公开揄扬他，表达了自己的怀念。

东汉经学家、文字学家许慎（约58—147年）在《说文解字》（图0-4-2）中说：“黄帝之史仓颉初造书契，依类象形，故谓之文，其后形声相益，即谓之字。著于竹帛谓之书。书者，如也。”当既可记事又可记言的文字创制出来以后，从商、周时代在甲骨上刻制的卜辞，到青铜器皿上铸造的铭文，再到“学在四夷”的春秋、战国时期的史官和处士们的私家著述，文字书写功能不断地被朝野发扬光大，于是，作为书写工具的毛笔、石墨应运而生，竹简、木牍和缣帛也就在书写实践中成为当时最理想的文字载体。

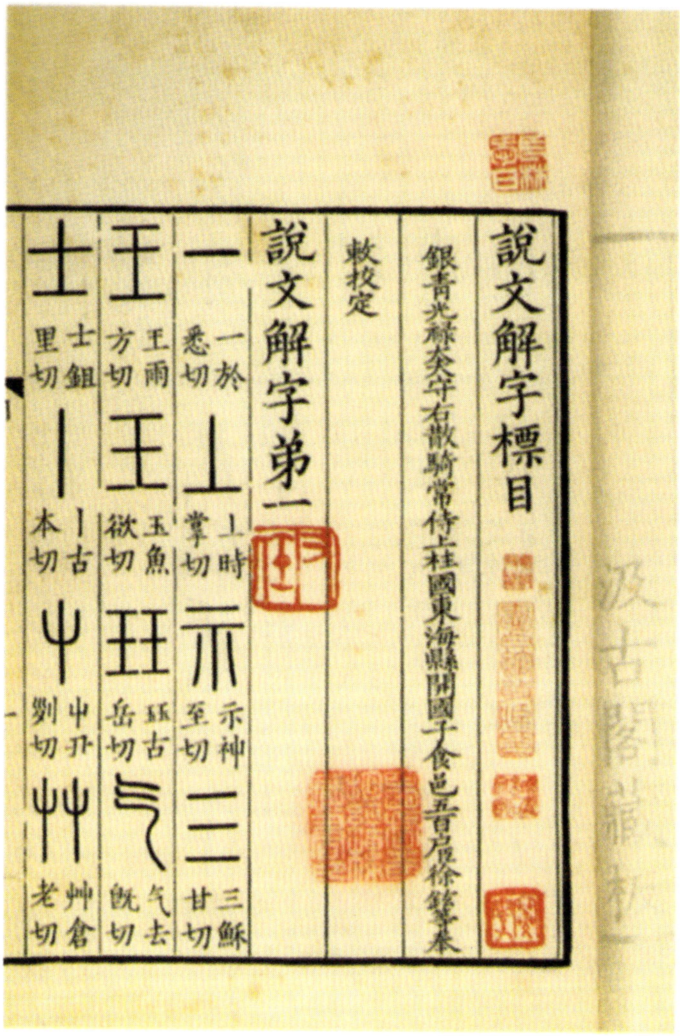
說文解字標目
銀青光祿大夫守右散騎常侍上柱國東海縣開國子食邑五百戶徐鉉等奉
敕校定
說文解字弟一
一 於悉切　丄 時掌切　示 神至切　三 穌甘切
王 雨方切　玉 魚欲切　玨 古岳切　气 去旣切
士 鉏里切　丨 古本切　屮 丑列切　艸 倉老切
汲古閣藏板

图0-4-2 《说文解字》清初汲古阁刻本

大抵“从历史记载和出土实物看，战国时期的简策，无论是从竹简的加工、尺寸，还是字体，书写形式，编联，以及用途各方面考察，已经形成比较成熟的书籍形制”[1]。据《战国策》记载，战国时期著名的外交家和谋略家苏秦（？—前284年），字季子，系雒阳（今河南洛阳）人。他师从思想家、兵家鬼谷子（前400—前320年），学成后，外出游历，不得其志潦倒而归后，“陈箧数十”，连夜博览群书，终得姜太公《阴符》之谋，于是“伏而诵之”，一年后再出发游说列国诸侯，获得燕文公赏识，受命出使赵国。苏秦到赵国后，提出“合纵六国以抗秦”的战略思想，并最终组建了合纵联盟，被推为“从约长”，兼佩六国相印，使秦国十五年不敢出函谷关侵扰他国地盘。在《汉书·艺文志》“纵横

1 黄镇伟：《中国古代的文化传播》，南方出版社，2008年，第76页。

家”记载有《苏子》三十一篇，早佚。帛书《战国纵横家书》（图 0-4-3）存有其游说辞及书信十六篇，其中十一篇不见于现存传世古籍。

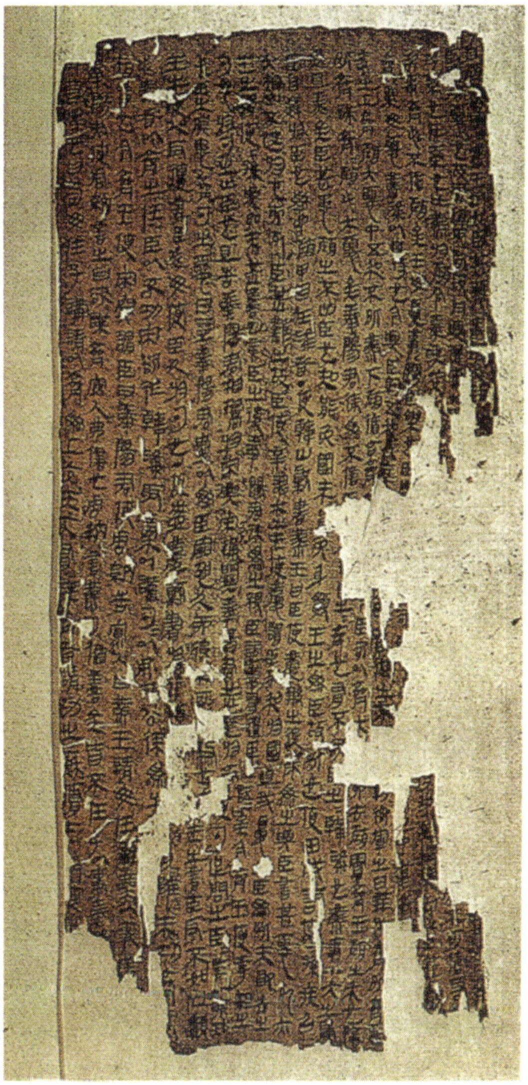

图 0-4-3　帛书《战国纵横家书》

苏秦在家中所陈之“箧”，即是当年收藏竹简书籍的竹器，被称为“书箧”“箧笥”，后世有腹笥丰赡、五车腹笥、腹笥甚窘之说。据《后汉书·文苑列传》记载，边韶字孝先，素有口才。曾如此回答弟子对他昼寝的嘲讽道：“边为性，孝为字；腹便便，五经笥；但欲眠，思经事……”[1]

竹简书籍的物质载体，是经过人工处理到位的竹片。王充在《论衡·量知》中说：“竹生于山，木长于林，截竹为简，破以为牒，加笔墨之迹，乃成文字。大者为‘经’，小者为‘传’、‘记’。断木为椠，片只为板，力加刮削，乃成奏牍。”

在“截竹为简”后，首先要将竹简在火堆上炙烤去其汗液水分和青皮，然后再用笔墨在竹牒上写字，就不容易被害虫蛀蚀了。如《后汉书·吴祐列传》所说，时任南海太守的吴恢“欲杀青简以写经书”，其子谏曰：“令大人逾越五岭，远在海滨，其俗诚陋，然旧多珍怪，上为国家所疑，下为诸侯所望。姑书若成，则载之兼两。昔马援以薏苡兴谤，嫌疑之间，诚先贤所慎也。”恢闻其言而止。李贤注云：“杀青者，以火炙简令汗，取其青易书，复不蠹，谓之杀青，亦谓汗简。”[2]

李零把竹简、木牍在物质形态上的特点和人工处理特征，分解成为如下十个方面：（1）取材和修治；（2）简形；（3）简长；（4）编联；（5）收卷；（6）卷长；（7）缮写；（8）版式和容字；（9）符号；（10）题记。[3]

大抵一枚竹牒叫作“简”，它是组成一篇书的最基本的物质单位。用许多枚竹牒联结到一起成为一个有机的单元，就叫作“册”，也叫作“策”；而编联诸“简”的熟牛皮条（韦编）或丝质绳子（丝编）或麻绳子，都称作“编”。据《史

1 （南朝宋）范晔：《后汉书》卷八十。
2 （南朝宋）范晔：《后汉书》卷六十四。
3 李零：《简帛古书与学术源流》，生活·读书·新知三联书店，2004 年，第 117 页。

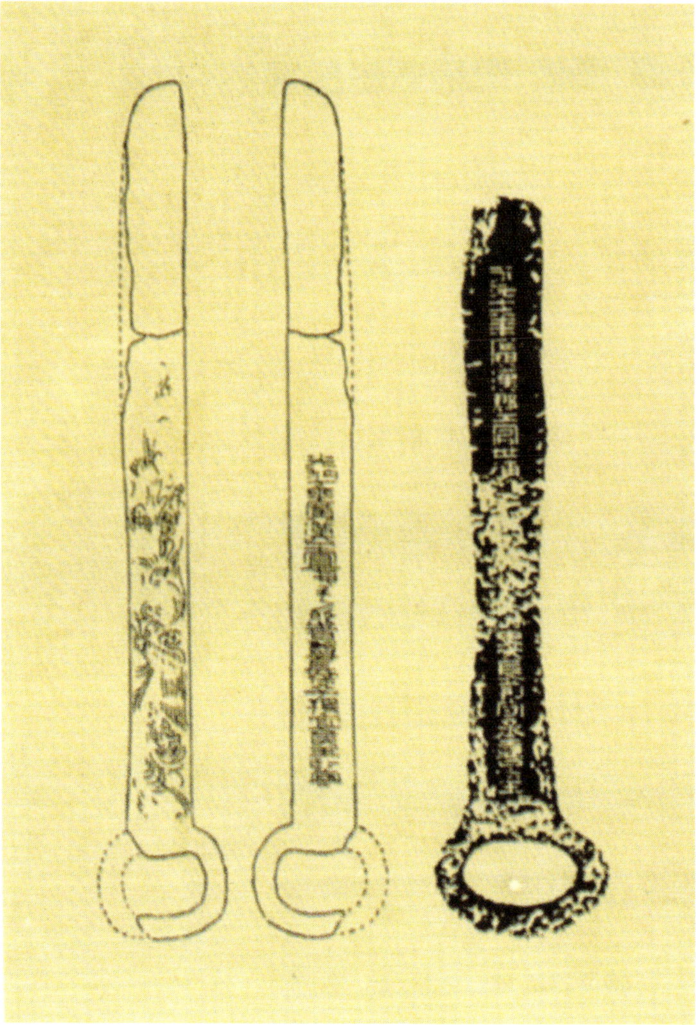

图 0-4-4　汉代书刀

记·孔子世家》记述："孔子晚而喜《易》，序《彖》《系》《象》《说卦》《文言》。读《易》，韦编三绝。曰：'假我数年若是，我于《易》则彬彬矣。'"[1] 后世遂将"韦编三绝"作为一个人勤奋读书的赞辞。

编简成册之后，第一简上必然写的是一篇书的题目。"如果这篇书是一部著作的一部分，那么，在篇名底下还可以加上这部著作的总名，也可以在篇名加上这篇书在整个书中的次第，如'学而第一'（《论语》）、'逍遥游第一'（《庄子》）等等。有时在每策开头的地方，加上两根不写字的简，叫作'赘简'，作为保护之用。'赘简'就是后世书籍中'护封'的来源。一篇书或一部书写好之后，以尾简为中轴卷为一卷，以便保存。为了避免错乱，同一书的策，常用'帙'或'囊'盛起。简策上的字是用毛笔沾墨写的，这叫作'笔'。写错了就用小刀（图 0-4-4）刮去，这叫作'削'……简策是我国最早的书籍形式。对后世书籍制度的影响很深，就是在现代铅印书籍中，也还有许多习惯用语，名词概念，书写方法，是沿袭简策时期的制度的。"[2] 这充分体现了中国书籍文化的传承力。

那么，作为书写工具用的毛笔，相传为秦代名将蒙恬（？—前 210 年）所创（图 0-4-5）。而据考古发掘成果可知，新石器时代的彩陶上便有毛笔一类的工具所绘制的纹饰，商代的甲骨、玉器和陶器上也有用毛笔书写的原始文字，毛笔书

1 （汉）司马迁：《史记》卷四十七。
2 刘国钧著，郑如斯订补：《中国书史简编》，书目文献出版社，1982 年，第 22—23 页。

写的行为在商代已经出现。此外，在甲骨文中也可见“笔”的象形文字。[1]

司马迁在《史记》中称颂孔子的学风道：“至于为《春秋》，笔则笔，削则削，子夏之徒不能赞一辞。”[2] 后因以“笔削”作为史著的代称。如《晋书》的编纂者在记述皇甫谧（215—282 年）好学时说：“留情笔削，敦悦‘丘、坟’。”[3]

大致自西晋初年（约 280 年）“汲冢书”现世起，历代出土简策的发现者或整理者开始留意记录其物质载体的形制数据。如荀勖在《穆天子传》序中的记述：“所得书也，皆竹简，素丝编，以臣勖前所考定古尺，度其简，长二尺四寸，以墨书，一简四十字。”

南齐建元初年（480—482 年），襄阳有人盗发了据说是楚王的一个大冢，《南齐书·文惠太子传》记述说，除获得玉屐、玉屏风之类的许多宝物外，还有青丝编的竹简书：“简广数分，长二尺，皮节如新。盗以把火自照，后人有得十余简，以示抚军王僧虔，僧虔云是科斗书《考工记》，《周官》所阙文也。”[4] 朱希祖认为：“以齐尺度之，长二尺，易为战国时尺，当亦长二尺四寸。”[5]

图 0-4-5　湖南长沙左家公山出土的战国笔和甘肃武威出土的西汉笔

上海博物馆所购得的楚国竹简，最长为 57.1 厘米，最短为 24.6 厘米。郭店出土的战国楚简，竹简长度，以古尺约 23.1 厘米计算，最长简为一尺四寸简，长简为一尺三寸简，中长简为一尺二寸简，中短简为一尺一寸简，短简为七至八寸简，最短简为六至七寸简。各简多为两道编绳，而最短简为三道编绳。

1 磁山文化遗址（今河北省武安市磁山）出土的新石器时代早期的陶器，以及大地湾文化遗址（今甘肃省秦安县大地湾）的陶器上，都有用可能是鸟羽兽毛或植物絮穗制成的原始“毛笔”绘出的纹饰。仰韶文化出土的陶片上也有类似“毛笔”工具绘制的图案。

2 （汉）司马迁：《史记》卷四十七。

3 （唐）房玄龄等：《晋书》卷三十一。

4 （南朝梁）萧子显：《南齐书》卷二十一。

5 朱希祖：《汲冢书考》，中华书局，1960 年，第 10 页。

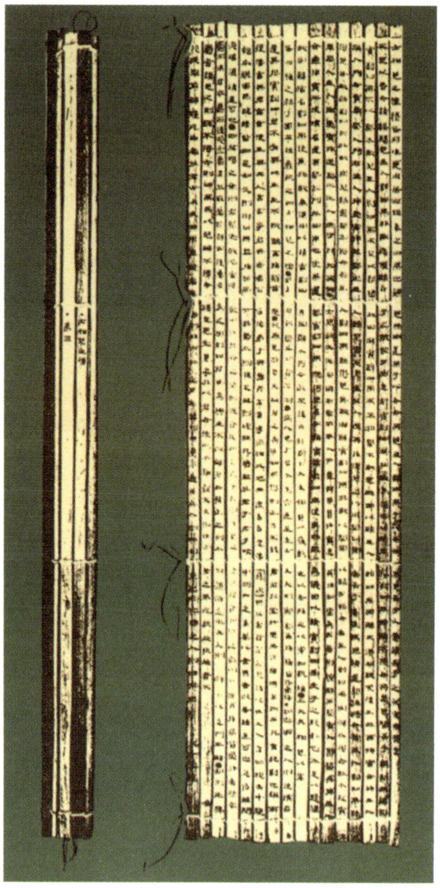

图 0-4-6　武威汉简《士相见礼篇》仿制模型及卷轴形式

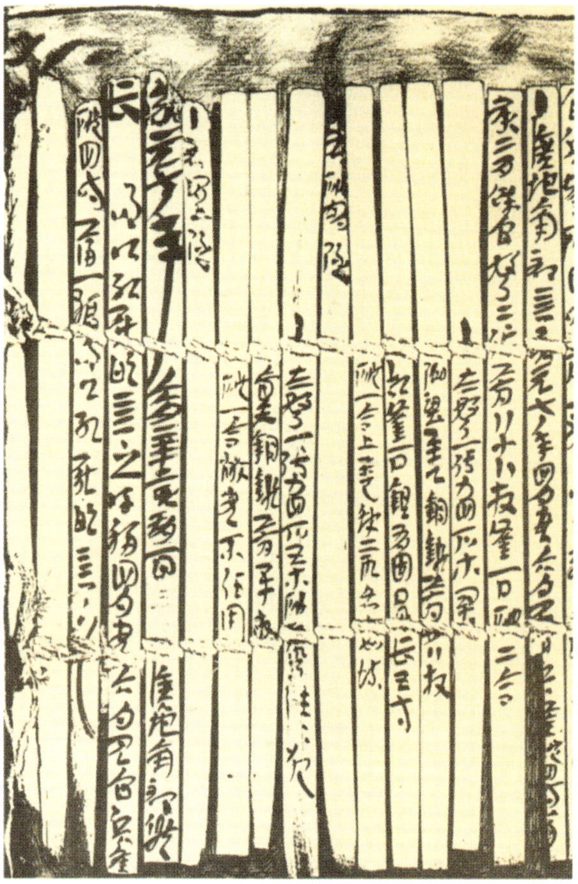

图 0-4-7　《永元器物簿》木简

根据以上各批次竹简的尺寸分析，可以推定战国时期竹简在长度尺寸上并无规律可循，亦无迹象表明存在依据文字内容确定简策长度尺寸的规定。如郭店楚简中同是儒家文献，其简长有自 32.5 厘米至 15.1 厘米之间，多达五种尺寸。

至于编连方式，则以两道编和三道编为常见（图 0-4-6、图 0-4-7）。至于古人如何确定使用两道或者三道编绳，似乎也看不出有什么一定的法度定则。郭店楚简基本上都使两道编绳，但其中最短的竹简却使用了三道编绳。

1954 年，湖南长沙杨家湾战国楚墓出土简策七十二枚；1965 年，湖北江陵望山 2 号楚墓出土简策十三枚；1981 年，湖北江陵天星观 1 号楚墓出土简策七十余枚。这些战国楚简用两道编绳编联，并在编联处刻有三角形小口，称为“编绳契口”。有论者将此与册叶书的鱼尾联系起来，提出“鱼尾起源于编绳契口”，并起到“检索文字提示符”的作用，[1] 揭示了简策制度与册叶制度之间的关联点，可备一说。

郭店楚简，发现其简文已有编辑符号。如“篇号”，作钩形；“章号”，作墨钉或粗短线；“句读”，作短横、短撇或小点；“重文”“合文”，作两短横或一短

1 何远景：《鱼尾的起源》，《文献》1999 年第 4 期，第 249—251 页。

横。这是迄今首次发现的最早的文书编辑符号，其作用在于突出简文的结构，意义十分重大。

雕刻字体的风格，是中国线装书版本学上一种十分重要的鉴定依据和方法。在简策书籍时代，字体和书写风格同样是竹简整理的重要依据，李零指出："竹简整理，形制、字体的分类是第一步，内容的分类是第二步……我个人认为，竹简类的图录，其形式应仿考古报告，即按形制、字体编排，内容分类只是参考，应该另外编排，附在书后。因为如果不是这样，我们就有可能把本来是属于同一卷的文字，按内容不同分别归属于不同的门类，从而破坏简文的原貌。"[1]

"简策制度"的确立，不仅在于考察简策作为一种书籍形态在材料规格、书写规范和编连方式等方面是否成熟，还在于简牍是否已经在社会上广泛使用。从上述战国，实际上主要是楚国竹简的内容看，主要集中在各种书籍、司法文书以及记载随葬物品的"遣策"三大类，其中以第一类占最大多数。可见简策书籍已是先秦时期社会广泛使用的书写材料，而作为书写载体的简策，已经成为社会交流与人际传播的主要媒介。

试以中国儒家的基础经典《论语》为例，这是一部由孔子的弟子及再传弟子，在战国时期记录编纂在竹简上的语录体笔记。1973 年在河北定州西汉中山怀王刘修墓中发掘出土了竹简本《论语》（现藏于河北省文物研究所）。据报道，该墓共出土的《论语》竹简共六百二十余枚，但以残简居多，简长16.2厘米，宽0.7厘米，每简十九至二十一字，共七千五百七十六字，约占今本《论语》的二分之一，文字差异多达七百余处，是我国迄今为止发现时代最早、保存文字最多的古本《论语》。[2]简本《论语》存《学而》《为政》《八佾》《里仁》《公冶长》《雍也》《述而》《泰伯》《子罕》《乡党》《先进》《颜渊》《子路》《宪问》《卫灵公》《季氏》《阳货》《微子》《子张》《尧日》等篇。各篇的分章、语句与传世今本多有不同。作为汉代鲁论、齐论、古论并行时的历史文献，竹简本《论语》为校勘今本《论语》，提供了一份可信的依据，成为研究古汉字演变和儒家学说演化的新材料。[3]

与此同时，该墓还出土了《文子》竹简二百七十七枚，共二千七百九十字。其中属于今本《道德篇》的简有八十七枚，计一千余字，另少量简文与《道德篇》《道原》《精诚》《微明》《自然》等篇内容相似，余者皆是今本《文子》所不见的佚文。[4]《汉书・艺文志》著录有《文子九篇》，原注云文子为老子弟子，"与孔子并时，而称周平王问，似依托者也"。出土竹简文的情况，完全与《汉书》所

1 李零：《郭店楚简校读记》，北京大学出版社，2002 年，第 5 页。

2 朱渊清：《再现的文明：中国出土文献与传统学术》，华东师范大学出版社，2001 年，第 85 页。

3 李均明：《古代简牍》，文物出版社，2003 年，第 79 页。

4 河北省文物研究所定州汉简整理小组：《定州西汉中山怀王墓竹简〈文子〉的整理和意义》，《文物》1995 年第 12 期，第 39 页。

说相同。有学者指出："长期以来，传本《文子》被认为是伪书，其实传本《文子》是被后人窜乱过，并非伪作。从几个与今本相同的章节证明，凡简文中的文子，今本都改成了老子，并从答问的先生变成了提问的学生。如简文'平王曰：王者几道乎？文子曰：王者一道而已。平王曰：古者有以道王者……'今本改为：'文子问曰：王道有几？老子曰：一而已矣。文子曰：古有以道王者……'"[1]定州本《文子》的发现，不仅证实了一部古书的真实存在，而且为中国古代思想史的研究增添了新材料，对于研究道家思想有着莫大的价值。2008年，定州竹简本《文子》和《论语》，都被选入了《国家珍贵古籍名录》。

（三）缣帛是中国原始书籍的又一物质载体

东汉许慎在《说文解字叙》中曾说："著于竹帛谓之书。"[2]在竹简流行于世的时期，还通行有在贵族阶层使用的帛书。大抵帛书普遍使用的时间是在从战国到三国之间，即公元前四世纪到公元三世纪，历时七八百年之久。但钱存训先生认为，缣帛的使用时间为自公元前六世纪或前五世纪至公元五世纪或六世纪。[3]

我国先民很早就发现了植桑养蚕的生产规律，用以织造为贵族生活制衣、装饰所需的丝织品。依据考古发现，在新石器时期的文化层中，就出现了人工整治的蚕茧，并有丝织品残片，以及陶、石质地的纺轮。殷商甲骨文中时见"丝""帛"等字，并获得了一些考古发现实物的佐证。

"帛"（有时别称为缣、素、缯等），也就成为一切人工丝织品的统称。《续汉志》中列有绢、锦、绮、罗、縠、缯六种，清人汪士铎《释帛》一文，更将帛划分为六十余种。所谓"帛书"，则是指书写在丝织品上的文字，所以帛书也称为"缣书""素书"或"缯书"。1973年在马王堆汉墓中发现有卷轴状态的帛书。即用一根竹条作轴，从后向前卷成一束，与竹简书卷存放的方式相同。不过由竹简本身材质的坚硬性决定，不必另外加轴。但在马王堆汉墓中还发现另外一种形式的帛书，那就是整幅折叠成长方块存置于漆奁内，可见帛书并不一定是用卷轴形式。

竹简逐枚编联，简与简之间存在中缝，而缣帛质地轻软，可据写绘篇幅的长短大小随意裁用，又可随意卷折，特别适合用来绘制图、表、谱、牒之类的内容，但存在着载体稀罕、质高价贵的先天不足。

因此，缣帛大多用于书写比较重要且需要永久保存的诸子经典，或卜筮、谶纬之类书籍。加上其面积宽广，特别适宜绘画，因此常被用作竹简书籍的附图，或直接作为绘制地图之材。如《汉书·艺文志》兵书附图四十三卷，《吴孙子兵法》

1 何直刚、刘世枢：《定县40号汉墓出土竹简简介》，《文物》1981年第8期，第12页。
2 周显忠：《博古今文》，西南师范大学出版社，2003年，第116页。
3 钱存训：《书于竹帛》，上海书店出版社，2002年，第95页。

附图九卷，《齐孙子》附图四卷。地图则有长沙出土的西汉帛书《地形图》《城邑图》和《驻军图》。[1]

（四）与“琢之盘盂”“镂之金石”并举于世的“书之竹帛”

早在春秋时期，贵族阶层就已经用上了帛书。在《晏子春秋》中，记有齐景公对晏子所说的一段话：“昔吾先君桓公，予管仲狐与谷，其县十七，著之于帛，申之以策，通之诸侯。”[2]这是说桓公封赏给管仲狐与谷地区，并将此事写在帛上作为凭证，并且写在简策上，作为文件通晓给诸侯国。可见在对外关系中使用简书，这是当时的外交惯例。说明那时帛书虽已应用，但还不十分通行。但到了战国时期，使用帛书就已很普遍了，而且“竹帛”已被并举连用。如《墨子·明鬼下》云：“故先王之书，圣人一尺之帛，一篇之书，语数鬼神之有也”，“又恐后世子孙不能知也，故书之竹帛，传遗后世子孙；或恐其腐蠹绝灭，后世子孙不得而记，故琢之盘盂、镂之金石以重之。”[3]又有《韩非子》云：“先王治理于竹帛。”《论语·卫灵公》云：“子张书诸绅。”[4]刘向典校书籍二十余年，“皆先书竹，改易刊定可缮写者以上素也”[5]。

帛书的长宽，据《汉书·食货志》的记载是：“太公为周立九府圜法，布帛广二尺二寸为幅，长四丈为匹。”[6]可知古代的帛为二尺二寸宽。汉代仍沿袭古代制度。缣帛二尺二寸，简书二尺四寸，一卷简书和一卷帛书相比，体积相差不多，而卷内所能抄写的文字，帛书是要多一些的。一卷帛书大体相当简策的一篇或者几篇。这时期卷一直是计算书籍数量的单位，同时也是计算书中内容的单位。现在，我们已不用卷来计算书籍的数量，但还用它来区分书中的内容。

帛书的形式发展到汉代，越来越考究了。那时有专门为写书用的缣帛，而且在上面还织有或画有红色或黑色的界行，人们称之为“朱丝栏”“乌丝栏”。

帛书的出现使书籍的生产又向前发展了一步，帛质地轻薄，易于书写和携带，并且可以根据文字的长短任意剪裁，它比简策有许多方便之处，是书写的极好材料，但是，帛是贵重的物品，产量不多。虽然方便，还不是一切需要书籍的人都能置备得起的，所以帛书的出现没有能够完全替代简书，简牍仍是这一时期的主要的书籍材料。

帛书与简牍的并行使用，一直持续到东汉时代。史载，东汉末年董卓之乱，宫廷藏书机构也被抢掠。军人们把帛书拿来做成车篷、提囊、口袋。东汉以后，

1 钱存训：《书于竹帛》，上海书店出版社，2002 年，第 97—98 页。
2 （春秋）晏婴：《晏子春秋》卷七。
3 （战国）墨翟：《墨子》。
4 （春秋）孔丘：《论语》卷十五。
5 （宋）李昉等：《太平御览》卷六百六。
6 （汉）班固：《汉书》卷二四。

图 0-4-8　敦煌藏经洞内被斯坦因翻检盗掠的经卷

纸张逐渐通行，质贵价高的帛书渐少。如今考古所见的帛书，主要是汉代的实物。长沙马王堆汉墓中出现了一大批帛书，这是帛书发现历史上最重要、最有意义的一次。这批帛书共有十多种，计有二十余万字，均用墨笔篆字或隶字书写。据考证，是公元前二世纪或稍早些的书籍。其中有《老子》《战国策》《易经》，以及天文、历书、五行、杂占等等。这一大批帛书的出现，不仅为现代人提供了研究古典著作的新资料，而且为书史提供了帛书形式的实证。

最早发现帛书实物的是英国考古学家马尔克·奥莱尔·斯坦因（图 0-4-8）。斯坦因于 1908 年在敦煌发现了两件公元一世纪的帛书，出自同一人，为驻山西北部成乐地方的官员致敦煌边关某人的缣帛书信。其中一件大约 9 厘米见方，另一件长约 15 厘米、宽 6.5 厘米，装在 7—8 厘米的丝质信封中。此外，斯坦因还在敦煌附近发现一片未经染色的素帛，一面印有黑墨图章，另一面写有一行二十八字。1930 年，在罗布淖尔古墓中也发现一件丝帛残片，为公元二世纪之物。1990 年敦煌甜水井悬泉置遗址出土了西汉时期的帛书，出土时纵三折，横七折，打开后长 23.2 厘米、宽 10.7 厘米，亦为私人书信。

另一类是帛画。1949 年，湖南长沙楚墓中出土了一幅高 31 厘米、宽 22.5 厘米的战国帛画，1973 年长沙子弹库楚墓发掘出一幅长 37.5 厘米、宽 28 厘米的人物帛画。1976 年山东临沂银雀山汉墓中发现一件长 200 厘米、宽 42 厘米的帛画。

真正具有文献意义的长篇帛书，则是上世纪四十年代初期发现的长沙子弹库楚帛书和七十年代马王堆汉墓帛书。楚帛书最早被称为晚周缯书，又名楚缯书、楚绢书，1942 年 9 月在长沙东郊子弹库楚墓中被盗掘出土，先由一家古玩店老板唐鉴泉收藏，后被学者蔡季襄购得，之后又流入美国。1973 年，湖南省博物馆还对楚帛书的出土墓地进行了补救性发掘。如今，完整的楚帛书和其他帛书残片都存放在华盛顿的赛克勒美术馆，国内仅存一片商承祚先生珍藏的残片，后由其子于1996年捐赠给湖南省博物馆。陈松长《帛书史话》中对这些帛书发现、流传始末有较为完整的叙述。完整的楚帛书宽47厘米，长38.7厘米，全篇共有九百多字，相关考释论著很多，各有差异。楚帛书是目前出土最早的古代帛书，内容丰富，提到许多古代传说中的重要人物，四周为彩绘奇形图像，对研究战国楚文字以及当时的思想文化有重要参考价值。

1972年至1974年，湖南省博物馆与中国科学院考古研究所共同发掘了湖南省长沙马王堆汉墓。在长沙马王堆三号汉墓东边箱内，一个长方形木匣中发现了大批西汉帛书，是数量最多也最为重要的一次发现。出土的帛书约十二万字，全部是黑墨书写，字体为小篆、秦隶、汉隶和草书，系公元前二世纪或较早之物。关于马王堆帛书的种类，说法不一。陈松长按照《汉书·艺文志》分类，大致分为六大类四十四种：

（1）六艺类：《周易》《系辞》《二三子问》《易之义》《要》《缪和》《昭力》《春秋事语》《战国纵横家书》和《丧服图》。

（2）诸子类：《老子》甲本、《老子》乙本、《五行篇》（或称《德行篇》）、《九主篇》（或称《伊尹·九主》）、《明君篇》《德圣篇》（或称《四行篇》）、《经法》《经》（或称《十六经》《十大经》）、《称》《道原》。

（3）数术类：《五星占》《天文气象杂占》（图0-4-9）、《阴阳五行》甲本、《阴阳五行》乙本、《出行占》《木人占》《相马经》《“太一将行”图》（或称《神祇图》《避兵图》）。

（4）兵书类：《刑德》甲、乙、丙篇三种。

（5）方技类：《足臂十一脉灸经》《阴阳十一脉灸经》甲本、《阴阳十一脉灸经》乙本、《脉经》《阴阳脉死候》《五十二病方》《却谷食气》篇、《导引图》《养生方》《杂疗方》《胎产书》。

（6）其他，如：地形图、驻军图。[1]

马王堆帛书内容涉及战国至西汉初期政治、军事、思想、文化及科学等各方面，有重要学术价值，又可作为校勘传世古书的重要依据。

甲骨文中的“帛”是一般缣帛的通称，而“素”则是书写所用缣帛的统称。素是未经漂染的白帛，由生丝所造。“绢”亦是生丝造成，轻薄如纱，常用于书写，尤其是绘画。“纨”同样由生丝制成，类似绢，轻薄洁白。“缯”由粗丝制成，或为野蚕丝的成品，质地厚实颜色较暗，经久耐用。“缣”由双丝所造，色泽偏黄。缣面比绢、缯精整细致，而且不透水，因此价格比普通的素昂贵。

1 陈松长：《帛书史话》，社会科学文献出版社，2012年，第20—22页。

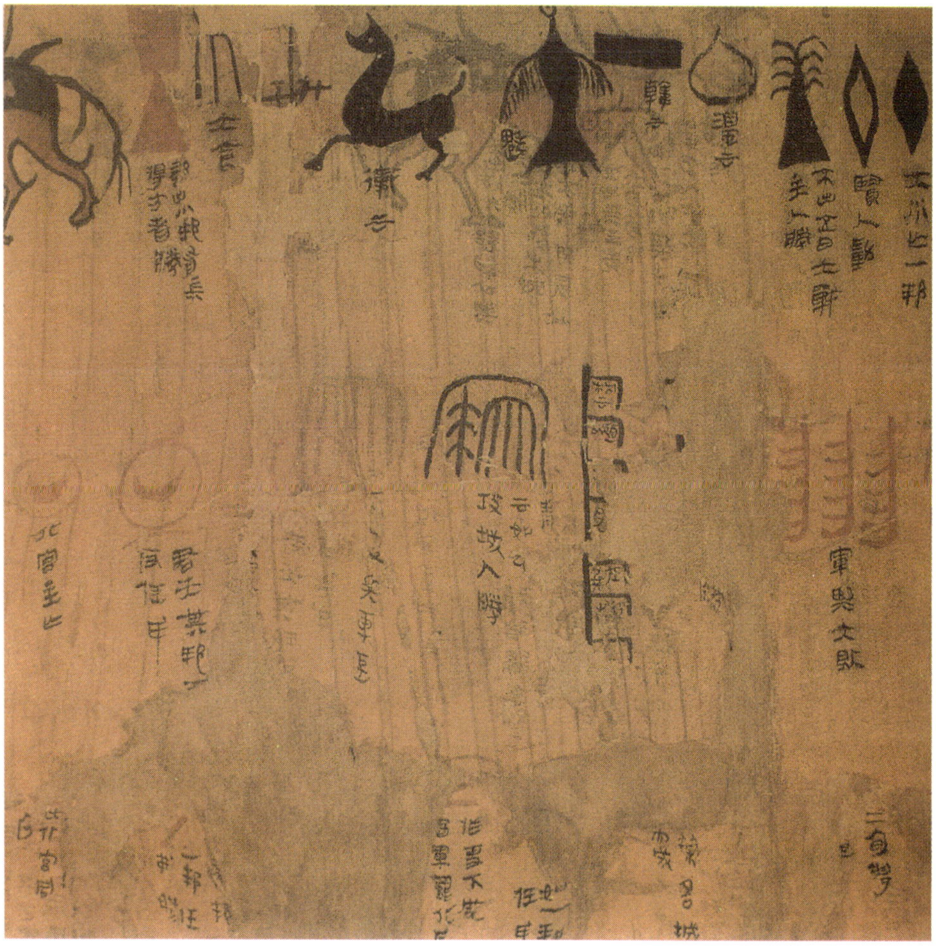

图 0-4-9　帛书《天文气象杂占》湖南长沙马王堆汉墓出土

《汉书·食货志下》："布帛广二尺二寸为幅。"[1] 完整的帛长度则据说有四丈，约是今制九米多。[2] 唐代徐坚《初学记》中说："古者以缣帛，依书长短，随事截之。"[3] 似乎帛书的长宽并无规矩。从考古发现的实物来看，楚帛书长 38.7 厘米，宽 47 厘米；马王堆帛书幅宽有两种，一种是 48 厘米，一种是 24 厘米。王国维《简牍检署考》说："古策有长短，最长者二尺四寸，其次二分而取一。"[4] 帛书同汉代简牍以及之后的纸书尺寸都较为接近。

帛书的版式比较自由。一块帛书上写多少字，并不一定。楚帛书的结构较为特殊，中间是书写方向互相颠倒的两段文字，一段十三行，一段八行。四周是作旋转状排列的十二段短文，每三段居于一方，四方交角用青、赤、白、黑四木相

1 （汉）班固：《汉书》卷二十四。

2 钱存训认为合 13.3 米。根据考古发掘，可以推断西汉单位尺长度为 23.1 厘米，东汉单位长度为 23.5 厘米。四丈合九米多。参看姜波《秦汉度量衡制度的考古学研究》，《中国文物科学研究》2012 年第四期。

3 （唐）徐坚：《初学记》卷二一。

4 王国维著，胡平生、马月华校注：《简牍检署考校注》，上海古籍出版社，2004 年，第 14 页。

隔，每段各附有一种神怪图形。帛书抄写者还用一种朱色填实的方框作为划分章次的标记。李零指出："楚帛书不是一般的书，而是按一定的图示结构来抄写，并与一定的图象相配的书。这种图示，司马谈《六家要旨》称为'四时、八位、十二度、二十四节'，实际上就是来源于'式图'。……帛书所据的'式图'就是六壬式的'式图'。"[1]

比较具有代表性的是马王堆帛书，凡是整幅48厘米的一般是七十字左右，半幅24厘米的则在三十二字左右。每篇均从右往左竖排书写，开篇都有墨丁（或称墨块）作为标记，文中用墨点分段，末尾则多标明题目和字数。年代稍早的帛书没有界栏，稍晚的有界栏。横栏模仿简册的编绳，竖栏相当于简册的接缝，天头、地脚相当于简端、简尾。[2]可见帛书在形制上对简牍的遗传。《后汉书·襄楷传》："上其师干吉于曲阳泉水伤所得神书百七十卷，皆缥白素，朱介、青首、朱目，号《太平清领书》。"[3]"朱介"正是马王堆帛书中的朱丝栏，即今日的红色分栏。至于"青首""朱目"，陈松长先生认为"青首"正是帛书开篇段首的墨丁，"朱目"则可能是楚帛书中分段的朱色方框，以及马王堆帛书《刑德》乙篇中标示篇章节目的朱色圆点。[4]

帛书分为卷轴式和折叠式两种，通常置于盛具中以利保存。卷轴式就是像竹简那样卷起，如马王堆帛书中的一尺帛（24厘米）就是加木板作芯。帛书的轴在长沙楚墓中曾有发现，但因年代久远，未能保存下来。[5]折叠式则像叠手帕，马王堆帛书中的二尺帛就是这种，折成长方形，与卷轴式的一尺帛同置于一个漆盒内。马王堆出土的古地图也是折叠置于漆盒内。楚帛书亦然，折为八叠保存在漆盒中。后世纸书也有卷轴式和折叠式两种，卷轴式比较早，宋元明清则流行折叠式，各种册页式纸书（经折装、旋风装、蝴蝶装、包背装、线装）都继承了这种形式。

我们编撰的这部书籍史，将以书籍载体在不同时代的物质演化为视角逐步展开叙述。

---

1 李零：《楚帛书与"式图"》，《江汉考古》1991年第1期。
2 李零：《简帛古书与学术源流》，生活·读书·新知三联书店，2004年，第140页。
3 （南朝宋）范晔：《后汉书》卷六十下。
4 陈松长：《帛书史话》，社会科学文献出版社，2012年，第14页。
5 商承祚：《长沙古物闻见记续记》，中华书局，1996年，第91页。

第一章

从诸子百家著述到《六艺》编订成书

刘向（约公元前77—前6年）曾奉皇命领衔校雠宫中藏书，撰成我国最早的一部有解题的综合性图书分类目录《别录》。它不仅对当时的学术发展有很大的推动作用，而且对后世的目录学更有着深远的影响，成为中国古典书目的典范之作。共著录图书六百零三家，计一万三千二百一十九卷，分为六大部类、三十八种，每类之前有“类序”，每部之后有“部序”，阐述了学术源流、设类意义等。其解题，包括书名含义、校勘经过、著述者身份及其著述缘由，并对著述性质、学术思想有所评论，揭示了有关著作的内涵和价值。建平元年（公元前6年），刘向之子刘歆（约公元前50—23年）奉命继承其父遗志，继续领校宫廷秘书，得以据《别录》删繁就简而成《七略》。

班固（32—92年）据《七略》体系编写而成的《汉书·艺文志》，设以六艺、诸子、诗赋、兵书、数术、方技六大部类，分别著录了易、诗、书、礼、乐、春秋、论语、孝经、小学九类图书，儒、道、阴阳、法、名、墨、纵横、杂、农、小说十家著作，辞、赋、歌、诗等五类文学作品，兵权谋、兵形势、兵阴阳、兵技巧四类军事著述，天文、历谱、五行、蓍龟、杂占、形法六类图书，医经、经方、房中、神仙四类著作，总计著录五百九十六家，图书一万三千六百二十九卷。但这些古书历乱经劫之后，大多惨遭厄运，不幸散亡佚失，幸存下来的只有先秦一百一十五种，秦代一种，汉代五十四种。为此，李零曾以北宋以来的传世古书为主，“包括出土发现的纸本古书和少数石刻本”，编制了《现存先秦两汉古书一览表》，可资参阅。[1]

由于班固在编修《汉书》时，将《七略》“删其要，以备篇籍”，这就基本上把《七略》的内容保存下来了，才使我们至今仍可从《汉书·艺文志》中了解到《七略》的概貌。

1 李零：《简帛古书与学术源流》，生活·读书·新知三联书店，2004年，第17页。

第一节 《汉书·艺文志》及其著录的诸子百家著述

早在春秋之世，丧失了中央威权的周王朝，原本职掌记言记事史料和文书档案的史官，职掌全国户籍和授田的司徒之官，职掌朝廷礼仪大事的礼官，以及职掌农事的农稷之官、职掌宗庙祭祀的清庙之守、职掌观象授时的羲和之官、职掌使节往来的行人之官、职掌刑狱的理官、职掌谏议的议官等纷纷失其家传世业，造成《礼》崩而《乐》坏，《雅》《颂》相错的局面。于是，出自史官的道家、出自司徒之官的儒家、出自清庙之守的墨家、出自理官的法家，乃至出自稗官的小说家等等，在民间纷纭众说，各有信众，逐渐酿成诸子杂说、百家争鸣的思想文化传布格局。[1]《汉书·艺文志》（图 1-1-1）中的“诸子略”，凡著录十家著述，计一百八十九种，凡四千三百四十二篇。其著述仍存今世者主要有：

《晏子》八篇。隋、唐时始名《晏子春秋》，今传本凡八卷一百八十五章。清儒孙星衍《校晏子春秋序》称：“《晏子》文最古质，疑出于齐之《春秋》，即《墨子·明鬼篇》所引。婴死，其宾客哀之，集其行事成书。”

《孟子》十一篇，孟轲著。孟氏为孔子孙孔伋（子思）的再传弟子。今传本凡七篇，记载孟子的言行，由孟门弟子记集，间杂再传弟子的记录。全书所传纯为儒家思想，天下学者，孔孟并称，为儒家十三经之一。

《孙卿子》三十三篇，本名《荀子》。战国赵国人荀况著。荀况，字卿，时人尊称“荀卿”，汉时避宣帝刘询讳而改孙卿。今传本凡三十二篇，大部分为荀子自著，《儒效》《议兵》《强国》皆称“孙卿子”，似出门人弟子。《四库全书总目》云：“亦孔氏之支流，其书大旨在劝学，

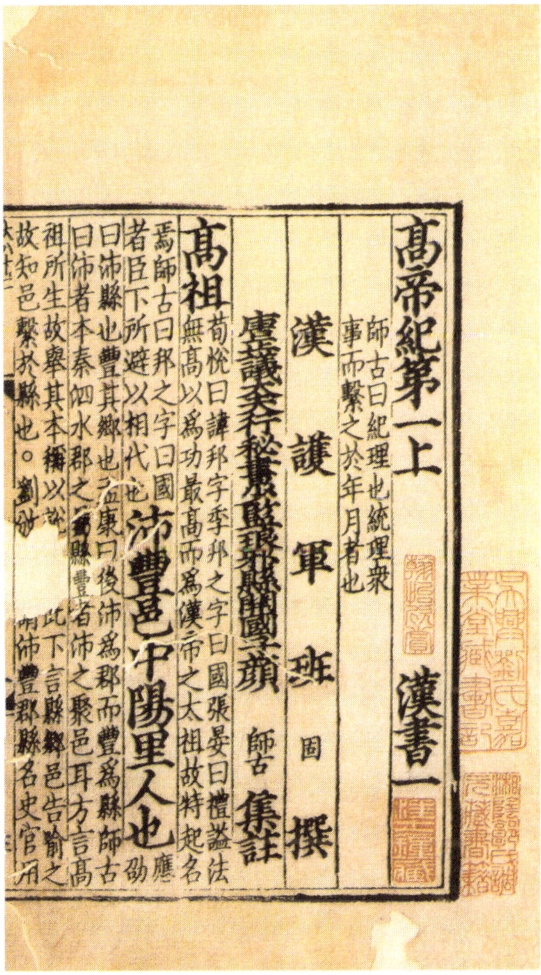
高帝紀第一上 漢書一
師古曰紀理也統理衆事而繫之於年月者也
漢 護軍 班固 撰
高祖 ……
沛豐邑中陽里人也

图 1-1-1 《汉书》宋嘉定十七年（1224 年）白鹭洲书院刻本

1 朱渊清：《再现的文明：中国出土文献与传统学术》，华东师范大学出版社，2001 年，第 7 页。

而其学主于修礼。……要其宗法圣人，诵说王道，终以韩愈‘大醇小疵’之评为定论也。”

《筦子》八十六篇。即《管子》，旧题齐桓公相管仲撰。今传本凡二十四卷七十六篇。全书是一部战国及其后包括儒、道、法、兵、农、纵横、阴阳各家言论的杂家汇集，其中《地员》《度地》《地图》三篇是我国早期珍贵的地学文献。题名管仲撰，当系后人假托。

《老子》一名《道德经》，今存二卷，上篇道经三十七章，下篇德经四十四章。1974 年在湖南长沙马王堆汉墓发现帛书本，共两种抄本，其中一种用篆书抄写，称为甲本；另一种用隶书抄写，名为乙本。甲本抄于刘邦称帝之前，乙本则抄于刘邦称帝之后，均系距今两千多年的古本。1993 年在湖北荆门郭店出土《老子》战国竹简本，凡甲、乙、丙三组，其分章与今本不尽相同。

《庄子》五十二篇。庄子，名周，战国宋人，尝为漆园吏，与梁惠王、齐宣王同时。其学无所不窥，然其要本，归于老子之言。今传晋郭象注本三十三篇。

《韩子》五十五篇，战国韩国韩非撰。《史记·老子韩非列传》曰：“韩非喜刑名法术之学，而其归本于黄老。”所著今传本名《韩非子》，凡二十卷五十五篇，著名者有《孤愤》《五蠹》《说林》《说难》《显学》等。又有《解老》《喻老》两篇，相当于《老子》的选注，前者侧重训解诠释，后者以是类例释。

《墨子》七十一篇，旧题墨翟撰，而书中多称墨子，盖出门人弟子所记，约成书于战国中期。今传本佚八篇，存六十三篇，著名者有《尚贤》《尚同》《兼爱》《非攻》《节用》《节葬》《天志》《明鬼》《非乐》《非命》等。

《汉书·艺文志》在兵书、数术、方技三略中也著录了不少春秋战国时期的私人著述，其内容涉及军事、地理、医学等，今存者主要有：

《吴孙子兵法》八十二篇。原注：“图九卷。”春秋齐人孙武撰。今传经魏武帝曹操等十家注本为十三篇。1972 年山东银雀山汉墓出土了大批军事著作，有至今仍有传世本的《孙子兵法》以及四篇佚文，也有已经亡佚的《孙膑兵法》十六篇。《孙子兵法》竹简二百余枚，凡存二千七百余字，今本十三篇都有文字保存，其已发现的篇名和《宋本十一家注孙子》版本相同。[1] 此外，还有《吴问》《地形二》《黄帝伐赤帝》等不见现存古籍的重要佚文。

《孙子兵法》和《孙膑兵法》（图 1-1-2）竹简同时被发现，对于解决长期以来存在着的关于这两部书的一些悬而未决的问题帮助甚大。司马迁在《史记·孙武吴起列传》说：“孙子武者，齐人也，以兵法见于吴王阖庐。阖庐曰：子之十三篇，吾尽观之矣’”，“孙武既死，后百余岁有孙膑。膑生阿鄄（按，即今山东东阿、

1 山东博物馆、临沂文物组：《山东临沂西汉墓发现〈孙子兵法〉和〈孙膑兵法〉等竹简的简报》，《文物》1974 年第 2 期，第 17 页。

阳谷、鄄城一带）之间，膑亦孙武之后世之子孙也……世传其兵法。”[1] 由此可知，孙武和孙膑都确有其人，孙武生在春秋末期，孙膑生于战国，两人先后相去一百多年，都各有兵法著述传世。

《山海经》十三篇。这是我国最古的一部地理书，今传晋郭璞注本凡十八卷。其作者向无定论，据现代学者的考证，应是战国初到汉代初年的楚国或楚地人所作，其中《大荒经》四篇，《海内经》一篇，成书最早，大约在战国初年到战国中期；《五藏山经》五篇和《海外经》四篇大约成书在战国中叶以后；《海内经》四篇大约成书于汉初。

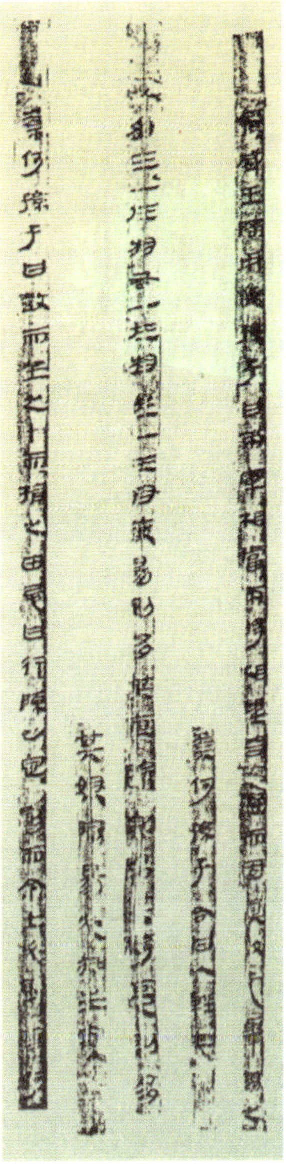

图 1-1-2 《孙膑兵法》山东临沂汉墓出土

《黄帝内经》十八卷。内分《灵枢》《素问》各九卷。今传唐王冰注《素问》凡二十四卷八十一篇。《黄帝内经》是我国古代一部内容最丰富、影响最深远的中医典籍，书中以黄帝与臣子岐伯、伯高、少俞、雷公等问答讨论的形式展开，托名黄帝，是受尊古时风的影响。其成书非出一时一人之手，据历代学者考证，大约初成于战国之世，后历经秦汉时人的增补损益。

“诸子百家”的学术思想既有区别，又有联系，各家在争鸣之中，往往不忘辨别各自渊源，批评彼此得失，从而开启了中国学术史研究的源头。

春秋、战国时期，是中国文化经典的孕育、创造之期。从春秋中期楚庄王大夫申叔时论太子教育时提及的九类典籍，中经孔子编订《六艺》，到战国末秦相吕不韦编纂《吕氏春秋》，图书编纂成果斐然。开创了编年体、国别体、纪事本末体、谱录、语录体、专题、汇编等许多新的文献体例。

如以史籍的编纂为例，据《汉书·艺文志》云：“古之王者，世有史官，君举必书，所以慎言行，昭法式也。左史记言，右史记事，事为《春秋》，言为《尚

1 （汉）司马迁：《史记》卷六五。

书》，帝王靡不同之。”[1]班固在这段话中归纳了先秦时期史书的两种基本形式：记言之书和记事之书。记言、记事，作为史官记录帝王言行的主要任务和形式，其来已久。而随着社会的发展，史学和编纂学的进步，在春秋战国时期，记言与记事之书已开始互相渗透，互相结合，从而产生了一些体裁新颖的正史类著述。

一、“编年体”史书

《春秋》是我国现存最早的一部编年体史书。编年体例，早在殷商时代的甲骨文和铜器铭文中已经出现，但其记时往往有月日而无年，或先月日而后年。就是说，当时史官们的时间意识尚未健全。历史是发现过去的事情，缺乏准确的时间定位，历史将失去自身的光泽。历史是时间的科学，时间意识是历史感的体现。孔子编次《春秋》，首次严格将史事按发生时间的年月日排列展开，准确地记录了自鲁隐公元年（前 722 年）至鲁哀公十四年（前 481 年）共十二公 242 年的历史，开创了以注意时间的准确性和连贯性为特色的编年体史书编纂体例。唐刘知己《史通·二体第二》论编年体之长曰：“夫《春秋》者，系日月而为次，列时岁以相续，中国外夷，同年共事，莫不备载其事，形于目前。理尽一言，语无重出，此其所以为长也。”

《春秋》作为史书则显得过于简略，需要进行诠释方能有效传播。于是出现了专门以解经为目的的经传体著述。编年体史书《左传》即被尊奉为《春秋》经义的标准解释。

《左传》，又名《左氏春秋》或《春秋左氏传》（图 1-1-3）。《汉书·艺文志》曰：孔子修《春秋》，“有所褒讳贬损，不可书见，口授弟子。弟子退而异言。丘明恐弟子各安其意，以失其真，故论本事而作《传》，明夫子不以空言说经也”。以为鲁国太史左丘明是《左传》

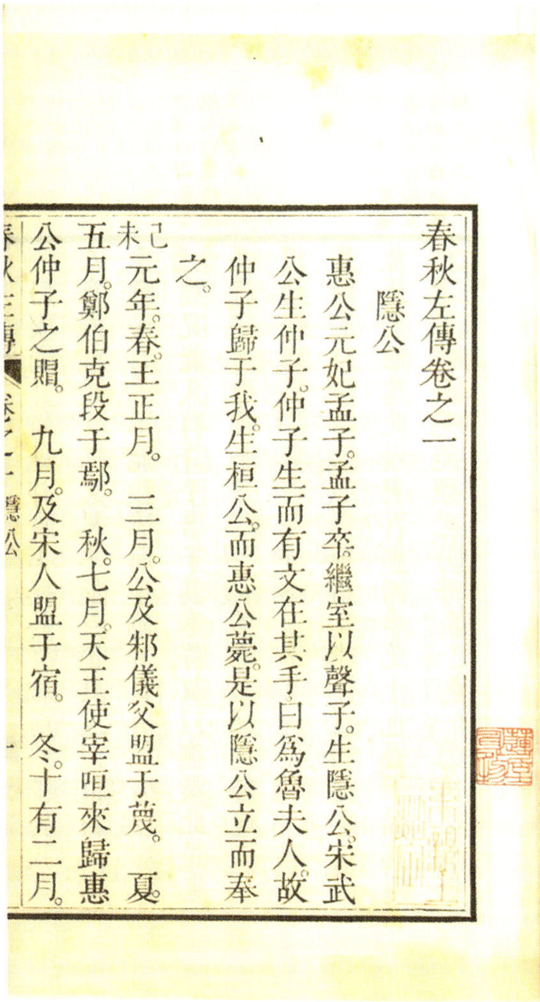
春秋左傳卷之一
隱公
惠公元妃孟子孟子卒繼室以聲子生隱公宋武公生仲子仲子生而有文在其手曰爲魯夫人故仲子歸于我生桓公而惠公薨是以隱公立而奉之
己未 元年春王正月 三月公及邾儀父盟于蔑 夏五月鄭伯克段于鄢 秋七月天王使宰咺來歸惠公仲子之賵 九月及宋人盟于宿 冬十有二月
春秋左傳 卷之一 隱公

图 1-1-3 《春秋左传》清雍正果亲王府刻四色套印本

1 （汉）班固：《汉书》卷三十。

的作者，著述目的是为了经意不被误解，因而“论本事而作《传》”[1]，即依照《春秋》而作《左传》。

诚然，《左传》是一部在编纂上较《春秋》更为成熟的编年体史书，其编年叙事自隐公元年至哀公二十七年，较《春秋》下延十三年。记事以晋国为主，与《春秋》以鲁国为中心相异。尤其在叙事形式上，言行并重，有分析有评论，直叙、概叙、追叙、附叙视情况相间使用，使记事不仅涉及春秋时期政治、军事、社会、文化各方面重要史实，还包括一部分西周和西周以前的史事，成功地凸显出历史的丰富性和厚重感。

二、“国别体”史书

《国语》，国别史，与《左传》同为解说《春秋》之作，故亦称《春秋外传》。内分《周语》《鲁语》《齐语》《晋语》《郑语》《楚语》《吴语》《越语》，分记八国人物、事迹、言论。旧题春秋末鲁国人左丘明撰。西晋时汲郡魏襄王墓中发现的先秦竹简中，有名称为《国语》的古书，其中言及楚、晋事，证明此书在战国时已经流行于世（图 1-1-4）。

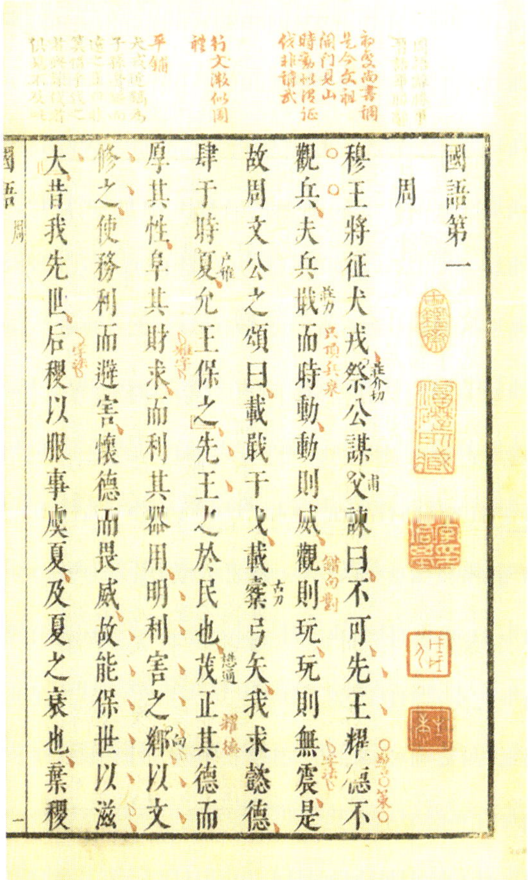
國語第一
周
穆王將征犬戎祭公謀父諫曰不可先王耀德不
觀兵夫兵戢而時動動則威觀則玩玩則無震是
故周文公之頌曰載戢干戈載櫜弓矢我求懿德
肆于時夏允王保之先王之於民也茂正其德而
厚其性阜其財求而利其器用明利害之鄉以文
修之使務利而避害懷德而畏威故能保世以滋
大昔我先世后稷以服事虞夏及夏之衰也棄稷
國語 周

图 1-1-4 《国语》明万历闵氏刻三色套印本

《战国策》，以记战国时游士书信说辞为主，相传为当时各国史官或策士辑集。今传本由西汉刘向编定并命名（图 1-1-5）。

《国语》与《战国策》，从“语”和“策”字来看，都是以记言为主，兼以记事的史书，采用以国别为纲的体例编辑成书，是为其记各国诸侯言行的著述内容所规定。秦、汉以后，中国进入以大一统中央政权为主的时代，与先秦诸侯

1 （汉）班固：《汉书》卷三十。

时代相适应的国别体史书逐渐消亡。

三、“纪事本末体”史书

先秦时期，已知有两种史书属于纪事本末体裁：一为《铎氏微》，楚大夫铎椒编。《史记·十二诸侯年表序》记载：“铎椒为楚威王傅，为王不能尽观《春秋》，采取成败，卒四十章，为《铎氏微》。”二为《虞氏春秋》。《史记·十二诸侯年表序》称：“虞卿上采《春秋》，下观近世，亦著八篇，为《虞氏春秋》。”《汉书·艺文志》“六艺略”著录赵国相虞卿著《虞氏微传》二篇。

司马迁文中的《春秋》是先秦各诸侯国编年史的通称（图 1-1-6）。因当时史事往往前后绵延数年，牵连多国，读史者一时难以从多国编年史中观览始末，即司马迁所谓“不能尽观”。所以铎椒就将分书于《春秋》中有关史事的记载分类采录出来，使其首尾完整，得见成败，便观始末。这就是运用抄书改编的方法，按照新的阅读需求对史料进行新的整合。司马迁称这种编纂方法为“采”，刘向在《别录》中称之为“抄撮”。这种改编后的史体，就是后世独立于纪传体、编

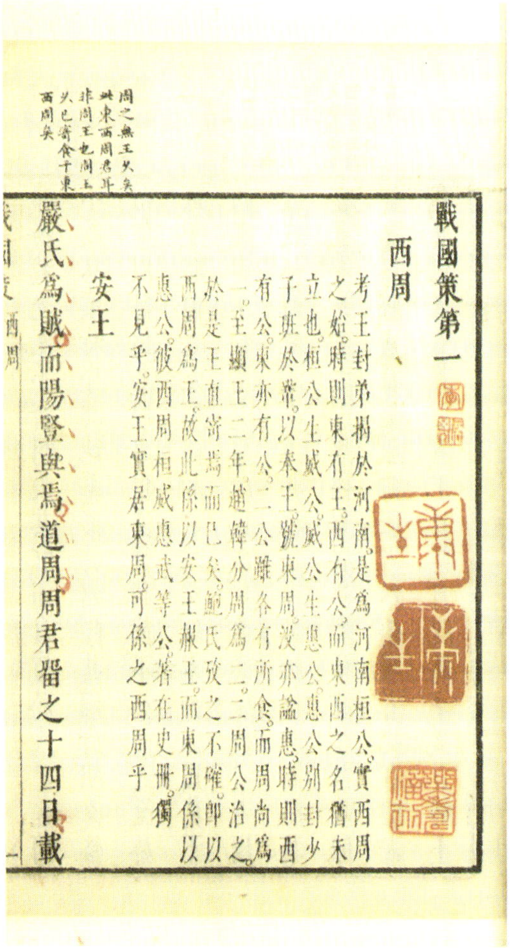
周之無王久矣此東西周君耳非周王也周王久已寄食于東西周矣

戰國策第一

西周

考王封弟揭於河南是為河南桓公實西周之始時則東有王西有公而東西之名猶未立也桓公生威公威公生惠公惠公別封少子班於鞏以奉王號東周汲亦論惠時則西有公東亦有公二公雖各有所食而周尚為一至顯王二年趙韓分周為二二周公治之於是王直寄焉而已矣鮑氏致之不確即以西周為王故此係以安王赧王而東周係以惠公彼西周桓威惠武等公著在史冊獨不見乎安王實居東周可係之西周乎

安王

嚴氏為賊而陽豎與焉道周周君留之十四日載

图 1-1-5 《战国策》明万历闵氏刻三色套印本

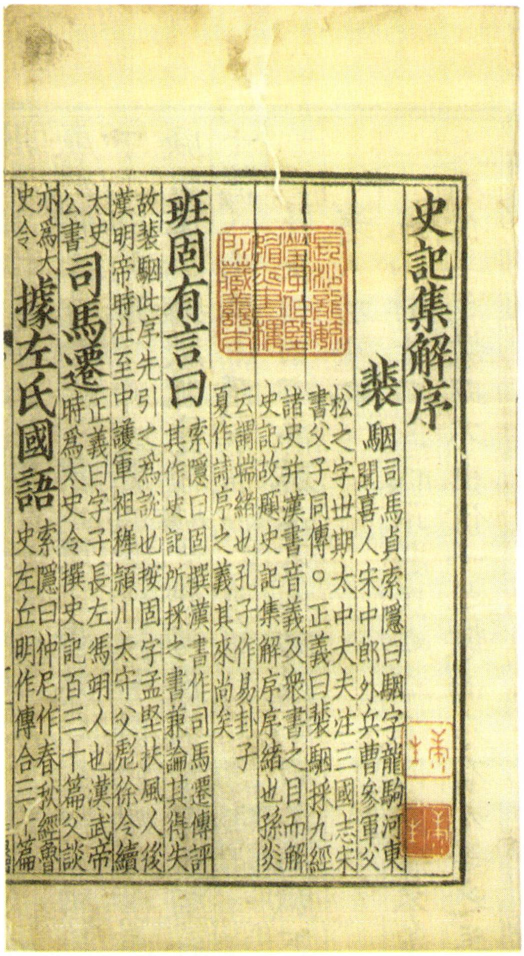
史記集解序

裴駰 司馬貞索隱曰駰字龍駒河東聞喜人宋中郎外兵曹參軍父松之字世期太中大夫注三國志宋書父子同傳○正義曰裴駰採九經諸史并漢書音義及衆書之目而解史記故題史記集解序序緒也孫炎云謂端緒也孔子作易序卦子夏作詩序之義其來尚矣

班固有言曰 索隱曰固撰漢書作司馬遷傳評其作史記所採之書兼論其得失故裴駰此序先引之為說也按固字孟堅扶風人後漢明帝時仕至中護軍祖穉潁川太守父彪徐令續太史公書 司馬遷 正義曰字子長左馮翊人也漢武帝時為太史令撰史記百三十篇父談亦為太史令 據左氏國語 索隱曰仲尼作春秋經魯史左丘明作傳合三十篇

图 1-1-6 《史记》明嘉靖自刻本

年体之外的纪事本末体。

古代学者往往以编纂体例的创新，来适应和满足因史料积累和不同角度传播阅读所产生的便捷要求，从而不断扩大编辑活动的内容和范围。大凡一种新的编纂体例的产生，有着多种因素，而采取多种视角反映历史，提供多种途径了解社会，以满足社会传播阅读的需要，就是其中主要的因素。

四、“语录体”著述

从编辑形式看，先秦古籍经历了由简单到复杂的发展过程。战国诸子的著述最早往往是单篇写毕，即由门人学士传抄，所以在一定时间内并无写定本。今传诸子著述，多在作者离世后出自弟子门人之手，如以《论语》为代表的“语录体”（图 1-1-7）。

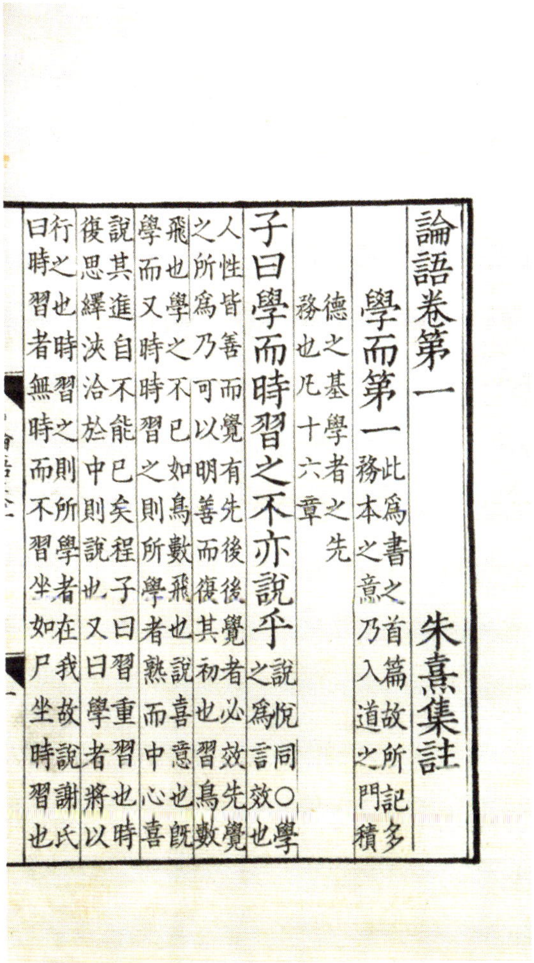
論語卷第一
學而第一 朱熹集註
此爲書之首篇故所記多務本之意乃入道之門積德之基學者之先務也凡十六章
子曰學而時習之不亦說乎說悅同○學之爲言效也人性皆善而覺有先後後覺者必效先覺之所爲乃可以明善而復其初也習鳥數飛也學之不已如鳥數飛也說喜意也既學而又時時習之則所學者熟而中心喜說其進自不能已矣程子曰習重習也時復思繹浹洽於中則說也又曰學者將以行之也時習之則所學者在我故說謝氏曰時習者無時而不習坐如尸坐時習也

图 1-1-7 《论语》宋刻本

所谓“语录体”，是指一种以问答之语为主要内容，采用摘字名篇的标题方式而无严格的篇章结构的图书编辑体例。正如《汉书·艺文志》所说：“《论语》者，孔子应答弟子时人，及弟子相与言，而接闻于夫子之语也。当时弟子各有所记，夫子既卒，门人相与辑而论纂，故谓之《论语》。”

“语录体”著述的出现，说明当时在个人著述的编辑方面尚处于较低水平。由于传抄、编辑的随意，使先秦古籍中多有内外篇之分，致使很多文字至今难考作者，诸子著述中不少篇目难辨真伪。这种状况直至西汉淮南王刘安、司马迁著书自定篇目，方得到扭转。

五、汇编体著述

相对于个人著作编辑上的不足，先秦时期的汇编类著述的编辑比较出色。如《诗经》，全书三百零五篇，集贵族和平民的诗作于一集。在编次上，先按作品的性质，分为风、雅、颂三大类；再按地域、时代、对象，分为十五国风，大小雅和周鲁商三颂，井然有序，十分便于传播阅读。尤其值得注意的是战国已经进入尾声时出现的《吕氏春秋》。

《吕氏春秋》，又名《吕览》，秦始皇相国吕不韦组织宾客集体编著。书成于秦始皇八年（前239年），下距秦统一六国不及二十年。战国之世，王侯公子养士成风。时吕不韦以秦相之尊，招致食客三千。《吕氏春秋》编纂前后过程，《史记·吕不韦列传》记之甚详："是时诸侯多辩士，如荀卿之徒，著书布天下。吕不韦乃使其客人人著所闻，集论以为八览、六论、十二纪，二十余万言。以为备天地万物古今之事，号曰《吕氏春秋》。布咸阳市门，悬千金其上，延诸侯游士宾客，有能增损一字者予千金。"[1]

《吕氏春秋》向被视为杂家类的著作，全书一百六十篇，其中阐发儒家学说的有二十六篇，道家学说者十七篇，阴阳家学说者两篇，法家学说者四十三篇，名家学说者五篇，墨家学说者十篇，纵横家学说者十篇，农家学说者四篇，小说家学说者一篇，兵家学说者十六篇。如此兼收并蓄诸子学说而不显得杂乱无章，这完全得益于"八览、六论、十二纪"的编辑体例的严整合度，因此，从全书的宗旨、凡例以及编辑剪裁等方面来看，该书在中国书籍编纂学上确实达到了很高的一个水准。

第二节　从"汲冢竹书"到《穆天子传》《竹书纪年》

晋太康元年（280年），在汲郡（今河南汲县西南）意外地出土了一大批竹简书籍。原因是当地有一个叫作"不准"的盗墓贼，领人偷挖了战国时期魏安釐王（也有一说是魏襄王）的墓葬，被发现藏有难以数计的竹简书，竹面上墨漆般地写着形如蝌蚪一样的古文字。

因盗墓贼完全不懂这批竹简书的价值，不仅乱踩瞎踏，还把本来序次分明的竹简胡乱拢在一起，点火照明，寻找墓中宝物，结果造成了这些竹简书大多被毁坏致残了。当地官府得知后，便组织人力将焚余竹简搜集起来，据说还有数十车之多，但因搜集过程粗放马虎，结果又造成了一些竹简书的"毁落残缺"。

大约在西晋太康二年（281年），这批篇章杂乱、次序难寻的竹简书终于被运抵京师洛阳。晋武帝司马炎（236—290年）随即命令秘书监荀勖（？—289年）、中书令和峤（？—292年）领衔整理。由于这一大批竹简书古奥复杂，当时有众多学者如谯勋、张宙、傅瓒、王接、卫恒、王庭坚、潘滔、挚虞、谢衡、续咸等

1 （汉）司马迁：《史记》卷八十五。

都被发动了起来，奉命参与其事，如作《春秋经传集解》的杜预（222—285年）、文学家束皙（261—300年），都曾参加编研和解读工作。

据《晋书·束皙传》记载：

> 太康二年，汲郡人不准盗发魏襄王墓，或言安釐王冢，得竹书数十车……大凡七十五篇，七篇简书折坏，不识名题。冢中又得铜剑一枚，长二尺五寸。漆书皆科斗字。初发冢者烧策照取宝物。及官收之，多烬简断札，文既残缺，不复诠次。武帝以其书付秘书校缀次第，寻考指归，而以今文写之。皙在著作，得观竹书，随疑分释，皆有义证。[1]

得到司马炎大力支持的这项抢救性整理工作的成果，学术界在当日是做得非常用心的，共整理成书了古文献七十五篇。据现在尚可见到的《竹书纪年》《穆天子传》等文本来看，和峤、杜预、束皙、郭璞（276—324年）等众多学者，有着十分高明的古汉字和古文献编研水平。他们不但能基本正确地释读出六七百年前的战国文字，而且对残简的编次、整理都做得比较有法度。

这一大批出土竹简书校订时（约281—287年），荀勖、张华等所编的《中经新簿》已经基本完成。尽管汲冢书涉及了经、史、子、集四个部类的内容，但已无法分入各类，只能在丁部最后专门设立了一个子类目——“汲冢书”，来集中收录这一批书。

令人遗憾的是，此项简牍整理工作尚未完全竣工，从元康元年（291年）开始，晋王室内部司马氏同姓王间为争夺中央统治权爆发了事变，最终酿成长达十六年之久的“八王之乱”。这一场中国历史上最为严重的皇族内乱和混战之一，对于中国历史文献学界的巨大损失是，学者们在失去了中央朝廷有力支持的乱世岁月中，古竹书整理工作无以为继，进而出土竹简和已整理成册的大部分竹书都毁于战乱。后人们只能在古文献的记载中，才能够看到有关的篇名和大意。至于流传后世的，也只有《竹书纪年》《穆天子传》等极为有限的数种书籍。

按年编次的《竹书纪年》，原称《纪年》，凡十三篇。现书名为整理者所加，突出了其书的物质载体，也就是在版本上属于竹简书籍的特质。

《纪年》原书应该是魏国史官所作的《史记》，其记载，自夏朝到西周幽王被犬戎所灭，然后承接以晋国纪年史事；在“三家分晋”后，又用魏国纪年史事，一直记至魏安釐王二十年时为止。其书有很多记载，与《春秋》经传的记载不同。如据《纪年》所记，夏代纪年多于殷代。又如益为抢夺启的王位，因而杀死了益；太甲杀伊尹；文丁杀季历，《纪年》所记载的这些王位更替的血腥争斗、无情格杀，颠覆了此前传统上所说的谦和让位观念。另外如自周受命到穆王是一百年，而不是周穆王“百岁”。周幽王亡国，共伯和摄行天子事，也不是所谓的“周召共和”等。

1 （唐）房玄龄等：《晋书》卷五一。

当初，和峤鉴定后认为，《纪年》所记史事起始于黄帝。但由于出土简册散乱阙落、古文字不能尽识，以及首次整理时人为造成的差错等因素，对其的整理结果，当时的学术界就颇有争议。到晋惠帝司马衷（259—307年）执政时，就重启了整理编研工作。永平元年（291年），秘书监挚虞（250—300年）请古文字世家出身，擅长草、隶书的秘书丞卫恒（？—291年）重加考订，后来卫氏在皇族斗争中死于非命。

束皙闻噩耗后赴丧，并继承遗志，续成其事。这次新的考证结论是，"《纪年》的时间，起于夏禹，至于汲冢墓主"[1]，也就是魏安釐王（？—前243年），并用"随义注解"的方式作了附注性的阐释。此举尽管方便了当时的读者，但整理者的附释，却最晚就在唐以后的文本中，被纂入正文，让读者很难加以区别了。朱渊清以之为中国古文献整理的一个重要教训案例批评道："不管是利用现有的知识补足正文，还是纠正、注解正文，结果居然出现了与所有整理者热切的愿望相反的不幸，《竹书纪年》亡佚了。这是文献整理带来的悲剧。出土文献整理，首先是要尽量保持它的原貌；其次才是独立的整理研究，而这种整理研究必须是可以随时区分于原件的。不能清醒地认识并实践这一点，只能为出土文献带来灭顶之灾。"[2]

永嘉五年（311年），经历了"八王之乱"浩劫之后的晋朝，国力急剧下降，加以天灾连年，匈奴军乘虚而入，攻陷了洛阳，掳走了晋怀帝，是为"永嘉之乱"。藏于朝廷秘府中的《竹书纪年》原简册，也就不知所终了，但卫、束两氏的整理本，却得在学术界传抄，一直流传到唐玄宗开元以前，可能是经安禄山、史思明联合发动的争夺中央朝廷统治权的内战——"安史之乱"（755—763年）后，这一传抄了四个半世纪之久的古书也亡佚不见了。

在"汲冢竹书"中整理出来，并在文字上内容完整地传承至今的，是《穆天子传》五篇，及附于其后的《周穆王美人盛姬死事》一篇。学者郭璞为之作注。该书记录周穆王姬满（？—前921年）以造父为驭手，策好马盗骊、绿耳游观四海、四荒，北绝流沙，西登昆仑，见西王母的故事。有学者认为，该书是战国初魏方士敷衍周穆王故事而成，"虽非信史，却有本事。尤其是卷一、卷二，多可徵信。历史上穆天子确有西行之事，但民国初年不少学者认为穆天子一直游历到了欧洲，实在也太过甚其辞"[3]。

在"八王之乱"发生前整理出来的历史文献，还有《易经》二篇，内容与《周易》相同，其实就是《周易》。有《易繇阴阳卦》二篇，内容与《周易》略同。《卦下易经》一篇。有《公孙段》二篇，记载公孙段与邵陟论《易》。有《国语》三篇，记载楚国、晋国的历史。有《口名》三篇，内容与《礼记》《尔雅》《论语》都有

1 朱渊清：《再现的文明：中国出土文献与传统学术》，华东师范大学出版社，2001年，第33页。
2 朱渊清：《再现的文明：中国出土文献与传统学术》，华东师范大学出版社，2001年，第33—34页。
3 朱渊清：《再现的文明：中国出土文献与传统学术》，华东师范大学出版社，2001年，第32—34页。

些相似。有《师春》一篇，记《左传》中有关卜筮的情况。这“师春”，可能就是抄写人的姓名。有《梁丘藏》一篇，记载魏国世系与墓中所藏金饰品和玉器具。有《缴书》二篇，讲射箭。有《生封》一篇，讲帝王所封。有《大历》二篇，记邹衍《谈天》一类的文字。有《图诗》一篇，是画赞一类的文章。另外还有数篇因竹简残损严重，当时就难以看出篇题了。

第三节 孔子编订《六艺》的书文化史意义及其影响

据1993年10月自郭店出土的楚简，可知时人对于《诗》《书》《礼》《乐》《易》《春秋》之类古文献的基本价值认知。如《性自命出》篇：“《诗》《书》《礼》《乐》，其始出皆生于人。《诗》，有为为之也。《书》，有为言之也。《礼》《乐》，有为举之也。”再如《语丛一》篇：“《礼》，交之行述也。《乐》，或生或教者也。［《书》，□□□□者也。］《诗》，所以会古今之诗也者。《易》，所以会天道、人道也。《春秋》，所以会古今之事也。”[1]

《国语·楚语上》记载有楚庄王（？—前591年）时大夫申叔时谈论太子教育应设的科目道：“教之《春秋》，而为之耸善而抑恶焉，以戒劝其心；教之《世》，而为之昭明德而废幽昏焉，以休惧其动；教之《诗》，而为之导广显德，以耀明其志；教之《礼》，使知上下之则；教之《乐》，以疏其秽而镇其浮，教之《令》，使访物官；教之《语》，使明其德，而知先王之务用明德于民也；教之《故志》，使知废兴者而戒惧焉；教之《训典》，使知族类，行比义焉。”[2]所及文书、典籍多至九类，除《诗》《书》《礼》《乐》外，都是以记言、记事为主的史书，其中《春秋》和《世》是记事的，其余均为记言之作。

楚庄王，芈姓熊氏，名侣（一作吕、旅），谥号庄。即是那位以“一鸣惊人”“问鼎中原”等典故名垂史册的荆庄王（出土的战国楚简文书写作“臧王”），他是楚穆王之子，自公元前613年至公元前591年在位，执政二十三年，是春秋时期楚国最有成就的君主，被后世称颂为“春秋五霸”之一。在庄王亲政之前，楚国一直被排除在华夏文化的范畴之外，但自庄王称霸中原以后，不仅极大地振奋了楚国朝野的信心，而且远扬了楚文化的声名，为丰富华夏文化、充实民族精神发挥了一定的作用。

楚庄王的时代，早于孔子约一个世纪。从申叔时谈及的文书、典籍品种来看，当时楚国王室所有相当完备的文献资源。后来的孔子大概正是充分搜集并阅读了如此丰富的史料，才有条件从事《六艺》的编研工作的。

1 李零：《简帛古书与学术源流》，生活·读书·新知三联书店，2004年，第253页。

2 （春秋）左丘明：《国语》卷十七。

孔子，名丘，字仲尼，鲁国昌平陬邑（今山东曲阜东南）人。孔子的先世是宋国贵族，后避难迁居鲁国。他年轻时担任过管理仓库和畜养的小官吏，后得升迁，一度出任鲁国的大司寇。在中国历史上，孔子作为儒家学派的创始人，他的思想学说和一生所从事的文化教育活动，尤其是编订《六艺》，对中华民族传统文化的形成发展，具有重大而深远的影响（图 1-3-1）。

图 1-3-1　孔子像

据文献记载，我国至迟在殷商时代已经形成较为系统的教育制度。在《礼》崩《乐》坏的春秋战国时期，“学在王官”的教育垄断局面再也无法维持下去了，于是，孔子等学者纷纷在民间设坛讲学，教授弟子。

据《史记·孔子世家》说：“以《诗》《书》《礼》《乐》教，弟子盖三千焉，身通‘六艺’者，七十有二人。”[1] 为维持这种规模的私学教育，使得一套系统的教材成为了师生讲习活动的必需品。于是，在心目中特别推崇西周典章制度的孔子，在经历了游说列国诸侯彻底失败与绝望之后，悉心收集、整理了鲁（周公后裔封国）、周、宋（商王后裔封国）、杞（夏王后裔封国）等故国文献，编制成为《诗》《书》《礼》《乐》《易》《春秋》六种读本，时称“六艺”。如《史记·伯夷列传》云：“夫学者载籍极博，犹考信于‘六艺’。”[2] 但据郭店出土的楚墓竹简中有关文献记述，则亦称为“六德”，后世儒生则尊之为《六经》。它们原本是被孔子写定在简策上的。

孔子与《六经》的关系，历来有两种说法：古文经学家认为《六经》为前代流传下来的典籍记载，孔子仅是对其作了校释整理的工作；今文经学家则强调《六经》为孔子本人的著作，书中处处贯穿着孔子的思想观点。司马迁在《史

1 （汉）司马迁：《史记》卷四十七。
2 （汉）司马迁：《史记》卷六十一。

记·孔子世家》中，首次对孔子与《六经》的关系作了全面的表述，其基本观点与古文经学家相合。章学诚在《校仇通义》中坚持认为：“《六经》非孔氏之书，乃周官之旧典也。《易》掌太卜，《书》藏外史，《礼》在宗伯，《乐》隶司乐，《诗》颂于太师，《春秋》存乎国史。”[1]

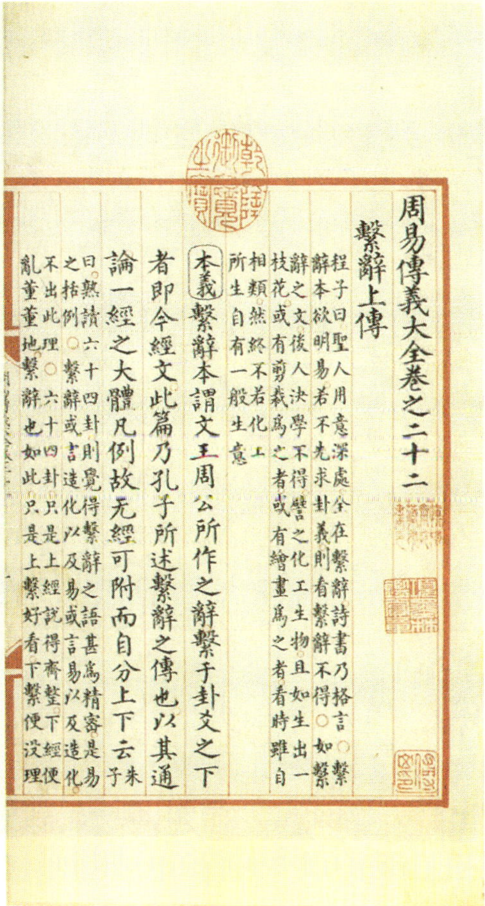
周易傳義大全卷之二十二
繫辭上傳
程子曰聖人用意深處全在繫辭詩書乃格言○繫辭本欲明易若不先求卦義則看繫辭不得○如繫辭之文後人决學不得譬之化工生物且如生出一枝花或有剪裁爲之者或有繪畫爲之者看時雖自相類然終不若化工所生自有一般生意
本義 繫辭本謂文王周公所作之辭繫于卦爻之下者即今經文此篇乃孔子所述繫辭之傳也以其通論一經之大體凡例故无經可附而自分上下云朱子曰熟讀六十四卦則覺得繫辭之語甚爲精密是易之括例○繫辭或言造化以及易或言易以及造化不出此理○六十四卦只是上經說得齊整下經便亂董董地繫辭也如此只是上繫好看下繫便沒理

图 1-3-2 《周易传义大全》明内府红格抄本

《易》，又名《周易》，是上古一部占筮之书。书中通过卦的排列、卦形的变化，以及卦辞、爻辞来喻示哲理（图1-3-2）。据《史记·孔子世家》说：“孔子晚而喜《易》，序《彖》、系《象》、说《卦》、文《言》。读《易》，韦编三绝，曰：‘假我数年若是，我于《易》则彬彬矣。’”[2]《论语·述而》云：“子曰：‘加我数年，五十以学《易》，可以无大过矣。’”

《诗》，是上古歌谣总集。春秋时期，诗在各国诸侯公卿大夫中相当流行，当政者必须具备一定的诗知识。《左传》《国语》中经常有诸侯公卿大夫在外交场合引用《诗》来表意言志的记载。

《书》，又名《尚书》，是中国现存最古的一部史料汇编集。《孔子世家》曰：孔子“序书传，上纪唐、虞之际，下至秦缪，编次其事……故书传自孔氏”。

《礼》，是古代有关礼仪之书。现在流传有“三礼”，即《礼记》《仪礼》和《周礼》（图1-3-3）。《孔子世家》曰：孔子“追迹三代之礼……曰：‘夏礼吾能言之，杞不足徵也；殷礼吾能言之，宋不足徵也。足，则吾能徵之矣。’观殷、夏所损益，曰：‘后虽百世可知也……’故《礼记》自孔氏”。

《乐》，已佚。在古代，《乐》是与《礼》表里为用的（图1-3-4），正如《礼记·乐记》中所说的：“《乐》也者，动于内者也；《礼》也者，动于外者也。”

---

1 （清）章学诚：《校仇通义》卷一。
2 （汉）司马迁：《史记》卷四十七。

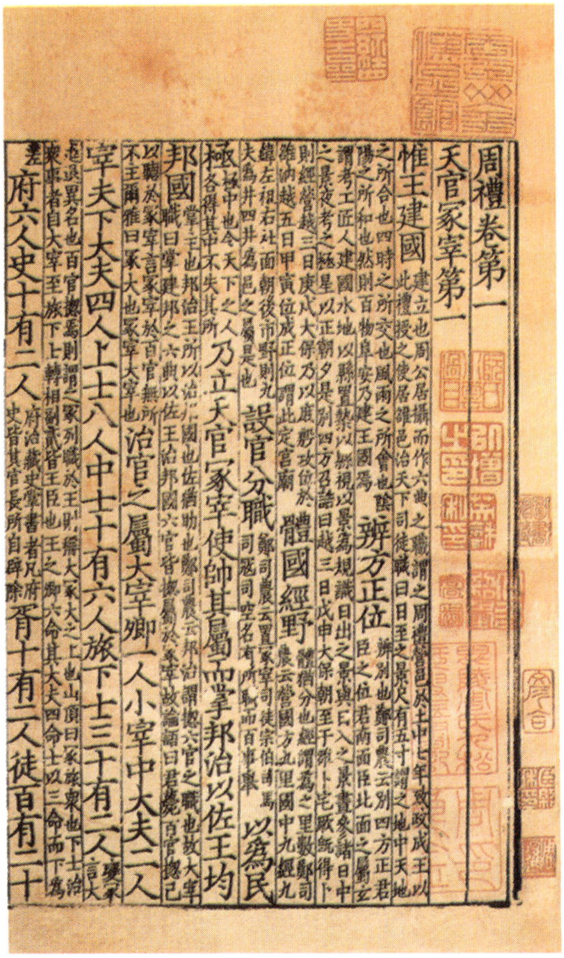

周禮卷第一
天官冢宰第一
惟王建國
辨方正位
體國經野
設官分職
以爲民極
乃立天官冢宰使帥其屬而掌邦治以佐王均邦國
治官之屬大宰卿一人小宰中大夫二人宰夫下大夫四人上士八人中士十有六人旅下士三十有二人
府六人史十有二人胥十有二人徒百有二十

图 1-3-3 《周礼注》宋婺州（今浙江金华）市门巷唐宅刻本

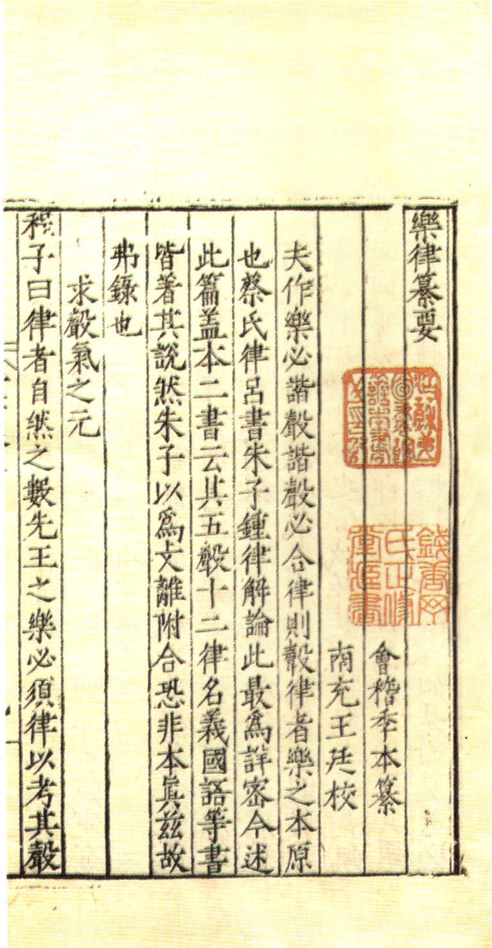

樂律纂要
會稽季本纂
南充王廷校
夫作樂必諧聲諧聲必合律則聲律者樂之本原也蔡氏律呂書朱子鍾律解論此最爲詳密今述此篇蓋本二書云其五聲十二律名義國語等書皆著其說然朱子以爲文離附合恐非本眞茲故弗錄也
求聲氣之元
程子曰律者自然之數先王之樂必須律以考其聲

图 1-3-4 《乐律纂要》明嘉靖刻本

所以古代文献中往往《礼》《乐》并称。对孔子与《乐》的关系，《史记·孔子世家》云："孔子语鲁大师：'《乐》其可知也：始作翕如、皦如；纵之纯如、绎如也。以成。吾自卫反鲁，然后《乐》正，《雅》《颂》各得其所。'"[1]

《春秋》，是由孔子节取原鲁国编年体史书的内容编次而成的。《史记·孔子世家》云，孔子"乃因《史记》，作《春秋》。上至隐公，下讫哀公十四年，十二公。据鲁、亲周、故殷，运之三代，约其辞文而指博。故吴、楚之君自称'王'，而《春秋》贬之曰'子'；践土之会，实召周天子，而《春秋》讳之曰：'天王狩于河阳。'推此类以绳当世贬损之义。后有王者，举而开之，《春秋》之义行，则天下乱臣贼子惧焉。孔子在位听讼，文辞有可于人共者，弗独有焉；至于《春秋》，笔则笔，削则削，子夏之徒不能赞一辞"[2]。所谓"笔则笔，削则削"，也就是说该记录的内容则继续记述传世，该删改的则用刀把简牍上的文字削刮泯世，这也

1 （汉）司马迁：《史记》卷四十七。
2 （汉）司马迁：《史记》卷四十七。

是后世以“笔削”谓编纂史书的典故由来。

孔子在删《诗》《书》，定《礼》《乐》，赞《易》《道》，修《春秋》的学术劳动中，投入了大量的精力。且以孔子编诗为集的过程为例：从常理推断，自民间搜集汇总而来的歌谣作品，不免有前后复见重出的情况。孔子以“可施于礼、义”者为标准，做了大量去其复重的工作，最后选定三百零五篇作为其教学活动的材料。[1]《史记·孔子世家》云：“三百五篇，孔子皆弦歌之，以求合《韶》《武》《雅》《颂》之音。《礼》《乐》自此可得而述，以备王道，成六艺。”[2]

1994年初，经香港学者张光裕介绍，上海博物馆从香港文物市场陆续购得一批战国楚简，但其出土时间和地点皆不明。当年冬，又有近五百枚战国楚简在香港文物市场现身，又由香港友好人士集资购买后捐赠给上海博物馆。这两批竹简的数量计有一千二百余枚。[3]

初科学家经过冷冻脱水去色等技术处理后，按照竹简的形制加以归拢整合，类聚复原，陆续整理出内容涵盖先秦儒家、兵家、道家、杂家等诸子的著述80余篇，包括《易经》《诗论》《缁衣》《鲁邦大旱》《子羔》《孔子闲居》《彭祖》《乐礼》《曾子》《武王践祚》《赋》《子路》《恒先》《曹沫之陈》《夫子答史蒥问》《四帝二王》《曾子立孝》《颜渊》《乐书》等，其中大多为佚篇。如这批竹简书中的《易经》，堪称迄今最古老的版本，简面有一些黑色、红色的符号，从未见于传世各本。

这批上海博物馆收藏、整理的战国竹简书，大多早已亡佚于世，只有少量的内容见于今日传世之本，但文字上仍存在一些差异。如被命名为《孔子论诗》的竹简凡三十一枚，计九百八十余字，其中有完整简书一枚，长55.5厘米，宽0.6厘米左右，厚0.1厘米左右。其余各简字数不一。它是目前所能见到的最早的系统性的孔门《诗》学著作。[4]

其中发现了六篇佚诗。另外在七枚记载有诗曲音调的竹简中，发现了四十篇诗曲的篇名，除《硕人》与今本《诗经》同名外，有的与今本《诗经》篇名类似，有的为未见于今本《诗经》的佚诗。如《国语·晋语四》“秦伯享重耳以国君之礼”条曰：“秦伯赋《鸠飞》，公子赋《河水》。”《鸠飞》即《小雅·小宛》首章：“宛彼鸣鸠，翰飞戾天。我心忧伤，念昔先人。明发不寐，有怀二人。”而《河水》，三国吴韦昭注本以为：“河，当作沔，字相似误也。《小雅》有《沔水》，其辞曰：‘沔彼流水，朝宗于海。’”现战国竹简中正有《河水》篇。这些竹简书为进一步揭开或更接近孔子编订《诗经》的真相，了解当时文化传播的形式，都具有重大

1 金德建：《司马迁所见书考》，上海人民出版社，1963年，第31页。
2 （汉）司马迁：《史记》卷四十七。
3 杨超：《简牍帛书发现与研究》，福建人民出版社，2005年，第24页。
4 黄怀信：《上海博物馆藏战国楚竹书〈诗论〉解》，社会科学出版社，2004年，第1页。

意义（图 1–3–5）。

据篇中所记，授诗者为孔子，其中六枚竹简上有“孔子曰”等字样。简文记录的，是弟子对孔子授诗内容的追记。研究者发现，简文序列与今本《诗经》相反，依次为《讼》(颂)、《大夏》(“夏”与“雅”可通假)、《小夏》《邦风》(汉儒为避刘邦名讳，改“邦”为“国”)，其中根本没有传世本《诗经》小序中所谓“美”“刺”的说法。论者以为这就是原始的《诗》，而从其篇名记载来看，孔子当年并未“删”过诗。[1]

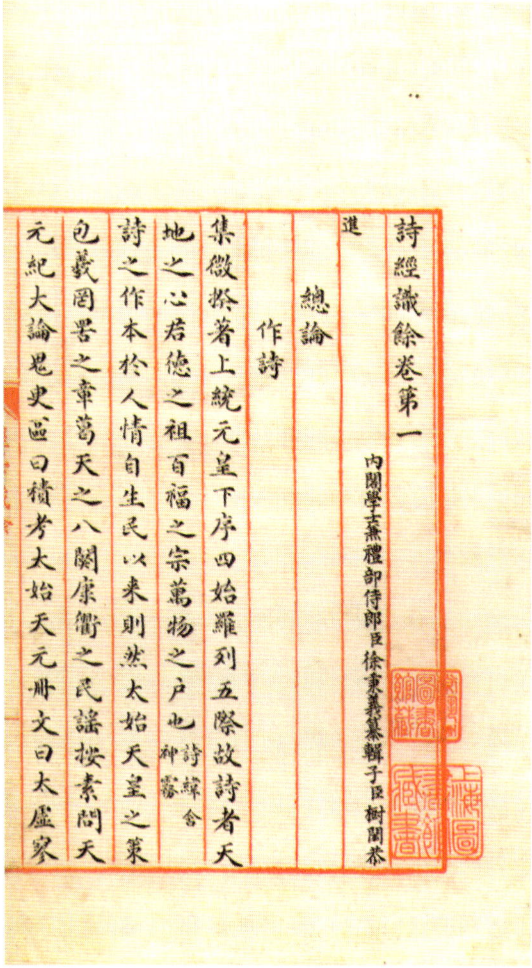
詩經識餘卷第一
內閣學士兼禮部侍郎臣徐秉義纂輯子臣樹閎恭進
總論
作詩
集微揆著上統元皇下序四始羅列五際故詩者天地之心君德之祖百福之宗萬物之戶也詩緯含神霧
詩之作本於人情自生民以來則然太始天皇之策包羲罔罟之章葛天之八闋康衢之民謠按素問天元紀大論鬼臾區曰積考太始天元册文曰太虛寥

图 1–3–5 《诗经识馀》清徐树闳抄本

除进行篇目整序外，孔子还整序了《诗》的篇章次第。《汉书·礼乐志》说：“孔子论而定之，故曰：‘吾自卫反鲁，然后《乐》正，《雅》《颂》各得其所。’”所谓“相错”，就是失序错位。经过了孔子的整理编排之后，才各归其类，也就是“各得其所”[2]。

《论语》中保留了很多孔子关于《诗》的教育意义的言论，如“《诗》三百，一言以蔽之，曰‘思无邪’”，“《诗》可以兴，可以观，可以群，可以怨。迩之事父，远之事君；多识于鸟兽草木之名”，“诵《诗》三百，授之以政，不达；使于四方，不能专对，虽多，亦奚以为”等等，它们都是孔子教育思想的具体体现。

此外，“信而好古”，“多闻阙疑”，“无徵不信”，“述而不作”，“不语怪、力、乱、神”，“毋意，毋必，毋固，毋我”等等，都是孔子整理历史文献时所把握的一种知识理性。其中“述而不作”，是孔子在整理工作中尤为坚持的一个原则。《礼记·乐记》云：“知《礼》《乐》之情者能‘作’，识《礼》《乐》之文者能‘述’。

1 施宣圆：《上海战国竹简解密》，《文汇报》2000 年 8 月 16 日，第 17 版。
2 （汉）班固：《汉书》卷二二。

作者之谓‘圣’，述者之谓‘明’。‘明’‘圣’者，‘述’‘作’之谓也。”张舜徽（1911—1992年）认为：“凡是前无所承，而系一个人的创造，这才叫做‘作’，也可称‘著’；凡是前有凭藉，而但加以编次整理的功夫，这自然只能叫‘述’。”[1]

考孔子编订《六经》的初衷，应是采选那些自上古时代流传于世的文化知识菁华，向弟子们讲授其在现实生活中已无法实践的政治理想和文化观念。因此，虽说是“述而不作”，但他也有着十分明确的意图和主旨，那就是要选择符合自己政治观、伦理观的材料，以传扬于世，实现其心目中所追求的“后虽百世可知”的流芳境界。因而他在编订《诗经》时，要“取其可施于礼义”者；在因鲁史而作《春秋》时，则取《诗经》中所寓褒贬之义，“以绳当世贬损之义”[2]。

总之，孔子通过对周代文书典籍的搜集和研读，编成《六经》，为中华民族传统文化的保存和传播作出了巨大贡献，充分彰显了作为儒家经典的竹简书册的人文功能（图1-3-6）。司马迁在《史记·孔子世家》中称赞道：“天下君王至于贤人，众矣！当时则荣，没则已焉。孔子布衣，传十余世，学者宗之。自天子王侯，中国言‘六艺’者折中于夫子，可谓至圣矣！”

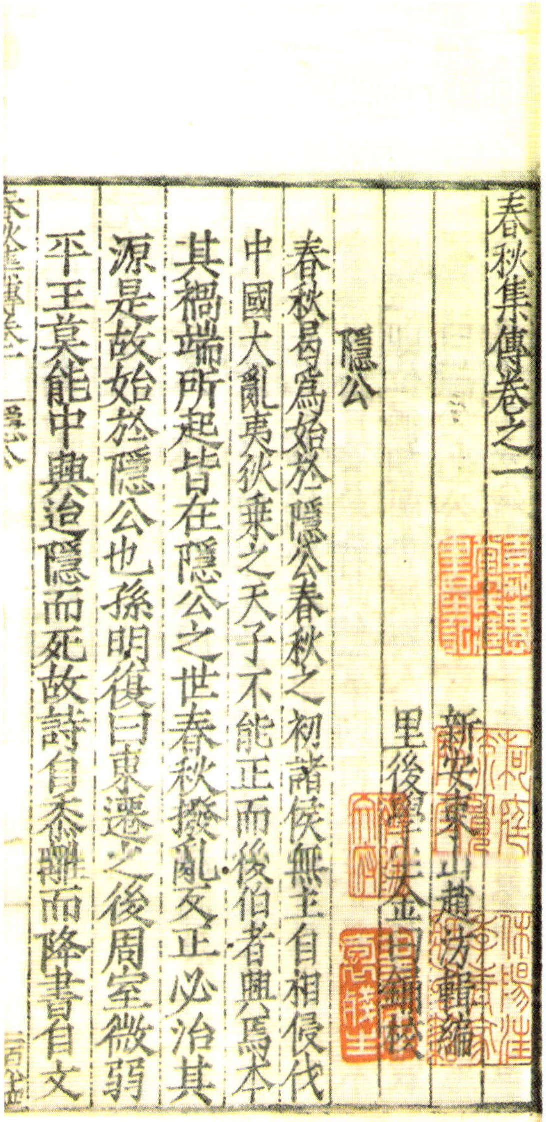

图1-3-6 《春秋集传》明嘉靖三十四年（1555年）金日鏞刻蓝印本

1 张舜徽：《中国文献学》，河南人民出版社，1987年，第31页。

2 （汉）司马迁：《史记》卷四十七。

第四节　由“熹平石经”开创的儒家经典刻石颁布传统

“熹平石经”是中国历史上最早由官府颁定的儒家经典书籍的刻石。

由于当时的图书是依靠人工辗转抄录而成的，抄来写去难免错讹百出，所以由东汉文学家蔡邕（133—192 年）与堂谿典等人联名向汉灵帝刘宏提出建议，将儒家经文刻制成石，供学官们正定校勘，作为向太学生讲授的标准经本。

蔡邕，字伯喈，陈留圉（今河南杞县）人。曾师事太傅胡广，以博学名世。后召拜郎中，校书东观。《后汉书·蔡邕传》曰：“邕以经籍去圣久远，文字多谬，俗儒穿凿，疑误后学，熹平四年，乃与五官中郎将堂谿典，光禄大夫杨赐，谏议大夫马日磾，议郎张驯、韩说，太史令单飏等，奏求正定《六经》文字。灵帝许之，邕乃自书丹于碑，使工镌刻立于太学门外。于是后儒晚学，咸取正焉。及碑始立，其观视及摹写者，车乘日千余两，填塞街陌。”[1]

从东汉熹平四年（175 年）至光和六年（184 年），历时九年，共刻成《鲁诗》《尚书》《周易》《春秋公羊传》《仪礼》《论语》，凡七部经书，计六十四石，200910 字，立于河南洛阳太学门前（今偃师市朱家圪垱村），世称“熹平石经”。经书立石、公开示人之后，每天前去观看和摹写经书的人坐的车有一千多辆。“熹平石经”的镌立对后世影响极大。

如今残存于世的“熹平石经”还有四十六石，分藏于洛阳博物馆、西安碑林及中国国家图书馆。一般认为，书丹者或为蔡邕一流的国手，其书法为汉隶成熟时期方圆兼备、点画匀称、结体工整的典范。在汉字发展长河中，由隶书转变为楷体的字体过渡中，“熹平石经”起到了桥梁性的作用（图 1-4-1）。

用刻石方式向读书人公布儒家经典著作的标准文本之举，自东汉创例之后，先后有魏“正始石经”、唐“开成石经”、五代“蜀石经”“北宋石经”“南宋石经”和“清石经”在不同的时空间问世，有力地推动了儒学在社会上的传播。

一、“正始石经”

“正始石经”，史籍中原称“三字石经”，后称“三体石经”“魏石经”，立于三国时期魏正始二年（241 年）。因碑文每字皆用古文（即春秋战国及其以前古书上的文字）、小篆和汉隶三种字体刻写，故名。继东汉“熹平石经”后建立的第二部石经。“正始石经”的内容主要为《尚书》和《春秋》。《尚书》当即马融、

1 （南朝宋）范晔：《后汉书》卷六十。

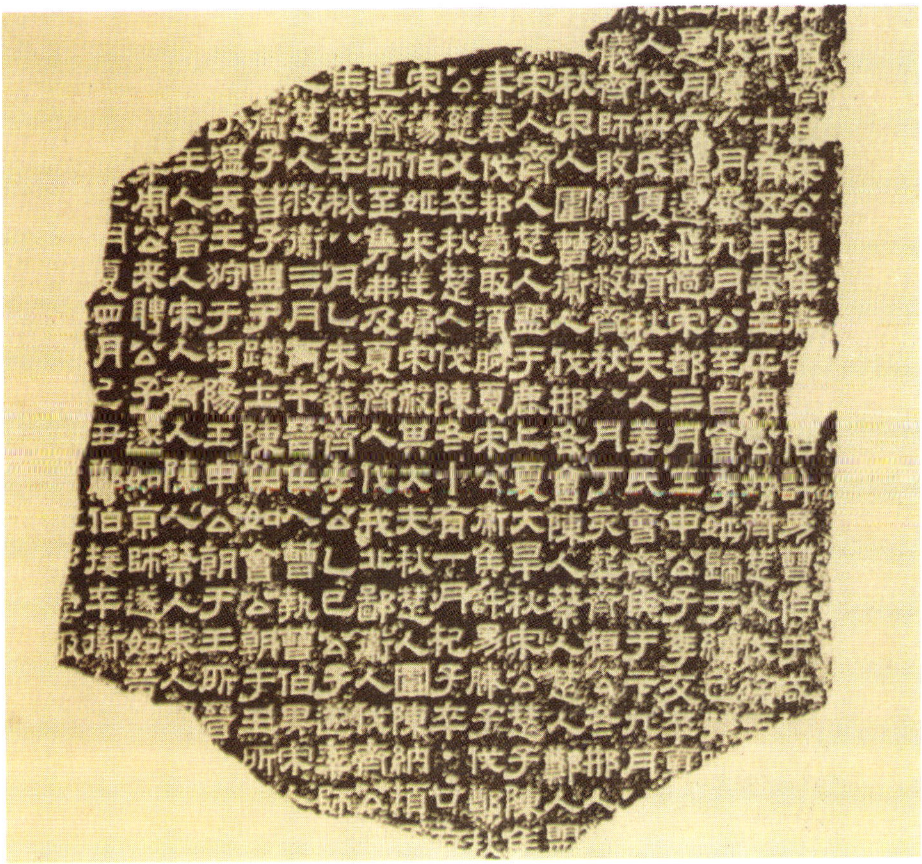

图 1-4-1 东汉熹平石经《春秋公羊传》拓本

郑玄所传的二十九篇古文尚书。《春秋》当即《汉书·艺文志》所著录的十二篇本《春秋》，而不是今文家的十一篇本。另外，《隶续》所录三体石经有《左传·桓公七年》九字，《左传·桓公十七年》二十六字。

西汉时，古文之学主要行于民间，到了东汉逐渐盛行。王莽当政时一度得立学官，东汉后期在学术上遂成压倒之势。“熹平石经”所刻都是今文本。曹魏立古文经后，遂刊刻古文经于石碑，与今文经并立太学。以弘儒训，并有校正文献内容与文字、书体之功用。《魏书·江式传》载：“又建‘三字石经’于汉碑之西，其文蔚炳，三体复宣。校之《说文》，篆隶大同，而古字少异。”[1] 又有《魏书·刘芳传》：“昔汉世造‘三字石经’于太学，学者文字不正，多往质焉。”[2]

关于碑文的书写者，主要有卫觊、邯郸淳、嵇康诸说。邯郸淳（约 132—221 年）是汉、魏间著名的书法家，萧梁袁昂《古今书评》评其书“应规人矩，方圆乃成”。最早认为邯郸淳为“正始石经”书者的是北魏人江式。北齐魏收所撰《魏书》中，载江式延昌三年（514 年）上表云：“陈留邯郸淳亦与（张）揖同时，博古开艺，特善《仓》《雅》，许氏字指，八体六书精究闲理，有名于揖，以书教诸

1 （北齐）魏收：《魏书》卷九十一。
2 （北齐）魏收：《魏书》卷五十五。

皇子。又建《三字石经》于汉碑之西，其文蔚炳，三体复宣。”[1]唐人李延寿《北史》、宋人王应麟《困学纪闻》、清人阎若璩《尚书古文疏证》、清人杭世骏《石经考异》、清人孙星衍《魏三体石经遗字考》及姚晋圻《汉魏石经考序》等皆从之。全祖望《石经考异序》则认为是出于邯郸淳而由嵇康书写。邯郸淳之说流传甚广。

卫觊（155—229年）亦是书法名家，刘宋羊欣《采古来能书人名》称他“善草及古文，略尽其妙。草体微瘦，而笔迹精熟”。卫觊说源于晋人卫恒《四体书势》。唐房玄龄等撰《晋书》引《四体书势》云：“魏初传古文音，出于邯郸淳。恒祖敬侯（卫觊）写淳《尚书》，后以示淳，而淳不别。至正始中，立‘三字石经’转失淳法，因科斗之名，遂效其形。”[2]清代顾炎武《金石文字记》、冯登府《魏石经考异》及近人杨守敬《魏三体石经残字跋》都主此说，云：“此石经即卫敬侯书，不然，石经失淳法与敬侯何涉而载之于《恒传》耶？此亦从未经人道破者。”

嵇康（224—263年，一说223—262年）的书法也很有名，尤精草书。唐人张彦远《法书要录》谓“叔度（嵇康字）善书，妙于草制。观其体势，得之自然，意不在乎笔墨”[3]，列入妙品。《晋书·赵至传》云：“赵至字景真，代郡人也，寓居洛阳……年十四，诣洛阳，游太学，遇嵇康于学写石经，徘徊视之不能去。”[4]嵇康之子嵇绍《赵至叙》亦云：“（赵至）年十四，入太学观，时先君在学写石经古文，事讫，去。”清人朱彝真《经义考》、刘传莹《汉魏石经考》及周贞亮《魏三体石经残石拓本跋》等皆据

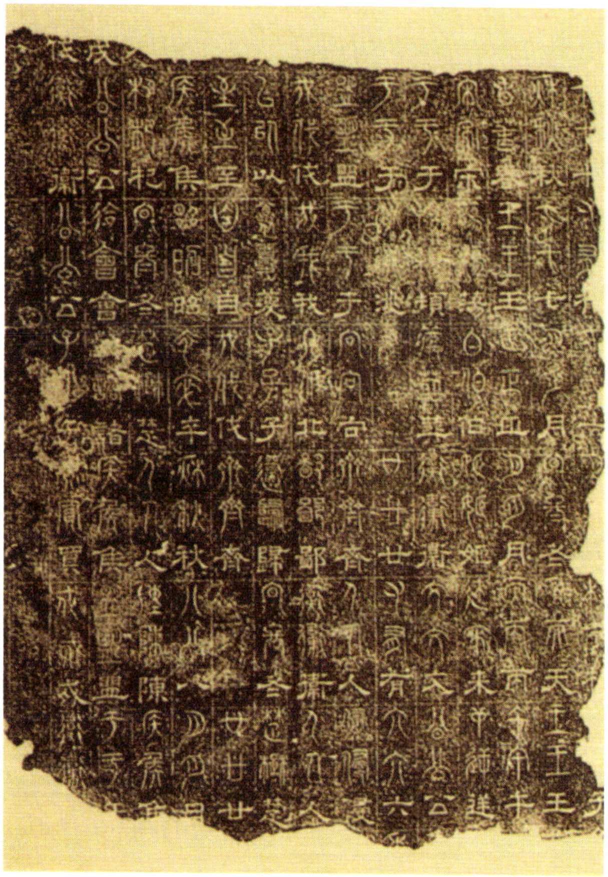

图1-4-2　三国魏正始石经《春秋》拓本

1 （北齐）魏收：《魏书》卷九十一。
2 （唐）房玄龄等：《晋书》卷三十六。
3 （唐）张彦远：《法书要录》卷八。
4 （唐）房玄龄等：《晋书》卷九十二。

此主嵇康书。三家皆说各有依据，但亦有史料质疑，因此并无定论。又或为集体合作书写。[1]

石经的正式格式是每行二十字，每字有三体，直下排列。另有品字式，古文居上，篆、隶分列下方。品字式只见于《尚书》开头的两篇《尧典》与《皋陶谟》（三体直下式也有此两篇）。另有古文一体残石，古文、篆书二体残石。每一碑面刻有纵横线条作为界格。每碑行数各不相同。王国维经推算认为最可能是三十五碑，马衡（1881—1955 年）根据 1922 年洛阳太学遗址出土的一块石经，推断正始石经应是二十八碑（图 1-4-2）。

石经刻成后，与汉“熹平石经”并立于洛阳太学。自 311 年永嘉之乱始，历经战火及朝代更替，散失损毁。如今所见的最早本子，保存在宋人洪适刻的《隶续》卷十四中，题为《三字石经左传遗字》。后石经碑版的残石于 1895 年、1922 年、1945 年和 1957 年数次出土于洛阳地区，其中民国十一年（1922 年）出土的一块残石，正面为《尚书·无逸》《君奭》，凡三十四行，背面为《春秋》僖公、文公，凡三十二行。这块残碑下部略有缺损，但所存文字完好，是迄今出土最大的也是最重要的一块。惜其出土不久即被人凿损，一剖为二。幸而存有未凿本拓片，今知国内所藏仅有一片，为马衡旧藏，有王国维的题识，今藏北京故宫博物院。

“正始石经”碑文以古、篆、隶三种不同的字体写刻，因此在中国书法史和汉字的演进发展史上具有非常重要的意义。

二、“开成石经”

“开成石经”，又称“唐石经”，为唐代的十二经刻石。始刻于文宗大和七年（833 年），开成二年（837 年）完成。唐初诏命经学大师贾公彦（生卒年不详）、孔颖达（574—648 年）订正经籍。至文宗大和年间，在郑覃（？—842 年）、唐玄度的建议下镌石太学，刻《周易》《尚书》《毛诗》《周礼》《仪礼》《礼记》《春秋左氏传》《公羊传》《穀梁传》《孝经》《论语》《尔雅》共十二种经书。此外还附刻了张参的《五经文字》和唐玄度的《九经字样》，以为应试者的文字规范。共计一百一十四石，二百二十八面，共 650252 字。

每碑经石高约 1.8 米，面宽 0.8 米。下设方座，中插经碑，上置碑额，通高约 3 米。每碑上下分列八段，每段约刻三十七行，每行刻十字，均自右至左，从上而下，先表后里雕刻碑文。每一经篇的标题为隶书，经文为楷书，按经篇次序衔接，卷首篇题俱在其中。1949 年以前“碑林管理会”将碑石去额平列，成现存的形状。

1 石经作者考证内容参照范邦瑾《魏〈三体石经〉书人略论》，《书法研究》1987 年第四期。

原碑立于唐长安城务本坊的国子监内，为当时学子必读之书，亦是抄录校对经典的标准。宋时移至府学北墉，即今西安碑林所在地。“开成石经”是我国古代七次刻经中保存最完好的一部，是研究中国经书历史的重要资料。

三、“蜀石经”

“蜀石经”，始刻于后蜀孟昶广政元年（938年），故称“广政石经”或“后蜀石经”，因地点在成都，又称“成都石经”“益都石经”。北宋赵抃在梓州、益州做官，又两次知成都府，熟悉蜀中故事，他纂辑的《成都古今记》说：“伪蜀相毋昭裔捐俸金，取《九经》琢石于（成都）学宫。”后蜀孟昶广政元年，毋昭裔将唐玄度注的《孝经》、何晏集解的《论语》、郭璞注的《尔雅》、王弼等注的《周易》、孔安国传的《尚书》、郑玄注的《周礼》、郑玄笺的《毛诗》、郑玄注的《礼记》、郑玄注的《仪礼》、杜预集解的《左传》（只刻十七卷），合共十经，连同注文，一并开凿于石，由张德钊、杨钧、张绍文、孙逢吉、朋古、周德贞等书写，陈德谦、武令升、张延族、陈德超等人镌石。后宋人田况（1003—1061年）补刻《公羊传》《谷梁传》和《左传》十八至三十卷。《公羊传》用何休解诂本，《谷梁传》则用范宁集解本。席贡（生卒年不详）补刻《孟子》，是否有注不详。晁公武（1105—1180年）补刻《古文尚书》，同时并校诸经异同，著《石经考异》，一并刊刻于石。刻经时间长达一百八十六年，加上刻《考异》时间，更长至二百三十二年。除补刻外，宋哲宗时，胡宗愈（1029—1094年）还建立了石经堂，以保护这些石经。但自南宋乾道以后，石经却下落不明。据说宋时有该石经拓本九十六册，明万历年间内阁大库犹存全部，清时内府藏《毛诗》半部，其余多在私人手中。北京图书馆藏有1965年从香港买回来的《蜀石经》一部，系宋、元时期拓本，是现存《蜀石经》的最佳之本。

“蜀石经”的最大特点一是经文和注文同刻，保存了大量的有价值的史料，故备受后人重视。该经所用底本与“开成石经”相同。刻石确数不可考，每石行数亦不详。据《周礼》《左传》等每石分为若干层，每层可能为13或14行;《公羊传》《谷梁传》，每石若干层，每层约10—20行，每行之字数，大字13—16字，小字10—23字。据《石经考》估计，该经所刻字数共为127254字。南宋时石经还基本完好，毁于元初蒙古军队入川之乱。1941年出土蜀石经残碑两块，一为《尚书》，一为《毛诗》，现均存四川省博物馆。

四、“北宋石经”

“北宋石经”，始刊于北宋仁宗庆历元年（1041年），完成于嘉祐六年（1061

年），又称“嘉祐石经”。经文用篆、楷二体书写，故又称“二体石经”。经成置开封太学，故又称“开封府石经”“国子监石经”“汴学石经”。书经人为杨南仲、谢飶、张次立、赵克继、章友直、胡恢等人。后经亡佚，现仅存残石。该经宋时已有拓本，北京图书馆现藏有多种石经拓本。

但当年所刻经数，各说不一。王应麟《玉海》谓“七经”，周密《癸辛杂谈》记为“九经”，元李师圣《修复汴学石经记》又载为“六经”，并加《论语》《孝经》等为“八经”。马衡在《中国金石学概论》中说：“综合诸说观之，北宋石经实为‘九经’。其目则为《易》《书》《诗》《周礼》《礼记》《春秋》《论语》《孝经》《孟子》。”[1]

五、“南宋石经”

“南宋石经”通称“绍兴御书石经”或“高宗御书石经”。历代所刻石经均为宣扬儒学，作范本之意，但“南宋石经”则系高宗平日习字所书。宋王应麟（1223—1296年）《玉海》记高宗曾对大臣言：“学写字不如便写经书。不惟可以写字，又得经书不忘。”又据宋叶绍翁《四朝闻见录》说：“高宗御书六经，尝以赐国子监及石本于州庠。上亲御翰墨，稍倦，即命宪圣皇后续书，至今莫能辨。”其字体也有二种：《周易》《诗经》《尚书》《春秋左氏传》《礼记》为楷书；《论语》《孟子》为行书。绍兴十二年（1142年）九月，左仆射秦桧请求镌石以颁四方。淳熙四年（1177年），建光尧之阁，陈列高宗和宪圣皇后手书的《周易》《尚书》《毛诗》《中庸》《春秋》《论语》《孟子》等刻石。

石经刻成后，约为二百块，立于临安太学首善阁及大成殿后三礼堂之廊庑。经过长时期的历史变迁，1953年浙江省文物管理委员会整理石经，共得八十六石，计《周易》二石、《尚书》七石、《毛诗》十石、《中庸》一石、《春秋左传》四十八石、《论语》七石、《孟子》十一石。另有明人吴讷《石经歌》一石。每遇避讳字，均本字缺笔，而《论语》《孟子》则多改字。现残石存于杭州碑林（原杭州孔庙）。

六、“清石经”

“清石经”，亦称“乾隆石经”，始刻于清高宗乾隆五十六年（1791年），至乾隆五十九年（1794年）完成。刊刻内容为十三经，即《周易》《尚书》《诗经》《周礼》《仪礼》《礼记》《左传》《公羊传》《谷梁传》《论语》《尔雅》《孝经》《孟子》，全部共六十三万字，加《谕旨告成表文》一碑，合共一百九十碑。“清石经”

1 马衡：《中国金石学概论》，时代文艺出版社，2009年，第105页。

是历代儒家经典刻碑中最完整的一部。

经书由康熙年间江苏金坛恩贡生蒋衡（1672—1742年）花费十二年的时间书写而成。乾隆五十六年特旨钦命和珅、王杰为总裁，董诰、刘墉、金简、彭元瑞为副总裁，并派金士松等八人随同校勘，然后将其“刊之石版，列于太学”（乾隆五十六年十一月二十一日上谕），定名“乾隆石经”。[1]实际操办石经事务并负责校订经文的是彭元瑞。他曾参与唐石经等经文校刊，写成《石经考文提要》，因急于竣工，未及照改。后来清仁宗嘉庆八年（1803年）曾加以磨改。[2]石碑原置于国子监六堂之前，后因国子监翻修改陈于国子监与孔庙之间的夹道内。现完整保存于北京孔庙。

其中“熹平石经”与三国魏正始年间所刻“正始石经”、唐文宗开成年间所刻“开成石经”，同为中国古代著名的“三大石经”。学者们指出：“石经的目的主要在于正文字。可是它却产生了另一种积极的影响，就是石经的出现导致捶拓方法的发明，从而促进了雕版印刷术在我国的诞生。”[3]

1 何广棪：《〈乾隆石经〉考述》，《古籍整理研究学刊》2008年第1期。

2 李思敬：《五经四书说略》，商务印书馆，1996年，第174页。

3 刘国钧著，郑如斯订补：《中国书史简编》，书目文献出版社，1982年，第39页。

第二章
汉唐时代的纸写本书籍

公元前221年，借助连年农耕丰登而积累了大量军事实力的秦国，依靠连年的武力征战，灭亡了其他六国的政权，结束了周代诸侯在各自封地上割据一方的战国时代，构建起了一个大一统的封建帝国。

为维护版图一统的国家格局，秦皇嬴政（前259—前210年）及其执政当局，从现实统治利益出发，急于推行和严格实施中央集权式的封建专制体制。为加强中央权威，维护国家统一，秦朝廷采取了包括设直道，统一度、量、衡，以及简化书写字体等在内的一系列社会管理措施和制度改革，并对源自春秋战国时代的多元化思想观点传统进行了残酷的清算。

史载，秦始皇三十四年（前213年），博士齐人淳于越反对当时秦国中央实行的“郡县制”，要求依照传统古法恢复“分封制”，被郡国小吏出身的丞相李斯严词驳斥。随后李斯（约前284—前208年）向嬴政提出建议：

> 古者天下散乱，莫之能一，是以诸侯并作，语皆道古以害今，饰虚言以乱实，人善其所私学，以非上之所建立。今皇帝并有天下，别黑白而定一尊。……臣请史官非《秦纪》皆烧之，非博士官所职，天下敢有藏《诗》《书》、百家语者，悉诣守尉杂烧之。有敢偶语《诗》《书》者弃市。以古非今者族。吏见知不举者与同罪。令下三十日不烧，黥为城旦。所不去者，医药、卜筮、种树之书。若欲有学法令，以吏为师。[1]

李斯的建议获得嬴政批准后，秦廷正式颁布了法令，要求各地焚烧除《秦纪》以外的各国史记文献，对秦博士官身份之外的人，凡私家有藏《诗》《书》之类文史书籍的，要限期交出烧毁；有继续谈论《诗》《书》的人，要处以死刑；有敢于“以古非今”的人，要处以灭族的严惩；禁止民间私人办学，想学法令的人要以在任官吏为师。法令一出，遂酿成中国图书文化史上的首次“书厄”奇祸。当年被焚毁的主要是简牍书。

次年，当嬴政被报告说，受命于他去民间寻求“长生不老之药”的术士侯生、卢生不仅逃逸不见了，还在民间发布攻击他的言论。秦始皇被深深激怒了，他不仅要求“吾前收天下书不

1 （汉）司马迁：《史记》卷六。

中用者尽去之”，而且责成御史去追查“为妖言以乱黔首”的咸阳诸生，经互相告发，辗转牵连，结果查获犯禁者多达四百六十余人，结果“皆坑之咸阳，使天下知之，以惩后”，还有一些，则被发谪徙边。他的长子扶苏因为发表了“天下初定，远方黔首未集，诸生皆诵法孔子，今上皆重法绳之，臣恐天下不安”的谏议，被嬴政派去北疆，做了蒙恬（？—前 210 年）军队的监军。[1]

由此可见，灭绝人性的“坑儒”之举，是在秦廷实行了旨在灭绝先秦文献的“焚书”政策之后发生的，而被“坑”的儒生术士皆“诵法孔子”者，也就是说基本上是儒家一派的读书人。《史记·儒林列传》云：“及至秦之季世，焚《诗》《书》，坑术士，《六艺》从此缺焉。”而孔子十二世孙、经学家孔安国在《尚书》序中则说：“及秦始皇灭先代典籍，焚书坑儒，天下学士逃难解散。”[2]此后，“焚书坑儒”一词，成为后人谴责秦皇苛政恶行的专用名词。

虽说当年在首都咸阳被明令焚毁的，主要是春秋战国时期的各国史记，以及《诗》《书》等儒家经典，法家以外的诸子百家著述，而《秦纪》、博士官所藏书及医药、卜筮、种植之类生活、生产用书，则不在禁毁之列，但在地方官府和民间，受到这一“焚书令”惊吓的读书人和藏书家，却为了身家性命免遭祸害，往往把家藏各种简册书籍一烧了之。

但也有若干有胆有识者是例外。除了早已流芳史册的“孔壁古文”和“伏胜复壁藏书”的故事外，在民间还流传着有关“二酉藏书”的传说。据南朝宋盛弘之《荆州记》云：“小酉山上石穴中有书千卷，相传秦人于此而学，因留之。”[3]相传这些书籍是秦朝的儒生冒着生命危险藏于大酉山和小酉山的山洞中的。后世形容博览群书、学识丰富的成语“书通二酉”，就出典于此。所谓“二酉”便是指大酉山与小酉山。现在到湖南西部的沅陵县山区，还能找到这个故老相传的“二酉藏书洞”。

第一节　从除“挟书律”到“书积如丘山”

通过焚书来进行思想钳制的专制手段，早在秦孝公当政时期，法家代表人物商鞅（约前 395—前 338 年）就曾采用过。据《韩非子·和氏》记载：“商君教孝公以连什伍，设告坐之过，燔《诗》《书》而明法令……孝公行之。主以尊安，国以富强。”《商君书》则说得更为具体：“偶语《诗》《书》者弃市，敢有挟书者族，以古非今者族，妄言者族，诽谤者族，吏见知不举者与同罪。”因此，早于

1（汉）司马迁：《史记》卷六。
2（汉）司马迁：《史记》卷一百二十一。
3（宋）李昉等：《太平御览》卷四十九。

李斯百余年的商鞅，是“焚书”这一反文明恶行的始作俑者，但秦始皇一统华夏后所实行的“焚书坑儒”行动，却是有史以来中国文献资源所遭受的第一次大面积重创（图 2-1-1）。

紧接着的一次集中式的文献资源重创，则来自项羽（前 232—前 202 年）军“西屠咸阳”的纵火。在“三月不灭”的包括咸阳宫在内的秦宫室大火中，博士官所藏文献，自然难逃玉石俱焚之劫。[1]刘邦（前 247—前 195 年）得萧何（前 257—前 193 年）之助，当刘军入城，其麾下诸将领纷纷抢占藏有金、帛、财物的官府时，只有萧何抢先入府，是为了没收秦丞相、御史的律令、图书，使之为用兵驭民之用。

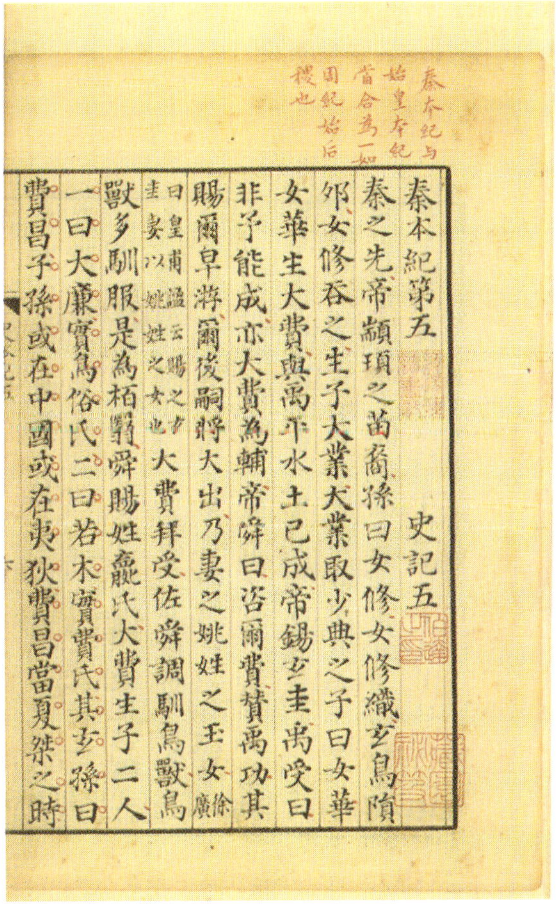
秦本紀與始皇本紀皆合為一如周紀始后稷也
秦本紀第五　史記五
秦之先帝顓頊之苗裔孫曰女修女修織玄鳥隕
卵女修吞之生子大業大業取少典之子曰女華
女華生大費與禹平水土已成帝錫玄圭禹受曰
非予能成亦大費為輔帝舜曰咨爾費贊禹功其
賜爾皁游爾後嗣將大出乃妻之姚姓之玉女
大費拜受佐舜調馴鳥獸鳥
獸多馴服是為柏翳舜賜姓嬴氏大費生子二人
一曰大廉實鳥俗氏二曰若木實費氏其玄孫曰
費昌子孫或在中國或在夷狄費昌當夏桀之時

图 2-1-1　《史记》清蒋廷锡藏抄本

公元前 207 年，秦王朝终于被推翻。但沛县农家出身的刘邦，对儒家者言根本不感兴趣，因此，汉王朝初期的朝野，依然沿袭着不敢论学不敢藏书的文化禁锢传统。直至吕后（前 241—前 180 年）实际主持朝政，曹参（？—前 190 年）担任相国的汉惠帝四年（前 191 年），秦时的“挟书律”才被汉朝廷正式废除，激活了自秦廷“焚书坑儒”以来一直受到打压的先秦诸子学术思想，并为儒家学说后来被汉武帝刘彻（前 156—前 87 年）确立为汉王朝的国家正统学术，提供了文化基础和社会氛围。

汉武帝刘彻开创了由中央政府下令向民间征集图书的先例。“于是建藏书之策，置写书之官，下及诸子传说，皆充秘府。”[2]他还采纳了董仲舒（前 179 年—前 104 年）抑黜百家、推明孔氏的建议，于是在春秋战国时期已有中国思想文化主体地位的《六经》，[3]顿时身价倍增，一举促成了中国古文献的首次复兴（图

1 朱渊清：《再现的文明：中国出土文献与传统学术》，华东师范大学出版社，2001 年，第 17 页。
2 （汉）班固：《汉书》卷三〇。
3 郭伟川：《先秦六经与中国主体文化》，北京图书馆出版社，2007 年，第 6 页。

2-1-2）。班固在《汉书·武帝纪》中曾高度称颂道："孝武初立，卓然罢黜百家，表彰《六经》，遂畴咨海内，并其俊茂，与之立功……号令文章，焕焉可述，后嗣得遵洪业。有三代之风。"[1]

汉初尽管先后经历了严酷的"焚书坑儒"、项羽在咸阳大肆烧杀之劫，但在民间还是散落有若干包括《六经》在内的先秦古书。如出身于汉皇族的河间献王刘德（？—前130年），因修学好古，就曾在邦国内向民间征书，结果得到了不少用古文辞书写的"先秦旧籍"。因此，司马迁在《史记·六国年表》的序文中曾致慨道："《诗》《书》所以复见者，多藏人家，而史记独藏周室，以故灭。"[2]

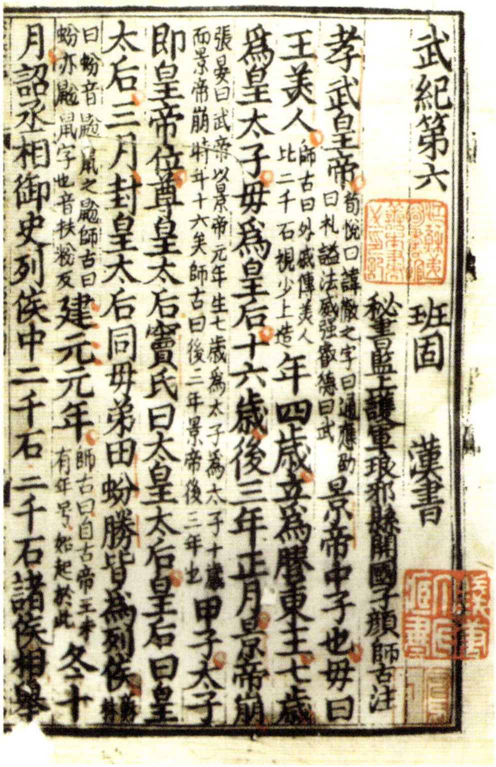
武紀第六　漢書
班固　秘書監上護軍琅邪縣開國子顏師古注
孝武皇帝荀悅曰諱徹之字曰通 應劭曰禮謚法威彊叡德曰武 景帝中子也母曰
王美人師古曰外戚傳美人比二千石視少上造 年四歲立為膠東王七歲
為皇太子母為皇后十六歲後三年正月景帝崩
張晏曰武帝以景帝元年生七歲為太子為太子十歲而景帝崩時年十六矣 師古曰後三年景帝後三年也 甲子太子
即皇帝位尊皇太后竇氏曰太皇太后皇后曰皇
太后三月封皇太后同母弟田蚡勝皆為列侯
曰蚡音鼢鼠之鼢 師古曰蚡亦鼢鼠字也音扶粉反 建元元年師古曰自古帝王未有年號始起於此 冬十
月詔丞相御史列侯中二千石二千石諸侯相舉

图 2-1-2　《汉书》明正统八年至十年（1443—1445年）刻本

秦博士官伏胜（前260—前161年），当年曾抗命潜逃，把冒着风险携回的简册书籍密藏在济南家中的复壁里。待到秦亡汉兴，他找出当初私藏时，却遗憾地发现已经缺失了数十篇。但因为他一直在齐鲁一带民间坚持教学，还是培养了一些懂得《尚书》的弟子。汉文帝刘恒（前202—前157年）时，他又奉命把《尚书》之学传授给了朝廷派来求学的晁错（前200—前154年）。晁氏听讲结束后，用笔在简册上记录、整理成了二十八篇《尚书》，交给秘府珍藏。是为"今文本《尚书》"。[3]

公元前154年，由淮阳王徙为鲁王的汉景帝之子刘余，为扩建其王宫，命人拆毁了孔子旧宅，结果在孔家老房子的墙壁里，发现了数十篇简册本的古代经传。汉武帝派特使前往调取，发现是时人已不认识古文字本。据《论衡·正经》说："遂

1（汉）班固：《汉书》卷六。
2（汉）司马迁：《史记》卷十五。
3 朱渊清：《再现的文明：中国出土文献与传统学术》，华东师范大学出版社，2001年，第18页。

秘于中，外不得见。”[1] 也就是说，既然大家都看不了，那就作为古董珍藏在皇宫中，此后秘不示人了。

其实这是一批极其珍贵的古文献。刘歆在《移让太常博士书》中述其原委道：

至孝文皇帝，始使掌故晁错，从伏生受《尚书》。《尚书》初出于屋壁，朽折散绝，今其书见在，时师传读而已。《诗》始萌芽，天下众书，往往颇出，皆诸子传说，犹广立于学官，为置博士。在朝之儒，唯贾生而已。

至孝武皇帝，然后邹、鲁、梁、赵，颇有《诗》《礼》《春秋》先师，皆出于建元之间。当此之时，一人不能独尽其经，或为《雅》，或为《颂》，相合而成。《泰誓》后得，博士集而赞之。故诏书曰：“《礼》坏，《乐》崩，《书》缺，简脱，朕甚闵焉。”时汉兴已七八十年，离于全经固以远矣。

及鲁恭王坏孔子宅，欲以为宫，而得古文于坏壁之中，《逸礼》有三十九篇，《书》十六篇，天汉之后，孔安国献之。遭巫蛊仓卒之难，未及施行。及《春秋》左氏丘明所脩，皆古文旧书，多者二十余通，藏于秘府，伏而未发。

孝成皇帝愍学残文缺，稍离其真，乃陈发秘藏，校理旧文，得此三事，以考学官所传经，或脱简，或脱编。博问人间，则有鲁国桓公、赵国贯公、胶东庸生之遗学与此同，抑而未施。此乃有识者之所叹寖，士君子之所嗟痛也。[2]

关于这批出自孔子老家墙壁中的经典古册，刘歆说发现了《礼》十七篇以外的古文三十九篇（已佚），古文《尚书》十六篇；《汉书·艺文志》说有《尚书》《礼》《论语》《孝经》；《说文解字·叙》则说有《礼》《尚书》《春秋》《论语》《孝经》。这些文献被称为“古文经”。有些人认为这是当年孔子教学用的原本，有些人则认为这是后人伪造的。这就引起了经学上的今文、古文两派之争。相信当时经师传授的版本为正确的人为“今文派”，因为这些本子是以当时通行的字体写的；相信壁中书为真本的人为“古文派”。当时朝廷支持的是“今文派”学者，并且用今文作为了当时最高学府——太学的教本，但在民间则有一些老派的读书人一直传授的是古文。这今古文之辨，引起了汉代学术界很大的意见分歧和争论（图2-1-3、图2-1-4）。

这其中争议最为激烈的，是围绕着《书》展开的。朱渊清指出：“孔壁书的发现，使古文经得以再现于世，而古文经的出现，令今文经的至尊地位受到挑战，经学内部出现了激烈的争斗。东汉后期，古文经在与今文经的多次交锋之后，终于占据了优势。如果说相对于热衷政治的今文经，古文经表现出对追求真实的学

1 （汉）王充：《论衡》卷二十八。

2 （清）姚惜抱：《古文词类纂评注》，安徽教育出版社，1995年，第780页。

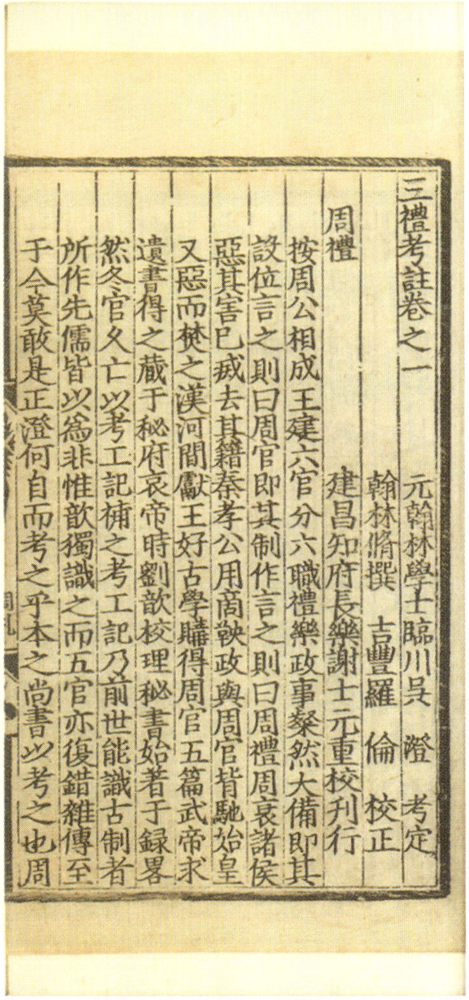
三禮考註卷之一
元翰林學士臨川吳 澄 考定
翰林脩撰 吉豐羅 倫 校正
建昌知府長樂謝士元重校刊行
周禮
按周公相成王建六官分六職禮樂政事粲然大備即其
設位言之則曰周官即其制作言之則曰周禮周衰諸侯
惡其害已滅去其籍秦孝公用商鞅政與周官背馳始皇
又惡而焚之漢河間獻王好古學購得周官五篇武帝求
遺書得之藏于秘府哀帝時劉歆校理秘書始著于録畧
然冬官久亡以考工記補之考工記乃前世能識古制者
所作先儒皆以爲非惟歆獨識之而五官亦復錯雜傳至
于今莫敢是正澄何自而考之乎本之尚書以考之也周

图 2-1-3 《三礼考注》明成化谢士元刻本

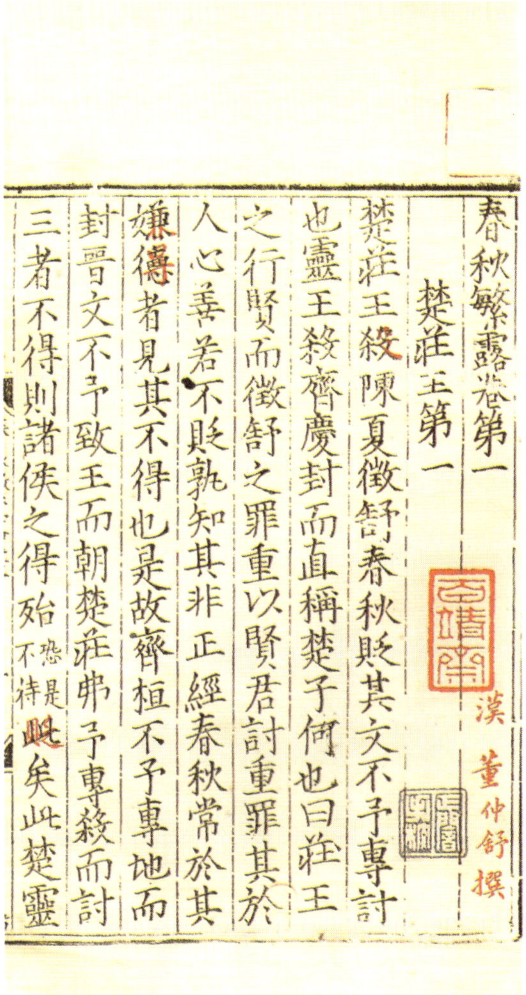
春秋繁露卷第一
漢 董仲舒 撰
楚莊王第一
楚莊王殺陳夏徵舒春秋貶其文不予專討
也靈王殺齊慶封而直稱楚子何也曰莊王
之行賢而徵舒之罪重以賢君討重罪其於
人心善矣不貶孰知其非正經春秋常於其
嫌得者見其不得也是故齊桓不予專地而
封晉文不予致王而朝楚莊弗予專殺而討
三者不得則諸侯之得殆恐是不待貶矣此楚靈

图 2-1-4 《春秋繁露》明刻本

术的更大兴趣的话，那么也可以说，正是随着古文经的兴起，中国传统学术基本确立了文字、训诂、校勘等文献考据学的技术和方法”[1]，也就是说，古文经学的地位终于被确立，具有非常重要而深远的学科建设意义。

经过广泛的图书征集，汉王朝的藏书资源得到了很大的积累和增容，百年之间，书积如丘山。这些书藏在各处，如宫廷内的延阁、广内，宫廷外的政府文化部门，太常、太史等制礼修史的地方等。但是这些书籍都是十分零乱的。每一种书包括许多篇，每种或每篇书都是各地各时不同的写本，有用古文写的，也有用今文写的。公元前 26 年，汉成帝一方面再次命陈农到各地征集图书，另一方面下令光禄大夫刘向和军事专家、史官以及侍医各一人，负责有系统地整理和考订这些征集来的书籍。

刘向的工作是先用写本校定篇目。如《管子》一书，他总共使用了五百六十篇书，其中皇家藏书共三百八十篇，其余的一百八十篇是从民间采集或向私人借

1 朱渊清：《再现的文明：中国出土文献与传统学术》，华东师范大学出版社，2001 年，第 26 页。

来的。在五百六十篇书中，剔除重复，校定为八十六篇，每篇又各有数种或几十种写本，选其中比较好的写本，定为正本，用其余的本子互相校正。这样就校定了每一篇的文字。然后再写一篇叙录（即“内容提要”），注明撰写人、书本、内容大意，称为《别录》。这样校定之后才抄清成为定本。

与刘向同事的任宏、尹咸、李柱国三人，分别担任兵书、数术、方技三类书籍的校订工作，刘向独自整理六艺、诸子、诗赋三类图书。刘向辛勤工作了十九年，但是终其一生，也未能完成校雠。他死后，汉哀帝又命他的儿子刘歆继续工作。刘歆根据刘向所编的《别录》，编成了中国第一部图书分类目录《七略》。刘向的《别录》是中国最早的一部解题书目，《七略》则创造了中国目录学上主题分类及著录编目的制度。

这是我国书籍的第一次大整理。大概一个世纪以后，班固将《七略》编入了《汉书》，称为《艺文志》。《别录》和《七略》如今都已经散佚，目录中所记载的著述多数也已不存在，但是根据《汉书·艺文志》所著录的目录，可以看到这些著述的大概内容和当时书籍、学术发展的状况，还可以显示出汉代国家图书馆的藏书情况。

还应指出的一点是，在断简残编中把原书整理出来是极其艰难的工作。刘向等人虽然已经很审慎，但也不能避免错误。现在古书中的错误，其来源之一就是当时未及察觉改正或者错误编入的。

东汉王朝初年（约29年），刘向、刘歆整理过的宫廷藏书被迁往洛阳，藏在兰台，而那以后续收来的书册则藏在东观和仁寿阁。虽经西汉末年战乱，藏书损失惨重，但到东汉初期，皇室所拥有的文献资源又得到了一定程度的恢复。

第二节　取简牍载体而代之的纸本书籍

“欲知千载外，端赖古人书。”文字的书写，使得许多原本口耳相传的东西逐渐被记录成为文书。而辗转抄录，则使得复制和流传的社会需求，成为一种完全可能的文化消费，而流通范围的扩大和流传后世的愿望，直接导致了图书传播问题的发生。社会传播和历史流传，是书籍制度发生变革的永恒动力（图2-2-1、图2-2-2）。

金克木在《中国书的三期变化》中指出，中国书籍由金石雕刻而简牍帛纸抄写而纸本印刷，“都是由书的生产方法不同而来。这既和社会生产力有关，又和文化的发展同步进行，交互影响。虽可分期，但后期里前期面貌并未绝迹”。他指出：

从秦、汉起书写代替雕刻，不但文字由篆变隶，文体由简变繁，而且对

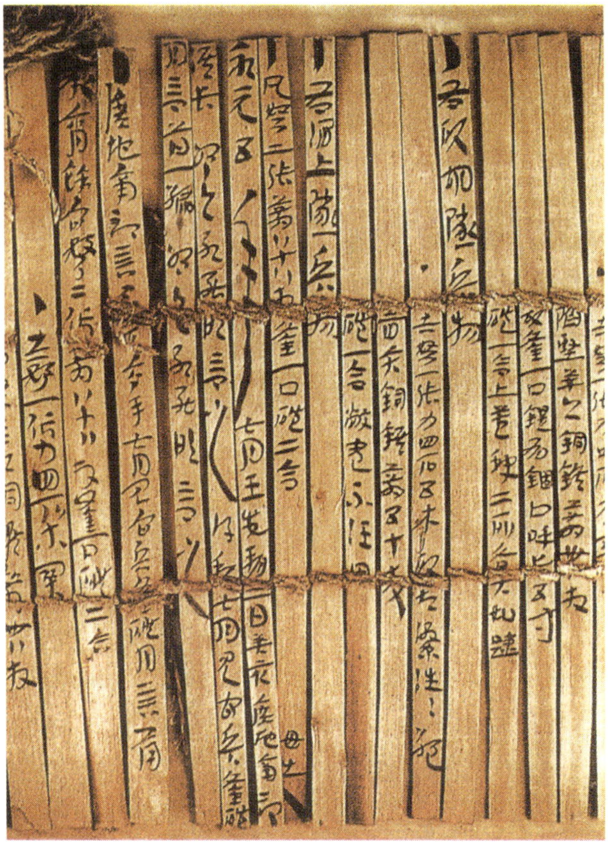

图 2-2-1 《永元器物簿》汉简册装

图 2-2-2 新疆和田出土《舅卖甥女》案牍

简册和口头传闻都大加整理。几乎所有的秦以前文献除金石的以外（甲骨已埋没），都通过汉（代）人之手而传下来。用纸和毛笔较以前用刀镌刻便利，容易复制和传播。到隋、唐时，文化已大大普及。读书不是算“五车”简册而是要“破万卷”了。从汉代的古籍整理到唐代的“定稿”（石经），书都是传抄的。抄书的影响之广大和复杂一言难尽。例如书法艺术由晋、唐大发展即是一例。[1]

诚然，作为书写载体的简牍，其最大的缺憾是每枚承载的文字量比较有限，编连成书后体积较大，分量也比较重；帛书虽然轻便，成本却要高出简牍很多，不便于普及。于是，兼简牍、缣帛之优长的书写材料——纸张终于被发明出来了。造纸技术的发展和提高，使中国书籍开始步入一个崭新的时代。

自从发明植物纤维纸之后，尤其是汉和帝元兴元年（105 年），经宫廷用品总监蔡伦（61—121 年）改良民间造纸术成功之后，原料丰富而价格低廉，质地轻柔而易于书写的纸张，其优越性很快体现出来，与简策、缣帛并用于世，成为世间通行的书写材料，并最终取而代之（图 2-2-3）。

1 金克木：《旧学新知集》，生活·读书·新知三联书店，1991 年，第 2—3 页。

图 2-2-3　金关纸

蔡伦对造纸术的改良，主要是扩大了造纸原料，改进了造纸工艺，提高了纸品的质量。在实践中，经他改进的造纸术还在不断提高。后来一位名叫左伯（字子邑，一作邕）的人，尤得“蔡侯纸”的工艺精髓。据记载，经他手制造出来的纸“研妙辉光”，也就是纸张匀洁细密，色泽鲜艳，超越了蔡伦“蔡侯纸”的技术水平，人称“左伯纸”。当时文人、书画家把“左伯纸”“韦诞墨”和“张芝笔”视作文房上品，歆慕不已。萧子良答王僧虔书中有“子邑之纸，妍妙辉光；仲将之墨，一点如漆；伯英之笔，穷声尽思”[1]之赞。

现据范晔《后汉书》的记载，可以得见其时纸张在社会活动中的踪迹。先看宫廷之中，汉和帝的皇后邓绥（81—121 年）执政后，曾明令禁绝地方进贡，“岁时但供纸墨而已”[2]。又少府属官中有一个职务称“守宫令”，主管御纸、笔、墨等事务，又有尚书右丞一人，主管官署印绶及纸、笔、墨等事务。说明在当年，用于书写的纸、笔、墨，都还是一种十分紧俏的配给物资。

在民间，汉章帝建初元年（76 年），古文经学大师贾逵（174—228 年）应诏在北宫白虎观、南宫云台讲《古文尚书》和《左氏传》，并具奏《左氏传》长于《公羊》《谷梁》二传之义。章帝十分满意，不但赐布五百匹，衣一袭，且“令逵自选《公羊》严、颜诸生高才者二十人，教以《左氏》，与简、纸经传各一通”[3]。所谓“经传”，是指儒家经典本身和解释经典的传述。如《汉书·刘歆传》云：“时丞相史伊咸以能治《左氏》，与歆共校经传。”[4]再如《史记·太史公自序》云：“六艺经传以千万数，累世不能通其学，当年不能究其礼。”[5]

汉献帝建安年间，离乱中嫁入匈奴十二年的蔡邕之女文姬归汉，重嫁于陈留董祀。后董祀犯法当斩，文姬请曹操赦免之。《后汉书·列女传》记载下了曹操与蔡文姬的一段对话：“操因问曰：‘闻夫人家先多坟籍，犹能忆识之不？’文姬曰：‘昔亡父赐书四千许卷，流离涂炭，罔有存者。今所诵忆，裁四百余篇耳。’操曰：‘今当使十吏就夫人写之。’文姬曰：‘妾闻男女之别，礼不亲授。乞给纸笔，真

1 （唐）张怀瓘：《书断》卷一。
2 （南朝宋）范晔：《后汉书》卷一〇。
3 （南朝宋）范晔：《后汉书》卷三十六。
4 （汉）班固：《汉书》卷三十六。
5 （汉）司马迁：《史记》卷一百三十。

草唯命。’于是缮书送之，文无遗误。”[1]

以上为东汉朝廷官府用纸抄写文字书籍的明例。终东汉之世，书写材料仍以简帛为主，纸张虽已进入社会生活，但尚未取代简帛而成为书写材料的主体。甚至在魏、晋时代，官府公牍还以简策为主，但纸写本书籍已经多起来了。

图 2-2-4 《三国志》纸写本残卷

清末在新疆库车发现的西晋元康六年（296 年）佛经残片，是有年代可考的现存最古老的纸写本文献之一。1924 年在新疆善县发现的晋人写本《三国志》残卷，存有一千余字，1965 年又在新疆吐鲁番英沙古城南的一座佛塔遗址中发现了《三国志》残卷，存有五百七十余字，都是四世纪的遗物（图 2-2-4）。公元 404 年，东晋桓玄帝发布命令说：“古无纸，故用简，非主于敬也。今诸用简者，皆以黄纸代之。”[2] 纸张这才成为朝野最通用的书写载体。

隋、唐时期（581—907 年）的造纸技术已经有了相当水平的发展，是我国写本书的极盛时期。地方手工业造纸日渐发达，原料不断扩大，数量不断增长，为政府和私人供应着写书、抄书以及社会日常生活中所需的各种纸张。据《新唐书·地理志》《通典·食货志》的记载，当时的常州、杭州、越州、婺州、衢州、宣州、歙州、江州、池州、信州、衡州、益州、韶州、蒲州、巨鹿等地是全国产纸和供纸的主要地方。

在这时期的后半期，我国劳动人民已经发明了雕版印刷术，但还没有成为书籍生产的主要方式。这时期的书籍主要还是写本。二十世纪初在甘肃敦煌鸣沙山莫高窟发现的两万五千余卷文献，大多数是西晋末期到北宋初期的纸写本（有少数是刻本）。而在六至七世纪之间写本的发展达到了它的最高峰。这是有其社会政治原因的（图 2-2-5）。

隋政权的建立，结束了魏、晋以来长期动乱的局面。唐代初年社会经济得以恢复，生产有了发展，社会得到安定。政治方面进行了一些改革，废除了魏、晋以来的贵族世家袭官制度而代之以科举选士。这对于促进文化的发展和读书人数

1 （南朝宋）范晔：《后汉书》卷八十四。

2 （宋）李昉等：《太平御览》卷六〇五。

图 2-2-5 敦煌藏经洞第 17 窟外景

的增加是有积极意义的。同时造纸技术的进一步提高，书籍装潢的改进，为写本书的发展提供了更加有利的条件。

隋、唐统一中国之后，十分注意收集书籍。隋文帝时（581—604 年）采纳秘书监牛弘的建议，下诏书：献书一卷，给绢一匹，校写定本后，原书归还原主。政府借民间异书抄录储存，藏书为之增加，达三万余卷。隋炀帝继位后（605—616 年）把秘阁藏书限写五十副本，又大加收集，藏于洛阳，编成目录，计藏书达八万九千六百六十六卷。然而，这些藏书在隋唐之间又大半散佚。

唐初高祖武德年间，继续收购遗书，重加钱帛，数年间，群书略备。太宗时，令狐德棻、魏征等人又请太宗下令征求书籍，并派学士们进行校定。于是，国家藏书为之大增。唐玄宗开元三年（715 年）命褚无量等校正内库所藏各书。七年下令“公卿士庶之家，所有异书，官借缮写”[1]，藏于东都乾元殿。据毋煚所撰《古今书录》记载，其时藏书共有三千六十部，五万一千八百五十二卷。此外有佛经、道经二千五百余部，九千五百余卷。又据《通考》记载：开元年间，长安、洛阳“两都聚书四部，以甲、乙、丙、丁为次，列经、史、子、集四库，其本有正有副，轴、带、帙、签皆异色别之”[2]。可见，这时政府藏书已发展到非常完备的程度。遗憾的是，安禄山之乱，这些书籍又都散失殆尽。文宗开成年间又重行搜集，达到五万六千四百七十六卷。但自黄巢起义之后，战争不绝，长安屡经兵乱，到了唐末，御书秘阁充教坊或为诸军人占住，这些图书又散失无存。尽管如此，它都表现了我国图书发展的迅速，也表现着隋唐时代社会政治、经济文化的水平。

政府藏书之外，各佛寺道院也有很多藏书。尤其这时期的封建统治阶级都迷

1 （五代）刘昫等：《旧唐书》卷四十六。
2 （元）马端临：《文献通考》卷一百七十四。

（1）斩竹漂塘

（2）煮楻足火

（3）荡料入帘

（4）覆帘压纸

（5）透火焙干

图 2-2-6　古纸的制造方法

信宗教，在全国各地建立了无数寺院。寺院凭借着庄园经济的剥削，大力造像、写经、进行宣传。据《隋书·经籍志》记载隋代曾普诏天下“计口出钱，营造经像”，“并官写一切经，置于寺内”，“天下之人，从风而靡”，民间佛经超过“六经数十百倍”[1]，可见佛经数量之多。到了唐代，抄写佛经的风气，在全国更加达到惊人的地步。

由于书籍既不易得到，抄写又多费财资，就出现仅从全书中抄出自己有用或喜欢的一个部分，作为诵读之资，典藏之本。这种节抄方式，为朝野所习用。如司马迁《史记》百三十篇，《汉书》一百卷，本无单篇别行，而《后汉书·窦融传》有记载曰：“帝赐融以《外属图》及太史公《五宗》《外戚世家》《魏其侯列传》。”[2]又《后汉书·王景传》云：“以尝修浚仪，功业有成，乃赐景《山海经》《河渠书》《禹贡图》。”[3]《河渠书》本系《史记》中的一篇，被别裁抄出，作为皇帝的赏赐品。

总之，在四世纪之后，简策已不再多见，人工合成制作的纸张成为文字书写的主流物质载体。而魏、晋、南北朝、隋、唐、五代时期，也被称为中国书籍史上的“写本书籍时代”，因为这一时期，造纸技术已经完全成熟，纸品十分丰富，而源起于佛经传播用的雕版印刷技术还未全面流行开来，中国古书大多以纸写本形式在社会上传播和传承（图 2-2-6）。因此，专家们认为：“公元二至三世纪是纸、简、帛的并行时期，四世纪后简、帛逐渐绝迹，被纸写书所代替。从四世纪到八世纪印刷术发明之前，则成为纸写书的最发展的时代。”[4]

综上所述，在这一段长达三百年左右的历史长河中，品类众多的各种书籍，都是被人直接书写在纸张上的。因纸张原料和人力抄写都较易，而且复本易被抄写流传，甚而作为商品在集市上买卖流通，因此，古人和时人著作的流传，也较以前来得容易了。至于被汉译过来的佛经，更成为信众们传抄转录的对象。抄录复本和作为商品流通的抄本书籍，促进了文化、学术、思想的传播和传承，这都是纸张被用作书写载体的结果。

中国是世界上最先制造出植物纤维纸的国家。公元四世纪末，我国的造纸术最先传入毗邻国家朝鲜、日本、越南、印度；稍后传入中亚、西亚、欧洲、非洲、美洲，最终传遍了全世界。

---

1 （唐）魏征等：《隋书》卷三五。

2 （南朝宋）范晔：《后汉书》卷二三。

3 （南朝宋）范晔：《后汉书》卷一〇六。

4 刘国钧著，郑如斯订补：《中国书史简编》，书目文献出版社，1982 年，第 40—41 页。

第三节 书籍市场的萌芽与佣书职业的诞生

汉初，博士叔孙通领导一批儒生为新朝制定朝仪，施行之日，使自马上得天下的高祖刘邦惊叹："吾乃今日知为皇帝之贵也。"[1]稍后刘邦又受儒者陆贾的影响，开始懂得《诗》《书》之类经典对自己统治天下的重要作用。此后，两汉王朝历次征书和整理图书的举措，都是基于这一认识而加以实施的。

西汉以来，朝廷在征书或鼓励民间献书的过程中，往往通过赐以财物的举措来吸引、回馈献书者。如河间献王刘德以"加金帛赐以招之"的办法，从民间得到善本书就是一例。以财物奖励献书之人，尚不具备商品交换的性质，但是其事说明当时人们对书籍具备交换的价值已经有了初步的认识。

书籍市场是古代文化传播的重要渠道，它的形成需要具备先决条件，即社会形成对书籍的较大规模需求，以及书籍作为商品能够顺利入市流通，并获取效益。

一、书籍市场在汉代的萌芽

综合考察两汉时期文化事业建设发展的概况，我们发现由于统治者对书籍的重视，促使社会书籍生产量大增，从而刺激了对书籍的社会需求，最终出现提供书籍社会流通的中介场所——书肆。由此观之，判定两汉时期图书市场已经萌芽的依据是成立的。

（一）社会形成普遍重视书籍的风气

武帝时期确定"独尊儒术"的国策，急需培养大批能够推广儒学的人才，其措施就是兴学，举荐贤良文学，增加博士弟子员名额。武帝即位，董仲舒就在对策中建议兴办太学。《汉书·董仲舒传》记述董仲舒的对策："夫不素养士而欲求贤，譬犹不琢玉而求文采也。故养士之大者，莫大乎太学；太学者，贤士之所关也，教化之本原也。今以一郡一国之众，对亡应书者，是王道往往而绝也。臣愿陛下兴太学，置明师，以养天下之士，数考问以尽其材，则英俊宜可得矣。"[2]

终西汉一代，武帝后的几位帝王都重视办学荐士。昭帝时举贤良文学，增博士弟子员满百人，宣帝末增倍之。元帝好儒，能通一经者皆复。数年，以用度不

1 （汉）司马迁：《史记》卷九十九。

2 （汉）班固：《汉书》卷五六。

足，更为设员千人，郡国置《五经》百石卒史。成帝末，增弟子员三千人。东汉光武初兴之际，就兴建太学博士舍和内外讲堂，一时诸生横巷，为海内所集。这种兴学盛况在东汉得到很好的延续。

朝廷官学的兴盛，促使大量欲求进学的年轻人和已经在学的众多博士弟子员需要教科书。从官学方面讲，应当及时提供标准的经学文本，以宣扬官方思想。可以说，这种双向的需求，在某种程度上促进了政府组织学者经常进行图书整理和书籍编纂的活动。

官方以学识选拔人才和个人对自己立身处世的欲望，在社会有志人群中培养了大量对书籍富有依赖关系的学者书生。东汉汝南安成人周磐，少游京师，学《古文尚书》《洪范五行》《左氏传》，一生读书讲学。据《后汉书·周磐传》记载：其死之前交代后事，要求"编二尺四寸简，写《尧典》一篇，并刀、笔各一，以置棺前，示不忘圣道"[1]。二十世纪以来，在秦、汉墓葬中出土了大量竹帛书籍，其墓主各种身份不一，而雅爱书籍之意则一。

（二）社会图书生产量不断增长

当汉初解除秦代对私学的禁令之日起，私人著述就如春笋破土，渐成风气。

至东汉，经学大师们的著述更是惊人。《后汉书·贾逵传》："逵所著经传义诂及论难百余万言，又作诗、颂、诔、书、连珠、酒令凡九篇，学者宗之，后世称为通儒。"[2]《后汉书·郑玄传》："门人相与撰玄答诸弟子问《五经》，依《论语》作《郑志》八篇。凡玄所注《周易》《尚书》《毛诗》《仪礼》《礼记》《论语》《孝经》《尚书大传》《中候》《乾象历》，又著《天文七政论》《鲁礼禘祫义》《六艺论》《毛诗谱》《驳许慎五经异义》《答临孝存周礼难》，凡百余万言。"[3]

大量官私著述的问世，使社会积聚了适应多方面需要的书籍，为图书的社会流通提供了基本的来源。

（三）图书交换的社会中介机构的出现

据史料记载，早在西汉已经形成自发的图书交换场所，至迟在西汉末年出现以图书买卖为主要经营业务的书肆。

槐市在城东南的常满仓北，因其地多种槐树得名。《三辅黄图》（图2-3-1）称："仓之北，为槐市，列槐树数百行为队，无墙屋。诸生朔望会此市，各持其郡所出货物及经传书记、笙磬乐器，相与买卖，雍容揖让，或议论槐下。"[4]唐

1 （南朝宋）范晔：《后汉书》卷三十九。
2 （南朝宋）范晔：《后汉书》卷三十六。
3 （南朝宋）范晔：《后汉书》卷三十五。
4 （清）孙星衍：《三辅黄图》，商务印书馆，1936年，第59页。

代诗人刘禹锡《秋萤引》有句云："槐市诸生夜对书，北窗分明辨鲁鱼。"北宋欧阳修《早赴府学释奠》："雾中槐市暗，日出杏坛明。"南宋诗人王十朋《丁丑二月二十一日集英殿赐第》："太平天子崇儒术，寒贱书生苘作成。槐市育才叨舍选，枫宸唱第冠时英。"在后世文人文章中，常见"槐市三千，杏坛七十"之辞。说明"槐市"一语，最初为官学学生进行经传书记等书籍交换的综合市场，后来被借用为官学的代名词。

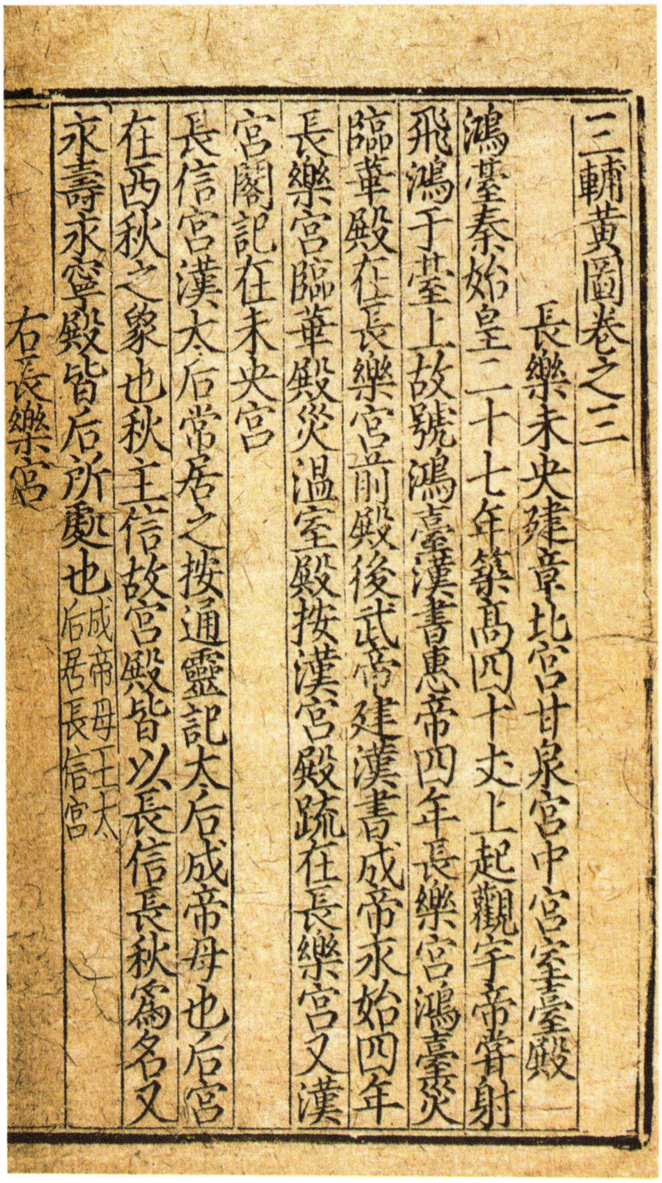
三輔黄圖卷之三
長樂未央建章北宫甘泉宫中宫室臺殿
鴻臺秦始皇二十七年築高四十丈上起觀宇帝嘗射
飛鴻于臺上故號鴻臺漢書惠帝四年長樂宫鴻臺災
臨華殿在長樂宫前殿後武帝建漢書成帝永始四年
長樂宫臨華殿災温室殿按漢宫殿疏在長樂宫又漢
宫閣記在未央宫
長信宫漢太后常居之按通靈記太后成帝母也后宫
在西秋之象也秋主信故宫殿皆以長信長秋爲名又
永壽永寧殿皆后所處也 成帝母王太后居長信宫
右長樂宫

图 2-3-1 《三辅黄图》元致和元年（1328 年）建安余氏勤有堂刻本

"书肆"一词，最早见于生活在西汉末年的扬雄（前 53—18 年）《法言·吾子》，曰："好书而不要诸仲尼，市肆也。"[1] 意思是说，如果博览群书而不能按照圣人的学说去理解文义，那就犹如开设杂陈群书的书铺，多读无益。东汉学者王充（27—约 97 年）游洛阳书肆自学。《后汉书·王充传》称："充少孤，乡里称孝。后到京师，受业太学，师事扶风班彪。好博览而不守章句。家贫无书，常游洛阳市肆，阅所卖书，一见辄能诵忆，遂博通众流百家之言。后归乡里，屏居教授。"[2] 这位家贫无书的学者，就是靠在书肆阅所卖书，才得以"博通众流百家之言"的，足见书肆的出现，对促进书籍流通传播的作用是十分重要的。东汉末史学家荀悦（148—209 年），幼时聪颖好学，十二岁时就能读《春秋》。史载，家贫无书，"每至市间阅篇牍，一见多能诵记"。

由于缺乏充实的文献记载，目前尚难以详述汉代书肆的性质、规模、经营方

1 （汉）扬雄：《法言》卷二。
2 （南朝宋）范晔：《后汉书》卷四十九。

式等方面的情况。但是可以根据相关记载进行合理的描述。汉代官私之学十分兴盛，东汉质帝本初元年（146 年），全国赴京师游学太学的学子多达三万余人。其时民间授徒课学的书馆遍地开花，而民间经师收录生徒，少者几百，多者上千。这么大的一个书籍需求群体，自然成为书肆的催生力量。生徒不仅是购书的主要人群，还有生徒加入卖书之列，自资不足。据《后汉书·文苑列传》记载：山东宁阳人刘梁为“宗室子弟，而少孤贫，卖书于市以自资”[1]。

二、佣书职业的出现

纸的广泛运用，有效地推动了书籍的社会传播，具体表现为佣书业的发达，社会书籍收藏现象的扩大，佛经翻译和传播活动的加强。

（一）佣书与书铺的图书贸易活动

在雕版印刷术发明之前，所有文字全都依靠人工抄写。社会对书籍需求量的不断增加，书肆的出现，自然催生了专职的抄书职业，古代称为“佣书”。越来越多的抄书人进入佣书之业，奠定了两汉文化传播事业逐步发展的基础（图 2–3–2）。

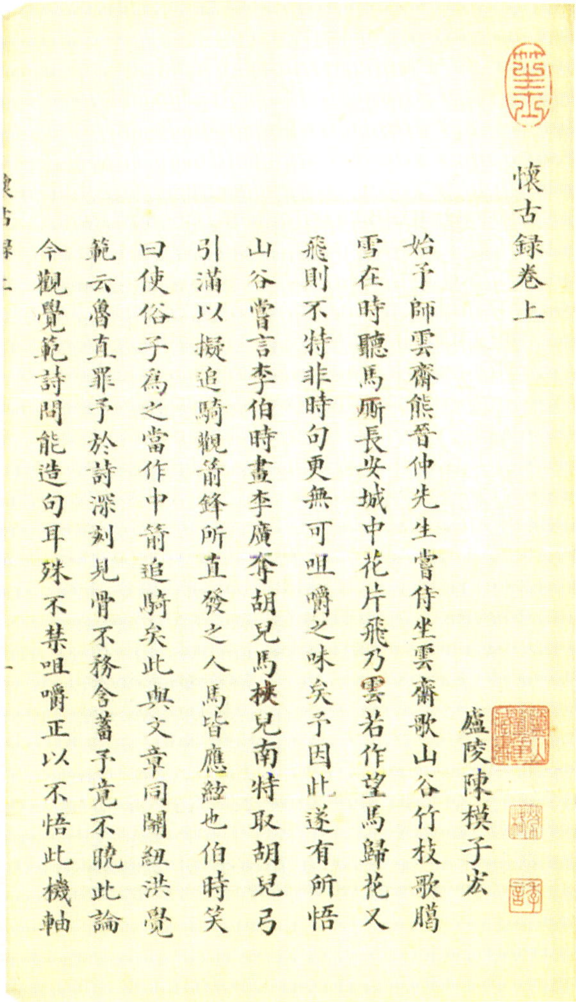
懷古録卷上
廬陵陳模子宏
始予師雲齋熊晉仲先生嘗侍坐雲齋歌山谷竹枝歌腸
雪在時聽馬厮長安城中花片飛乃雲若作望馬歸花又
飛則不特非時句更無可咀嚼之味矣予因此遂有所悟
山谷嘗言李伯時畫李廣奪胡兒馬挾兒南特取胡兒弓
引滿以擬追騎觀箭鋒所直發之人馬皆應絃也伯時笑
曰使俗子爲之當作中箭追騎矣此與文章同關紐洪覺
範云魯直罪予於詩深刻見骨不務含蓄予竟不曉此論
今觀覺範詩間能造句耳殊不禁咀嚼正以不悟此機軸

图 2–3–2 《怀古录》清劳格抄校本

而关于抄书职业产生情况的记载则出现在东汉。史载班超少时在洛阳，因家贫，常为官佣书，以供养其母。而王溥也因家贫，没有门路出仕，“乃挟竹简，插笔于洛阳市佣书”[2]。

在封建社会，能够在史书中占有一席之地的，不是官宦贵族，就是社会名流，他们早年因贫困而靠佣书谋生的记载，仅是后来成就事业的一种点缀。所以，见于记载的佣书者极少，并不能说明从事者极少。事实上，从事佣书职业者是古代的专业出

1 （南朝宋）范晔：《后汉书》卷八十。
2 （晋）王嘉：《拾遗记》卷六。

版人员，人数具有相当规模。我们从出土的秦汉简帛书籍中可以发现这样的现象：同时出土一书的不同抄本，如马王堆汉墓出土的《老子》帛书有甲、乙两种抄本，分别代表汉初两种不同的古本。又有不同地点出土相同或基本相同的书籍，如马王堆汉代帛书有《脉书》，张家山汉墓竹简也有《脉书》；马王堆帛书中有《导引图》，张家山竹简有《引书》。这种现象的产生，说明当时社会上存在较大的复本书籍，不同的抄本或许出自不同的书肆，或不同的佣书者。马王堆帛书《战国纵横家书》二十七章，是汉初的一部写本，从第十五至十九章，每章的结尾都有字数的统计，有学者指出“在马王堆三号汉墓出土的帛书中，就有些书如《经法》《十大经》《称》《道原》等，每篇之末和全书之末都有字数统计；山东银雀山汉墓出土的《孙膑兵法》竹简，每篇之末也有字数统计，该是当时流行的一种体例”[1]。这或许就是佣书者为计量而留下的标记。

魏晋南北朝时期，史书上关于佣书的记载，较两汉时大增，写书、卖书也成为一些贫穷文人的生活出路，这一现象的出现无疑与纸的广泛使用有关。

三国吴人阚泽，家世农夫，泽好学而居贫无资，所以“常为人佣书，以供纸笔，所写既毕，诵读亦遍”[2]。东晋葛洪，“少好学，家贫，躬自伐薪以贸纸笔，夜辄写书诵习，遂以儒学知名”[3]，所著《抱朴子》内外篇，声著于世。梁代袁峻，“笃志好学，家贫无书，每从人假借，必皆抄写，自课日五十纸，纸数不登，则不休息”[4]。梁王僧孺“六岁能属文，既长好学。家贫，常佣书以养母，所写既毕，讽诵亦通”[5]。南齐周山图“少贫微，佣书自业”[6]。北魏崔亮家贫，佣书自业。又崔光“家贫好学，昼耕夜诵，佣书以养父母”[7]。

佣书不仅能谋生，也能借机饱览群籍，最后出仕为官，或垂名学林，终成大业，所谓“佣书成学”者。东晋释僧肇，早年“以佣书为业，遂因缮写，及历观经史，备尽文籍”[8]，后参与名僧鸠摩罗什的译经事业，青史留名。

不仅民间佣书业兴旺，佣书者众多，政府同样设有专职抄书之员，以保证国家抄书传录任务的完成，与民间抄书活动共同推动书籍的出版传播事业（图 2-3-3）。六朝时代，秘书省在沿袭东汉旧制设管理藏书专职人员“令史”以外，又设立了正字和弟子。弟子是写书人员，弟子写完之后，由正字进行校对。隋唐时期，抄书量增加，需要更多的书手。据《唐书·职官志》记载：秘书省有正字四

1 马王堆汉墓帛书整理小组编：《战国纵横家书》，文物出版社，1976 年，第 172 页。
2 （晋）陈寿：《三国志》卷五十三。
3 （唐）房玄龄等：《晋书》卷七十二。
4 （唐）姚思廉：《梁书》卷四十九。
5 （唐）姚思廉：《梁书》卷三十三。
6 （南朝梁）萧子显：《南齐书》卷二十九。
7 （北齐）魏收：《魏书》卷六十七。
8 （南朝梁）慧皎：《高僧传》卷六。

人，楷书手八十人；弘文馆有令史二人，楷书手三十人，拓书手三人，熟纸装潢匠九人；集贤院有直书写御书一百人，拓书手六人，画直八人，装书直十四人；史馆有楷书手二十五人，装潢直一人，熟纸匠六人。只几个有图书馆分馆的门部里的书手、招拓手（摹拓古书画）、画手（画插图）和装潢工人，已经形成了一支很大的队伍。

由于写书人员队伍的逐渐扩大，秘书省官员逐渐总结并提出了写书的标准字样。这类字样有633年颜师古提出来的，称为“颜氏字样”和后来颜元孙的“干禄字样”，张参的“五经文字”。唐代写佛经的人，也采用这种字样作为抄写佛经的标准。这对于统一全国的书法起着一定的积极作用。

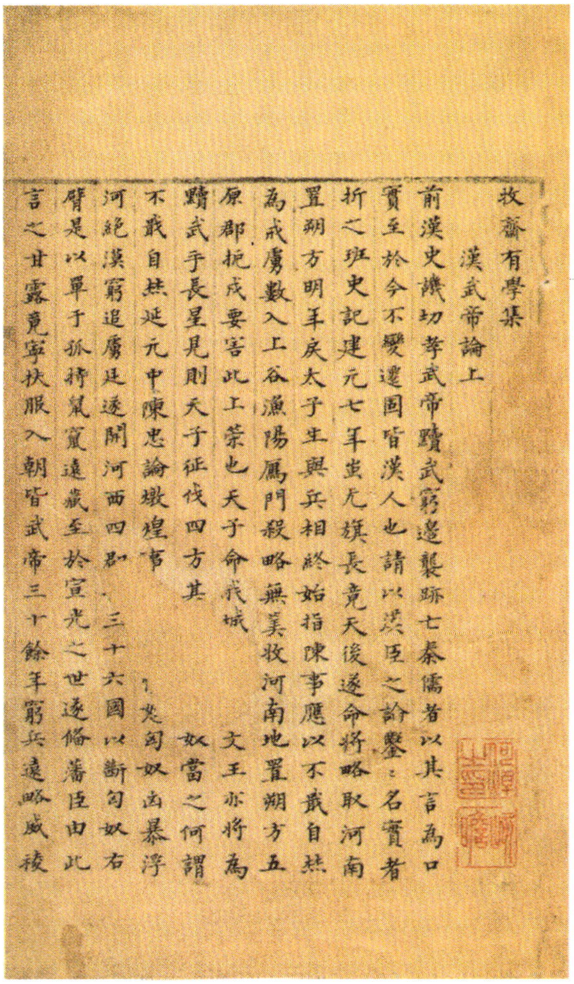
牧齋有學集
漢武帝論上
前漢史譏切孝武帝黷武窮邊襲跡亡秦儒者以其言為口
實至於今不變還同皆漢人也請以漢臣之論鑿鑿名實者
折之班史記建元七年蚩尤旗長竟天後遂命將略取河南
置朔方明年戾太子生與兵相終始指陳事應以不戢自焚
為戎虜數入上谷漁陽鴈門殺略無算收河南地置朔方五
原郡扼戎要害此上策也天子命戎城　文王亦將為
黷武乎長星見則天子征伐四方其　奴當之何謂
不戢自焚延元中陳忠論燉煌事　是匈奴凶暴浮
河絕漢窮追虜廷遂開河西四郡三十六國以斷匈奴右
臂是以單于孤特鼠竄遠藏至於宣元之世遂備藩臣由此
言之甘露竟寧扶服入朝皆武帝三十餘年窮兵遠略威稜

图 2-3-3 《牧斋有学集》清抄本

佣书者一般有两类服务对象，一是个体雇佣者，某大家豪门需要抄录书籍或佛教经文，临时招募佣书者为自己服务；一是书铺，专门雇佣抄手为自己的图书贸易活动抄写需要的书籍，售卖书籍的书肆也更加发达。南朝刘宋诗人谢灵运以清新优美、自然天成的山水诗闻名于世，致使“每有一首诗至都下，贵贱莫不竞写，宿昔之间，士庶皆遍”。我们有理由相信，“宿昔之间，士庶皆遍”[1]的情况绝非仅仅是相互传抄的结果，应该包括书铺的参与。在史书中，经常有关于朝廷从私人和民间书铺购写书籍的记载。

魏晋南北朝时期书铺业的发展，不仅表现为数量上的增加，如江南六朝都城建康的市里街巷开着许多卖书铺，贵为王侯，也经常派员前往购书。更为重要的是，书贾已经开始走南闯北，主动走出去推销图书。据《北史·祖珽传》的记载，扬州书贾到北方向东魏中书监高澄售卖《华林遍略》。这件事所蕴涵的意义十分重大：其一，《华林遍略》是一部卷帙浩繁的类书，其抄录决非少数人在短期内可以完成的，说明当时书铺已经具有相当的规模。其二，《华林遍略》是南方文士

1 （唐）李延寿：《南史》卷一九。

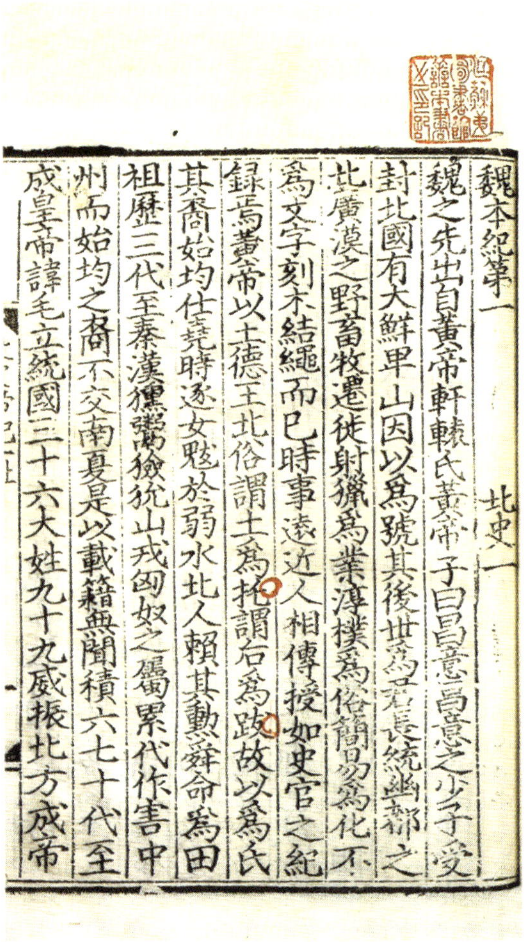

魏本紀第一　北史一
魏之先出自黃帝軒轅氏黃帝子曰昌意昌意之少子受
封北國有大鮮卑山因以爲號其後世爲君長統幽都之
北廣漠之野畜牧遷徙射獵爲業淳樸爲俗簡易爲化不
爲文字刻木結繩而已時事遠近人相傳授如史官之紀
録焉黃帝以土德王北俗謂土爲托謂后爲跋故以爲氏
其裔始均仕堯時逐女魃於弱水北人賴其勳舜命爲田
祖歷三代至秦漢獯鬻獫狁山戎匈奴之屬累代作害中
州而始均之裔不交南夏是以載籍無聞積六七十代至
成皇帝諱毛立統國三十六大姓九十九威振北方成帝

图 2-3-4　《北史》元大德信州路儒学刻明嘉靖递修本

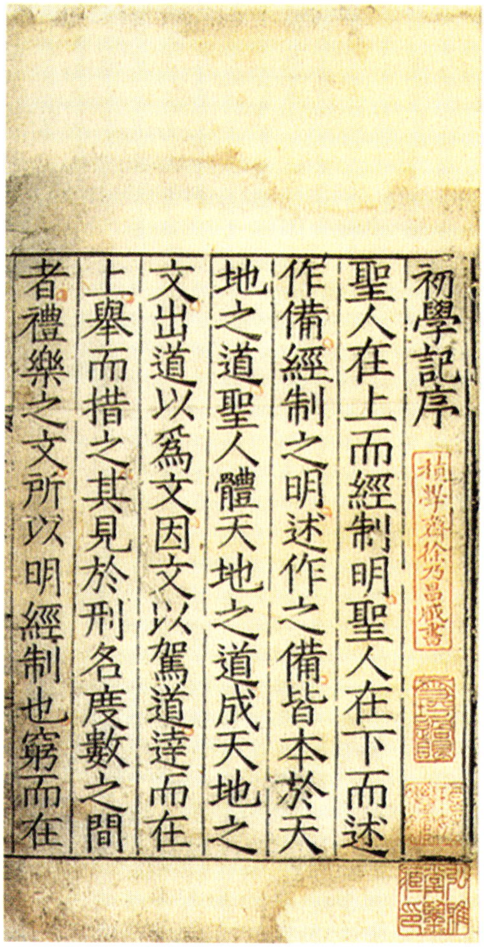

初學記序
聖人在上而經制明聖人在下而述
作備經制之明述作之備皆本於天
地之道聖人體天地之道成天地之
文出道以爲文因文以駕道達而在
上舉而措之其見於刑名度數之間
者禮樂之文所以明經制也窮而在

图 2-3-5　《初学记》明嘉靖晋府刻本

编纂的书籍，书贾将其贩至北方，其行为对于社会传播的扩大和南北的文化交流，都起到了积极的促进作用。

（二）私人藏书的繁荣

我国古代私人藏书的记载始自先秦，至晋南北朝时期，由于从事佣书职业的人越来越多，加之书肆图书贸易活动的发展，私人藏书在数量、品种和规模上都创造了新纪录。《晋书·张华传》称张华“雅爱书籍，身死之日，家无余财，惟有文史溢于机箧。尝徙居，载书三十乘。秘书监挚虞撰定官书，皆资华之本以取正焉。天下奇秘，世所希有者，悉在华所。由是博物洽闻，世无与比”[1]。南朝齐梁间，藏书逾万卷的大家特别多。《南史·任昉传》称任昉“博学，于书无所不见，家虽贫，聚书至万余卷，率多异本。及卒后，武帝使学士贺纵共沈约勘其书目，官无者就其家取之”[2]。另外，如沈约“聚书至二万卷”[3]，王僧孺“好坟籍，聚书

1 （唐）房玄龄等：《晋书》卷三十六。
2 （唐）李延寿：《南史》卷一九。
3 （唐）姚思廉：《梁书》卷十三。

至万余卷”[1]，崔慰祖“聚书至万卷”[2]，梁宗室萧劢“聚书至三万卷”[3]。私人藏书是衡量社会图书出版传播状况优劣的一个重要指标，上述藏书大家群体的出现，说明当时社会书籍的抄录条件和传播环境相对比较优越（图2-3-4）。

唐朝是我国文化特别发达的时代，六朝以来的新学问都得到继续的发展。历史书籍除司马迁的《史记》、班固的《汉书》及范晔的《后汉书》、陈寿的《三国志》之外，到唐代又完成了南北朝的“八史”和《南史》《北史》，封建王朝的正史已建成了完整的体系。而文学著作尤其丰富，诗歌创作的成就尤其超越古人。诗文集的数目远胜前代。传奇文的发达，是后世笔记小说的模范。又有“变文”“俗讲”等民间创作，继而发展为“评话”，为后世章回小说开辟了道路。在科学方面，如天文、历法都有新的成就。而《新修本草》《针灸甲乙经》《千金要方》等书则进一步总结和发展了古代医学成果。六朝以来所出现的类书更得到发展，《初学记》（图2-3-5）、《北堂书钞》《群书治要》等，到现在还是检阅唐以前文章资料的重要工具书籍。

唐代图书市场的丰富促进了私人藏书的发展，出现了不少万卷以上的藏书之家，在品种质量上堪与国家藏书媲美。如李泌、苏弁、柳公绰等藏书都达到万卷甚至三万卷以上。韩愈诗“邺侯家多书，插架三万轴，一一悬牙签，新若手未触”，就是指李泌的藏书而说。

第四节　确立了四部分类书目体系的《隋书·经籍志》

从西汉末期到东汉年间，在经学方面，今文经学与谶纬之学逐渐合流，日渐荒诞，最终为古文经学所取代，而诸子式微，独尊的儒学已成为社会思想文化的主流。这是学术和文化上出现的一种新变化。

范晔在《后汉书·儒林列传》中曾议论说：“自光武中年以后，干戈稍戢，专事经学，自是其风世笃焉。其服儒衣，称先王，游庠序，聚横塾者，盖布之于邦域矣。若乃经生所处，不远万里之路，精庐暂建，赢粮动有千百，其耆名高义开门受徒者，编牒不下万人，皆专相传祖，莫或讹杂。至有分争王庭，树朋私里，繁其章条，穿求崖穴，以合一家之说……”[4]如三国时期偏居西隅的刘蜀，与中原曹魏和东吴孙氏政权一样，其文化学术核心仍是儒学，在政权上继承的是“东汉帝统”，在学术上继承的是“东汉的儒家道统”，其政治指导思想则与东汉王朝一

1（唐）姚思廉：《梁书》卷三十三。
2（南朝梁）萧子显：《南齐书》卷五十二。
3（唐）李延寿：《南史》卷五一。
4（南朝宋）范晔：《后汉书》卷七十九。

样，“都是儒”[1]。

自东汉晚期到魏、晋而南北朝，华夏版图长期处于一种分裂、动荡的社会环境中，诸葛亮（181—234年）在《出师表》中所云：“苟全性命于乱世，不求闻达于诸侯”[2]，最能体现其时其人的真实心态。于是，隐逸山林，以文自娱，成为文人学士们安身立命的一种生活方式。或如《南史·隐逸》云，所谓“隐士”者，“须含贞养素，文以艺业。不尔，则与夫樵者在山，何殊异也？”[3]

文人学士们的著述成果体现在中国书籍史上，是历史、地理类著述数量的增加。在刘歆编制《七略》时，数量有限的传世史书，都被归于《七略·六艺略》中的“《春秋》类”之中。但到西晋初年，荀勖（？—289年）负责整理宫廷藏书时，把藏书分类为甲、乙、丙、丁四大部。其中“丙部”就是专门著录史书、地志的部类，从此以后，史、地书籍开始成为中国图书分类法中的一个基本大类。可见如起居注、地方志、氏族谱等官、私修史著述的数量，在东汉、三国时代得到了较大增加。

在东汉之前，文学著作都是以单篇形式流传于世的。如生活在东汉京城长安的作家刘龚（？—约60年），潜乐道术善论议，深得马援、班彪器重，所作有《记诲篇》（已亡佚）等。再如蔡邕少博学，好辞章、数术、天文，妙操音律，所著诗、赋、碑、诔、铭、赞、连珠、箴、吊、论议、祝文、章表、书记，及《独断》《劝学》《释诲》《叙乐》《女训》《篆艺》等凡百四篇得以传世，使后人得以编集整理为《蔡邕集编年校注》。

自东汉时代起，文人学士个性获得张扬，大多钟情于赋、诗、文的创作，在五言诗、乐府诗、文学批评方面，成就尤为斐然。“别集”也就是个人文集开始出现。三国时期后，编辑个人文集传世渐成时尚。刘师培在《中国中古文学史讲义》中指出：“文章各体，至东汉而大备。汉、魏之际，文家承其体式。”历任晋秘书监等职务，博闻故书典章的挚虞（250—300年），曾将前人文章分类编选成为“总集”，并逐一予以评论，编成《文章流别论》三十卷。刘勰在《文心雕龙》中评价说：“孙楚缀思，每直置以疏通；挚虞述怀，必循规以温雅；其品藻流别，有条理焉。”[4]南朝梁萧统的《文选》是中国文学史上现存最早的诗文总集，它将文体细分为三十七类，将许多以前笼统地划归在文学类而实属其他类别内容的文章，从文学类中分离了出去，使文学类的类目体系更加严谨、合理。

在音韵学领域，魏李登的《声类》，梁沈约的《四声》，都对中国音韵学的发展有着很大影响。随着赋、诗、文作品的繁荣，以曹丕《典论·论文》、陆机《文

---

1 何兹全：《三国史》，北京师范大学出版社，1994年，第192—194页。
2 （晋）陈寿：《三国志》卷三十五。
3 （唐）李延寿：《南史》卷七十五。
4 （南朝梁）刘勰：《文心雕龙》第四十七。

赋》、刘勰《文心雕龙》、钟嵘《诗品》为代表的文学批评论著也开始出现。

此外，还有东汉张衡关于天文仪器及天文学，刘宋祖冲之关于天文和数学的著述都已问世（早已失传），而东汉张仲景的《伤寒论》、后魏贾思勰的《齐民要术》（图2-4-1），至今仍是中医和农耕领域的宝典。佛典、道书也在这一时期得到兴盛。与此同时，兵书、数术、方技等传统领域书籍品种和数量，却在日益减少。

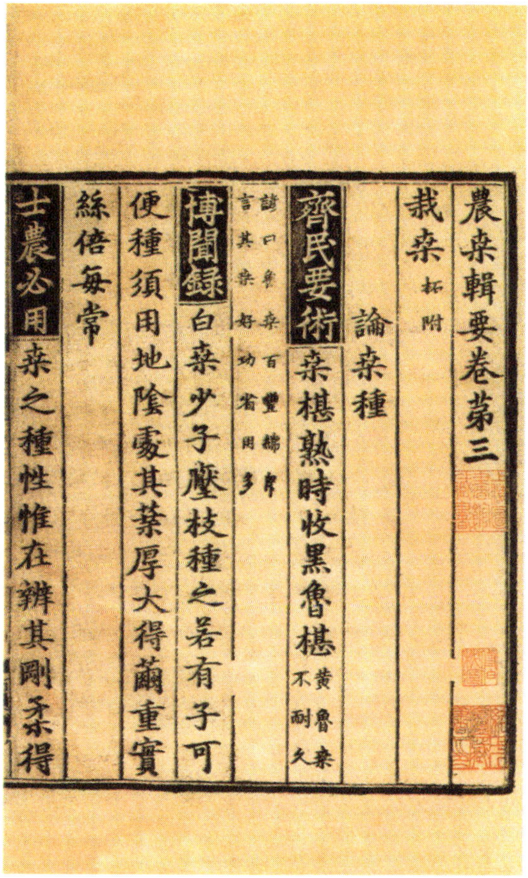
農桑輯要卷第三
栽桑 柘附
論桑種
齊民要術 桑椹熟時收黑魯椹 黄魯桑不耐久
諺曰魯桑百豐綿帛言其桑好功省用多
博聞錄 白桑少子壓枝種之若有子可
便種須用地陰處其葉厚大得繭重實
絲倍每常
士農必用 桑之種性惟在辨其剛柔得

图2-4-1 《齐民要术》

总之，自二世纪到五世纪后期这一段时间中，学术文化有了一定程度的发展，书籍资源也有了较多的积累。在佛藏书目、道藏书目之外，七世纪中叶编成的《隋书·经籍志》，适时地总结了这一时期的著述状况和尚存留世上的历史文献。

一、从《魏中经簿》到《晋中经簿》《晋元帝四部书目》

书籍在社会上存量的增多，也促进了宫廷和民间私家藏书的便利。但因上层贵族集团权斗不息，战乱频仍，或经历兵燹战火，或遭遇天灾人祸，公、私艰难集聚起来，形成统系的藏书，往往被付之一炬，损毁殆尽，形成一次又一次的大小“书厄”。

据《隋书·经籍志》记载：“董卓之乱，献帝西迁，图书缣帛，军人皆取为帷囊。所收而西，犹七十余载。两京大乱，扫地皆尽。”在东汉末年的社会大动乱中，汉朝在兰台、石室、东观及仁寿阁所藏图书，遭受了不可弥补的大损毁。“魏氏代汉，采掇遗亡，藏在秘书中、外三阁。魏秘书郎郑默始制《中经》。”[1]

郑默（213—281年），三国时代魏国的秘书郎，主管图书整理工作。当时，

1（唐）魏征等：《隋书》卷三二。

由于种种原因，“秘书监才成为真正领导校书编目的机构。同时古文经学完全压倒了今文经学……秘书监也就得以在三国政局的喘息时间，就东汉秘书监的藏书简目编成了《魏中经簿》”[1]。郑氏经过多年“考核旧文，删省浮秽”编撰成了《中经》（或称《中经簿》），是一部反映当时宫廷藏书的目录。

《中经》已佚，其类目体系及内容均不可详考。但通过零碎的文献史料记载，仍可略知一二。《晋书·郑袤传》在提及郑默整理图书时，魏中书令虞松说：“而今而后，朱、紫别矣。”[2]

所谓“朱”“紫”，也就是用色彩表现图书分类的意思。《唐六典》中就有关于古人用黄、白、紫、朱四色丝带，分别标示经、史、子、集四类图书的记载。阮孝绪在《七录序》中也有：“魏秘书郎郑默删定旧文，时之论者，谓为朱、紫有别。”而由《隋书·经籍志》所记“魏秘书郎郑默始制《中经》，秘书监荀勖又因《中经》更著《新簿》，分为四部，总括群书”[3]来看，似乎可以顺理成章地推断，《中经》可能也为四分体系。汪辟疆在《目录学研究》中说：“或四部分类之法，郑默已启其先。然则四部虽确定于李充，发轫于荀勖，而郑默《中经》之作，亦在筚路蓝缕之列矣。”[4]

西晋政权建立之初，社会经济秩序比较稳定，文化学术获得了发展的条件，图书数量随之增多，加强图书的整编工作就成为当务之急（图 2-4-2）。朝廷重新开始搜集图书藏于秘阁，并责成秘书监荀勖加

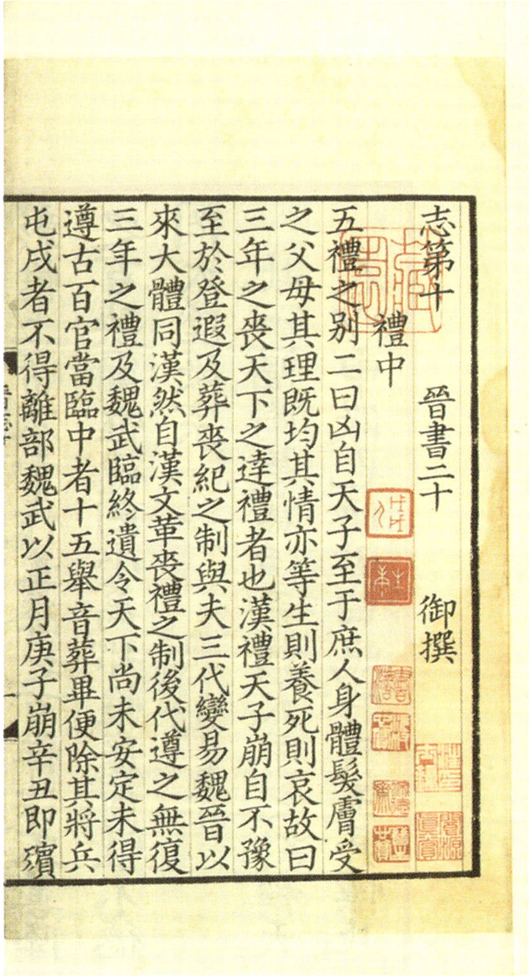
志第十　禮中　晉書二十　御撰
五禮之別二曰凶自天子至于庶人身體髮膚受
之父母其理既均其情亦等生則養死則哀故曰
三年之喪天下之達禮者也漢禮天子崩自不豫
至於登遐及葬喪紀之制與夫三代變易魏晉以
來大體同漢然自漢文革喪禮之制後代遵之無復
三年之禮及魏武臨終遺令天下尚未安定未得
遵古百官當臨中者十五舉音葬畢便除其將兵
屯戍者不得離部魏武以正月庚子崩辛丑即殯

图 2-4-2　《晋书》清影元抄本

1 王重民：《中国目录学史论丛》，中华书局，1984 年，第 41 页。
2 （唐）房玄龄等：《晋书》卷四十四。
3 （唐）魏征等：《隋书》卷三二。
4 汪辟疆：《目录学研究》，华东师范大学出版社，2000 年，第 19 页。

以整理，经重加分类、编目，“因《中经》，更著《新簿》”，统计得藏有书籍二万九千九百四十五卷。

荀勖出身士族名门，初仕魏，入晋后，历任中书监、秘书监、尚书令。任秘书监期间，他在文学家、藏书家张华（232—300年）协助下，对政府的藏书进行了系统整理。西晋当时有藏书十多万卷，整理的任务很繁重，荀勖上书辞去了主管音乐的工作，以便集中精力整理图书。经过长时间的努力，终于编撰成国家书目《中经新簿》或《新簿》（后世称《晋中经簿》），被认为是中古前期最好的一部官修目录。该书目“分为四部，总括群书”。其类目体系如下：“一曰甲部，纪六艺及小学等书；二曰乙部，有古诸子家、近世子家、兵书、兵家、术数；三曰丙部，有史记、旧事、皇览簿、杂事；四曰丁部，有诗赋、图赞、汲冢书，大凡四部合二万九千九百四十五卷。”[1] 从类目内容来看，四部所收图书为甲“经”、乙“子”、丙“史”、丁“集”。

该簿的主要成就，除了分类体系的变革以外，就是它比较准确地著录了丰富的图书。《隋书·经籍志·序》说“大凡四部，合29945卷”；阮孝绪的《古今书最》说“四部书1885部，20935卷”，因为阮孝绪所依据的书簿少两卷；《唐书·经籍志》后序则作27945卷。虽然无法断定哪个数字是准确的，但可以肯定，在二百八十多年的时间内，我国图书的数量超过了《七略》时期的一倍以上，这也客观反映了此间知识的急剧增长和图书事业的迅速发展。认识到知识增长与图书数量以及图书类目体系之间的依存关系，并充分体现在分类目录的编纂实践中，这是荀勖最大的成功。但该簿在体例上，“但录题及言……至于作者之意，无所论辩”[2]。发表这一批评的《隋书·经籍志》认为，该簿不同于《七略》等书目通过详述作者旨意来揭示书籍内容，而是只列题名，简述其内容，只为每书写一个很简单的解题。这种极简单的解题，可以看作是传录体解题的萌芽。《隋书·经籍志》中所谓《七志》“不述作者旨意，但于书名之下每立一传”[3] 的做法，实际上是对荀勖所作解题的继承和发展。《晋中经簿》的这一不足一直影响着整个六朝时期，这是它对后世目录编撰所起的负面作用。

西晋末年怀帝时，北方匈奴部族首领刘聪带兵进攻洛阳，杀死晋朝官民兵士六万余人，司马氏在强虏迫侵下被迫南渡长江，偏安东南。317年，司马睿依靠以王导为首的江南地主阶层，在建邺（今南京）重建朝廷。经过近三十年的搜集和著述，到穆帝时，宫廷才有书籍三千余卷，这是李充编撰《晋元帝四部书目》的文献资源基础。

李充（约323—388年）是东晋时期著名的文学家、书法家、目录学家，著作

---

1 李万健：《中国著名目录学家传略》，书目文献出版社，1993年，第19—20页。
2 （唐）魏征等：《隋书》卷三二。
3 （唐）魏征等：《隋书》卷三二。

颇丰，但是多散佚。曾做过王导的书记。后又历任县令、大著作郎、中书侍郎。《隋书·经籍志》载：“东晋之初，渐更鸠聚。著作郎李充，以勖旧簿校之，其见存者，但有三千一十四卷。充遂总没众篇之名，但以甲乙为次。”[1]

《晋元帝四部书目》，共著录图书305帙、3014卷，基本上因袭了荀勖《晋中经簿》的类目结构，只是对四大类的内容做了调整：甲部，记六艺经书；乙部，记史书；丙部，记诸子书；丁部，记诗赋文集。而《晋中经簿》四部的内容为：甲“经”、乙“子”、丙“史”、丁“集”。显然是《晋元帝四部书目》将《晋中经簿》乙部的诸子图书与丙部的历史图书进行了对调。这样，《晋元帝四部书目》四部的经、史、子、集顺序，与此后我国四部分类法的顺序完全一致了。

所以说，是《晋元帝四部书目》确定了我国四部分类法的顺序，“自尔因循，无所变革”[2]，成为历代秘阁之永制。李充的这个创举，是对中国目录学发展作出的一个重要贡献。对此，清代学者钱大昕评价道：“自刘子骏校理秘文，分群书为六略……是时固无四部之名，而史家亦未别为一类也。晋荀勖撰《中经簿》，始分甲乙丙丁四部，而子犹先于史。至李充为著作郎，重分四部，五经为甲部，史记为乙部，诸子为丙部，诗赋为丁部，而经史子集之次始定。厥后王亮、谢朏、任昉、殷钧撰书目，皆循四部之名。虽王俭、阮孝绪析而为七，祖暅别而为五，然隋唐以来，志经籍艺文者，大率用李充部叙而已。”[3]

四部顺序的改变，不是偶然的。它真实地反映了我国封建社会中各知识门类的社会地位，充分体现了历代统治者及知识领域尊经、重史、轻子、鄙集的封建观念。这是李充确立四部顺序的基础，更是经史子集顺序能够在此后漫长而复杂的封建社会发展过程中得以代代因承的根本原因。

二、《隋书·经籍志》对书目四分法的确定

如果说《汉书·艺文志》记录的是我国上古时期宫廷藏书基本状况的话，那么，《隋书·经籍志》则反映了我国中古时期宫廷藏书的基本状况。在我国古代史志目录中，只有《汉书·艺文志》和《隋书·经籍志》有大序、小序，用以辨章知识谱系，叙述学术源流，这是中国目录学的一个优秀学术传统。作为我国现存第二部系统的综合性分类书目，《隋书·经籍志》虽然没有反映唐朝的图书，但它在我国图书分类目录发展史上树起了一个里程碑。有关《隋书·经籍志》的书籍著录，王重民指出：“《汉书·艺文志》纪西汉一代藏书之盛，《隋书·经籍志》

1 （唐）魏征等：《隋书》卷三二。
2 （唐）魏征等：《隋书》卷三二。
3 （清）钱大昕：《补元史艺文志》，中华书局，1985年，第1页。

则不但纪隋朝一代藏书之盛，还要纪六朝时代图书流通的情况。”[1]

自李充之后，书籍的四部分类目录在南北朝至隋，一直居于主导地位。在四部分类目录逐步占据统治地位但尚不完善的南北朝时期，出现了一些效法《七略》的分类目录，如《七志》《七录》等。直到隋代，四部分类目录与《七略》系统之分类目录仍处于并行时期。但作为史志目录的《隋书·经籍志》问世后，它所确定的以经、史、子、集为类名的四分体系，及其所运用的分类、著录、编写大小类序的技法，一直对唐代及其以后的目录学发展有着极大的影响力。

《隋书·经籍志》的编纂，成功地梳理了隋以前的知识谱系，在被认为是出自魏征笔下的“总序”的开篇，作者开宗明义地指出了以“经籍”为标志的文献对于人类文明的重大意义：

> 夫经籍也者，机神之妙旨，圣人之能事，所以经天地、纬阴阳、正纪纲、弘道德，显仁足以利物，藏用足以独善，学之者将殖焉，不学者将落焉……今之所以知古，后之所以知今，其斯之谓也。是以大道方行，俯龟象而设卦；后圣有作，仰鸟迹以成文。书契已传，绳木弃而不用，史官既立，经籍于是兴焉。[2]

对于《隋书·经籍志》的作者，今本《隋书·经籍志》题长孙无忌等撰，实际上应是魏征所撰。因为宋本《隋书》载天圣中（1023—1031 年）校正本的旧跋，说天圣以前的旧本“惟《经籍志》题侍中郑国公魏征撰”，王重民先生据此推论：“这说明公元 641 年于志宁重修十志的时候并未触动《经籍志》，今本《经籍志》就是魏征在公元 629 年至 636 年间纂成的原稿，其大序和小序也是魏征所撰‘隋史序论’的一部分。”[3] 直指魏征做秘书监兼领纂修五代史时撰写了《隋书·经籍志》。

当时，魏征把他的主要工作放在了编纂《隋书》上。一般认为，《隋书·经籍志》是魏征借鉴了班固依《七略》编纂《汉书·艺文志》的成例，根据隋代藏书旧录，同时参考唐初秘书监所整理的隋代遗书编纂而成的。《隋书·经籍志》反映的是隋代的现实藏书和梁代以前图书流通的情况。

关于《隋书·经籍志》的编纂过程及其内容，在《隋书·经籍志》总序中记载说：“大唐武德五年（公元 622 年），克平伪郑，尽收其图书及古迹焉。命司农少卿宋遵贵载之以船，溯河西上，将致京师，行经底柱，多被漂没，其所存者十不一二，其目录亦为所渐濡，时有残缺。今考见存，分为四部，合条为一万四千四百六十六部，有八万九千六百六十六卷。”[4]

1 王重民：《中国目录学史论丛》，中华书局，1984 年，第 90—91 页。
2 （唐）魏征等：《隋书》卷三二。
3 王重民：《中国目录学史论丛》，中华书局，1984 年，第 89 页。
4 （唐）魏征等：《隋书》卷三二。

当时，长安嘉则殿已有隋代遗书约八万卷，再加上从洛阳运来的八千多卷，就构成了唐秘书监所得的“八万九千六百六十六卷”隋代遗书。魏征等纂修《隋书·经籍志》时，有时将这些隋代遗书用来作为参考。

《隋书·经籍志》在选收图书方面，有明确的标准：“旧录所取，文义浅俗、无益教理者，并删去之。其旧录所遗，辞义可采，有所弘益者，咸附入之。”[1]这里所说的“旧录”就是《隋大业正御书目录》。旧录以外，又将整理出来的隋代遗书作为参考，做些“删去”“附入”的工作。

对于所著录图书的编排与组织，《隋书·经籍志》采取的方法是：以隋代现存书籍为主，构成目录内容的主线，然后将注明“梁有”的图书排在相近图书或相应类目之下。这既方便了读者查找六朝时代曾经流通过的所有相关图书，又能够相对完整、准确地反映六朝时代知识的概貌。

《隋书·经籍志》在四部之下，设置四十个类目，收录存书3127部，36708卷；佚书1064部，12759卷，总计著录四部书籍4191部，49467卷。另外附加道经四类、佛经十一类，仅据道佛专目，“录其大纲，附于四部之末”[2]，不列具体书目。其分类体系如下：

经部：易书诗礼乐春秋孝经论语纬书小学；

史部：正史古史杂史霸史起居注旧事职官仪注刑法杂传地理谱系簿录；

子部：儒道法名墨纵横杂农小说兵天文历数五行医方；

集部：楚辞别集总集；

附道经：经戒服饵房中符录；

附佛经：大乘经小乘经杂经杂疑经大乘律小乘律杂律大乘论小乘论杂论记。

《隋书·经籍志》仿照《七略》的辑略，目录前有一篇总序，概述性地介绍了中国图书史、图书馆史、目录学史。各部类均有小序，叙述该部类图书中反映出的学术流传与流派的情况，各个类序综合起来，便大体描画出了隋代知识谱系的脉络。各类图书大略按时代顺序排列。每种书均著录书名、卷数，多有简要注释，注明作者时代和爵位、职称，旁及图书内容真伪和存亡、残缺等情况。

这些编纂方式和方法均为以后的大型目录所继承。所以，《隋书·经籍志》使我国四部分类目录的分类方法、著录方法和有关理论都达到了前所未有的高度。

尤其是魏征所概括的“离其疏远，合其近密”，即将知识内容关系“疏远”的图书分列到不同的类目中，而将知识内容关系“近密”的图书集中在一起排列，正是古今中外图书分类最基本的原则，也更加充分地体现了类目体系与知识谱系的关系，反映了知识分类是图书组织、图书类目体系建立的核心、灵魂。

---

1 （唐）魏征等：《隋书》卷三二。

2 袁学良：《古代书目分类法与文学典籍崖略》，巴蜀书社，2002年，第71页。

《隋书·经籍志》正式确定了经、史、子、集四部类名，使这一四部分类法成为中国书籍分类史上最权威、最经典的书目分类法则。

第五节　纸写本书籍的物质载体以及书籍制度

东汉时代是竹简、缣帛、纸张并用的时代，而以简、帛两者最为通行。魏、晋时期，缣帛在贵族和文人阶层多作为通信的载体之用。但自三国以后，纸写本书籍渐多，至晋代而大盛。纸写本的制作从染纸、抄写到装帧逐渐形成一定的制度，为隋、唐时期卷轴装书籍制度的成熟奠定了基础。

荀勖整理汲冢出土的竹简竣工后，在《穆天子传》序中说："汲郡收书不谨，多毁落残缺。虽其言不典，皆是古书，颇可观览。谨以二尺黄纸写上，请事平，以本简书及所新写，并付秘书缮写，藏之中经，副在三阁。"

这里所说的"黄纸"，特指那种用黄檗汁染过的书写专用纸，呈黄色，可以防蛀，故称。汉末刘熙在其所著《释名》中，将"潢"释为"染纸"。"染纸"这种技法也被称为"入潢"。在魏、晋时期，多有帝王用黄纸写诏书的记载。如《三国志·魏书·刘放传》云："帝纳其言，即以黄纸作诏。"东晋桓玄令中所说用黄纸代替竹简，所指即此。生活在五世纪的贾思勰在《齐民要术》中，专条记述了这一黄檗染纸技术的工艺程序：

> 凡潢纸，灭白便是，不宜太深，深色年久色闇也……（黄）檗熟后漉滓捣而煮之，布囊压讫；复捣煮之。凡三捣三煮，添和纯汁者，其省四倍，又弥明净。写书经夏然后入潢，缝不绽解。其新写者，须以熨斗缝缝熨而潢之。不尔，久则零落矣。[1]

纸张原是作为书写材料的缣帛的替代品（图 2-5-1），它在大小规格上与帛书相似。根据对敦煌纸卷的实测，晋和六朝时期的纸一般高 23—24 厘米，与长沙马王堆帛书幅高 24 厘米相当；长则 40—51 厘米不等，相当于古制的二尺。据宋代苏易简《文房四谱·纸谱》上说："晋令诸作纸：大纸一尺三分，长一尺八寸。"[2] 上述荀勖所写《穆天子传》，用的就是二尺长的"黄纸"。

从现存五六世纪的写本来看，尽管有破损、断烂，但无蛀蚀和脱页的现象，可见这种方法的实际使用效果是很好的，从而也可得知，我国早在五世纪以前就已经有了保护纸书的好方法了。

由于手工抄写，费工费时，要想获得一部图书，仍然是很不容易的事情，书籍的复本更不易多得，再加上时代的变迁，纸写本书保留下来的很少。我们现在

1 （北魏）贾思勰：《齐民要术》卷三。
2 （宋）苏易简：《文房四谱》卷四。

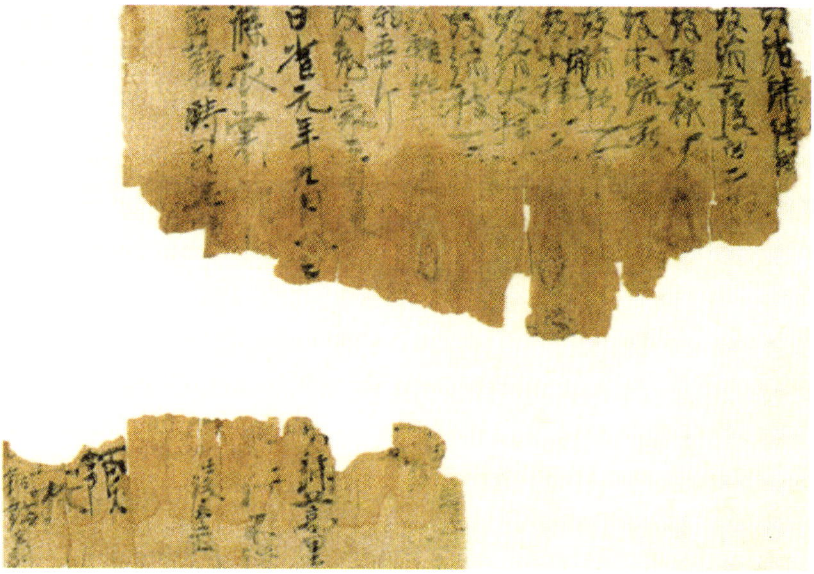

图 2-5-1　早期纸写本残卷

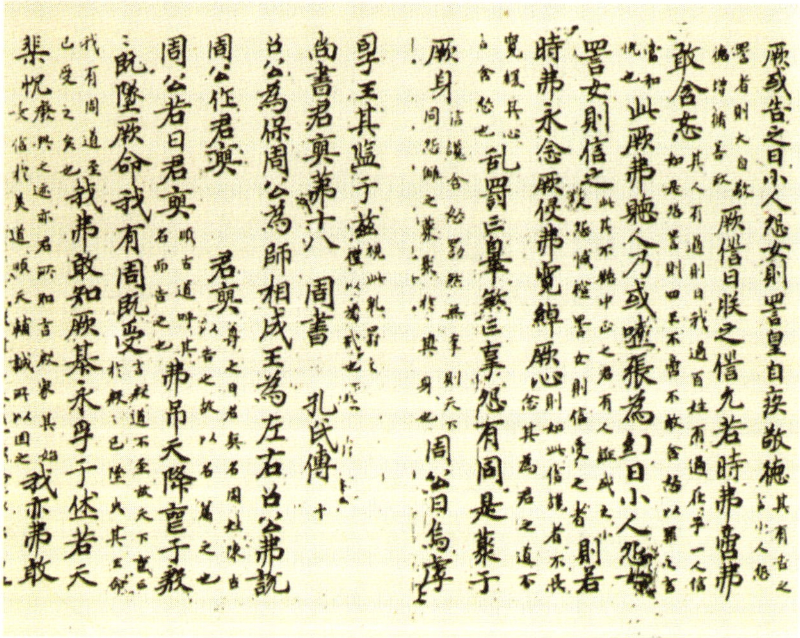

图 2-5-2　《尚书》敦煌出唐人写卷子本

所见到的主要是靠敦煌千佛洞藏书的发现。这个大约在十一世纪初年因防备兵乱而封存洞窟，为我们提供了四世纪到十世纪末的大批写本书。敦煌所保存的写本（图 2-5-2），不过是古代难以计数的写本书中一极小部分，其余的都已毁灭了。并且随着写本的毁灭，汉唐时代的许多著作，也永远丧失掉了。可见书籍仅靠抄写流传是不能够长期保存的。

那么，这时期的写本书究竟发展到什么样式呢？

最初的纸写本书籍，在形式上完全是模仿帛书而来的。把纸张粘贴成为长卷，再用木棒子作轴，粘于最后一幅纸上，以此为中心卷成一束（图 2-5-3），故称

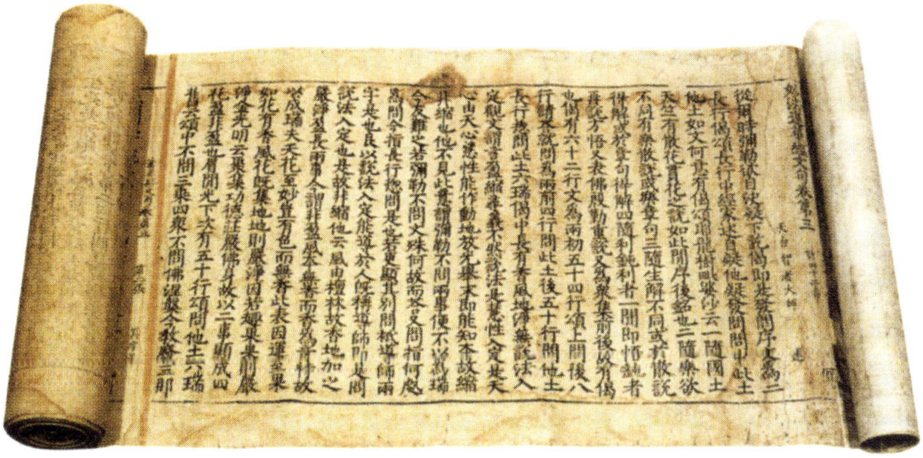

图 2-5-3 《妙法莲华经》卷轴装

这种书籍制度为“卷轴制度”。

抄写时，一部书需要用相当数量的纸张，一般情况下是将多张纸按抄写顺序粘接成一张长纸，或称为卷。长纸可先写后接，也可以先接后写。从敦煌所提供的实物来看，纸卷的长度视书籍内容的多少而定，长的有二三丈，短的仅二三尺。长卷由十几或几十幅纸粘接而成，短卷少的只有二幅纸。每一纸卷用纸从二幅到数十幅不等，每幅纸又叫作“枚”或“幡”。每张纸也有一定的尺寸，越到晚期纸张就越大些。隋唐时代卷子纸一般长度为四十到五十公分左右，高约二十五到二十七公分。个别的有比一般尺寸更大或更小的纸。纸与纸的接合处，通常有押缝或印章。

根据敦煌写卷的实物，每张纸的纸面都用石墨画有行格，行格的宽度与马王堆帛书的行格宽度相仿，唐朝人称之为“边准”，宋朝人称之为“解行”。纸上画好的边栏和界行，因颜色的不同而有“乌丝栏”“朱丝栏”之别。上下有栏，称为“边栏”。每张纸一般为二十行至三十行。每行的字数也有一定的规律，经卷一般为十七字左右。书写的格式是：每卷起首空两行，这是“赘简”的遗迹，预备写全书总名的。然后开始写本篇的名称（小题）和卷次。此下空数字，再写全书名称（大题）。也有起首不留空行，径写小题的。然后写正文。正文写完，隔一行，再写本篇篇名和卷次，这空着一行是为了填写抄书年、月和抄书人姓名而用的。但也有不写的。有时卷尾还写上用纸的数量，装潢人，校正文的姓名。如果是写经，还要写上抄经的目的、愿望或经文、注文的字数。如果一书有正文也有注解，往往用朱笔、墨笔两色分别抄写经文和注，或者用单行与双行来区别正文与注文。还有一种式样：正文与注解都用单行，而把注文的字另行提行，写得比正文字小一点。这种方法很容易出错。一不小心，正文与注文容易相混，以至造成书籍内容上的错误。现存唐以前的书由于这个原因发生错误的很多。

1969年新疆吐鲁番唐墓中出土的写本《论语郑氏注》残篇，是一位学生卜天寿于中宗时代景龙四年（710年）所抄写。篇后就注有抄写的年、月和抄写人姓名、年龄。这为我们了解唐代书写方式，又提供了新的例证。

纸卷的装帧也与帛书及书画作品的装帧相似，一般将卷的末端粘在用竹木制作的轴上。轴的长度超过纸的宽度，两端露出卷外，以便卷舒。轴的种类较多，有的顶端有雕刻或镶嵌之物。唐张彦远《法书要录》卷二录梁武帝时中书侍郎虞和《论书表》，其中谈到宫中藏书家法帖的装帧，王羲之、王献之的作品，珊瑚配缣素书，黄金、玳瑁或紫檀配纸书，而羊欣的缣素及纸书作品只是配以漆轴而已。

卷子右端往往接上一张较坚韧而不写字的纸，或者用罗、绢、锦等丝织品，这叫作“褾”，褾头再系上一根带子，作为捆缚卷子之用，叫作“带”。卷、轴、褾、带是卷子书的四个主要组成部分。

一部书往往有许多卷，为了免于把一部书和别的书混在一起，方便保藏和携带，古人通常用布或其他材料包裹起来，叫作“帙”，也有用书囊的。萧统在《文选序》中说：“词人才子，则名溢于缥囊；正文染翰，则卷盈乎缃帙。”大意是说文学作家在书林里蜚声扬名，是因为他们以生花之笔，写出了众多出色的作品。句中“缥囊”就是指用淡青色丝帛缝制的书囊；“缃帙”的“缃”是指浅黄色的帛，帙就是书衣。后来人们就用“缥囊”“缃帙”等作为书籍的雅称。

“帙”和“囊”都是简帛时期就已有的，但这时，“帙”似更通行。“帙”一般用布料做成，但也有用锦或绢的。还有用细竹为经，颜色丝为纬织成，更用锦或布衬裱，于四周再加锦边。这种“帙”在敦煌遗物中曾发现过，在日本也有留存。“帙”的右端也有带子，是为便于捆扎卷子之用。

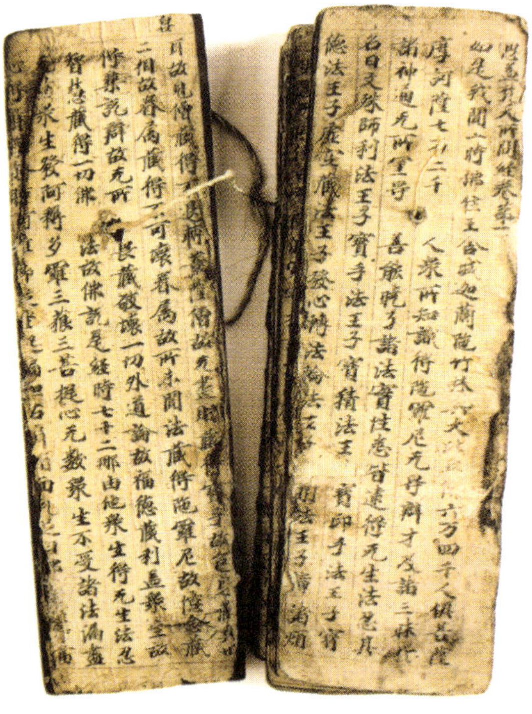
图2-5-4 《思益梵天所问经》五代梵夹装

卷子在书架上排架时，总是以轴头向外，这样就便于抽出和插入，所以称为“插架”。轴头上往往系上一根签子，在上面写简单的书

图 2-5-5 《刊谬补缺切韵》唐旋风装

名和卷数，以便于寻找。前面所引韩愈的诗就是对这种排架方式的描述。卷轴的装饰在隋唐时代的帝王贵族之家是极为华丽的。隋炀帝嘉则殿藏书分为三等，上品红琉璃轴，中品绀琉璃轴，下品漆轴。用轴的贵贱来表示书的价值。唐玄宗时集贤院藏书以轴、带、帙、签的不同颜色来区分各类藏书。据《唐六典》记载："其经库书钿白牙轴、黄带、红牙签；史库书锱青牙轴、缥带、绿牙签；子库书雕紫檀轴，紫带、碧牙签；集库书绿牙轴、朱带、白牙签，以为分别。"

但是卷轴制度到了九世纪中叶（唐代末期）起了很大变化，由卷轴逐渐向册叶过渡。

卷子有时长达数丈，展开、卷起都非常费时费事。如果想在一卷的中段或末段检查一字一句，势必要将全卷展开，再将它重新卷起，在检查参考书时更加不便，而这时参考书已相当多了。人们检查书籍文句的需要，也因著作的发达而更加需要了。于是就有人把一幅长卷一反一正地折叠起来，成为长方形的一叠，在这叠纸的前后，各加上一张硬纸，以便保护。这就出现了一种新的书籍形式，称为"经折装"或"梵夹装"（图 2-5-4），这可能受印度"贝叶经"形式的影响。在使用上这种形式比起卷轴来，更为便利了，人们要查阅哪一叶书，就可以直接翻出那一叶，而无须把全卷都展开了。

可是，这样的书容易散开，仍然有不便利的地方。于是又出现了"旋风装"。根据文献上的记载和现存留的实物来看，"旋风装"有两种形式（图 2-5-5、图 2-5-6）。一种是将经折装的书，用一张整纸，一半把书的第一叶粘起来，一半把书的最后一叶粘起来。等于用一张整封面把书从第一叶到最后一叶连书背一起包裹起来。这样就可以避免散开了。从外形上看已经相当于一个书册了。另一种形式，是把单张的纸不再粘连成长卷去折叠，而直接把一张一张写好了的书叶按内容顺序，粘到一张整纸上面，然后再卷成卷子的形状保存。故宫博物院保藏有一部唐代写本吴彩鸾写《唐韵》。它的形式就是这样的。这部书共有二十五叶，第一叶是单面书写，从第二叶起都是双面写字。每张纸不再粘接成长纸，而是按顺

图 2-5-6 《一切经音义》宋经折装

序排逐次向后相错约一公分，粘在同一张整纸上面，然后，再以卷首为中轴卷成卷子。从实质上看，它已是册叶的书，而从外形上却还保留着卷子的形式。

由卷子改变到册子，由单张纸粘成的长卷转变到由单张小纸不再粘接而卷成的卷子，都是反映着古书从旧形式向新的书籍形式的演变过渡。

如果把单张的书叶与折叠成的册子这二种形式结合起来，就意味着一种新的书籍形式——以散叶装订成册的形式开始出现了。而当人们想到这种办法的时候，伟大的印刷术的诞生，更促进了这种形式的发展。于是我国的图书便进入了一个崭新的阶段——木刻雕版的印本书时代。

第三章 西佛东传、士子科举与雕版纸印本书籍

自公元581年杨坚建立隋朝，至公元960年后周亡于赵宋，一共历时380年，除了唐末复出现为期54年的五代十国之乱，中国历史保持了隋、唐两代近330年的版图统一时期。

杨坚建立隋朝，结束了西晋末年以来近300年的南、北方的分裂动乱，国家的政治、经济和文化建设进入新的发展时期。隋、唐时期的士人科举活动，以及佛、道二教争夺信众的竞争活动，极大地推动了当时佣书写经、书铺贸易等传播交流中介环节的发展，直接催生了雕版印刷术在唐代的发明。到五代，雕版印刷术被应用于刊行大部头的儒家经典。而史馆编纂史书、文人写作诗文的活跃，使得唐代书籍的资源十分丰富。

第一节 西佛东传与佛经的译写传录

与儒家经典被不断注释一样，佛经的汉译和传写，也是中国古代书籍史上不可或缺的重要内容（图3-1-1）。早在汉武帝时期，张骞（约前164—前114年），出使西域，首次闻说佛教。哀帝元寿元年（公元前2年），大月氏使臣伊存把浮屠经传入中国，博士弟子员秦景从使者处听到对佛经的讲解。这是佛经在中国传播的起始。

与此同时，纸张的广泛使用，为魏晋南北朝时期佛经翻译事业的发展提供了有利的条件。反过来，从敦煌莫高窟发现的大量六朝写本和早期雕版印刷品中大部分为佛经的事实来看，佛经和佛教宣传品成为当时社会的大宗需求品。

为与佛教相抗衡，具有华夏本土文化色彩的道教应运而生。道教的来源和派别很复杂，主要是东汉顺帝时张陵所创立的“天师道”，在两晋南北朝之间很流行。道教徒写了很多书。五世纪时南北朝的陆修静把它们结集了起来，编成最早的道教目录。这是道藏的最早汇集。与他大略同期的冠谦之在北方也做过一番整理。道教书籍有一部分是纯粹的迷信，但值得注意的是其中也保存了许多具有唯物主义倾向的思想和早期的科学知识，特别是医学的著作和化学的萌芽（炼丹术），是研究我国思想史、文化史、科学史的重要资料。

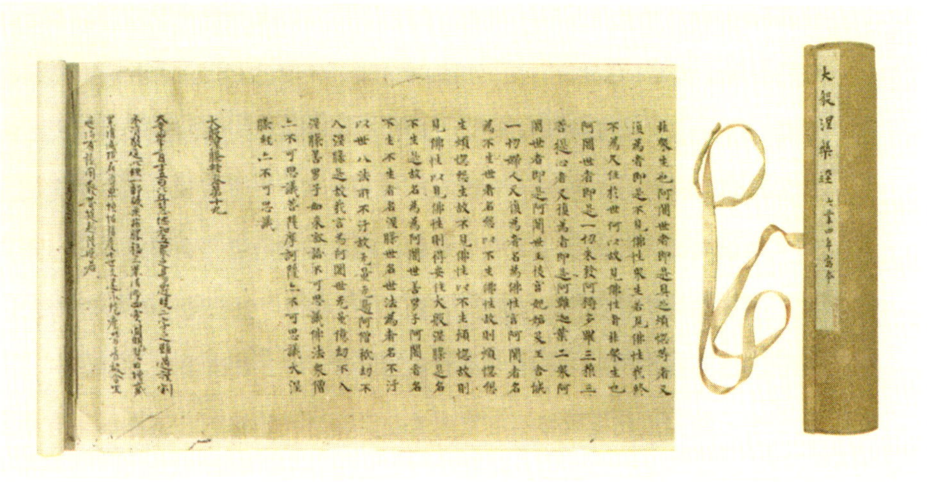

图 3-1-1 《大般若涅槃经》隋朝大业释慧休写卷子本

到了南朝，齐代文学家、目录学家王俭（452—489 年）所编的目录《七志》，就将佛教书籍排名道教书籍之后，位列“附志”。《七志》的类目依次是：经典志、诸子志、文翰志、军书志、阴阳志、术艺志、图谱，附“道书及佛书”。而与僧祐同时代的梁代目录学家阮孝绪（479—536 年），于普通末（约 526 年）所成《七录》12 卷，则已将佛经单独列为一部了。《七录》的类目依次是：经典录、记传录、子兵录、文集录、术技录（以上五录为“内篇”）、佛法录、仙道录（以上两录为“外篇”）。

汉明帝曾于一夕夜梦“金人”飞行殿庭，次日朝上询问诸臣，傅毅（？—约 90 年）认为那“金人”即是西土的“佛”。于是明帝派遣使者往西土天竺求经，得佛经四十二章及释迦立像，并请得西僧摄摩腾、竺法兰一起东归。归途以白马负经，明帝因于洛阳创建白马寺。竺法兰开始译经，于明帝永平年间译出《十住经》。建和元年（147 年）到达洛阳的原安息国太子安世高，被认为是东汉时期最有影响的来到中国本土传播佛教学说的外籍高僧。他精研阿毗昙，修习禅定，所译经典达数十种之多。随后，严佛调、安玄、康僧会等继承和发展了译经工作。

但终东汉之世，因佛教初入东土，崇佛的国人数量有限，佛经翻译始终没有形成气候。至于魏、晋时期，西域僧人赍经东来，中国人则西去求经，讲经求经活动渐多，更有信徒皈依佛教，剃发为僧，佛经翻译活动遂有蔓延之势（图 3-1-2）。

三国吴黄武元年（222 年）至建兴（252—253 年）中，僧支谦开始译经，以三十余年之力译出《菩萨本缘》等数十种，皆流行于世，开江南佛经翻译之风。

西晋初年，原籍月氏国，世居敦煌郡的竺法护（231—308 年）是当时译经最多的大师。竺昙摩罗刹，八岁出家，立志求学，不辞辛劳，万里寻师，得以拜印度高僧为师，随师姓“竺”。他具有过目不忘的天赋，能日诵万言经书。不但精

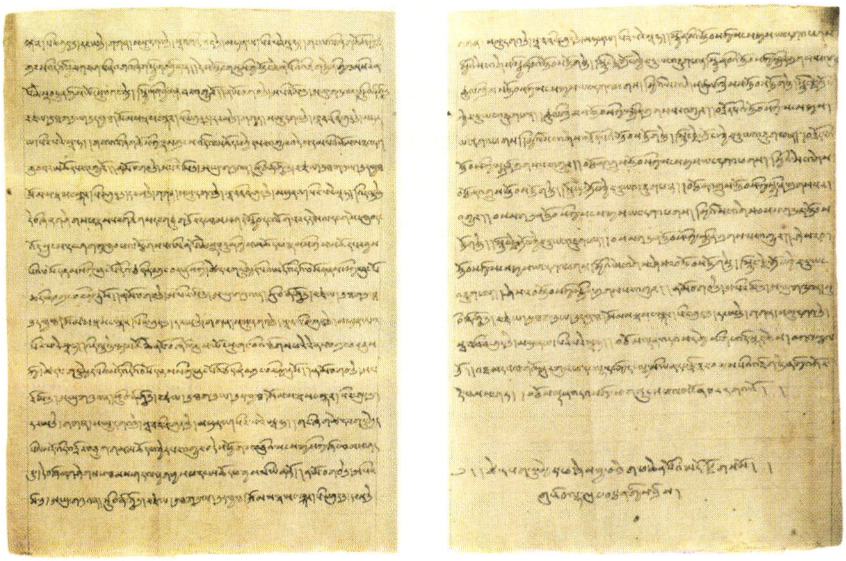

图 3-1-2 《大乘无量寿宗要经》敦煌藏文写本

通儒家《六经》，且博涉诸子百家之说。

后秦姚兴弘始二年（400 年），出生于西域龟兹国（今新疆库车）的天竺僧人鸠摩罗什（344—413 年）到了长安，他博通大、小乘。至十一年（409 年）与弟子译成《大品般若经》《法华经》《维摩诘经》《阿弥陀经》《金刚经》等经和《中论》《百论》《十二门论》《大智度论》《成实论》等论，系统介绍龙树中观学派的学说。译经总数《出三藏记集》作 35 部 294 卷，《开元释教录》作 74 部 384 卷。所译经论影响很大，其中"三论"(《中论》《十二门论》《百论》）为三论宗主要依据;《成实论》为成实学派主要依据；《法华经》为天台宗主要依据；《阿弥陀经》为净土宗所依"三经"之一。所译经、律、论，文字优美，影响既广又大。大抵后秦弘始年间（399—416 年），先后到达长安译经的西域僧人多达数十位，但以鸠摩罗什才德和成果为最优，是唐代著名高僧玄奘（600—664 年）之前最有影响的佛经翻译家。其门下弟子著名者有道生、僧肇、道融、僧叡，人称"什门四圣"。

在六世纪初年的梁代，还出现了现存最早的总结性佛经目录《出三藏记集》和最早的佛家总传《高僧传》。

南朝梁释僧祐（445—518 年）所编《出三藏记集》，凡 15 卷，是现存最早而且完整的传记体佛典目录，全目著录中国翻译佛教经律论三藏各书凡 2162 部 4328 卷，基本上反映了魏晋南北朝佛经翻译的总体概貌。

南朝梁代慧皎（497—554 年）所编《高僧传》(习称《梁高僧传》)，凡 14 卷，将所载僧人分为"译经""义解""神异""习禅""明律""忘身""诵经""兴福""经师"和"唱导"等 10 类，记载自东汉永平至梁代天监间著名僧人的传记，记述了佛教传入中国及佛经翻译的历史信息，以及文人学士与佛教僧侣的人际交往及其受佛教影响的情况。

佛经翻译活动的繁荣，在一定程度上促进了佛教的传播。北魏秘书监杨炫之在《洛阳伽蓝记》中说，洛阳兴建佛寺，自东汉明帝永平十一年（68 年）建白马寺，至晋怀帝永嘉年间（307—312 年），才有 42 所。然而北魏迁都洛阳后，佛寺数量激增至 1367 所。而唐杜牧（803—约 852 年）在《江南春》诗中也有“南朝四百八十寺，多少楼台烟雨中”之叹，可见佛寺数量之多。

佛经翻译活动的活跃，带动了佛经传抄业的发展，写经生成为当时专门替人传抄佛经的专职人员。随着民间写经的盛行以及写经的商品化，在北朝民间已经出现相当数量的写经生，其中不乏因此而致富者。据《魏书》记载，刘芳聪敏过人，笃志坟典，不汲汲于荣利，不戚戚于贱贫。虽家境贫窘，但志坚不易。他白天佣书，以自资给，夜里则读诵，“常为诸僧佣写经、论，笔迹称善，卷直以一缣，岁中能入百余匹。如此数十年，赖以颇振。由是与德学大僧，多有还往”[1]。

由于佛教经典被汉译后，信徒热衷于以写抄的方法来还愿弘法，因此，一部佛经常被传抄成多个复本流传于世，它们作为佛家道义的载体，对中国人的生活、思想和文化各个方面，都发生了深层次的长远影响。

第二节　隋规唐随的科举考试制度

科举制度是中国隋代以来直至清末的读书人通过考试，以获取功名利禄的官员选拔制度。采用的是分科取士之法，因此简称为“科举”。科举制度创制于隋，健全于唐，而延续至清末。史载，科举制度从隋大业元年（605 年）开始实行，到清光绪三十一年（1905 年）举行最后一科进士考试为止，经历了 1300 年。1905 年 9 月 2 日，清政府废除科举制度。

隋文帝统一中国后，加强中央集权，废除了“九品中正制”，开始采用分科考试的方式选拔官员。据史载，开皇三年（583 年）正月，隋文帝曾下诏举“贤良”。开皇十八年（598 年），又令京官五品以上，总管、刺史，以“志行修谨”“清平干济”二科举人。隋炀帝时，这一官员选拔方法得到了进一步的推广和普及。大业二年（606 年），始置明经、进士二科，并以“试策”取士，科举制度正式诞生，揭开了中国科举选士史上新的一页，是选官制度的一大进步。

“进士”一词初见于《礼记·王制》篇，其本义为可以进受爵禄。当时主要考时务策，就是有关国家政治生活方面的政治论文，叫“试策”。大业三年（607 年）四月，诏令文武官员有职事者，可以“孝悌有闻”“德行敦厚”“结义可称”“操

1 （北齐）魏收：《魏书·刘芳传》卷五十五列传第四十三。

履清洁”“强毅正直”“执宪不饶”“学业优敏”“文才秀美”“才堪将略”“膂力骄壮”等十科举人。大业五年（609年），又诏诸郡以“学业该通，才艺优洽”“膂力骁壮，超绝等伦”“在官勤慎，堪理政事”“立性正直、不避强御”四科举人。[1]唐玄宗时礼部尚书沈既济曾对这一历史变化有过较准确的评价：“前代选用，皆州郡察举……至于齐隋，不胜其弊……是以置州府之权而归于吏部。自隋罢外选，招天下之人，聚于京师春还秋住，乌聚云合。”隋代分科取士是为了满足临时选举人才的需要，并未形成系统完备的制度。

隋朝虽然灭亡了，但唐朝的开国君臣承袭了其先进的官员选拔制度，并做了进一步的改革完善。其中，唐太宗、武则天、唐玄宗是改革和完善科举的关键性人物。此后，历代的科举制度都是在唐代科举制度基础上改进发展的。

在唐代，考试的科目分常科和制科两类。每年分期举行的称“常科”，由皇帝下诏临时举行的考试称“制科”。常设的科目有秀才、明经、进士、俊士、明法、明字、明算，有一史、有三史、有开元礼、有道举、有童子等五十多种。其中明法、明字、明算等科，不为人重视。俊士等科不经常举行，秀才一科，在唐初要求很高，后来渐废。所以，明经、进士两科便成为唐代常科的主要科目。

明经、进士两科，最初都只是试策，考试的内容为经义或时务，后来两种考试的科目虽有变化，但基本精神是进士重诗赋，明经重帖经、墨义。所谓帖经，就是将经书任揭一页，将左右两边蒙上，中间只开一行，再用纸帖盖三字，令试者填充。墨义是对经文的字句作简单的笔试。帖经与墨义，只要熟读经传和注释就可中试，诗赋则需要具有文学才能。在唐代，较明经科而言，士人最重视的是进士科。“缙绅虽位极人臣，不由进士者，终不为美。以至岁贡，常不减八九百人。”[2]就录取名额而言，明经又远比进士为多。进士科得第的只占应考人数的百分之一、二，明经科得第的却占应考人数的十分之一二。[3]进士科得第很难，所以当时流传有“三十老明经，五十少进士”[4]的说法。唐高宗以后进士科尤为时人所重。唐朝许多宰相大多是进士出身。

明经科考试主要是试帖经文，问经义，时务策，在诸科中最为容易，以习《礼记》《论语》《孝经》《周》《易》《毛诗》《左氏春秋》为主（图3-2-1）。唐代官方还曾印行了孔颖达撰定的《五经正义》和颜师古撰定的《五经定本》两本书作为学馆学生习学之用。《五经正义》和《五经定本》作为官定教科书和科举考试所遵依的范本，不仅有利于考试内容和评阅标准的统一，而且通过科举考试的价值导向，使教育服务于政治，将儒家思想全面推进到社会各层面。

1 （北宋）王钦若等：《册府元龟》卷六四五；（五代）王定保：《唐摭言》卷一。
2 （五代）王定保：《唐摭言》卷一。
3 （唐）杜佑：《通典》卷一五。
4 （五代）王定保：《唐摭言》卷一。

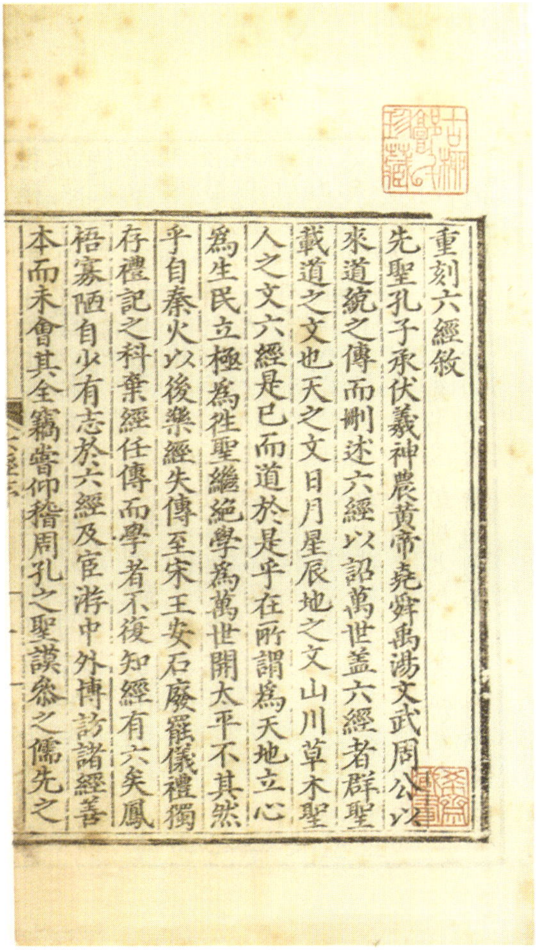
重刻六經敘
先聖孔子承伏羲神農黃帝堯舜禹湯文武周公以
來道統之傳而刪述六經以詔萬世盖六經者群聖
載道之文也天之文日月星辰地之文山川草木聖
人之文六經是已而道於是乎在所謂爲天地立心
爲生民立極爲往聖繼絕學爲萬世開太平不其然
乎自秦火以後樂經失傳至宋王安石廢罷儀禮獨
存禮記之科棄經任傳而學者不復知經有六矣鳳
梧寡陋自少有志於六經及宦游中外博訪諸經善
本而未會其全竊嘗仰稽周孔之聖謨參之儒先之

图 3-2-1 《六经》明嘉靖庐陵陈氏新安刻本

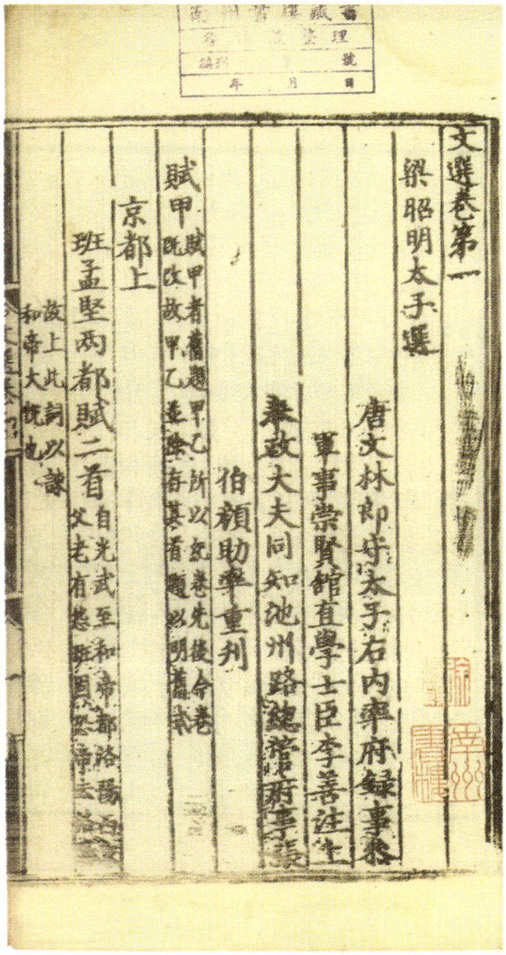
文選卷第一
梁昭明太子選
唐文林郎守太子右內率府錄事參
軍事崇賢館直學士臣李善注上
奉政大夫同知池州路總管府事張
伯顏助率重刊
賦甲 賦甲者舊題甲乙所以紀卷先後今卷既改故甲乙並除存其首題以明舊式
京都上
班孟堅兩都賦二首 自光武至和帝都洛陽西京父老有怨班固恐帝去洛陽故上此詞以諫和帝大悅也

图 3-2-2 《文选》明唐藩翻元张伯颜刻本

考进士难，难在内容上。唐代的进士科考测试帖经、策问、杂文（赋铭颂）等。《唐六典·尚书礼部》说："凡进士，先帖经，然后试杂文及策。文取华实兼举，策须义理惬当者为通。"进士帖经不及格的，也可以试诗相抵，称之为"内赎帖"。后来诗赋日渐在进士科考试中受到普遍重视，只要诗赋好，帖经差一些也能获得通过。唐代进士的导文，一般使用梁朝昭明太子所编《文选》（图 3-2-2）作为研习教材，该《文选》选了很多古代的优秀诗文。唐代的考生们考诗、赋，基本参照《文选》，同时学习《礼记》《尚书》《论语》《孝经》及一史。

进士科的考试内容，唐代前期不断改变，起初只考时务策五道。贞观八年（634 年）加读经史各一部，其考法与时务策同。唐高宗调露二年（680 年），刘思立知贡举，提出进士唯试实务策，恐伤肤浅，请加试杂文两道，并帖小经。次年朝廷下诏，应考进士，先考杂文两首，再考策论。这是考试内容的一大改变，增加了进士科考试的难度。到神龙元年（705 年），才确定为三场试。帖经有时作为第一场，有时第二场，比明经科分量小、要求低。第三场试时务策，比明经科多两道题，要求也高一些，以"义理惬当"为通。杂文有时作为第二场，有时第一场，所作诗赋以"华实兼举""洞识文律"为通。唐玄宗以后，进士科考试内容逐步定型，以帖经作基础，以诗赋为主，加之策问。

唐代官学以儒家经典为主，其经学课程体系即当时的九部儒家经典著作，又称“正经”。按照字数多寡，依次分为大经、中经和小经（图3-2-3、图3-2-4、图3-2-5）。其中《礼记》《春秋左氏传》叫作大经，《毛诗》《周礼》《仪礼》叫作中经，《周易》《尚书》《春秋公羊传》《春秋谷梁传》叫作小经。明经科中通二经者，通大经一部并小经一部，或中经两部；通三经者，大、中、小经各一部；通五经者，大经、小经并通。具体经书皆由举子自选。正经以外，《孝经》《论语》是明经、进士等科的共修课，因而是必考课目，还加试过《老子》《尔雅》。[1]

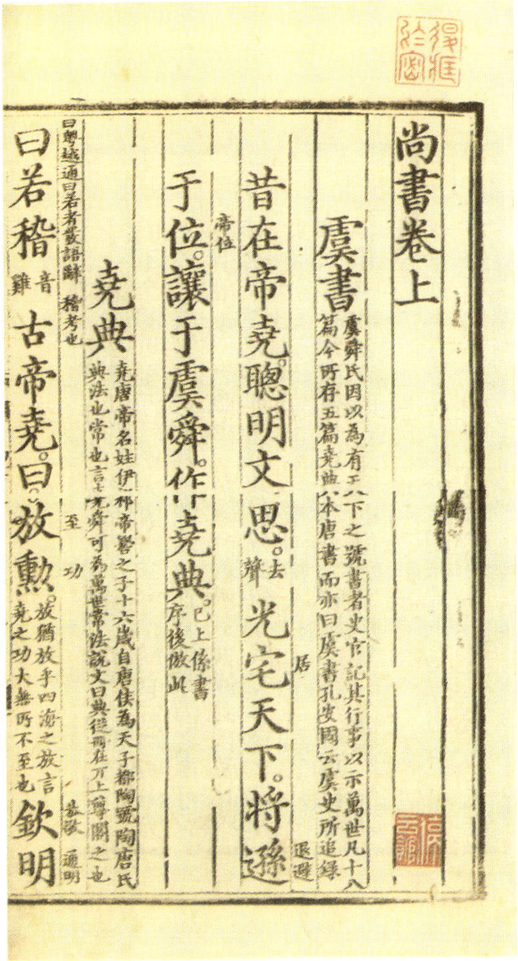
尚書卷上
虞書 虞舜氏因以為有天下之號書者史官記其行事以示萬世凡十八篇今所存五篇堯典本唐書而亦曰虞書孔安國云虞史所追録
昔在帝堯聰明文思去聲光宅居天下將遜退避于位帝位讓于虞舜作堯典已上係書序後倣此
堯典 堯唐帝名姓伊祁帝嚳之子十六歲自唐侯為天子都陶號陶唐氏典法也常也言堯可為萬世常法說文曰典從冊在丌上尊閣之也
曰粵越通曰若者發語辭稽考也 至 功
曰若稽音雞古帝堯曰放勳放猶放乎四海之放言堯之功大無所不至也欽明

图3-2-3 《尚书》明成化十二年（1476年）崇府刻本

常科的考生有两个来源，一个是生徒，一个是乡贡。由京师及州县学馆出身，而送往尚书省受试者叫生徒；不由学馆而先经州县考试，及第后再送尚书省应试者叫乡贡。由乡贡入京应试者通称举人。州县考试称为解试，尚书省的考试通称省试，或礼部试。礼部试都在春季举行，故又称春闱，闱也就是考场的意思。

常科考试最初由吏部考功员外郎主持，后改由礼部侍郎主持，称“权知贡举”。进士及第称“登龙门”，第一名曰“状元”或“状头”。同榜人要凑钱举行庆贺活动，以同榜少年二人在名园探采名花，称“探花使”。要集体到杏园参加宴会，叫“探花宴”。宴会以后，到慈恩寺的大雁塔下题名以显其荣耀，所以又把中进士称为“雁塔题名”。唐孟郊曾作《登科后》诗：“春风得意马蹄疾，一朝看遍长安花。”所以，春风得意又成为进士及第的代称。常科登第后只取得出身，还要经吏部（后为礼部）考试，叫选试。合格者，才能授予官职。唐代大家柳宗

1 李纯蛟：《科举时代的应试教育》，巴蜀书社，2004年，第22页。

元进士及第后，以博学宏词，被即刻授予“集贤殿正字”。如果吏部考试落选，只能到节度使那儿去当幕僚，再得到正式的官职。韩愈在考中进士后，三次选试都未通过，不得不去担任节度使的幕僚，才踏进官场。

唐代取士，不仅看考试成绩，还要有著名人士的推荐。因此，考生纷纷奔走于公卿门下，向他们投献自己的代表作，叫投卷。向礼部投的叫公卷，向达官贵人投的叫行卷。投卷确实使有才能的人显露头角，如诗人白居易向顾况投诗《赋得原上草》受到老诗人的极力称赞。但是弄虚作假，欺世盗名的也不乏其人。

唐代制科，名目繁多。王应麟《困学纪闻》说：“唐制科之名，多至八十有六。”[1]其中较著名的有贤良方正、直言极谏、博通坟典、军谋宏远、详明政术等。应制科考试之人，既可以是得第在仕之人，也可以是庶民百姓。制科考试，由皇帝亲自主持。“试之日，或在殿廷，天子亲临观之。试已，糊其名，于中考之。文策高者，特授以美官，其次与出身。”[2]尽管如此，制科在人们心中的地位还是不如进士科。《封氏闻见记》说：“制科出身，名望虽高，犹居进士之下。”[3]

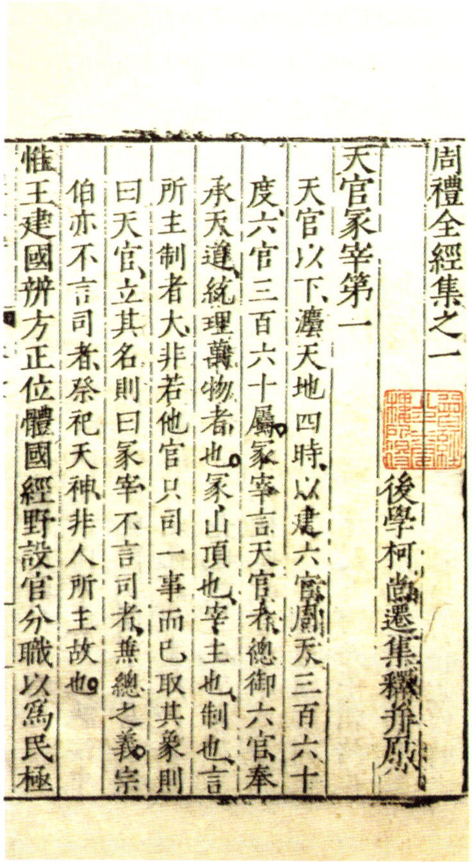
周禮全經集之一
後學柯尚遷集釋并原
天官冢宰第一
天官以下凖天地四時以建六官屬天三百六十
度六官三百六十屬冢宰言天官者總御六官奉
承天道統理萬物者也冢山頂也宰主也制也言
所主制者大非若他官只司一事而已取其象則
曰天官立其名則曰冢宰不言司者兼總之義宗
伯亦不言司者祭祀天神非人所主故也
惟王建國辨方正位體國經野設官分職以為民極

图 3-2-4　《周礼全经集》明刻本

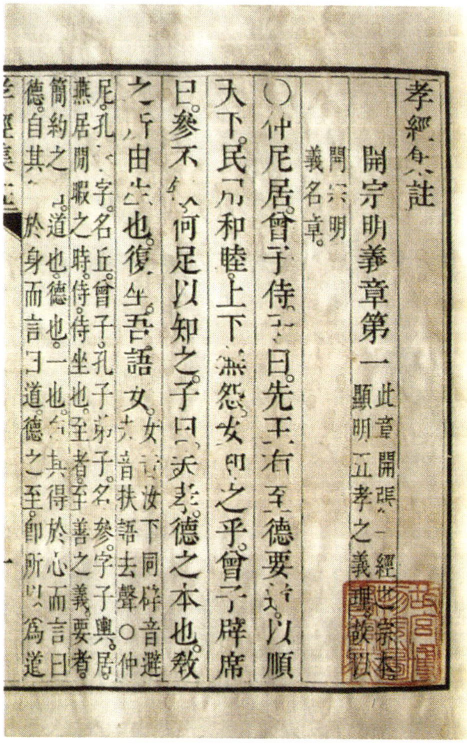
孝經集註
開宗明義章第一 此章開張一經之宗本顯明五孝之義理故
開宗明義名章
○仲尼居曾子侍子曰先王有至德要道以順
天下民用和睦上下無怨女知之乎曾子辟席
曰參不敏何足以知之子曰夫孝德之本也教
之所由生也復坐吾語女 女音汝下同辟音避夫音扶語去聲
○仲尼孔子字名丘曾子孔子弟子名參字子輿居閒暇之時侍侍坐也至者至善之義要者簡約之道也德也一也得於心而言曰德自其於身而言曰道德之至即所以為道

图 3-2-5　《孝经集注》清内府刻本

1 转引自陈茂同：《历代职官沿革史》，华东师范大学出版社，1988 年，第 324 页。

2 （元）马端临：《文献通考》卷二十九。

3 转引自陈茂同：《历代职官沿革史》，华东师范大学出版社，1988 年，第 324 页。

唐太宗重视人才的培养和选拔。他即位后，大大扩充了学院的规模，扩建学舍，增加学员。武则天载初元年（689年）二月，女皇亲自“策问贡人于洛成殿”[1]，这是科举中殿试的开始，但在唐代并没有形成永制。唐玄宗在位期间，曾在长安、洛阳宫殿八次亲自面试科举应试者，录取很多很有才学的人。开元年间，任用高官主持考试，提高了科举考试的地位。

有意思的是，唐代小说中，多有讲述赶考或下第举子的种种情状者，它们往往以在客舍中读书或赶路失途来引出曲折的传奇故事。如牛僧孺《玄怪录》记郭元振在开元中参加科举考试落第，“自晋之汾，夜行阴晦失道”；戴孚《广异记》记睦州刺史之子李元平，于大历五年（770年），客于东阳精舍读书，岁暮之际，一美女忽入僧房；钟辂《前定录》记赵郡李敏求八次就礼部进士试不利，大和九年（835年）秋旅居宣平里，日晚拥膝愁坐，“忽如沉醉，俄而精魄去身”……应该都是当年读书人“科举热”这一社会现象的折射。

隋、唐科举制度的确立，是中国古代社会政治上的一大变革，它结束了魏、晋以来的“九品中正制”，为唐、宋、元、明、清各朝所沿袭，成为定制，直至光绪三十一年（1905年），清廷正式废除。至此，这种从拥有儒家文化素养的读书人中选拔朝廷所需高级官员的方法，已在中国延续达一千余年。

第三节　隋、唐书事与儒家《五经》的刊刻

由于隋、唐之间的政权嬗替与秦、汉相类似，隋朝皇室虽仅父子二传而尽，但开国君主杨坚为加强封建中央集权统治而采取的一系列政策和措施，基本上为唐朝所沿袭。因此，经过唐初百年左右的持续发展和建设，创造了盛唐文化的新格局。

一、隋文帝的民间征书与禁绝纬候、图谶

隋开皇三年（583年），秘书监牛弘上《请开献书之路表》，强调国家藏书必须齐备，而“天下图书尚有遗逸”，要求文帝下发明诏，分遣使人，搜访异本。开皇九年，隋朝平陈，获得了陈朝的藏书，国家藏书逐渐富足起来，达到三万余卷。于是召集天下工书之士，在秘书省内补续残缺，写为正副二本，藏于宫中，其余藏于朝廷秘阁。

隋朝皇室的主要藏书处在西京长安的嘉则殿和东都洛阳的观文殿。炀帝即位，于大业元年（605年），命秘书监柳顾言在长安嘉则殿对多达三十七万卷的国家藏

1 （唐）杜佑：《通典》卷一五。

书进行整理，经删去重复琐杂的部分，最后选定抄录了一套有三万余卷标准藏本，称为“正御本”，庋藏在洛阳观文殿两侧的书室中。另据正御本抄录50套副本，分为三品：上品以红色琉璃为书轴，中品用天青色琉璃做书轴，下品用黑漆圆木做书轴，分别由西京东都的政府文化藏书机构收藏，供朝廷官员使用。

开皇十三年（593年）春，隋文帝杨坚下诏，严令“私家不得隐藏纬候、图谶”[1]。由于谶纬之书多藏于民间，仅一纸禁令，一时难以禁绝。所以，隋炀帝杨广继位后，采取了具体的查禁办法，就是派使者四处搜访，规定凡内容涉及谶纬的书籍，都要交出，违者一经查实，窝藏者将被处死。在这样严厉的查禁政策下，确实没有人敢于为谶纬之书而冒生命危险。谶纬类图书很快濒临灭绝，唐初魏征等编纂的《隋书·经籍志》只著录了13部谶纬图书，足以说明隋朝禁绝谶纬之书的力度。

隋文帝在诏禁图谶之书后仅三个月，又下诏禁止私撰“国史”。《隋书·文帝本纪》记载：隋文帝开皇十三年（593年）五月，“诏人间有撰集国史、臧否人物者，皆令禁绝”[2]。“国史”就是当代史事，因此，所谓“臧否人物”就是指评论当代统治集团中的帝王大臣。然而历史上并没有留下关于这次禁止私撰史书施行情况的记载，只有一则关于著作佐郎王劭私撰《齐书》获免的记录。《隋书·王劭传》记载：“高祖受禅，（劭）授著作佐郎。以母忧去职，在家著《齐书》。时制禁私撰史，为内史侍郎李元操所奏。上怒，遣使收其书，览而悦之。于是起为员外散骑侍郎，修起居注。”[3]揆其原因，或许《齐书》并非国史，但是这种情况的出现，至少说明禁绝私撰国史的举措并不严厉。尽管这样，文帝的这一纸禁令，对后世产生了很大影响。自此以后，修史皆由朝廷官方主持。唐初，就正式确立了官修正史的制度，并以宰相大臣监修，史书尤其是国史的编修，完全处于封建统治者的严格控制之下。这一制度能够确保统治者的思想在史书编纂中得到体现，并传之后世，从而成为历代政府修史的定制和传统。

二、唐代弘文馆与集贤院

唐初，隋嘉则殿三十七万卷藏书已经所剩无几，武德时有八万卷重复相糅的藏书。高祖采纳令狐德棻“购募遗书，重加钱帛，增置楷书，令缮写”的建议，通过对民间书籍的搜集和整理，以及大规模的抄录活动，数年间，经籍图书略备。

唐代设秘书省、弘文馆隶门下省，集贤院、史馆属中书省，这些建制健全、职责分明的文化机构，汇集了一时的文化精英，为唐代，尤其是初、盛唐时期图

1 （唐）魏征等：《隋书·高祖纪》卷二帝纪第二。
2 （唐）魏征等：《隋书·高祖纪》卷二帝纪第二。
3 （唐）魏征等：《隋书·王劭传》卷三十九列传第三十四。

书整理编纂和文化传播事业的繁荣发展，创造了良好的条件。

隋、唐沿袭南北朝的制度，仍设秘书省作为图书及编纂事业的职能机构。秘书省由秘书丞主持日常工作，丞下设秘书郎掌管四部图籍，校书郎负责雠校典籍，刊正文章。唐朝十分重视秘书监的人选，在唐初朝廷编纂书籍的高潮时期，只有学识渊博，名重一时的杰出人才，如魏征、虞世南、颜师古、令狐德棻这样德高望重者才能荣膺此职。

曹魏的崇文馆，南朝宋、齐的总明馆，萧梁的士林馆，北齐的文林馆，其任务不外乎校理书籍，撰著史书，兼训生徒，以备帝王顾问。唐代弘文馆始设于高祖武德四年（621 年），初名修文馆，位置在门下省旁边。唐太宗即位，在宫中弘文殿聚集四部书二十余万卷，于是将修文馆移至殿之左侧，改称弘学馆，精选享有盛名的在朝学者虞世南、褚亮、姚思廉、欧阳询等，各以本官兼署学士。学士们轮流在馆宿直，太宗上朝听政之暇，经常召见他们，讲论经义，商略政事。贞观中，由褚亮检校馆务，众学士称其为“馆主”，以后遂成为定制。

唐弘文馆的主要职责是详正图籍，教授生徒，并备顾问，参议国家大事。馆职设有大学士、学士、直学士等。馆中学生的教授考试，由学士负责，体制与国子学相仿。贞观年间，唐太宗置太子学馆——崇文馆，其体制类弘文馆，设学士、直学士，员数不定。

唐太宗时期国家藏书的校理活动，自贞观二年（628 年）魏征出任秘书监开始，至贞观十九年（645 年）秘书监颜师古去世，魏征、虞世南、颜师古先后主持领导，其前期重点在整理、抄录，后期则转向校正文字。由于贞观时弘文馆所藏四部书多达二十余万卷，加上陆续购得的民间图书，规模宏大，所以尽管配有“雠校二十人，书手一百人”，还是没能在三位秘书监近二十年的任内完成。校书活动在高宗和武周时期继续进行，只是规模稍有缩小，内容则仍然为校勘、缮写。中宗复位后，曾于景龙二年（708 年），因“经籍多缺”而下诏征集天下图书。

唐玄宗开元天宝年间（713—756 年），集贤院成立，国家藏书的校理活动再次出现高潮。当时，中书舍人陆坚素以文才自负，经常讥刺在集贤院校理图书的学士无真才没实学而俸高禄丰，因此常对同僚们说：“此辈于国家何益？如此虚费！”将建议罢之。大臣张说闻说，予以反驳。《旧唐书·张说传》记载了张说的这段话：“自古帝王功成，则有奢纵之失，或兴池台，或玩声色。今圣上崇儒重道，亲自讲论，刊正图书，详延学者。今丽正书院，天子礼乐之司，永代规模，不易之道也。所费者细，所益者大。陆子之言，何其隘哉！”[1] 唐玄宗知道事情的经过后，十分赞赏张说的观点，而陆坚则自此被疏远。

集贤院之设始于唐玄宗开元五年（717 年）。当时褚无量、秘书监马怀素奉命

1（五代）刘昫等：《旧唐书·张说传》卷六十七列传第四十七。

在东都洛阳乾元殿整理内廷藏书，置乾元院使，辖刊正官、知书官各若干名，形成乾元殿书院。第二年（718年）易名丽正书院，扩大建制，增加人员，设修书使，弘文馆学士元行冲出任修书使，负责图书校理事务。开元十三年（725年），玄宗在集贤殿赐宴群臣，诏改丽正书院为集贤殿书院，简称集贤院。院内五品以上为学士，六品以下为直学士，中书令张说大学士，知院事，徐坚为副，贺知章等为学士，另有直学士、侍讲学士、修撰官各若干名。

集贤院分设在西京长安光顺门外和东都洛阳明福门外，此外尚有诸多分院，是唐代从事图书典藏、校理、搜访并编刊的最大机构，因此建制齐备。院中设学士四人，执掌刊辑古今典籍，并奉旨负责访求天下遗书和被忽视的贤才能吏。凡有贤士良策有利于治世，文士著述有益于风教者，都要负责“较其才艺，考其学术”[1]，一一调查清楚，以上奏朝廷天子。而承旨撰集文章、校理经籍则为常务。四学士与直学士十人、侍讲学士四人合称“十八学士”，玄宗曾仿太宗凌烟阁十八学士图故事，画“开元十八学士图”，悬置东都上阳宫含象亭。

开元三年（715年），玄宗命左散骑常侍、昭文馆学士马怀素为修图书使，领衔整理国家藏书。同时诏令公卿士庶，各将家藏异书借与官府缮写，陆续入藏乾元殿。据《新唐书·艺文志》记载，“既而太府月给蜀郡麻纸五千番，季给上谷墨三百三十六丸，岁给河间、景城、清河、博平四郡兔千五百皮为笔材。两都各聚书四部，以甲、乙、丙、丁为次，列经、史、子、集四库。其本有正有副，轴带帙签皆异色以别之”，足见整理工作的规模之大。开元十九年（731年），玄宗幸东都集贤院观书，院内藏书已经有八万余卷，其中包括贞观及高宗时期奉诏缮写的书籍。从隋朝正御书三万七千卷，到开元十九年的八万余卷，百余年间增长两倍多，史称“唐之藏书，开元最盛”，信非虚语。

天宝十四年（755年），盛世祸起。节度使安禄山从范阳起兵反唐，虎狼之军以破竹之势攻陷洛阳，接着西叩潼关，占领长安，唐王朝两都覆没，“乾元旧籍，亡散殆尽”。自贞观以来图书建设的成果，毁于一旦。

“安史之乱”使唐王朝文教事业遭到毁灭性的破坏。叛乱平定后，肃宗、代宗、德宗三朝努力重建国家的图书事业，屡诏购募，采取多种办法校写书籍。但唐末之乱，使国家藏书一再遭劫，黄巢起义军攻占两京，使秘书省十二库藏书降至二万余卷；而迁都洛阳，劫余书籍又丧其半，使后世之人，不得不面对“平时载籍，世莫得闻”的现实。

五代时期，中国北方先后出现建都开封、洛阳的后梁、后唐、后晋、后汉、后周五代，共计历时五十四年。同时南方则存在一些封建割据政权，为吴、南唐、前蜀、后蜀、吴越、楚、闽、南汉、南平、北汉等十国。五代十国在文化传播和

1 （唐）李隆基:《大唐六典》卷九。

图书出版事业方面虽然也有所动作，如沿袭唐代的馆阁制度，史馆修史，秘书监继续访求遗书，组织政府藏书，刊刻儒家经典，但因社会环境动荡，立国时间短促，书籍文化的复兴，几乎无从谈起。

三、类书的编纂与修史制度的确立

隋炀帝时的《长洲玉镜》《北堂书钞》；唐初的《艺文类聚》(图3-3-1)、《文思博要》《瑶山玉彩》《三教珠英》，唐玄宗时的《事类》《初学记》等。其中大部分已经亡佚，今存者，欧阳询的《艺文类聚》、徐坚的《初学记》(图3-3-2)，加上白居易的《白氏六帖事类集》，合谓唐代三大类书；又有将上述三书，与虞世南所编的《北堂书钞》(图3-3-3)并称为唐代四大类书。

《初学记》，唐玄宗时集贤院学士徐坚等奉命编纂。唐玄宗编辑该书的目的，是在帮助皇子们读书检事和揣摩范文，因而要求“撰集要事并要文，以类相从。务取省便，令儿子等易见成就”。因此以“初学”命名。全书30卷，共分23部312类。与其他类书相比，《初学记》在分部取类上并没有十分突出的地方，但是在编辑上颇有长处。一般类书，在处理汇集的材料时，只是把事类逐条抄列出来，至于条与条之间是否有关联，或者是否应该去追求这种关联，并不去做编辑上的考虑，那么它的用途就仅在于供人查检。而徐坚他们正是通过精心地编辑去追求这种关联，创造了自己的特色。《初学记》的每一个类目中，都分有叙事、事对、诗文三个项目，其中叙事部分，对收录的类事进行组改，使各条类事连贯起来，成为一篇对类目标题具有说明阐述意义的文章，也就是说具有知识性。胡道静先生将这种编辑方式称为“更为近似现代百科全书的做法”[1]。从编录的体裁看，无非是徵事为主，

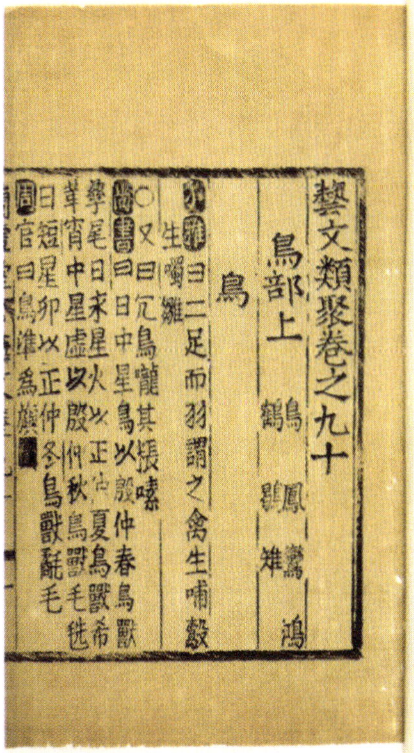
藝文類聚卷之九十
鳥部上
鳥

图3-3-1 《艺文类聚》

1 胡道静:《中国古代的类书》，中华书局，2005年，第130页。

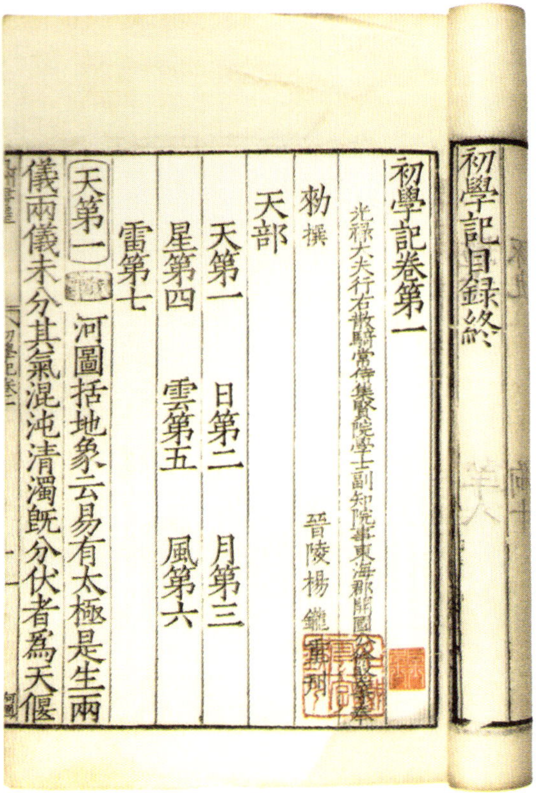

图 3-3-2 《初学记》明嘉靖刻本

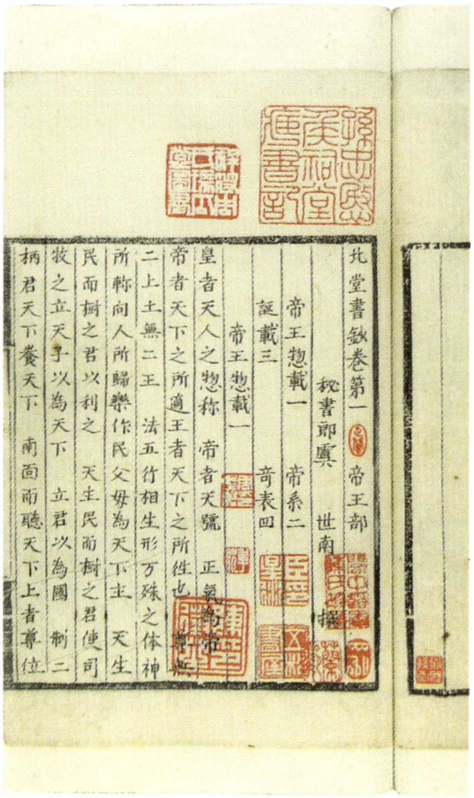

图 3-3-3 《北堂书钞》明抄本

兼采诗文，并取辞藻。

值得指出的是，隋唐类书已经普遍设立有关讲论、读书、藏书、劝学、好学等与文化传播有关的类目，其中类聚历史上著名的人事典故，足以勉人向学。史载开元名相姚崇初不悦学，后来偶然见到《修文殿御览》，“阅之，喜，遂耽玩坟史，以文华著名”[1]。由于记载简略，且《御览》已佚，已经无法确知姚崇从不悦转而耽玩的原因，或许就是受其中这些内容激励所致。

类书的编撰，本有方便查考古人著述精华的用意。对此，欧阳询在《艺文类聚序》中有这样的表述：“九流百氏，为说不同；延阁石渠，架藏繁积。周流极源，颇难寻究，披条索贯，日用弘多。卒欲摘其菁华，采其指要，事同游海，义等观天。”欧阳询作为学者，充分了解古今图书积累之多犹如瀚海浩天，深知要从中寻究九流百家学说之精华，实在是一件事倍功半的难事。所以表明编撰此书的目的在于使“览者易为功，作者资其用”。类书就内容性质而言，汇集了自然界和人类社会的全部知识，在组织上则基本是按知识门类依次编排的。利用包容百科知识、归类线索清晰的类书，可为读书治学节省大量时间，为文化传播活动的有效开展提供方便（图 3-3-4）。北宋史学家刘筠深知这一点，所以才要将《初学记》用之终身。

1 （唐）刘肃：《大唐新语》卷六。

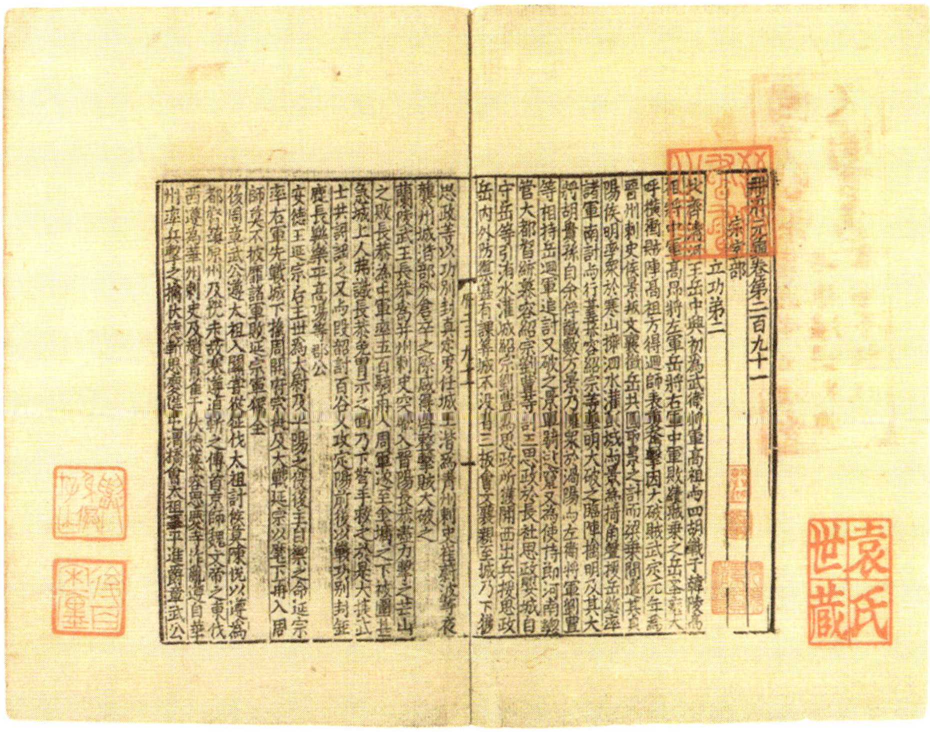
册府元龜卷第二百九十一
宗室部
立功第二

图 3-3-4 《册府元龟》宋刻本

隋、唐时期中央集权政治在图书编纂方面的反映，就是严禁私人修史，设置史馆，确立官修史书，并由宰相大臣监修的制度，以确保朝廷对修史活动的控制。

武德四年（621 年），起居舍人令狐德棻向唐高祖李渊建议说："近代已来，多无正史，梁、陈及齐，犹有文籍。至周、隋遭大业离乱，多有遗阙。当今耳目犹接，尚有可凭，如更十数年后，恐事迹湮没。……如文史不存，何以贻鉴今古？如臣愚见，并请修之。"[1] 次年诏修南北历朝史：中书令萧瑀、著作郎殷闻礼等修魏史，秘书丞令狐德棻等修周史，中书令封德彝等修隋史，大理卿崔善为等修梁史，前秘书丞魏征等修齐史，秘书监窦琎等修陈史。历时数年，未见成书。[2]

太宗贞观三年（629 年），于中书省置秘书内省，专职撰修五代史。另设史馆于门下省，开我国设馆修史之例。开元二十年（724 年），李林甫以宰相监修国史，提出史官记事隶属门下省，有诸多不便的意见。于是经谏议大夫、史馆修撰尹愔奏请，史馆由门下省迁隶中书省。天宝以后，以其他官职到史馆兼史职者称为史馆修撰，初入为直馆。

史馆的主要职责是受命编修前代史书和本朝国史、典志等。"史官掌修国史，不虚美，不隐恶，直书其事。凡天地日月之祥，山川封域之分，昭穆继代之序，

1 （五代）刘昫等：《旧唐书·令狐德棻传》卷七十三列传第五十三。
2 （五代）刘昫等：《旧唐书·令狐德棻传》卷七十三列传第五十三。

礼乐师旅之事，诛赏废兴之政，皆本于《起居注》以为《实录》，然后立编年之体，为褒贬焉。既终藏之于府。”《唐六典》卷九中的这段记载，十分完整地分解叙述了史馆的职责。为了保证史馆圆满完成国史的编修任务，朝廷还制定了“诸司应送史馆事例”，规定各政府职能部门向史馆录送材料的内容和方式。

隋朝开皇初，文帝杨坚就命著作郎魏澹与颜之推、辛得元等重修《魏书》，开始了隋唐时期官修史书的进程。唐初由于监督不力，修史不见成效。贞观三年，朝廷设立秘书内省组织撰修前朝史书，诏令狐德棻、岑文本撰《周书》，孔颖达、许敬宗撰《隋书》，姚思廉撰《梁书》《陈书》，李百药撰《齐书》。至贞观十年（636 年），上述五代史的帝纪、列传部分同时完成。秘书监魏征受诏对五代史统加撰定，《隋书》的序论，《梁》《陈》《齐》各史的总论皆出魏征之手，时有良史之称。

《隋书》与先期完成的其他四部史书一样，都是只有纪传，没有表志。贞观十五年，太宗复命左仆射于志宁、太史令李淳风等修撰志书。高宗显庆五年（656 年），由监修人长孙无忌领衔奏进，凡十志三十卷:《礼仪》七卷,《音乐》三卷,《律历》三卷,《天文》三卷,《五行》二卷,《食货》一卷,《刑法》一卷,《百官》三卷,《地理》三卷，《经籍》四卷。十志叙述的范围包括梁、陈、北齐、北周和隋五个朝代，而《经籍志》更是广泛收集了东汉以来书籍流传情况的大量资料，是《汉书·艺文志》以来，完整保存至今的最古的史志书目，广受史家好评。由于十志完成之时，五代史流传已久，所以曾以《五代史志》为名单行。后在与五部史书合编时，附在时代最后的《隋书》之后，因此习惯上就将其称为《隋书志》，而《隋书》也自然扩大为八十五卷。

与编修五代史志基本同时，太宗下诏撰修《晋书》，由司空房玄龄、中书令褚遂良等主修。《晋书》凡帝纪十卷，志二十卷，列传七十卷，载记三十卷，记两晋历史，兼述北方十六国割据政权的兴亡，相传其中宣帝司马懿、武帝司马炎二篇本纪，陆机、王羲之二篇列传的“论”，都出自唐太宗御笔，所以《晋书》旧题“唐太宗文皇帝御撰”。

在隋、唐、五代时期完成的九部正史中，有八部编修于太宗贞观年间，惟《旧唐书》的编纂是在五代后晋天福六年（941 年）。

唐代史馆，除了奉诏编修前代正史外，还有一个重要的任务，就是修纂国史。不仅史官同时承担编修前代史和国史的任务，如李延寿贞观中，以崇贤馆学士受诏与著作佐郎敬播同修《五代史志》，又兼直国史，撰《太宗政典》三十卷。大臣也通常同时监修前代史和国史。如令狐德棻在高宗永徽年间，官拜礼部侍郎，兼弘文馆学士，同时监修国史及《五代史志》，曾撰《高宗实录》三十卷，并因此晋爵为公，史称其“国家凡有修撰，无不参预”。

国史的修撰，在唐代始终受到朝廷的重视，成为史馆的要职。唐宪宗李纯继位之初，读先朝皇帝实录，得知贞观、开元的盛世故事，敬慕不能释卷，对丞相说："太宗之创业如此，玄宗之致理如此，既览国史，乃知万倍不如先圣。"[1] 从此与大臣勤勉议政，常至夜分。这充分显示出阅读传播的效果。

在古代史书编纂史上，唐代确立史馆制度，并依靠这一体制编修了大量重要的史籍，对后世的史书编撰和传播活动产生了重要的影响。

四、儒家《五经》的刊定

隋、唐时期，朝廷组织对儒家经典的校勘注疏活动一直持续开展，其中尤以唐太宗在位时诏令进行的勘正五经文字，撰定五经义疏的编纂活动规模最大，成就最高。

唐太宗继位后，迅即采取措施，推行尊孔崇儒的思想文化政策。贞观二年（628 年），在国学创立孔子庙堂，以孔子为先圣，颜渊为先师。同时在国学增筑学舍 1200 间，太学、四门博士都增置生员，多达 3260 名。接着大征天下儒士，招为学官。当时四方儒师学士，相约抱负典籍，云会京师。俄而，高丽及百济、新罗、高昌、吐蕃等周边诸国酋长，纷纷遣子弟前来求学。长安国学子弟多达八千余人。贞观年间，儒学传播呈现一派繁盛景象。

尊孔崇儒，除了国学扩建学舍、增加生员，强化儒学教学以外，更重要的是统一南北朝时分成南北的经学。唐太宗认为经籍去圣久远，文字多讹谬，应该加以重新考订。《旧唐书·儒学传序》记载，太宗"诏前中书侍郎颜师古考定《五经》，颁于天下，命学者习焉。又以儒学多门，章句繁杂，诏国子祭酒孔颖达与诸儒撰定《五经》义疏，凡一百七十卷，名曰《五经正义》，令天下传习"。

奉诏主持儒家经典校勘整理活动的颜师古和孔颖达都是唐代著名的学者、文献编撰学家。颜师古（581—645 年），名籀，以字行，琅琊临沂（今属山东）人。北朝学者颜之推之孙。唐高祖时官中书舍人，专掌机密。太宗即位，迁中书侍郎，奉诏在秘书省考定《五经》。颜师古精通小学，考定中，对文字多所厘正。于是，《五经定本》由朝廷颁行天下，成为从学者的通行读本。

《五经定本》是南北统一以后由官方颁行的第一种有关五经的标准文本，颜师古在考定中，不但校正了正文和注文，而且为传抄经书的字体规定了正样。由于颜师古成书在前，所以这些成果大多为孔颖达编纂《五经正义》时吸收。

孔颖达（574—648 年），字仲达，冀州衡水（今属河北）人。隋炀帝大业初为河内郡博士。入唐，被秦王招为秦府文学馆学士。贞观十二年（638 年），拜国子祭酒，侍讲东宫。颜师古《五经定本》颁行后，自汉代以来经学发展中形成的

1 （五代）刘昫等：《旧唐书》卷十五本纪第十五。

师说多门、章句繁杂的问题仍未得到解决。这种经义异说纷纭的状况，既影响到思想学术方面的发展，也不利于朝廷的科举取士。于是，太宗诏命国子祭酒孔颖达与颜师古、司马才章、王恭、王琰等撰定《五经》义训，以统一经义。书成后，赐名曰《五经正义》，凡一百八十二卷。其中《毛诗正义》四十卷，《尚书正义》二十卷，《周易正义》十六卷，《礼记正义》七十卷，《春秋左传正义》三十六卷。

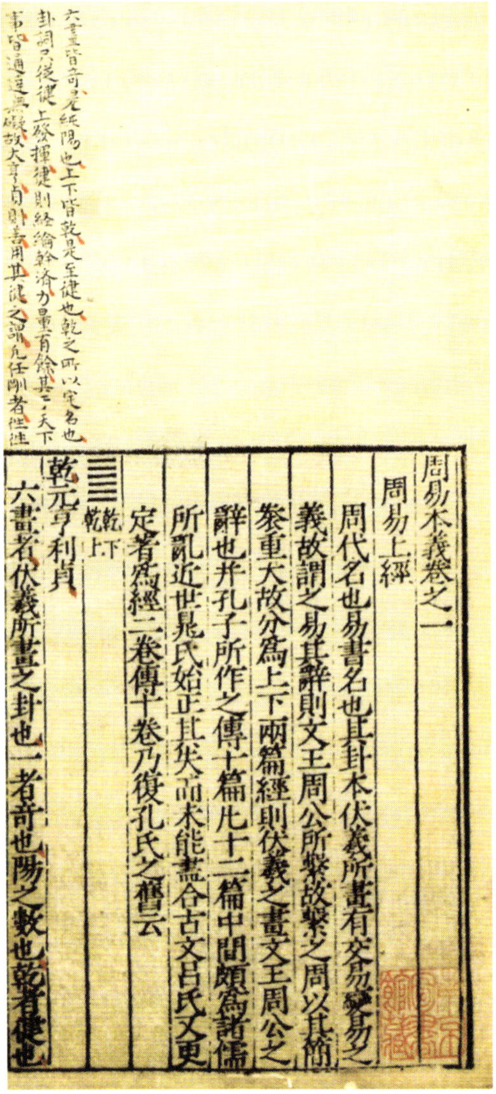
周易本義卷之一
周易上經
周代名也易書名也其卦本伏羲所畫有交易變易之義故謂之易其辭則文王周公所繫故繫之周以其簡袠重大故分爲上下兩篇經則伏羲之畫文王周公之辭也并孔子所作之傳十篇凡十二篇中間頗爲諸儒所亂近世晁氏始正其失而未能盡合古文吕氏又更定著爲經二卷傳十卷乃復孔氏之舊云
☰乾下乾上
乾元亨利貞
六畫者伏羲所畫之卦也一者奇也陽之數也乾者健也

图 3-3-5 《周易本义》明嘉靖四十五年（1566 年）周乐轩书坊刻本

所谓“正义”，从经学编纂意义上讲，就是依据传注而加以疏通解释（图 3-3-5）。由于语言和典章制度的变化，前代学者为经文所作的注解，后世读者已经难以读通。唐代上距汉代已经好几百年，秦汉甚至魏晋时的经注，确实需要重加解释。从政治上说，唐王朝实行政治思想上的大一统，亟须编出统一的经书注释本以为标准。但是正义这种经注体例信守“疏不破注”的宗旨，难免存在曲从注文，致使前后矛盾的现象。所以，《五经正义》奏进后，太学博士马嘉运提出异议。贞观十六年，太宗复命孔颖达与马嘉运、赵乾叶等人共同修订。

唐高宗永徽元年（651 年），于志宁等奉诏再加考正，方颁行天下。钦定《五经正义》对汉代以来发展起来的经学作了总结，并为唐代的科举考试确定试题范围，向天下应明经科的士子提供标准的经义。

第四节 雕版印刷术的发明与中国版本学的起源

印刷术是将文字制成印版，在上面加墨，印到纸上而成为读物的方法。也就是按照文字（或图画）原稿制成印刷品的技术。印刷术的发明，宣告人类的文化知识传播活动进入印刷新时代。自公元九世纪起，印本书籍在我国已经出现。从此以后，印刷术逐渐发展成为书籍生产的主要方法，并由中国外传到世界各国。

雕版印刷术的发明是人类社会发展的一个大关键。全世界卓越的思想家都深刻地了解其对于社会和文化进步的意义。马克思说到西洋印刷术时，认为是文艺复兴时代最伟大的发明，雨果则认为印刷术的发明是“一切革命的胚胎”。没有中国人所发明的雕版印刷术，也就没有随后的活字印刷术，书籍就不能得到大量的复制，人类的知识就不能扩大普及，文化的积累和影响就不能有后来那么迅猛的发展，生活内容和生产方式也不可能像如今这样的丰富多彩。总之，雕版印刷术的发明，在世界人类文明史上有着无与伦比的作用。

一、雕版印刷术的出现及意义

雕版印刷术也叫“木版（板）印刷术”，就是将文字反刻在一整块方正木板上，然后在整版上上墨覆白纸印刷印成书叶。

具体说来，一般是把枣、梨材质的木板锯成一叶书面大小，将需要雕刻的文字和图画内容事先写或画在一张薄薄的纸上，然后把有文字或图画的一面贴在木板上，给予一定的压力，使其呈反向转移到木板上。再由刻工将木板上的反体字墨迹刻成凸起的阳文，同时将木板上的空白部分剔除，使之凹陷。这种笔画凸出来的文字，叫作“阳文”；如果是凹进去的，那就叫作“阴文”。雕版印刷一般都是用阳文。这样，刻版过程就完成了。印刷时，用圆柱形平底刷蘸上墨汁，均匀刷在板面上，再把纸覆盖在板面上，用刷子轻轻刷纸，纸上便印出文字或图画的正像。将纸从印版上揭起，阴干，印制过程就完成了。一页一页都印好以后，装订成册，一本书就印成了。这种印书方法就是雕版印刷。用这种办法印书，要用刷子，因此而产生了“印刷”一词。

活字印刷术是先刻成一个个反的单字，依照著作物，将每个单字拼凑成一块整版，再就版上加墨印刷的方法。这些单字称为活字。活字印刷术是现代印刷的主要方法。绝大多数的现代书籍是用活字印刷术印成的。所以它的发明对现代文化的关系更加重要。但没有雕版印刷术作为先驱，是不会有活字印刷术的发明的。

中国人是先发明了雕版印刷术，后来又发明了活字印刷术，这是有一定的历史渊源和技术条件为支撑的。因为在雕版印刷术没有正式发明之前，我国已有了多种把文书复制后传播的方法，它们也可以说是印刷技术的滥觞。

一是石刻的捶拓（图 3-4-1）。六朝后期中国人发明了拓刷的方法。到了唐代，已有把碑版文字刻在木板上再从而传拓。杜甫的《李潮八分小篆歌》说：“秦有李斯汉蔡邕，中间作者绝不闻。峄山之碑野火焚，枣木传刻肥失真。苦县光和

图 3-4-1　石刻捶拓工具

尚骨立，书贵瘦硬方通神。”可见这时已用木版雕刻大段文字了。拓碑已是拓木版了。这样，拓碑提供了从阴文正刻的字取得复制本的方法。

二是印章的使用（图 3-4-2）。刻印或铸印在我国起源很早（图 3-4-3）。汉代印是信的意思，本义指刻印在青泥之上，作为符信之用（图 3-4-4）。秦汉之后，多用阳文印章。纸逐渐流行之后，封泥失去效用，水印代之而起。这就提供了一种从阳文反刻的文字取得复制本的方法。六朝以后，印章的使用继续扩大。道教徒扩大了印的面积，用大木章刻反字阳文的符咒。葛洪《抱朴子》内篇卷十七中说：“古之人入山者，皆佩黄神越章之印，其广四寸，其字一百二十。以封泥著所住之四方各百步，则虎狼不敢近其内也。”这种大的可写一百二十字的符印，已经是一篇短文了。

用印的方法是盖印，印在纸的上面。捶拓的方法是刷印，碑版在纸的下面。扩大印章的面积，应用拓碑的方法来取得成品就是印刷术了。所以印刷术可以认为是盖印和拓碑两种方法的结合与统一。这就是印刷术发明的技术上的条件。

图 3-4-2　印章

此外，唐朝流行印花布。布

图 3-4-3 战国“宰阳司寇”铜印

图 3-4-4 “轪侯家丞印”封泥

的图案是印的。这也可以认为是一种与印刷术有关的技术。在唐朝还有许多“千佛像”，就是在一张纸上印上许许多多小佛像（图 3-4-5）。这些像完全相同，可见是用一个印印成的。这就是说，刻了一个佛像小印，然后把它在纸上印了许多次而成。这应该是版画的起源。后来在佛像旁边出现佛名，又在佛像下面刻上一段佛经，这就成了文字和图画相结合的佛像画片了。在敦煌出土的文物中，就有不少类似上述打印本的佛像卷子（伯希和与斯坦因均劫走许多），每行（纵行）打印三、四、五、七个佛像不等（有的用朱印），约为公元800—1000年间的印品。《云仙散录》引《僧园逸录》中的故事说“玄类以回锋纸印普贤像，施丁四方，每岁五驮无余”，应是公元645—664年间的事。玄奘所印的普贤像当属于这类打印法过程中较早的阶段。

在上述种种技术的作用下，雕版印刷术终于横空出世了。

印刷术发明后，书籍生产较易，产量增多，满足了读书的需求，使文化知识得以普及。书籍生产容易，也调动了许多文人学者著书立说的积极性，促进了文化学术的发展与交流，公私藏书明显增多。这些都是印刷术的发明所带来的积极效应。

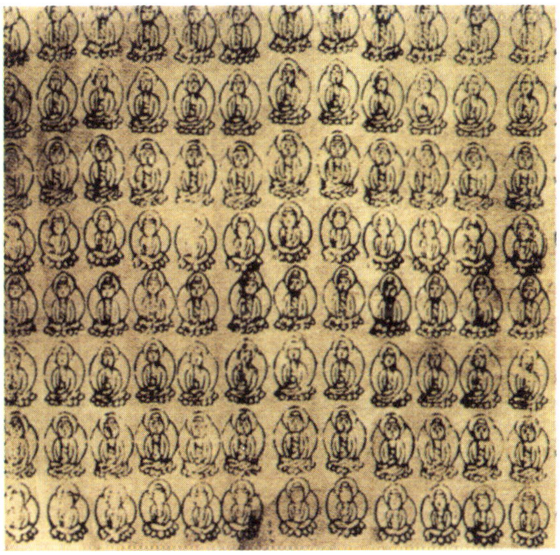

图 3-4-5 千佛像

人类的传播活动，从形式上讲，迄今共经历了口头传播、手写传播、印刷传播和电子传播四个历史阶段。印刷传播时代的标志就是印刷术的发明和广泛应用。

手写传播时代，书籍的生产只有人工抄写一种方式，费时耗力、差错率高是其基本特征。在这种状态下，书籍的复制量非常有限，“家有书疏者，百无一二”的现象十分普遍。图书复本的稀少，首先难以形成大规模的社会传播潮流，影响社会文化水平的整体提高。其次，造成图书流传保存的困难。图书的传与不传，有幸与不幸，即存在复杂的因素。但是很重要的一条是复本的多少。在抄本时代，即使是国家藏书，一般也只有三份复本，很容易再流通损失。

历代正史艺文志的著录，大致反映出历代图书的亡佚情况。汉代及以前，《汉书·艺文志》著录图书凡 600 家 13283 卷，根据现代学者顾实《汉书艺文志讲疏》的统计，其中佚书为 515 家 8237 卷，分别占总数的 85.5% 和 62%。据清姚振宗《隋书经籍志考证》的统计，南北朝至隋朝，佚书总数为 1579 部 17233 卷，分别占《隋书·经籍志》著录总数的 32.5% 和 31.6%。清代辑佚大家马国翰所辑《玉函山房辑佚书》中有可考作者时代的历代佚书 539 种，其中仅一种为宋人著述，其余都是先秦至唐代的著述。曹之曾分析图书亡佚的五种原因，认为“由于图书制作方式的限制而造成图书亡佚”的原因是最重要的，强调“图书亡佚的关键问题是复本太少”[1]。

进入印本时代，相对多的复本，使宋代以来的书籍亡佚情况大大改善。虽然今天宋代原刻本传世的也已经很少，但是宋刻原本的重刻本、翻刻本、影写本却大量存世，这也是依赖于复制容易的雕版印刷技术。

印刷术的推广应用，使图书的生产社会化和产业化，出版业逐渐形成，图书贸易规模不断扩大，从而带动书籍编辑业务的进步、装帧样式的革新和图书广告的发展。可以说，唐代以来古代书籍生产的发展，社会文化传播规模的扩大，都是以印刷术的应用为基础的。因此，印刷术的发明，对于书籍生产和文化传播的意义都是十分巨大和深远的。

二、雕版印刷技术应发明于中唐时期

雕版印刷术究竟是在什么时候发明的呢？这个问题自古以来就争议不断，先后存在汉代发明说、隋代发明说、唐代发明说、五代发明说等。目前，本书编撰者比较倾向于接受唐代贞观年间发明的说法。

如主张汉代发明印刷术的人，主要依据元朝人王幼学《纲目集览》卷十二中对东汉人张俭因反对当时权势而遭“刊章讨捕”的解释。认为“刊章”就是印刷的通辑布告。这种分析，不无道理，但从其他方面来看，尚感条件不足。特别是

1 曹之：《中国印刷术的起源》，武汉大学出版社，1994 年，第 458 页。

当时虽已有造纸术的发明和推广，而是否能用来印刷，很值得研究，还缺乏更确切的文献记载和实物予以证明。现在所存东汉时代的古纸（如甘肃旱滩坡出土东汉晚期古纸），仍属造纸的初期阶段，这样的纸张恐还不适于印刷。

雕版印刷术的发明是物质基础和技术条件综合作用的结果，除去纸张的应用，社会书籍需求量的大幅度增加等因素，摹拓技术应该是雕版印刷术发明的关键环节。《隋书·经籍志》经部小学类著录有《秦始皇东巡会稽石刻文》一卷，熹平石经《周易》《尚书》《春秋》等各经三十四卷，正始石经《尚书》《春秋》凡十七卷，并在小序中对这几种书籍的著录加以说明，熹平石经、正始石经历经时乱，至唐贞观初已经"十不存一"，而"其相承传拓之本，犹在秘府，并秦帝刻石，附于此篇"。这些石刻拓本的存在，说明摹拓方法大约出现在南北朝之际，所以早于南北朝的发明之说可以排除。

也有一些学者认为雕版印刷术是隋朝（六世纪后期）发明的。如明代文学家陆深（1477—1544年）在其《河汾燕闲录》里说："隋开皇十三年十二月八日敕：废像遗经，悉令雕造。此印书之始。" 明代学者、藏书家胡应麟（1551—1602年）在其《少室山房笔丛》里也说，雕版印刷"肇自隋时，行于唐世，扩于五代，精于宋人"。这两人都以隋费长房所著《历代三宝记》上的记载为依据。但《历代三宝记》原文是"隋开皇十三年十二月八日敕：废像遗经，悉令雕撰"。意思是说雕像、撰经。陆深误以"撰"为"造"，而认为雕造经版。这一引文上的错误，清初王士祯（1634—1711年）已在《居易录》中指明。

孙毓修（1871—1922年）也认同陆深之说，并在其《中国雕版源流考》一书中根据罗振玉《鸣沙山石室秘录》，说有宋太平兴国五年翻雕隋刊本《大隋求陀罗尼》，证明印刷术开始于隋朝。这实在也是一个错误。此陀罗尼是敦煌发现的，巴黎国民图书馆和英国伦敦博物院都有收藏。其上刊有刻者"手记"，其标题是"大随求陀罗尼"而不是"大隋求陀罗尼"。"大随求"为"大自在"之意，乃是佛教成语，并非指隋朝。此陀罗尼上有"王文沼雕版"一行，手记文末有"太平兴国五年六月二十五日雕版毕手记"，并无"翻雕"字样。所以这完全是一种北宋刻本，而不是什么翻隋刻本。

以前还有些人认为印刷术是五代时（十世纪初年）冯道所发明的。但我们已发现了九世纪印刷的书，并发现了关于九世纪已有印刷物的文献记载。这都是在五代以前的。所以，这一说法已为事实所推翻。持这种主张的人，实际是指的儒家经典书籍的第一次开始雕版印刷。

相比较上述诸说，雕版印刷术的发明时期，目前还是以唐代贞观年间发明的说法比较合理一些。即公元627—649年之间雕版印刷技术开始在民间出现。唐代贞观说的提出，是以历史文献记载和近现代发现的印刷品实物为依据的：

长庆四年（824年），元稹为白居易《长庆集》作序云："乐天《秦中吟》《贺雨》《讽喻》等篇……缮写模勒，卖于市井，或持之以交酒茗者，处处皆是。”又自注说：“扬、越间多作书模勒乐天及余诗，卖于市肆之中也。”学术界一般都把“模勒”解释为刊刻，那么，至少在九世纪初就已有诗歌的雕版印刷品流通于民间市场了。

据《旧唐书·文宗本纪》中载，大和九年（835年）十二月“丁丑，敕诸道府：不得私置历日版”，这明明白白是禁止有关地方官府私自雕版印卖日历的事。据《册府元龟》卷一百六十，可知这是来自当时东川节度使冯宿的奏请。冯氏在奏文中说：“剑南、西川及淮南道皆以版印历日鬻于市。每岁，司天台未奏下新历，其印历已满天下。”

稍后，司空图（837—908年）写成《为东都敬爱寺讲律僧惠确化募雕刻律疏》一文，题下注“共八百纸”。文中提到在这以前寺中原有印成的佛经，在唐武宗禁佛时失散。“武宗禁佛”事件发生在会昌五年（845年），可见九世纪中叶已有雕版印刷的佛经了。

北宋长安（今陕西西安）人王谠在其《唐语林》内记载道：“僖宗入蜀，太史历本不及江东，而市有印卖者，每差互朔晦。货者各征节候，因争执。”唐僖宗逃难至成都是中和元年（881年）的事，可见在九世纪后期江东一带也有印刷的历书了。随唐僖宗同入成都的柳玭，在其《家训》序里说：“中和三年癸卯夏，銮舆在蜀之三年也。余为中书舍人。旬休。阅书于重城之东南。其书多阴阳、杂记、占梦、相宅、九宫、五纬之流，又有字书、小学，率雕版印纸，浸染不可尽晓。”这段记载更明确道明，当年在成都不仅有雕版印刷的历书，而且已有许多品种的文书和书籍印刷了，不过字迹模糊不清，印刷质量低劣。

除唐朝人在文献中自己说明唐末（九世纪）已有印刷以外，宋代人也有如此说法。如朱翌在《猗觉察杂记》中说“雕印文字，唐以前无之。唐末益州始有墨版”；王应麟在其《困学纪闻·经说篇》引《国史艺文志》说“唐末益州始有墨版，多术数书、小学”；欧阳修也有类似的话。可见北宋的人都认可雕版印刷技术是唐朝人的发明。

唐代刻本在敦煌发现的印本书中已有实物可见。1899年，甘肃敦煌莫高窟第17窟的石室中发现了大量六朝和唐代的珍贵文献，其大部分为抄本，少量是印本。印本中有一卷《金刚经》，长十六尺，高一尺，由七张印页粘连而成（图3-4-6）。经文前有一幅镌刻精美的扉画《祇树给孤独园》，画面是释迦牟尼佛在祇园精舍的莲花座上对长老须菩提说法。卷末题有“咸通九年四月十五日王玠为二亲敬造普施”十八个字。咸通九年是晚唐懿宗李漼的年号，时为868年。这就是举世闻名的咸通本《金刚经》，也是世界上现存题有日期的最早的印刷品。原件当年为英国斯坦因劫走，现藏英国伦敦博物馆。

过去，一些学者提出日本保存有宝龟元年（770年）的四种《陀罗尼经》。由

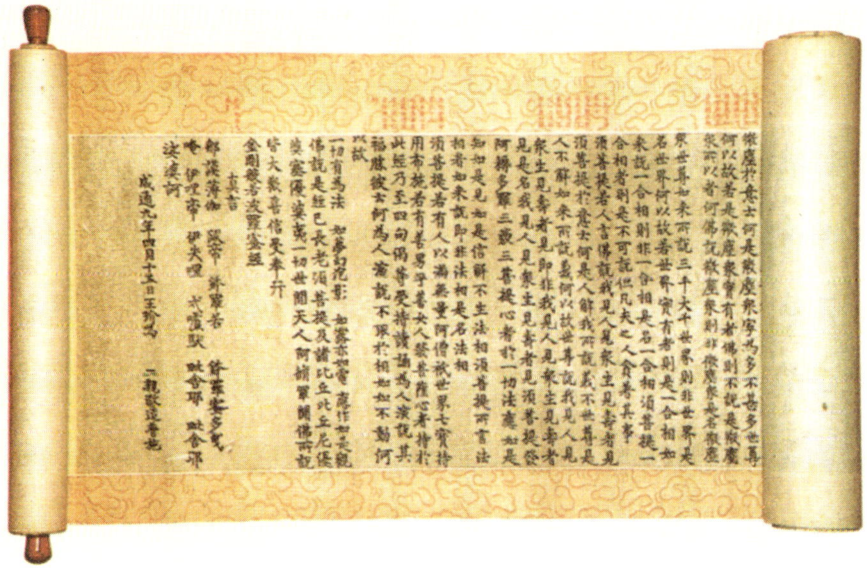

图 3-4-6 《金刚经》唐咸通九年（868 年）刻本

于缺乏确切的记载，也有人怀疑它们是否确为雕版印刷品。当八世纪中日之间交往频繁，我国包括文书、书籍在内的许多事物都被引进日本。正如造纸术一样，雕版印刷术并不是日本自己发明的技术，它是由中国东传过去的。所以，那四种《陀罗尼经》如确属印刷而成，正可说明我国在此时期以前一定已有雕版印刷出品了（图 3-4-7）。

1966 年，韩国南部庆州佛国寺释迦塔内发现雕版印刷品《无垢净光大陀罗尼经》，经卷长二十尺，卷轴形式，无雕版印刷日期。据研究，此卷《无垢净光大陀罗尼经》是公元 689—705 年间唐代武周时期的长安印本，由当时入唐求学的新罗僧人携带回国。日本学者长泽规矩也（1902—1980 年）曾证明，日本藏有中国吐鲁番出土的《妙法华莲经》一卷，内容为《分别功德品》第十七，黄麻纸，行十九字，系武则天时期的印刷品。《无垢净光大陀罗尼经》的雕印比《金刚经》早一百六十多年，成为世

图 3-4-7 出土于西安的唐代汉文《陀罗尼经》

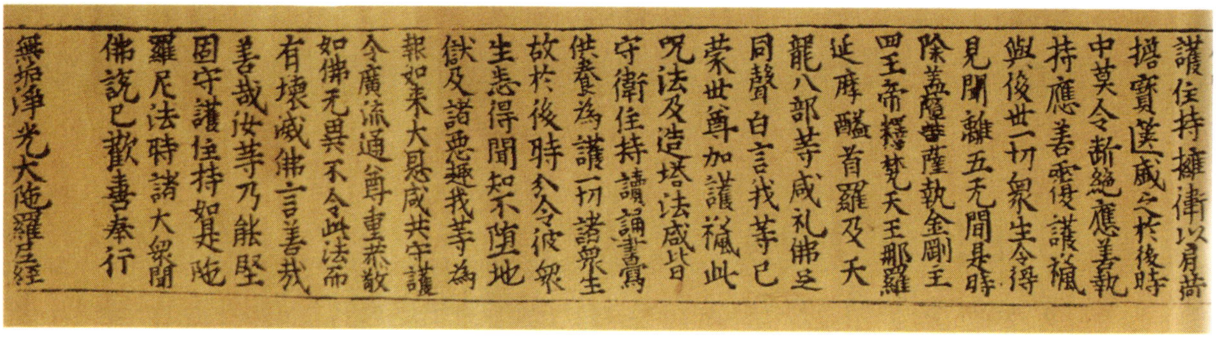

图 3-4-8 《无垢净光大陀罗尼经》

界上现存印刷时间最早的雕版印刷品，同时也为雕版印刷术起源于唐朝贞观年间的观点，提供了时间上更为接近，因而也更为有力的实物证据。

《无垢净光大陀罗尼经》的发现，说明武周时期已经出现工艺较好的雕版印刷品，因而可以肯定雕版技术的发明年代还在其前（图 3-4-8）。因为一项重大的技术从发明到实际开发应用，尤其是生产出比较成熟的产品，中间通常需要经历一个较长时期的实验提高阶段。

雕版印刷术正如纸张那样，最初仅仅流行传于民间，随后为佛门及其信徒采用，最后才为社会上层、官府和士大夫所接受，并加以改进、提高。

三、初始时期的雕印本书籍

前已述及，雕版印书在八九世纪的晚唐时期已经出现。雕版印刷术在八九世纪的唐朝发明之初，主要被佛教寺院所掌握，其出品则在信众之间流传，后来又逐渐被民间商家所应用。因此，早期的雕版印刷物，多为佛经及民间日常用书，如历书、字书、韵书、小学、文集及阴阳、占卜之类。

当时，佛教与道教并行，于世有争。而统治阶层力倡佛教，朝廷甚至专门设立译经院，朝野人士对佛教的信奉无以复加。正是在此种情形下，佛经被大量刻印。

佛经之外，当推历书。历书是农业生产和百姓日常生活的必需品，需求量很大。虽然当时政府已下令不准私印日历，但每年朝廷还没有颁发新历，市面上已有人售卖私自印刷的历书。而从市面上出现的不同版本来看，说明印卖历书的人，不只是少数几家。

至于韵书、字书及小学等，则是发蒙识字读书学习的教材，社会需求量比较大。唐咸通年间，在长安留学的日本僧人宗睿，于865年回国时，便携带印有“四川印子”的《唐韵》一部五卷，《玉篇》一部三十卷。这说明四川的市场上，已有此类韵书和字书出售。同时出售的，还有阴阳、杂记、占卜等雕版印刷物。为唐代人所喜闻乐见的诗文作品，如重视写实，追求通俗的元稹、白居易的诗作也率先获得了雕版印刷的青睐，流传所及，为士人所乐诵。

图 3-4-9 唐中和二年（882年）成都樊赏家印的历书

根据古书中的片段记载可知，唐代刻书的地点除了京城长安以外，主要是在长江上游的剑南、两川及长江中游的“江南西道”和“淮南道”。这些地方林木资源丰富，具有造纸和雕版印刷的便利条件。而唐自“安史之乱”后，黄河流域战祸频仍，物力维艰，民生凋敝。而长江流域的四川、淮南、江南一带较为安定、富足，文教活动也因之得以存在和发展。如柳玭在成都所见的各种雕版印刷品的种类就很多。朱翌说“唐末益州始有墨版”，而益州就是唐代成都府的别称。因而毛春翔（1898—1973年）认为：“我国最早刻书之地是吴、蜀。吴包括今之浙西，蜀是四川，此两处是我国刻书之业的发祥地，地方富庶，人口丛集，文化水准高，刻印书籍，条件具备，应运而生，亦是事物发展规律如此。”[1]除前述咸通九年（868年）印制的《金刚经》之外，在敦煌还发现有唐乾符四年（887年）刻印的古本历书和中和二年（883年）剑南四川成都府樊赏家刻印的历书残页（图3-4-9）。可惜这些珍贵的早期印刷品都被斯坦因窃去，藏在大英博物馆中。敦煌还出有许多没有年代的残本印刷物，其中可能有唐刻在内，但很难证明。

唐代雕版印刷物极具罕见的原因，是因为木质雕版、纸质印刷品，本身就难以抗拒水灾、火患、鼠噬、虫害等大自然力的销蚀，再加上唐末至五代的社会动乱，使得当年的实物终难留存传世。总之，正是天灾与人祸，共同造成了今世罕见唐代雕版印刷品的结果。

四、中国书籍版本学的起源

中唐时代的雕版印刷技术发明以后，至于北宋，逐渐形成了书坊、官府和私家三个主要的书籍出品机构，无论是书籍的品种还是复本，存量大增。史载：“景

1 毛春翔：《古书版本常谈》，中华书局香港分局，1985年，第3页、第8页。

德二年（1005 年）五月戊申，真宗到国子监看阅书库，问祭酒邢昺：‘现有书版几何？’昺对曰：‘国初不及四千，今十余万，经史正义皆具，书版大备。’”[1]可见北宋开国数十年，书版增加了数十倍之多。雕版印刷术的发展，使得书籍的复本和异本量大增，为版本学的发展提供了丰富的文献资源。毛春翔在《古书版本常谈》中说：“自中唐发明雕版印书以后，又有‘版本’的名称。此在宋人书中，往往见之。那时所谓‘版本’，是指由雕版印刷而成的书说的。”也就是说，宋人心目中的“版本”，特指的是与写抄本相对的“印本书”而言的。但随着书籍文化的进一步发展，“版本含义……变为一种极复杂而高深的学问了。由许多本子错综复杂的关系，产生校雠；由校雠产生善本；为了追求善本，版本学便应运而生。此时‘版本’的二字的含义，和原来的意义，有本质上的区别”。原来是单纯的一种书本子的名称，现在一变而为一种学问的术语。他认为：版本学所涉及的范围很广，举凡写本、历代刊本、历代传录本、批校本、稿本，以及每一书的雕版源流、传抄源流，孰为善本，孰为劣本，孰为原刻，孰为翻刻，以至印纸墨色、字体刀法、藏书印记、版式行款、装潢式样等等，都在版本学的研究范围之内，内容可谓丰富之至，彼此又皆互相关联，缺一不可。[2]

诚然，以“书籍版本”为中心的“版本学”的产生，必须具备两个前提条件：一是社会上出现了同一种书籍存在不同版本的文化现象，二是人们在主观上产生了了解和评价书籍版本的社会需求。[3]春秋以前，“学在王官”，以文字为核心的社会文化都掌握在王朝贵族阶层。这时的图书就是官员对其所执掌事务的记录、汇编，也就是我们现在所说的文书、档案，副本、复本不多。直到春秋末期，私人讲学在民间开始出现，于是本属王室、官府所有的档案、文书，被转化成为教学所用的资料，从而使得副本和复本成为一种需要。再加上学生听记教师的讲授内容，也促成了各本之间的文字差异。一般认为，发端于西汉惠帝四年（前 191 年）的“今、古文之争”的本质，就是因为所据今、古儒家经典的版本不同而引起的。

汉成帝河平三年（前 26 年），由刘向主持有关学者对宫廷收藏的书籍进行整理，标志着中国书籍版本学的正式开始。刘向等人整理所藏古旧书的方法是：首先将宫中所藏同一书的各种本子汇集到一起，然后调用朝廷其他部门，以及私人所收藏的书籍，再去除重复之本，在确定底本、参校众本的基础上，缮写成为一个定本。这种去除重复、确定底本的工作，就是通过鉴别来确定书籍版本优劣的过程。需要指出的是，由于竹简木牍是当时书籍的主要书写载体，书籍多以篇为单位，缣帛只用来写录那些比较重要的图书，由于简策面积的局限，容纳字数较

1 （宋）章如愚：《群书考索后集》卷二十六。
2 毛春翔：《古书版本常谈》，中华书局香港分局，1985 年，第 2—3 页。
3 姚伯岳：《中国图书版本学》，北京大学出版社，2004 年，第 22 页。

少，所以当时的书籍是以“篇”为计量单位的。刘向等人的版本鉴别和校勘工作，主要是对一篇书与另一篇书之间所作文字内容上的校雠。如《别录》所云：“一人读书，校其上下，得谬误，为校；一人持本，一人读书，若怨家相对，为雠。”叶德辉（1864—1927年）在《书林清话》卷一中说：“书本由卷子折叠而成。卷不如折本翻阅之便，其制当兴于秦、汉间……魏、晋以后，佛经、梵夹大行于世，而其用益宏。”[1] 汉代以后，纸写本书籍逐渐取代了简策和帛书。由于纸张材质轻便，幅面可以任意剪裁，容纳字数比较多，性能又与缣帛相近，因而被用“卷”来计量。原来一书分为诸篇的习惯，也相应演变成为一书有各卷的体制。与此同时，人们的版本鉴别意识也日渐明晰、自觉，对书籍的版本现象及其规律的认识不断深化，如正本、副本、别本、异本、真本、误本等名词术语日益增多。

与此同时，这一时期的版本学实践也取得了一定的成就，并对当时和后世产生了深远的影响。例如东汉郑玄（127—200年）遍注诸经，皆兼采今古文各本，混合其说，成为一代经学大师。现通行之《十三经注疏》本中，《毛诗》《周礼》《仪礼》《礼记》四经也仍用郑注。东汉灵帝熹平四年（175年），蔡邕鉴于儒家经典传本繁多，各个版本之间内容的文字差异，导致学术界纷争不已，特向汉灵帝建言选一定本刻石为准。获得批准后，用时行的隶书亲自书写经文，共写刻了六部经典，即《易》《书》《诗》《仪礼》《春秋公羊传》和《论语》，刻成后立于洛阳太学门前。其初衷，就是为了统一当时儒家经典不同抄写本之间的内容。

随后如西晋荀勖等依据形式和内容两个方面对“汲冢书”进行整理、鉴别；南朝梁刘子遴用版本对勘的方法，鉴别所谓汉代班固进呈之《汉书》真本的真伪；北齐文宣帝天保七年（556年）樊逊、高乾和等人奉诏校定群书，网罗众本，参稽异同。唐人佛经译本，同一佛典往往有多个不同译本，其内容质量自然也有优劣高下之分。玄奘远赴印度，也正是为了求取佛经善本。颜师古考订《五经》文字，备引晋、宋以来古今各本，于当时通行各本多所厘正，他们的所作所为，为版本学积累了十分具体的实践经验。

五代后唐冯道等人奏请雕印《九经》，朝廷和官府才开始利用这一先进技术。北宋结束了五代十国时期军阀割据自立、战乱连绵的动荡局面，社会经济日益繁荣，为雕版印刷事业的迅速发展创造了十分有利的社会条件。

尽管中国古籍版本学起源很早，但较确切地说则应该是起自雕版印书大兴之后。进入宋代以后，雕版印书蔚为大观，一书常有多种版本行世，版本既多，本与本之间就会在内容、卷数、文字等方面产生歧异。为了获得真知，就不能不考究版本的优劣，比勘版本的异同。宋人刻书已普遍注意搜罗和比较各种版本，择

---

1 叶德辉：《书林清话》，中华书局，1957年，第15页。

善而从，“善本”的概念应运而生，它反映了当时人们喜好品评版本优劣的风气。而且宋代图书中出现了大量的有关版本的论述和记载。如今天行世的《颜氏家训》，均出于宋孝宗淳熙七年（1180 年）沈揆校刻本。据沈氏卷末跋称：“揆家有闽本，尝苦篇中字讹难读，顾无善本可雠。比去年春来守天台郡，得故参知政事谢公家藏旧蜀本，行间朱墨窜定，则其子景思手校也。乃与郡丞楼大防取两家本读之。大抵闽本谬误……于是稍加刊正，多采谢氏书定，著为可传。”叶梦得（1077—1148 年）《石林燕语》云：“天下印书，以杭为上，蜀次之，闽最下。”周密（1232—1298 年）《癸辛杂识》云：“廖群玉诸书，九经本最佳，凡以数十种比较，百余人校正而后成。”

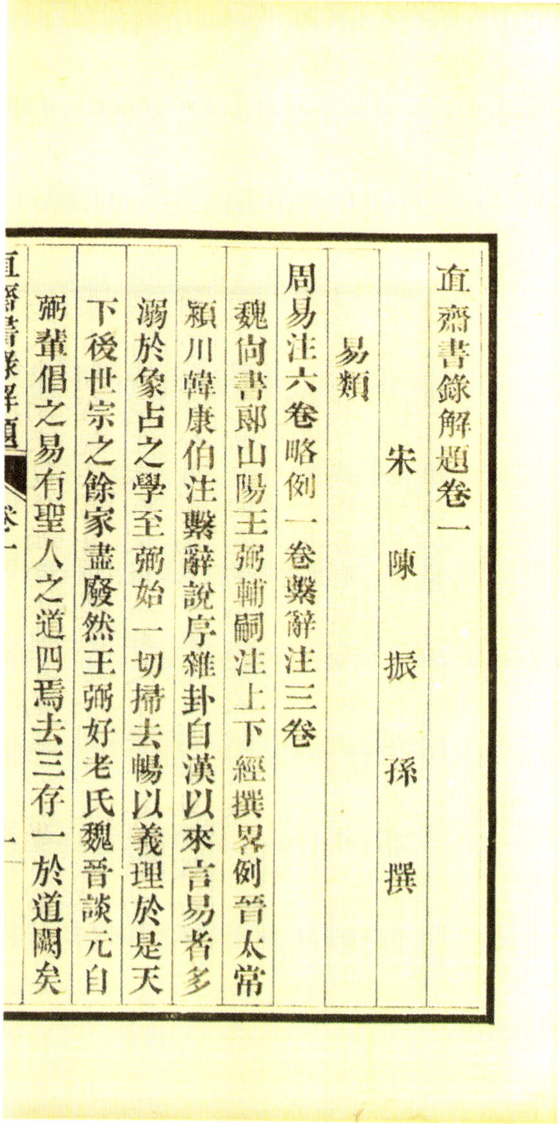
直齋書錄解題卷一
宋　陳振孫　撰
易類
周易注六卷略例一卷繫辭注三卷
魏尚書郎山陽王弼輔嗣注上下經撰畧例晉太常
潁川韓康伯注繫辭說序雜卦自漢以來言易者多
溺於象占之學至弼始一切掃去暢以義理於是天
下後世宗之餘家盡廢然王弼好老氏魏晉談元自
弼輩倡之易有聖人之道四焉去三存一於道闕矣
直齋書錄解題　卷一　一

图 3-4-10　《直斋书录解题》清乾隆武英殿聚珍版印书

宋代藏书家也开始关注版本现象，一些私人藏书目录都不同程度地记载了图书的版本情况，改进编目体例，增添著录内容，加进有关不同版本的著录项目。如晁公武的《郡斋读书志》、尤袤的《遂初堂书目》和陈振孙的《直斋书录解题》（图 3-4-10）等。其中尤袤的《遂初堂书目》在一书之下著录多种版本，历来被视为版本学的滥觞。这样，版本学就这样慢慢形成了。

版本学的核心内容是版本的鉴定。鉴定的目的是从一书的不同版本中判出优劣，考订出不同版本间的相互关系、流传过程、篇卷分合以及内容增损等。鉴定的途径，既有从印纸墨色、字体行款、书口鱼尾、版式风格等方面的直观鉴别，也有从本书序跋、后人题跋、前人著录、刊工讳字、他书记载等方面的考证，两者有机地结合起来，才能科学地完成鉴定任务。为了鉴定版本，必须具备广博的古代文化知识和有关古籍版本的具体知识，如古籍所用文字及不同时代刻版或抄写风格，藏书章的篆刻文字、印章着色、用印技巧、钤盖位置等，古代造纸术的发展和古书用纸，雕版印刷和活字印刷的发明与发展，历代印书的版本特点，古籍装帧形制的演变，版本目录及版本著录的称谓术语，版本造伪的手段和方法等等。上述都是版本学的重要内容。总之，版本学知识是在版本鉴别的实践中积累起来的，它又对版本鉴别的实践起着指导作用。

版本学研究需要借助多学科知识，特别是需要借助于校勘学、目录学，才能全面地完成鉴别版本和揭示图书的使命。版本学最初从属于校雠学。刘向等人雠校群籍，其第一步就是“备众本”。通过校勘不同的本子，可以判出版本异同、源流、真伪、优劣，版本学由此脱胎。版本学研究又是经常通过编制目录（特别是版本目录）而将研究成果反映出来的，版本目录是版本学的具体表现，故前人曾有“版本目录学”之谓。因此，毛春翔指出，“版本学是目录学的一部分，因此研究版本，又不得不连带研究目录编制的方法。要懂得目录如何编制，又不得不进一步研究目录学史。目录如何编制的问题解决，又不得不去研究善本书目的体例应如何写定……”“善本之名，肯定可用。至于书目好坏，是编者学力有浅深，与善本本身无关”，“我们整理古书，审别版本好坏，对读者选读古书大有关系”。[1]

第五节　唐代的文化传播与图书贸易

唐朝中期以前，基于农业经济的发展和市场贸易的活跃，文教活动持续发展，书籍的社会需求和保藏量不断增加，写、抄本书籍的生产进入了一个前所未有的繁盛时期。如韩愈大弟子、乐府诗人张籍（约766—约830年），官至国子监司业。其诗有“得钱只了还书铺”之句，而晚唐文学家陆龟蒙（？—881年）以举进士落第，乃退居吴县甫里，于松江之畔置别业，藏书皆手抄正、副二本，多至万卷。“保兹万卷书，守慎如羁紲”，“万卷图书千户贵，十洲烟草四时和”，成为民间富户和士人的一种生活追求。[2]

一、写本书的抄录与文集编纂

隋、唐时期的官、私撰述和民间藏书是写本、抄本。盛唐开元十四年（726年），史官吴兢因所撰《唐书》《唐春秋》“卷轴稍广，缮写甚难”，奏请朝廷特

1 毛春翔：《古书版本常谈》，中华书局香港分局，1985年，第3页、第8页。
2 叶瑞宝：《苏州藏书史》，江苏古籍出版社，2001年，第130页。

派“楷书手三数人”，并乞纸、墨等用以抄写，[1]足以为证。写本的装帧形式是卷轴，所以又称书籍的“卷轴时代”。

当时抄书，除了官方组织和藏家自抄外，更有豪富之家常年雇佣专人抄书。唐初，河内人王琚因行刺武三思事败露，“变姓名诣于江都，佣书于富商家”[2]。更多的则是以佣书为谋生自给的社会职业。白居易诗云：“西舍有贫者，匹夫配匹妇。布裙行赁舂，短褐坐佣书；以此求口食，一饱欣有余。”

唐代造纸业发达，因原料和工艺的不同，各地多有特色产品。据史料记载，有绫纸、麻纸、藤纸、黄纸及销金笺、金凤纸、鱼笺、花笺等。笺纸作为重要的文房用品，与石墨、毛笔、砚台一样，成为文人学士互赠的雅礼。

当年抄写诗文的用纸，以黄纸、剡溪藤纸为多。“剡纸”质地轻而白，受到文士的钟情。如顾况在《剡纸歌》中写道：“剡溪剡纸生剡藤，喷水捣后为蕉叶。欲写金人金口经，寄与山阴山里僧。”皮日休《二游诗》咏藏书家徐修矩道：“唯写坟籍多，必云清俸绝。宣毫利若风，剡纸光于月。”纸张供应的相对充分，支持并促进了文人的创作和图书的抄录编纂活动。晚唐诗人刘蜕在《梓州兜率寺文冢铭》一文中，自称十五年的写作用去草稿2180纸。杜牧每有诗文新作，总要写寄千里之外的友人裴延翰，二十年间驿传不断。后杜牧自选文集时，焚弃旧作十之七八。裴延翰所藏反为全本，各体作品达450首（篇），遂合辑为《樊川文集》。

在书籍的写、抄本时代，唐代文人喜欢编纂别集。宋姚铉编《唐文粹》（图3-5-1）卷九十一至九十三为集序，共选入唐人所写唐人别集序39篇，涉及王绩、陈子昂、上官婉儿、苏颋、孙逖、萧颖士、元结、皎然、顾况、灵澈、陆贽、欧阳詹、令狐楚、吕温、白居易、柳宗元、元稹、李德裕、李贺、杜牧等名家别集。考《全唐文》所收集序，更数倍于此。大量唐人所编唐集，在流传中散佚，而从这些今存集序中，我们还能大致归纳当时编集的三种基本形式。

首先是朝廷征集。吴兴释皎然诗才飞扬，驰名江南。贞元十九年（803年），集贤殿御书院行文征其文集。吴兴刺史于頔采得他的诗作546首，抄录编成《杼山集》十卷，上纳于朝廷复命。

其次是子嗣友朋弟子在作者身后编集。这是唐人别集编录的主要形式，目的在于追悼故人之先志，传播英名于后世。正如颜真卿序孙逖文集所谓“庶乎好事者传写讽诵，以垂乎无穷”；韦滔序《孟浩然集》（图3-5-2）所称“庶久而不泯，传芳无穷”。

最后则是诗人生前自编，而以白居易晚年数次自编文集捐赠佛寺最为典型。大和九年（835年），白居易编成《白氏文集》60卷，捐藏于庐山东林寺经藏之

1 （宋）王溥：《唐会要·史馆》卷六十三。
2 （五代）刘昫等：《旧唐书·王琚传》卷七十六列传第五十六。

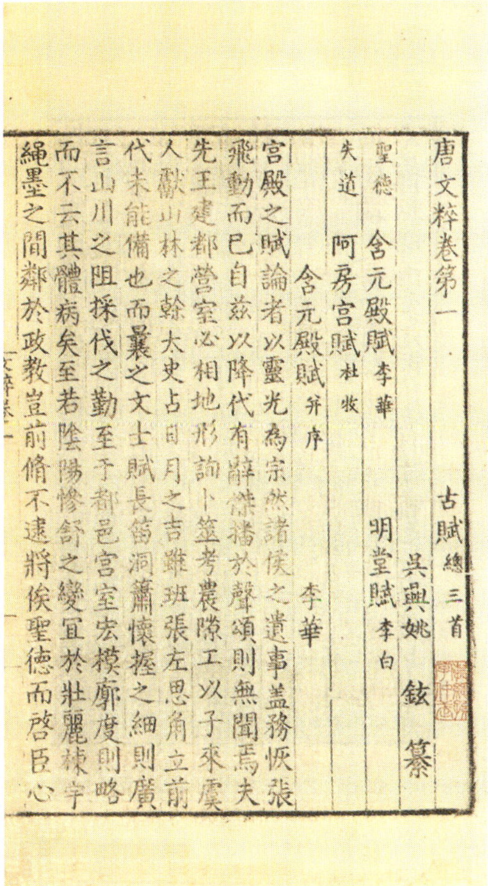
唐文粹卷第一
古賦 總三首 吳興姚 鉉 纂
聖德 含元殿賦 李華
失道 阿房宮賦 杜牧
明堂賦 李白
含元殿賦 并序 李華
宮殿之賦論者以靈光為宗然諸侯之遺事蓋務恢張飛動而已自茲以降代有辭傑播於聲頌則無聞焉夫先王建都營室必相地形詢卜筮考農隙工以子來虞人獻山林之榦太史占日月之吉雖班張左思角立前代未能備也而曩之文士賦長笛洞簫懷握之細則廣言山川之阻採伐之勤至于都邑宮室宏模廓度則略而不云其體病矣至若陰陽慘舒之變宜於壯麗棟宇繩墨之間鄰於政教豈前脩不逮將俟聖德而啓臣心

图 3-5-1 《唐文粹》明嘉靖晋藩养德书院刻本

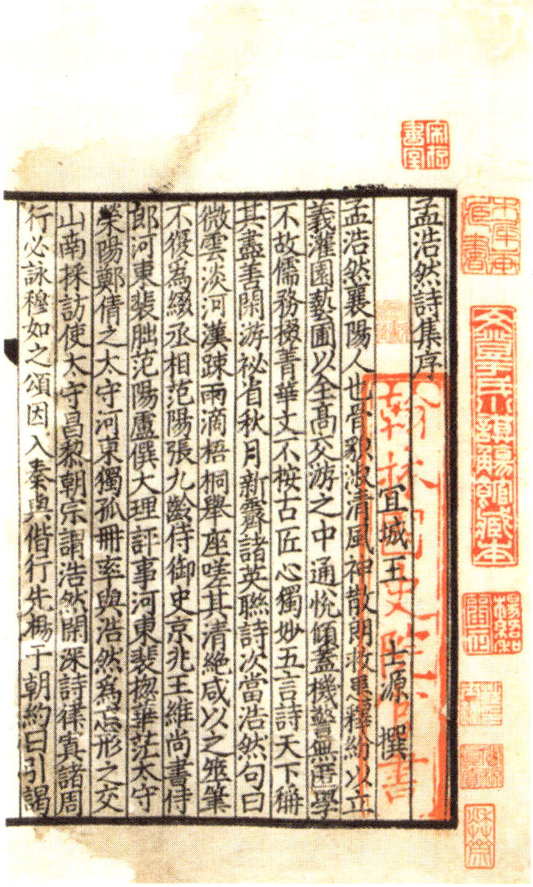
孟浩然詩集序
宜城王士源撰
孟浩然襄陽人也骨貌淑清風神散朗救患釋紛以立義灌園藝圃以全高交游之中通悅傾蓋機警無匿學不攻儒務掇菁華文不按古匠心獨妙五言詩天下稱其盡善閒游祕省秋月新霽諸英聯詩次當浩然句曰微雲淡河漢疎雨滴梧桐舉座嗟其清絕咸以之箝筆不復為綴丞相范陽張九齡侍御史京兆王維尚書侍郎河東裴朏范陽盧僎大理評事河東裴揔華陰太守滎陽鄭倩之太守河東獨孤冊率與浩然為忘形之交山南採訪使太守昌黎朝宗謂浩然閑深詩律寘諸周行必詠穆如之頌因入秦與偕行先揚于朝約日引謁

图 3-5-2 《孟浩然诗集》宋刻本

中。其《东林寺白氏文集记》述其因缘云："昔余为江州司马时，常与庐山长老于东林寺经藏中，披阅远大师与诸文士唱和集卷，时诸长老请余文集亦置经藏，唯然，心许他日致之。迨兹馀二十年矣。今余前后所着文大小合二千九百六十四首，勒成六十卷，编次既毕，纳于藏中。且欲与二林结他生之缘，复曩岁之志也，故自忘其鄙拙焉。仍请本寺长老及主藏僧，依远公文集例，不借外客，不出寺门，幸甚。"次年唐文宗李昂改元为"开成"。据开成元年（836 年）五月十三日，白居易在《圣善寺白氏文集记》中自述："与东都圣善寺钵塔院故长老如满大师有斋戒之因，与今长老振大士为香火之社。乐天曰：'吾老矣，将寻前好，且结后缘。'故以斯文置于是院。其集也，帙六十五卷，凡三千二百五十五首，题为《白氏文集》，纳於律疏库楼。仍请不出院门，不借官客，有好事者，仍就观之。"

开成四年（839 年），白氏以当年任苏州刺史时与苏州南禅寺僧友善，乃将新编定的《白氏文集》，捐藏于南禅寺之千佛堂内，计有文集七帙，合六十七卷，凡三千四百八十七首。他表示："乐天佛弟子也，备闻圣教，深信因果，惧结来业，悟知前非，故其集家藏之外，别录三本：一本置于东都圣善寺钵塔院律库中，一本置于庐山东林寺经藏中，一本置于苏州南禅寺千佛堂内。夫惟悉索弊文，归依三藏者，其意云何？且有本愿，愿以今生世俗文字，放言绮语之因，转为将来世世赞佛、乘转法轮之缘也。三宝在上，实闻斯言。”

开成五年（840年）冬，白氏以《洛中集》十卷，凡格律诗八百首，捐藏于洛阳龙门香山寺经藏堂。他在《香山寺白氏洛中集记》中说：“夫以狂简斐然之文，而归依支提法宝藏者，于意云何？我有本愿，愿以今生世俗文字之业，狂言绮语之过，转为将来世世赞佛乘之因，转法轮之缘也，十方三世诸佛应知。噫！经堂未灭，记石未泯之间，乘此愿力，安知我他生不复游是寺，复睹斯文，得宿命通，省今日事，如智大师记灵山於前会，羊叔子识金环於后身者欤？於戏！垂老之年，绝笔于此，有知我者，亦无隐焉。” 李绅《题白乐天文集》诗，就是赞美该藏本的：“寄玉莲花藏，缄珠贝叶扃。院闲容客读，讲倦许僧听。”

二、诗文作品的传播与读者接受

写、抄本时代的作品传播，主要是辗转传抄的方式。

一是自行集抄后用于投献长官求正。如柳宗元《上李中丞献所著文启》：“敢饰近文，及在京师官命所草者，凡三卷，合四十三篇，不敢繁故也。傥或以为有可采者，当缮录其余。”杜牧《上安州崔相公启》：“所为新旧文两卷，凡一十九首，上陈视听。”《献诗启》：“今谨录一百五十篇，编为一轴，封留献上。”

自行集抄的另一个用途，常常是寄予友人评鉴，可以白居易与元稹、刘禹锡诸人之间的酬唱赠答为例。如元稹外仕江陵，白居易集新诗一轴二十章相送，此即《和答诗十首》，在诗序中期待元稹“在途讽读，且以遣日时，消忧懑，又有以张直气而扶壮心也”。而元稹一到江陵，即将自己在途中所吟诗作十七章寄赠。

二是由他人传写。卢藏用在《陈氏别传》中，记时人传抄陈子昂作品的情状云：“时洛中传写其书，市肆闾巷吟讽相属，乃至转相货鬻，飞驰远迩。”白居易《河南元公墓志铭》称元稹诗“自六宫、两都、八方、至南蛮、东夷国，皆写传之。每一章一句出，无胫而走，疾于珠玉”。

书籍传抄本的社会流通，便利了人们的阅读活动（图3-5-3）。唐末进士翁承赞《书斋谩兴》二首：“池塘四五尺深水，篱落两三般样花。过客不须频问姓，读书声里是吾家。”“官事归来衣雪埋，儿童灯火小茅斋。人家不必论贫富，惟有读书声最佳。” 具象化地记述了当时一个官宦之家的家庭诵读状态。

唐代社会的书籍交流和贸易活动，大抵是相互或雇人传抄、书肆买卖两种形式。后者以日用生活类杂书和通俗文学读物较多。

书肆是历史上书籍交易的主要场所。据吕温《上官昭容书楼歌》诗中有句云：“君不见洛阳南市卖书肆，有人买得《研神记》。”自注称：“贞元十四年（798年），友人崔仁亮于东都买得《研神记》一卷，有昭容列名书缝处，因用感叹而作是歌。”

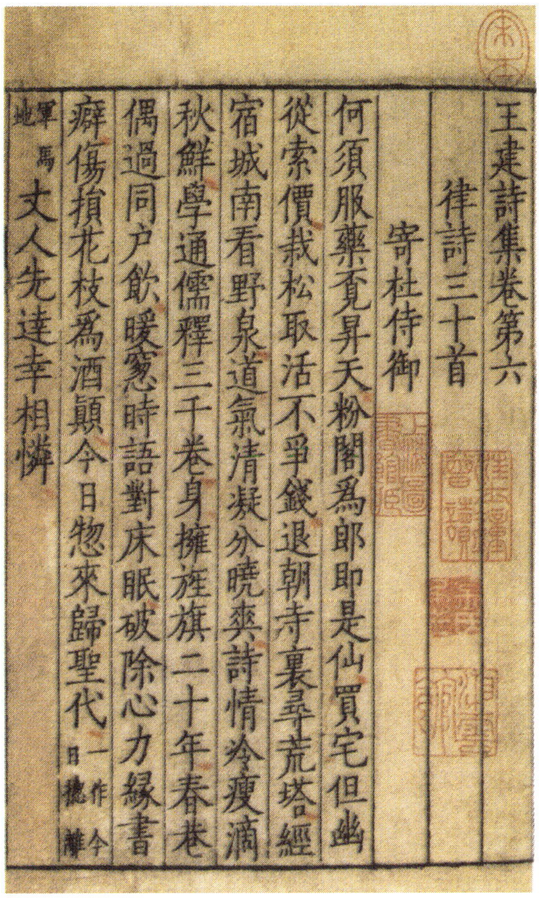
王建詩集卷第六
律詩三十首
寄杜侍御
何須服藥覓昇天粉閣爲郎即是仙買宅但幽
從索價栽松取活不爭鈸退朝寺裏尋荒塔經
宿城南看野泉道氣清凝分曉爽詩情冷瘦滴
秋鮮學通儒釋三千卷身擁旌旗二十年春巷
偶過同戶飲暖窻時語對床眠破除心力緣書
癖傷損花枝爲酒顛今日惣來歸聖代一作今日擬將
軍馬地文人先達幸相憐

图 3-5-3 《王建诗集》宋刻本

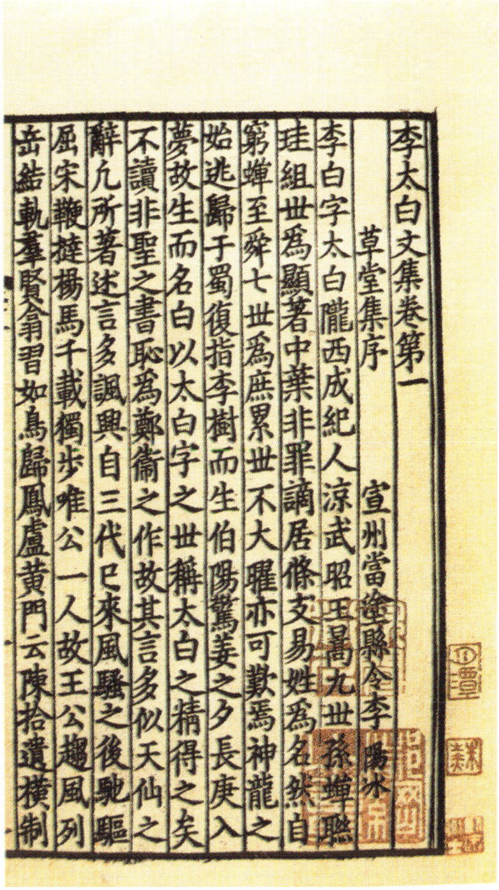
李太白文集卷第一
草堂集序　宣州當塗縣令李陽冰
李白字太白隴西成紀人涼武昭王暠九世孫蟬聯
珪組世爲顯著中葉非罪謫居條支易姓爲名然自
窮蟬至舜七世爲庶累世不大曜亦可歎焉神龍之
始逃歸于蜀復指李樹而生伯陽驚姜之夕長庚入
夢故生而名白以太白字之世稱太白之精得之矣
不讀非聖之書恥爲鄭衛之作故其言多似天仙之
辭凡所著述言多諷興自三代已來風騷之後馳驅
屈宋鞭撻揚馬千載獨步唯公一人故王公趨風列
岳結軌羣賢翕習如鳥歸鳳盧黃門云陳拾遺橫制

图 3-5-4 《李太白文集》宋成都眉山刻本

与崔仁亮洛阳买书几乎同时，白行简的传奇《李娃传》中，也有李娃带书生在长安书肆购书的描写：“娃命车出游，生骑而从，至旗亭南偏门鬻坟典之肆，令生拣而市之，计费百金，尽载以归。”

隋、唐时期，尤其是初、盛唐时期，社会稳定，文化繁荣，科举制度不断完善。从学童识字开始，经科举考试出仕为官，读什么书，如何读，遵循的是朝廷规范化的教育制度导向。张九龄弱冠读群史，殷践猷年十三诵《左传》，而杜牧幼年读《礼记》，“及年二十始读《尚书》《毛诗》《左传》《国语》、十三代史书”。随着读书的深入，形成各自的专精术业，如裴昌禹“读书数千卷，于《周官》《小戴礼》尤邃”，殷践猷“博览群言，尤精《史记》《汉书》、百家氏族之说”等，可以说都是与朝廷科举选士的制度相关，读书的出发点和归宿非常明确。

另一方面，唐代诗文创作空前繁荣，盛唐雅调，才士风流，受到社会读者的热烈追捧（图 3-5-4）。在文人学士的别集之中，出现大量以诗赋札记形式写就的读书感言，如贯休《禅月集》中有《读杜工部集二首》《读刘得仁贾岛集二首》《读孟郊集》《览皎然渠南乡集》《览姚合极玄集》《读贾区贾岛集》诸篇；齐已《白

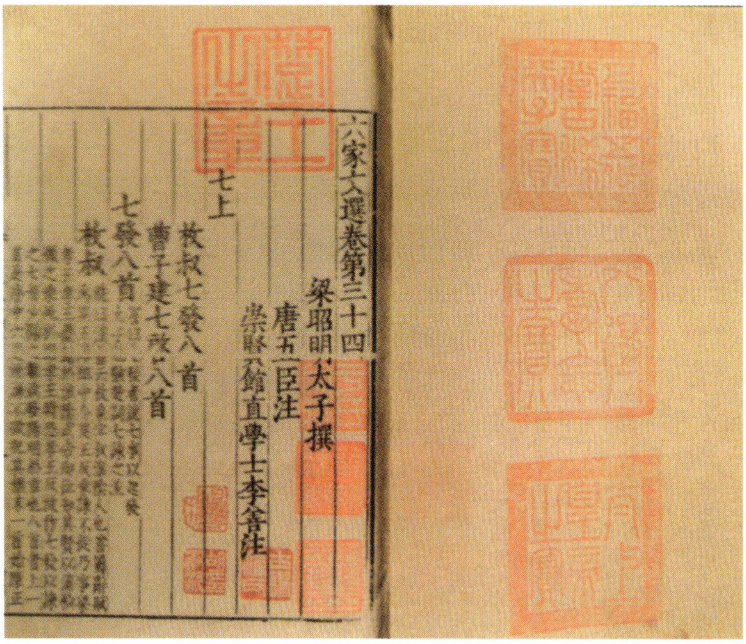

图 3-5-5 《六家文选》

莲集》中有《读贾岛集》《读李贺歌集》《读李白集》《酬欧阳秀才卷》等，而皮日休《文薮》中的“杂著”二卷，大半是读书札记。这些读后文字论才艺人品，究诗心文眼，如皎然《读张曲江集》：“才兼荆衡秀，气助潇湘秋，逸荡子山匹，经奇文畅俦。”白居易《读李杜诗集因题卷后》：“吟咏留千古，声名动四夷。文场供秀句，乐府待新词。天意君须会，人间要好诗。”对于促进诗文创作和诗歌鉴赏，都有非常积极的作用。

与此同时，应运而生了篇幅短小的节选抄本（图 3-5-5）。顾陶在穆宗长庆初开始编选《唐诗类选》，历时 30 年，神思耗竭，于宣宗大中末年告竣。《类选》今已散佚，但宋代的《文苑英华》卷七一四“诗集三”收录了他所撰的《后序》，序中顾氏谈到了当时中原地区时人诗文集的流传情况云：

如相国令狐楚、李凉公逢吉、李淮海绅、刘宾客禹锡、杨茂卿、卢仝、沈亚之、刘猛、李涉、李璆、陆畅、章孝标、陈罕等十数公，诗犹在世，及稍沦谢，即文集未行，纵有一篇一咏得于人者，亦未称所録。僻远孤儒，有志难就，粗随所见，不可殚论，终愧力不及心，庶非耳目之过也。近则杜舍人牧、许鄂州浑，洎张祜、赵嘏、顾非熊数公，并有诗句播在人口，身没才二三年，亦正集未得。绝笔之文，若有所别，为卷轴附于二十卷之外，冀无见恨。若须待见全本，则撰集必无成功。若但泛取传闻，则篇章不得其美。

顾陶所说的“正集”，就是指收录作者全部或绝大部分作品的别集定本。

杜甫、韩愈集的流传情况，十分典型地反映了唐代书籍传播和阅读接受的基本特点。

杜甫曾有文集六十卷流行于江汉之南。但是他去世不久，润州刺史樊晃欲觅正集而不得，采集遗文，只得二百九十篇，辑成《小集》六卷。杜甫身后二百六十多年，北宋苏舜钦曾见到一个二十卷本别集，在《题〈杜子美别集〉后》称其“未经学者编辑，古律错乱，前后不伦”，感叹“盖不为近世所尚，坠逸过半”。

长庆四年（824 年），韩愈去世，其门人李汉辑《文集》四十卷，诗文七百余首（篇）。宋方崧卿撰《韩集举正》时，仅搜集到一种唐写本——唐令狐澄藏咸通十一年（870 年）写本，只有诗赋十卷。咸通十一年，上距韩愈去世不到半个世纪。虽然现在无法确考杜韩二家正集散佚的原因，但从苏舜钦的感叹中，我们还是可以分析一二：卷轴装长篇大制不但抄录成本高昂，而且难于携带，韩愈《赠崔立之评事》诗中“曾从关外来上都，随身卷轴车连轸”之句，就是一个很好的注脚。与写、抄本时代的读者自主性阅读相适应，除了儒家经典以外，诗文作品的传播阅读以选抄本为主。但到北宋雕版印刷的繁盛时代到来以后，作家文人的别集，才获得了历史文化意义上的保存和传承。

三、小说的传播与阅读

唐代社会阅读活动中，唐诗与唐人小说无疑是两类产生于当时，又最普及、最受欢迎的读物。宋赵彦卫在《云麓漫钞》中曾探讨过唐代诗歌、小说繁荣的原因，以为皆与科举有关。他说：“唐之举人，先藉当世显人，以姓名达诸主司，然后以所业投献，逾数日又投，谓之温卷，如《幽怪录》《传奇》等皆是。盖此等文备众体，可见史才、诗笔、议论。至进士则多以诗为贽，今有《唐诗》数百种行于世者是也。”[1] 应该说，唐代诗歌、小说的创作受到过科举的影响，但是当作品一旦进入社会传播和阅读领域，并且受到普遍欢迎的时候，阅读的需求、社会的追捧就成为创作的主要推动力，科举的影响就退居其次了（图 3-5-6）。这里主要谈唐人小说的传播情况。

中国古代小说发展到唐代，进入了崭新的历史时期，开创出赢得当时、影响后世的新体。南宋学者、小说家洪迈曾经这样评价说：“唐人小说，不可不熟。小小情事，凄婉欲绝，洵有神遇而不自知者。与诗律可称一代之奇。”[2] 细品洪迈的评论，他这里推崇的应该是唐代文人创作、为后人称作“传奇”的新体。鲁迅先生所说小说至唐代而一变，指的也是“传奇”这种新体。

“传奇”一名，源于元稹所撰《莺莺传》，该小说原名《传奇》。宋赵德麟在《元微之崔莺莺商调蝶恋花词》一文中称：“夫传奇者，唐元微之所述也……至今士大夫极谈幽玄、访奇述异，无不举此以为美话。”赵德麟深惜能如此打动人心的

1 （宋）赵彦卫：《云麓漫钞》卷第八。
2 （清）陈世熙：《唐人说荟·例言》。

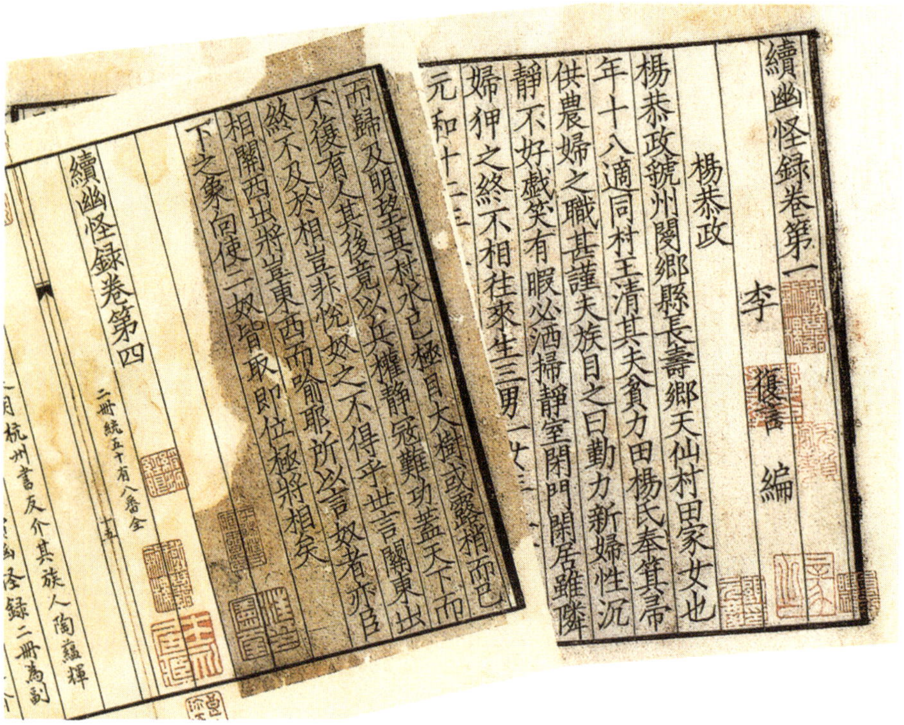

图 3-5-6 《续幽怪录》南宋临安府太庙前尹家书籍铺刻本

佳作竟然“不比之以音律，故不能播之声乐，形之管弦”，乃为谱《商调蝶恋花》十阙，且“句句言情，篇篇见意”。[1]此后，金有董解元《西厢记》，元有王实甫《西厢记》、关汉卿《续西厢记》，明有李日华《南西厢记》、陆采《南西厢记》，清有查继佐《续西厢杂剧》等等，影响深远。

唐人传奇名作迭起，如李朝威的《柳毅传》、蒋防的《霍小玉》、白行简的《李娃传》、陈鸿的《长恨歌传》、杜光庭的《虬髯客传》等，均广传后世，成为元明大曲杂剧创作乃至绘画的源泉。李公佐的《谢小娥传》敷演商贾女谢小娥誓志为父亲和夫婿杀贼报仇的义烈传奇，在后世传播甚广。欧阳修撰《新唐书》，即依此传奇文采入《列女传》。

唐人小说除了单篇的传奇以外，还包括结成专集的，仅见于《新唐书艺文志》子部小说家类著录的就有牛僧孺的《玄怪录》、李复言的《续玄怪录》、薛用弱的《集异记》、袁郊的《甘泽谣》、裴铏的《传奇》以及段成式的《酉阳杂俎》、戴孚的《广异记》、唐临的《冥报记》、张说的《宣室志》等等，数量、品种都是十分丰富的。

唐代以故事情节见长的小说传奇深受社会读者的欢迎。生活在武后、中宗、睿宗三朝的张鷟，以辞章知名，所著传奇《游仙窟》和记武后时期朝野事迹的笔记小说《朝野佥载》，流传很广，史称“是时天下知名，无贤不肖，皆记诵其

1 （宋）赵德麟：《侯鲭录》卷五。

文”[1]。因此才名远播，新罗、日本等周边国家每次遣使入唐，必定会出重金求购其文。作为第七次遣唐使的少录，于武周长安二年（702年）入唐的山上忆良，在他的名作《沉疴自哀文》中列举了在唐所得或所阅读的通俗书籍，其中就有《游仙窟》，这也正间接反映出唐代社会当时的阅读风尚。

小说传奇吸引阅读的亮点全在情节，因为小说是叙述故事而不同于笔记仅仅记载事实，下面两则反映同一内容的文字可以说明小说与笔记的区别。唐人王积薪围棋事，李肇《唐国史补》仅载曰：王氏棋艺天下无敌，后在游京师途中，夜宿驿舍，无意中暗记主人媪与其妇棋局，皆自己所不及，首尾仅仅百余字。而在薛用弱小说集《异闻记》中，字数增至近五百，故事渲染为王氏随玄宗南狩，因邮亭驿舍为尊官先占，只好寄宿山中孤媪之家，栖于檐下，夜闻媪妇赌棋，暗记棋局。天明当面请教，得妇指示攻守杀夺救应防拒之法。谢别后方行数十步，孤媪之家已失其所。积薪棋艺，自此世无其伦。又唐代天文学家僧一行事，刘肃《大唐新语·记异》仅记其撰历测候的经历，故宋代辑《太平广记》将刘肃此则文字列入“算术”类；郑处诲的小说集《明皇杂录》中载一行事，千余字，除其造历事，更用半之文字述报恩事，情节曲折，《太平广记》入“异僧”类。足见两者的区别。《新唐书艺文志》将两类书分别著录于子部小说家类和史部杂史或杂传类，也是基于它们记事的形式、手法的不同。在社会的阅读和传播中，两者的情况也是有差异的，一般来说，具有鉴赏娱乐功能的小说拥有更多的读者，包括文人学者。

当代及后世的文人学者往往欣赏唐人小说的文采和意想，一些新异奇趣故事，如薛用弱《集异记》中狄仁杰集翠裘，王维郁轮袍，王积薪妇姑围棋，王之涣旗亭画壁，陈留蔡少霞梦中代书《苍龙溪新宫铭》，以及气侠三红女：《虬髯客传》中的红拂、《裴铏传奇·昆仑奴》中的红绡、《甘泽谣·红线》中的红线等，广为传播，已成后世文人熟用的典故。明胡应麟《二酉缀遗中》曾严厉批评唐人小说多涉荒怪：“如《柳毅传》书洞庭事，极鄙诞不根，文士亟当唾去。”[2]但他同时又指出这样的事实：诗人往往好用之。如明何景明《寄君山》“空岩竹映湘妃庙，旧井潮深柳毅祠”，明黎民表《明晨同征甫在明游玉龙洞题名其上》“持钵懒过香积寺，封书谁识洞庭君”，皆用《柳毅传》的典故。而且黎诗暗用柳毅而不露，语独奇俊，得诗家三昧，但“总之不如不用为善”。[3]元稹曾在《酬翰林白学士代书一百韵》记录了这样两件事：“翰墨题名尽，光阴听话移”，关于“光阴听话移”，他自注说：“尝于新昌宅说《一枝花》话，自寅至巳，犹未毕词也。”白居易《诏授同州刺史病不赴任因咏所怀》诗有“卖却新昌宅，聊充送老资”之句，则新昌

1 （五代）刘昫等：《旧唐书·张荐传》卷一百一十九列传九十九。
2 （明）胡应麟：《少室山房笔丛》卷三六。
3 （明）胡应麟：《少室山房笔丛》卷三六。

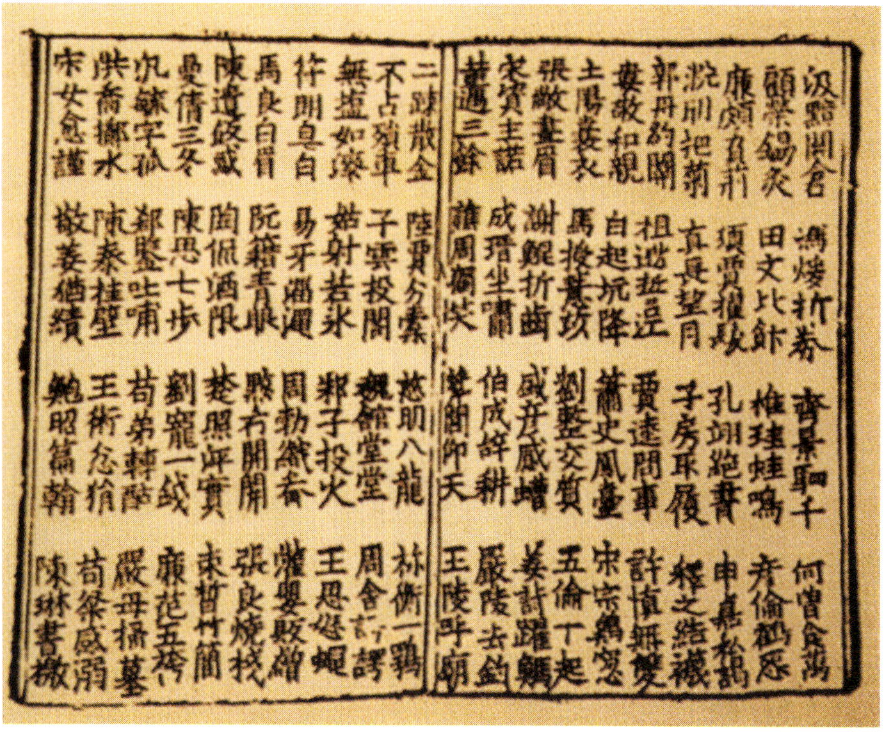
汲黯開閤 馮煖折券 齊景駟千 何曾食萬
顧榮錫炙 田文比飯 稚珪蛙鳴 齊倫鶴厯
庾頰真刑 須賈擢髮 孔翊絶書 申嘉叔鶴
淵明把菊 真長望月 子房取履 釋之結韈
郭丹約關 祖逖誓江 賈逵問事 許愼無雙
婁敬和親 白起坑降 蕭史鳳臺 宋宗雞窓
王陽囊衣 馬援薏苡 劉整交質 五倫十起
張敞畫眉 謝鯤折齒 戚弃戚蠀 姜詩躍鯉
宋賓主諾 成瑨坐嘯 伯成辭耕 嚴陵去釣
董遇三餘 譙周獨笑 嗟鼂仰天 王陵呼廟
二疏散金 陸賈分橐 慈明八龍 禰衡一鶚
不占殞車 子雲投閣 魏舒堂堂 周舍諤諤
無鹽如漆 姑射若冰 郟子投火 王思逐蠅
伃則皂白 易牙淄澠 周勃織薄 灌嬰販繒
馬良白眉 阮籍青眼 聮右開閤 張良燒棧
陳遵終戚 陶侃酒限 楚照鐙賓 束晳竹簡
曼倩三冬 陳思七步 劉寵一錢 廉范五袴
仇鍊字孤 郗鑒吐哺 荀弟轉醉 嚴母掃墓
洪喬擲水 陳泰挂壁 王衍忿猜 荀粲惑溺
宋女愈謹 敬姜猶績 鮑昭篇翰 陳琳書檄

图 3-5-7 《蒙求》十一世纪北京书坊刻本

宅为白居易在长安的居所。明陈耀文《天中记》引唐末陈翰《异闻集》称：一枝花，就是后封汧国夫人的长安娼女李娃的旧名。虽然无从考证《一枝花》的底本与白居易之弟白行简《李娃传》之间的关系，但可以肯定的是，本就是传奇作者的元稹，以及提倡作品通俗的白居易如此欣赏通俗的文学样式，在很大程度上提高了小说的社会声誉，进一步推动了小说的创作。

探究唐人小说能与唐诗在艺术和阅读领域平分秋色，受到社会读者和文士普遍喜爱的原因，大致有三个方面：

其一，社会阅读心理。东汉王充曾经就社会阅读的心理作过这样的分析："世俗之性，好奇怪之语，说虚妄之文。何则？实事不能快意，而华虚惊耳动心也。是故才能之士，好谈论者，增益实事，为美盛之语；用笔墨者，造生空文，为虚妄之传。听者以为真然，说而不舍；览者以为实事，传而不绝。"[1] 生活在现实中的人们，普遍会追求现实社会中没有或很少有的奇闻轶事，而超出人们的想象和现实生活经验所不能解释的奇闻轶事，更能使人们津津乐道。唐人小说的作者竭尽意想奇幻之能事，将人神遇合，人鬼幽会的故事写得缠绵悱恻，足以催生引发读者强烈持久的阅读兴趣。

其二，鲜明的社会生活背景。唐人小说中的奇幻故事往往是在人们熟悉的生

1 （汉）王充：《论衡·对作篇》卷二十九。

活环境中展开的。程国赋曾就汪辟疆先生校录的《唐人小说》为样本，经统计发现所收六十篇小说中，相当多的故事以都市为创作背景，其中以京师长安为最，以下依次为洛阳、扬州、金陵、广州。[1] 大部分小说对主人公活动的社会环境的描述基本是写实的，读者甚至可以按图索骥，小说的描述成了反映中唐都市的社会风俗画，这样会使读者在熟悉的故事氛围中产生浓郁的亲切感。

其三，唐人小说故事往往曲折动人。由于作者多借以表现自己的史才、文笔，幻设情节，“以华艳之笔，叙恍惚之情”[2]，常常令读者欲罢不能。

唐李瀚所撰《蒙求》（图 3–5–7），凡 598 句，四字为句，每句叙一人，每人著一事，是唐宋时童蒙的重要读本，社会流传很广。其中所叙人事，并不都出于经书史籍，竟多取自小说杂书。如“毛宝白龟”“糜竺收资”，出于《搜神记》；“壶公摘天”“初平起石”，出于《神仙传》；“孙晨藁席”“灵辄扶轮”，出于《类林》；“孙钟设瓜”“黄寻飞钱”“宋宗鸡窗”，出于《幽冥录》；“庞俭凿井”出于《风俗通》；“卢充幽婚”出于《志怪集》；“张氏铜钩”出于《三辅决录》；“王果石崖”出于《神怪志》等等。宋代学者王观国因此批评说：“小说杂书，多妄誕不可取信，而瀚取此与经、史同列，非训蒙之所先也。”[3] 其实这正说明当时小说杂书的传播广泛，具有社会性，所以李瀚才取以阑入童蒙读本。

1 程国赋：《唐五代小说的文化阐释》，人民文学出版社，2002 年，第 207 页。

2 鲁迅：《中国小说史略》，北京大学出版社，2009 年，第 49 页。

3 （宋）王观国：《学林·李瀚蒙求》卷七。

第四章

宋、元版印书籍的生产和流传

自公元960年赵匡胤推翻后周政权，建都汴梁（今河南开封），到“靖康之乱”（1126—1127年）后宋王室南迁，定都临安（今浙江杭州），宋朝前后持续320年，其中北宋168年，南宋152年。

“圣贤有事业，皆在经籍中。”（梅尧臣《书斋》）两宋时期，尤其是北宋开国初的太祖赵匡胤、太宗赵匡义、真宗赵恒都“尊孔宗经”，十分重视“文治”，他们把儒家经典书籍的编纂印行，当作凝聚社会共识的意识形态事业来抓，不时赐书劝学，鼓励科举。他们不断健全政府的图书编纂机构，组织大规模的图书整理、抄写和编纂活动，官府参与书籍的编纂、出版和发行，使得众多新书和巨帙继踵问世，形成官刻、家刻和坊刻三大系统。

书籍出版发行活动和文教事业的相辅相成，造就了宋代的书文化传统。天禧元年（1017年），真宗重申朝廷刊印经籍不是为了赢利，因此，他不准国子监提高所刊经籍的价格。朝廷以平价出售儒家经典的形式，来主导图书市场，实现劝学师儒的目的。大中祥符三年（1010年），真宗问向敏中，如今的读书人是否“易得书籍”？得到的回答是：“国初惟张昭家有‘三史’，太祖克定四方，太宗崇尚儒学，继以陛下稽古好文，今‘三史’、《三国志》《晋书》皆镂板，士大夫不劳力而家有旧典，此实千龄之盛也。”[1]因此，生于南宋末的学者吴澄在《赠鬻书人杨良辅序》中说：“宋三百年间，锓板成市，板本布满乎天下，而中秘所储，莫不家藏而人有。”[2]

北宋雕版印刷技术的不断发展，使得书籍的各种不同印本多了起来，一部书往往因为编辑、传抄、刻版、排印、装订等形式的不同而产生不同的版本。在传世宋刻本中有不少字大悦目，行格疏朗的“善本”。元代刻书承宋、金遗风，也有不少精刻本传世。清人江标所著《宋元行格表》，常被人用作鉴定时的参考。但宋、元版本也并非无书不善、无刻不佳。在当年的坊刻本中，也多有为逐利而忽视刻校质量，刊刻形式粗糙而文字错漏严重的版本。

1 （宋）李焘：《续资治通鉴长编》卷七四。

2 （元）吴澄：《吴文正公集》卷一九。

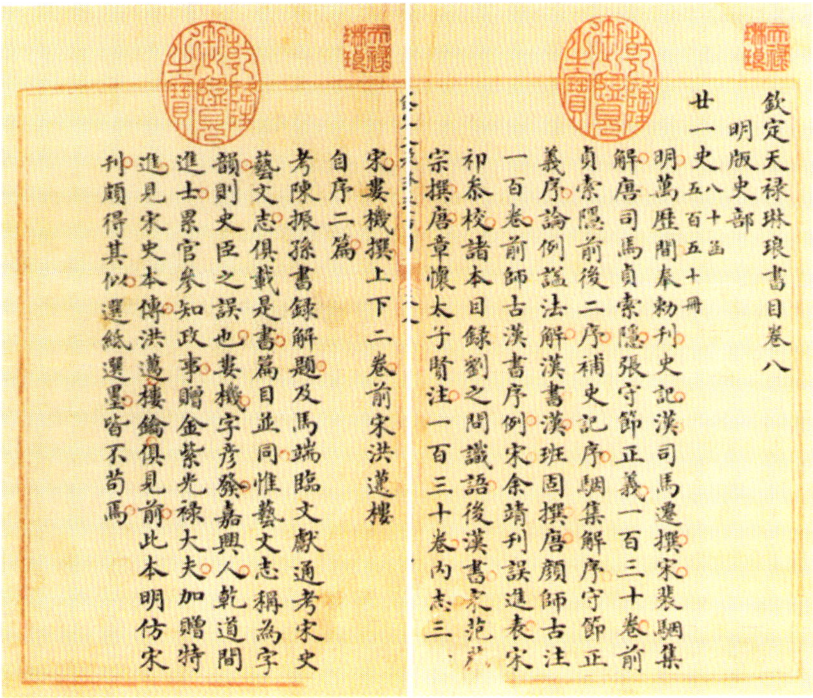
欽定天祿琳琅書目卷八
明版史部
廿一史 五八十函 百五十冊
明萬曆間奉勅刊史記漢司馬遷撰宋裴駰集
解唐司馬貞索隱張守節正義一百三十卷前
貞索隱前後二序補史記序駰集解序守節正
義序論例謚法解漢書漢班固撰唐顏師古注
一百卷前師古漢書序例宋余靖刊誤進表宋
祁叅校諸本目錄劉之問識語後漢書宋范
宗撰唐章懷太子賢注一百三十卷內志三
宋婁機撰上下二卷前宋洪邁樓
自序二篇
考陳振孫書錄解題及馬端臨文獻通考宋史
藝文志俱載是書篇目並同惟藝文志稱為字
韻則史臣之誤也婁機字彥發嘉興人乾道間
進士累官參知政事贈金紫光祿大夫加贈特
進見宋史本傳洪邁樓鑰俱見前此本明仿宋
刊頗得其似選紙選墨皆不苟焉

图 4-0-1 《天禄琳琅书目》乾隆内府刻本

大抵从明朝开始，宋、元善本书籍就在藏书界引起重视，成为中国藏书史上的佳话。藏书家争相购藏宋、元善本并形成极大影响的，是清代考据兴盛带来的版本学的发展。一方面，许多学者在从事经史考证时，都尽力搜求古、旧书籍和善本，把寻求好的版本作为自己做学问最基础的一步。另一方面，由于清朝政府对编修古籍书目的重视，尤其是乾嘉时期根据内府藏书编纂的《天禄琳琅书目》及其后编，该书以版本的时代将宋版、明版、影宋版、抄本分别叙列，使宋元版古籍得到了高度的重视，上行下效，至此以宋元旧刻为代表的善本收藏蔚然成风（图 4-0-1）。

第一节 宋代皇家藏书的校勘、整理与编目

宋代的图书编辑出版活动异常活跃，成果累累。这其中固然存在印刷术普及带来的有利因素，但是宋初帝王重视文治，制定并推行一套有利于学术研究和图书出版的文化政策显得更为重要。其中，组建强有力的编纂机构，持久组织大规模的编纂活动尤为引人注目。

一、崇文院及“三馆”

宋初朝廷沿袭唐王朝旧制，以史馆、昭文馆、集贤院为“三馆”。宋太宗太

平兴国二年（977 年），在升龙门东北，创立“三馆书院”，次年，赐名“崇文院”。院内东廊为“昭文书库”，南廊为“集贤书库”，西廊为“史馆书库”。“三馆”藏书各分经、史、子、集四库，总藏量达到八万卷。库内书架都用雕木做成，以青绫帕为帘幂，富丽而堂皇。太宗端拱元年（988 年）于崇文院中堂建“秘阁”，收藏“三馆”书籍真本及古画、墨迹等。

崇文院、“三馆”常受命校勘典籍，曾巩、黄伯思、苏颂、宋敏求等学者都先后在馆阁中从事图书的校勘整理工作。此外，崇文院还负有奉诏雕印图书的职能，曾先后雕印《律文》《唐律疏义》《文苑英华》（图 4-1-1）、《列子》《广韵》《齐民要术》《群经音辨》及李善注《文选》等。

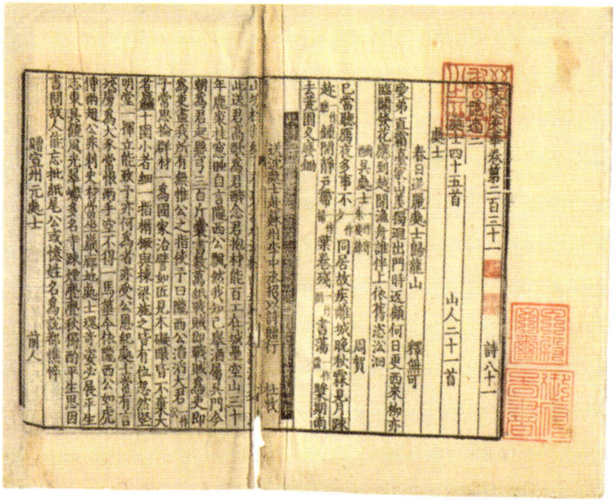

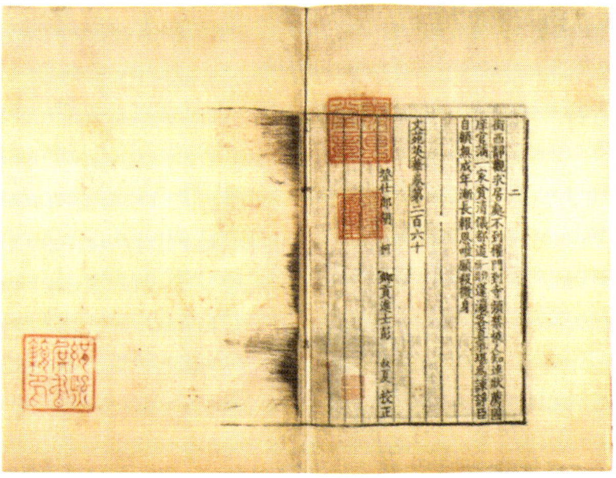

图 4-1-1　《文苑英华》宋嘉泰元年至四年（1201—1204 年）周必大刻本

“三馆”、秘阁、崇文院通称“馆阁”，其所置贴职官，与集贤殿修撰、直龙图阁、校勘，通谓之“馆职”。馆阁是朝廷培育才俊之所，因此，馆职就成为文臣清贵之选。但北宋朝对馆阁官员的选拔十分严格，规定所有被推荐入馆阁者，都必须参加考试，称为“试馆职”，神宗即位初就特别诏令“自今试馆职专用策论”[1]。南宋洪迈《容斋随笔》卷十六“馆阁名存”条说：“国朝馆阁之选，皆天下英俊，然必试而后命。一经此职，遂为名流。”

北宋初，秘书省与崇文院互不统属，秘书省的主要职责是掌管祭祀祝版的撰书，其长官秘书监、丞则参与国史的修纂。元丰五年（1082 年），神宗改革官制，一度废“馆职”，恢复秘书省职能，通领“三馆”、秘阁，设秘书监、少监、丞各一人，监掌古今经籍图书、国史实录、校雠典籍之事。

南宋于绍兴元年（1131 年）恢复秘书省的建制，沿袭元丰旧制。稍后在秘书省建立史馆，设修撰、检讨、校勘等职事官，负责编修《神宗实录》《哲宗实录》。

1 （元）脱脱：《宋史·职官志》卷一六四。

绍兴九年（1139 年），诏令秘书省所属著作局惟修日历，遇修国史则开国史院，遇修实录则开实录院，以正名实。

二、民间征书与宫廷藏书的整理、编目

太平兴国九年（984 年），倡导文治的宋太宗极为重视藏书，以为“教化之本，治乱之源，如无书籍，何以取法？”[1]因此下诏求天下遗书，要求馆臣依照唐代《开元四库目录》，将三馆中缺藏之书列目征求，并规定不论士庶臣僚，凡家藏三馆所缺之书，都可以持书进纳。进书三百卷以上者，可以经过一定考试程序，量才委任一职；不及三百卷的，可根据卷帙的多少优给金帛；如不愿进书，则可以出借由政府佣人缮写，抄毕归还。

真宗咸平四年（1001 年）、仁宗嘉祐五年（1060 年），朝廷都曾下诏复求遗书，重申太宗太平兴国九年之诏的规定，鼓励天下士庶官宦之家踊跃献书。一时民间多有献印版、献书画者，如真宗朝，有十九人献书累计达到一万余卷。

除“三馆”、秘阁外，北宋宫廷内府另有太清楼、龙图阁、天章阁等藏书处所。随着藏书的逐渐丰富，朝廷开始不断指令馆阁组织抄写分藏，整理编目。国家藏书被多次大规模抄写分藏，真宗咸平二年（999 年），命“三馆”写四部书二本，分别贮置禁中的龙图阁及后苑的太清楼，而玉宸殿、四门殿亦各有书万余卷。大中祥符八年（1015 年）汴梁荣王宫失火，延及崇文、秘阁，书多煨烬。诏命重新抄写，与经整理的劫余书籍，一并归藏太清楼。

宣和四年（1122 年）夏四月，徽宗诏令设置补完校正文籍局，将三馆藏书校正补缺后，抄写三份，分别放置在宣和楼、太清楼和秘阁。

在馆阁主持的政府图书事业中，编目与整理、征集、校勘、缮写一样，是一个不可或缺的重要环节。两宋时期，馆阁编制了多种阙书目录。所谓阙书目录，就是著录前代书目有，当代馆阁缺藏的图书，为访求募献图书提供依据。另外就是国家的藏书目录，以北宋的《崇文总目》和南宋的《中兴馆阁书目》《续目》最为重要。

两宋自太祖至宁宗，先后编制了四部国家藏书目录。元代修《宋史・艺文志》，合并四目，删去重复，共著录图书 9819 部，119972 卷，反映了两宋宫廷藏书的概貌。

三、宫廷藏书的编校活动

两宋时期，朝廷馆阁曾多次校勘四部书，北宋九朝校书总数近六十次，南宋

---

1 （宋）李焘：《续资治通鉴长编》卷二五。

为十八次，其中以经部、史部书居多。经部典籍的校勘，规模较大的有太宗端拱元年（988年）孔维等校正《五经正义》一百八十卷，着国子监刊行；真宗咸平四年（1001年）邢昺、李维重校《周礼》《仪礼》等七经，《七经疏义》一百六十三卷，并募印颁行。南宋馆阁校史九次，主要涉及当代所修的会要、实录、日历三类史书。由于这类官修史书属于官方档案，编成后即入藏宫内天章阁、敷文阁或秘阁，一般人不能翻阅，多不刊印。所以，校勘结束，只是加以缮写或抄录而已。正史和地志也是宋代馆阁编纂活动的重要内容，比较重要的成果有欧阳修的《新唐书》、乐史的《太平寰宇记》、王存的《元丰九域志》等。

两宋朝廷编校活动以“四大书”最为著名。976年，宋太宗赵匡义继位，改元太平兴国，并改变对外伐辽作战的政策，转为集中精力加强国内的统治，提倡“文治”。于是，朝廷开始组织大规模的编辑活动，太宗先后诏命儒臣编纂具有百科性质的《太平御览》（图4-1-2）一千卷，小说类编《太平广记》（图4-1-3）五百卷，文章总集《文苑英华》一千卷。接着，真宗赵恒又诏令编成反映政事历史的专门性类书《册府元龟》（图4-1-4）

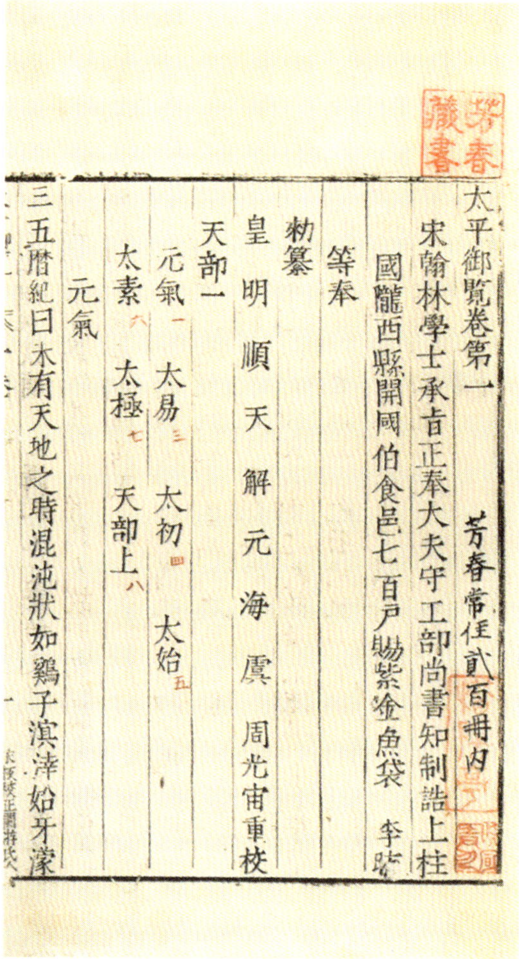
太平御覽卷第一 芳春常住貳百冊內
宋翰林學士承旨正奉大夫守工部尚書知制誥上柱
國隴西縣開國伯食邑七百戸賜紫金魚袋 李昉
等奉
勑纂
皇 明 順 天 解 元 海 虞 周光宙重校
天部一
元氣一 太易二 太初四 太始五
太素六 太極七 天部上八
元氣
三五曆紀曰未有天地之時混沌狀如鷄子溟涬始牙濛

图4-1-2 《太平御览》

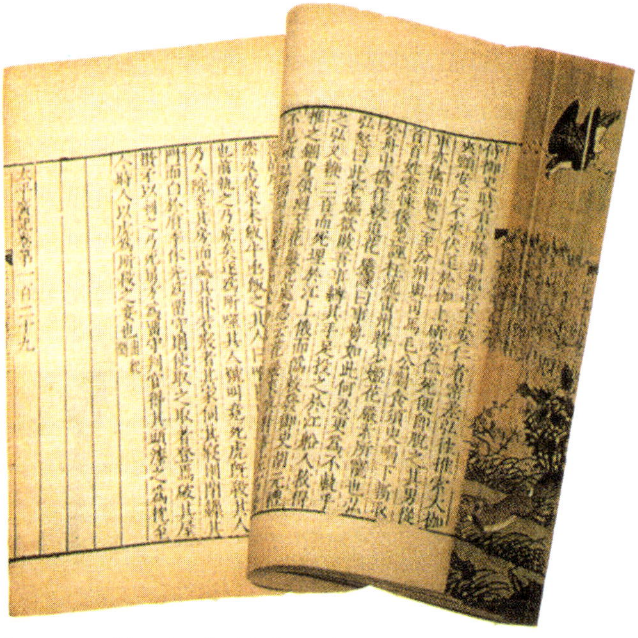

图4-1-3 《太平广记》清武英殿刻本

一千卷。由于宋代雕版印刷业发达，这四种卷帙浩繁的御修大书完整地流传于世，形象地反映出宋初文治的盛大气象，对宋代乃至后世的文化传播和读书治学活动产生了重要影响，史称“宋代四大书”。

《太平广记》修成后，即于太平兴国六年（981 年）镂板。颁行之时，有人提出书“非学者所急”[1]，于是就将印板收回，藏宫中太清楼。尽管如此，《太平广记》还是很快在社会上流传开来。在宋代文人的诗文笔记中，如苏轼《东坡全集》《东坡志林》，晁补之《鸡肋集》，邵博《邵氏闻见后録》，赵德麟《侯鲭录》，陆游《老学庵笔记》，周密《癸辛杂识》等，经常出现以《太平广记》所载印证自己所见所闻怪异之事的文字。张邦基在《墨庄漫录》谈读《太平广记》的情形：“建炎改元冬，予闲居扬州里庐，因阅《太平广记》，每遇予兄子章家夜集，谈记中异事，以供笑语。”[2] 洪适有《还李举之〈太平广记〉》诗：“稗官九百起虞初，过眼宁论所失诬。午枕黑甜君所赐，持还深愧一瓻无。”[3]（黑甜为方言，形容睡得甜美）南宋绍兴年间，还曾在秘书省曝书会期间分赠《太平广记》，对它的流传起到了进一步的推动作用。

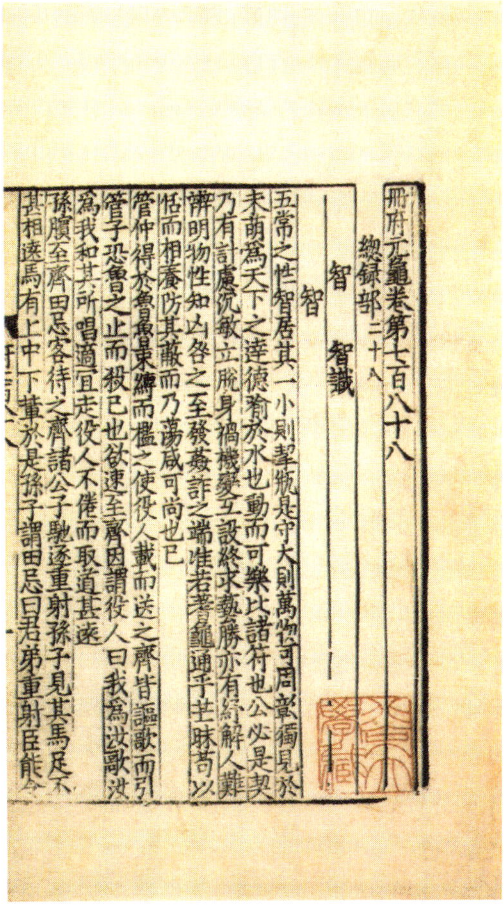
冊府元龜卷第七百八十八
總録部二十八
智 智識
智
五常之性智居其一小則挈瓶是守大則萬物可周彰獨見於
未萌爲天下之達德喻於水也動而可樂比諸符也公必是契
乃有計慮沉毅立脫身禍機變互設終求勢勝亦有紓解人難
辨明物性知凶咎之至發姦詐之端雖若蓍龜通乎芒昧苟以
恬而相養防其蔽而乃蕩咸可尚也已
管仲得於魯魯束縛而檻之使役人載而送之齊皆謳歌而引
管子恐魯之止而殺己也欲速至齊因謂役人曰我爲汝歌汝
爲我和其所唱適宜走役人不倦而取道甚速
孫臏至齊田忌客待之齊諸公子馳逐重射孫子見其馬足不
甚相遠馬有上中下輩於是孫子謂田忌曰君弟重射臣能令

图 4-1-4 《册府元龟》宋成都眉山刻本

读小说是古代喜好读书的士大夫们娱乐消遣的一种文雅方式，正如宋刘敞在《读杂说小书》诗中所说：“长日无与语，聊及齐谐书。苟以忘吾忧，焉能识其余。”所以士人家藏书，往往是“五三载籍多为贵，九百虞初小不遗”[4]（周必大《寄题龙泉李氏万卷堂》）。宋人罗烨在《醉翁谈录》中指出当时说话人的基本功包括“幼习《太平广记》，长攻历代史书”[5]。宋元话本、杂剧、诸宫调等也经常采用其中

1 （明）胡应麟：《少室山房笔丛·二酉缀遗中》卷三十六。
2 （宋）张邦基：《墨庄漫录》卷二。
3 （宋）洪适：《盘洲文集》卷四。
4 （宋）周必大：《文忠集》卷四三。
5 （宋）罗烨：《醉翁谈录》卷一。

的故事。说明《太平广记》不仅在士大夫阶层的阅读方面，而且对小说戏曲的创作都起到过很大的影响。

《册府元龟》在南宋续有两次雕版，即眉山蜀刻本和题《新刊监本册府元龟》本。虽有雕版印本，终因篇幅过于浩繁，流传缓慢，人欲得之十分不易。南宋学者、淮南西路安抚司参议陈造为得到一部，尚费尽心机。为此，他在《题册府元龟》中讲了一段十分动情的话："吾为儒，思有之凡四十余年，乃酬其志。是书都大王公赐也，自成都之襄阳，走三千里。夫其成之久，求之不易，致之甚难。束阁不观，委之蠹鱼鼠矢，此非吾佳子孙也。书以谂之。"[1]

四、朝廷对民间书坊的规范

以追求利润为宗旨的民间书坊，总是以能否赚钱作为选择雕印书籍的主要标准，于是在图书市场上逐渐出现了如泄露国家机密等为朝廷所不能容忍的现象。

宋景德三年（1006 年），真宗下达《非九经书疏禁缘边榷场博易诏》云："民以书籍赴缘边榷场博易者，自非九经书疏，悉禁之。违者案罪，其书没官。"[2]仁宗天圣五年（1027 年），中书省奏请：在与辽国往来中，常有将"皇朝臣僚著撰文集印本传布往彼，其中多有论说朝廷防遏边鄙机宜事件"，于是诏令"今后如合有雕印文集，仰于逐处投纳，附递闻奏，候差官看详，别无妨碍，许令开板，方得雕印。如敢违犯，必行朝典"[3]。

然而六十年后，苏辙使辽，在燕都发现自己的家谱，并有多人问及哥哥苏轼的近况，以为事涉国家机密，要求朝廷加以防范。宋元祐五年（1090 年），礼部拟定了出版管理条例，规定："凡议时政得失、边事军机文字，不得写录传布；本朝会要、实录，不得雕印，违者徒二年，告者赏缗钱十万。内国史、实录仍不得传写；即其他书籍，欲雕印者，选官详定，有益于学者方许镂板，候印讫，送秘书省，如详定不当，取勘施行；诸戏亵之文，不得雕印，违者杖一百。委州县监司、国子监觉察。"[4]

仁宗康定元年（1040 年），诏："访闻在京无图之辈及书肆之家，多将诸色人所进边机文字镂板鬻卖，流布于外。委开封府密切根捉，许人陈告，勘鞫闻奏。"[5]

南宋光宗绍熙四年（1193 年）六月，臣僚奏称：朝廷大臣之奏议、台谏之章疏、内外之封事、士子之程文，机谋密划，不可漏泄。今乃传播街市，书坊刊行，流布四远。事属未便，乞严切禁止。于是，诏四川制司行下所属州军，并仰临安

---

1 转引自吴文治：《宋诗话全编 6》，江苏古籍出版社，1998 年，第 6248 页。
2 （宋）李焘：《续资治通鉴长编》卷六十四。
3 （清）徐松：《宋会要辑稿·刑法》二之一六。
4 （清）徐松：《宋会要辑稿·刑法》二之三八。
5 （清）徐松：《宋会要辑稿·刑法》二之六四。

府、婺州、建宁府严行禁止，“其书坊见刊板及已印者，并日下追取，当官焚毁，具已焚毁名件，申枢密院。今后雕印文书，须经本州委官看定，然后刊行”[1]。

除泄露国家机密为朝廷所不能容忍外，与统治者的政治意愿相背离的思想内容，也被列为出版查禁之列。这类查禁情况比较复杂。据《宋史·真宗本纪》记载，大中祥符二年（1009年），诏令：“读非圣之书及属辞浮靡者，皆严谴之。已镂板文集，令转运司择官看详，可者录奏。”[2]此后，崇宁元年（1102年），徽宗下诏：“诸邪说诐行非先圣贤之书，及元祐学术政事，并勿施用。”[3]遂禁印司马光、苏轼文集。稍后又禁印诸子百家，一切不合儒家经义之书。

在两宋三百多年的统治中，有关出版禁令出台不少，但是效果不佳，很多只是一纸空文而已。究其原因是多方面的，首先是朝廷只禁不导，地方政府执行不力；其次是查禁存在随意性，内容过于宽泛。徽宗时因党同伐异的政治需要，株连查禁司马光、苏轼、黄庭坚等在社会上流传已久并有着广泛市场的诗文集，只能起到相反的作用，致使宋皇室南渡后，出现“人传元祐之学，家有眉山之书”[4]（宋孝宗《赠苏文忠公太师制》）的传播盛况。

第二节 官刻、私刻与寺观、书院刻书

五代国子监刻印发售经史典籍的举动，表明朝廷利用先进的雕版印刷技术，强势介入图书的出版发行业，对印刷术的普及和出版业的发展产生了重大影响。宋代的图书出版事业，乘着五代的发展势头，逐渐形成官刻、家刻和坊刻三足鼎立的书籍生产和发行格局。

宋代政府机构参与图书贸易活动，以国子监为代表。《宋史·职官五》记载曰，国子监书库官“掌印经史群书，以备朝廷宣索赐予之用，及出鬻而收其直以上于官”[5]，表明销售出鬻图书是国子监的管理职能之一。由于国子监刻书，不仅在本监，而且大量下发至州府地方刻书机构雕造，所刻图书品种齐、数量多、质量好，在全国刻书出版业中独占鳌头。监本以官刻的良好信誉，迅速占领市场。宋代文献中留下了很多监本在全国的销售记录：北宋徽宗时，吴兴沈偕京师擢第后，“尽买国子监书以归”[6]。四川眉山孙氏购买国子监书万卷，成为名著一方的藏书家。北宋末年，遭逢靖康之乱的著名藏书家赵明诚、李清照夫妇南下之际，将家中所

1 （清）徐松：《宋会要辑稿·刑法》二之一二五。
2 （元）脱脱：《宋史·真宗》卷七本纪第七。
3 （元）脱脱：《宋史·徽宗》卷十九本纪第十九。
4 （宋）苏轼：《东坡七集》卷首。
5 （元）脱脱：《元史·职官志五》卷一六五。
6 （宋）周密：《齐东野语》卷十一。

藏“先去书之重大印本者，又去画之多幅者，又去古器之无款识者，后又去书之监本者”。李清照《金石录后序》中的这段描述，说明两点：一是像赵明诚这样的士大夫家中大多藏有监本书籍；二是十分珍视监本，所以到最后才忍痛割舍。

国子监以外，各地政府或官学的刻书机构也参与图书发售，以此来补贴财政，充实办学经费。其中以公使库最为知名，规模可能也较大。

一、官刻

官刻，政府刻书的统称，指由中央政府机关及地方各级行政文化机构出资或主办的印刷出版业，具体又分为中央和地方两大系统。所刻书统称为官刻本，又可冠以具体刻书机构的名称，如中央的国子监刻本，地方的茶盐司刻本等。

（一）中央官刻

宋代的中央官刻涉及很多文化管理机构，如国子监、崇文院、秘阁、秘书监等，其中主要为国子监和崇文院。

国子监是宋代中央政府主要的刻书发行机构，内设印书钱物所，主管刻印书籍和发行出售事务。后因称名近俗，改为书库监官。其所刻书，史称“监本”。

北宋国子监刻书，今见于记载的以刊行《五经正义》为最早。太宗端拱元年（988年），国子监司业孔维等奉敕校勘孔颖达《五经正义》百八十卷，诏国子监镂板行之。淳化初，太宗又因为五代监本十二经有被田敏臆删的文字，因此诏令李觉、孔维等重加校定，刻板印行。从北宋建国至真宗景德二年（1005年），国子监经书版片由不及四千猛增至十余万片，不到半个世纪就增加了二十五倍，足见宋初国子监刻书的盛况。此后，馆阁校勘的历代正史，亦陆续由国子监刊印。北宋国子监刻书，以仁宗朝（1023—1063年）为盛，其中又以医书为最。嘉祐二年（1057年），仁宗在编修院设置校正医书局。每一书校毕，则奏上，然后下国子监雕刻颁行。汉唐以来的大量重要医籍，如《黄帝内经》《素问》《黄帝三部针灸甲乙经》《金匮要略》《伤寒论》《本草图经》《备急千金要方》《千金翼方》等，以此大行于世。

南宋国子监刻书，始于绍兴年间。高宗绍兴九年（1139年），诏令州郡取北宋国子监原颁善本，校对镂板印行。二十一年（1151年），复诏令国子监访寻北宋五经监本镂板颁行。于是，国子监开始大规模的雕印出版活动，九经三传、群经义疏、前四史、南北朝七史等经史典籍，于绍兴年间先后刊成印行。南宋初，监本并非都出自国子监所刻，而是多由国子监取江南地方旧版，或令地方府州雕刻的。如南监本群经义疏就是绍兴十五年（1145年）令绍兴府雕造的，而前三史由两淮江东转运司所刻，《三国志》由衢州所刻。

据王国维《五代两宋监本考》的梳理考证，两宋监本多达数百种。宋代监本以校勘雕造的精审，素为世重。虽然现在存世极少，却是现存很多版本的祖本。监本所以在古代出版史上具有重要影响，是有其历史原因和特殊条件的。概括来说：第一，国子监所刻，多是经史类重要典籍，与宣扬统治者的治国思想和政治文化政策直接相关，就是说是朝廷文化传播的主要内容，所以备受帝王的重视。几乎所有监本，都是皇帝直接下诏雕印的，而且经常成为皇帝赠书的来源。第二，监本从校勘开始，就由馆阁学有专精的一流学者在文字上层层把关，先由负责校理的官员初校，再由覆勘官复校，然后送主判馆阁官最后把关，三校官员的名衔最终一起刻印在全书卷末。在这种三校负责制下，参与者谁也不敢对皇命和自己的学术声誉掉以轻心。第三，书法名家手写上版。雕版印刷首先要将文字书写在纸，然后倒印上版，由工匠雕刻。监本自五代起，就由馆阁遴选书法名家担当此任，五代监本以李鹗所书最多，宋初监本以赵安仁最多。赵安仁善楷隶，书体在欧、柳之间。书法名家亲为监本写版，使览者有赏心悦目的美感。

馆阁是宋代除国子监外刻书较多的中央文化行政机构，太平兴国六年（981年）史馆奉旨雕印《太平广记》，大中祥符四年（1011年）三馆秘阁募印颁行李善注《文选》《文苑英华》，天圣二年（1024年）秘阁镂板《天和殿御览》《隋书》等。

（二）地方官刻

宋代实行路、州、县三级行政建制，路级机构为转运使司，俗称“漕司”，行政长官为转运使，掌管全路的军、政、财、刑大权。后增设提点刑狱司，负责本路刑狱；提举常平司，掌管义仓、市易、坊场、水利等；提举茶盐司，掌管茶盐的产销；安抚使司，掌一地军事、民政事务。

以上衙门，及州、府、军、监等州级官府，都从事出版活动，迄今皆有刻本存世。其所刻书籍，在流通中，习惯上都冠以官署名，如转运使本、提刑司本、茶盐司本、安抚司本等。其中两浙东路的茶盐司刻书较多，现北京国家图书馆就藏有其所刻《周易注疏》《尚书正义》《周礼疏》等。

在众多地方机构中，公使库的刻书活动最有特色（图4-2-1）。公使库是各地方官

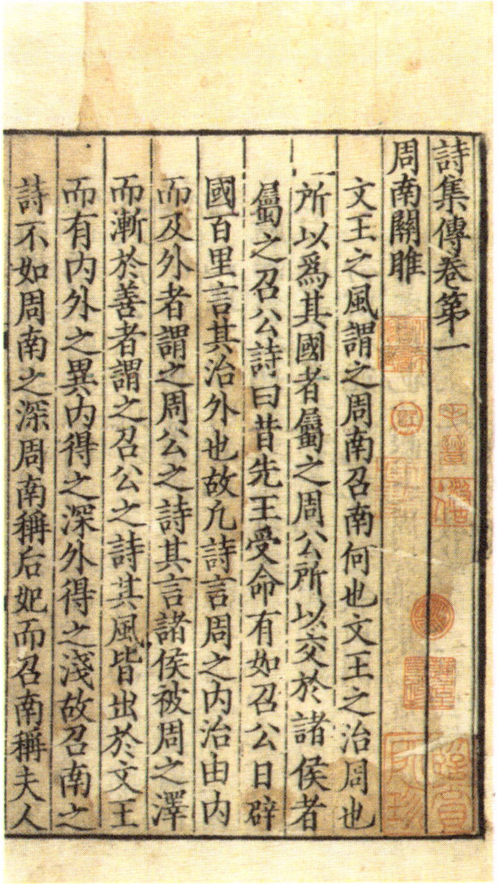
詩集傳卷第一
周南關雎
文王之風謂之周南召南何也文王之治周也所以爲其國者屬之周公所以交於諸侯者屬之召公詩曰昔先王受命有如召公日辟國百里言其治外也故凡詩言周之內治由內而及外者謂之周公之詩其言諸侯被周之澤而漸於善者謂之召公之詩其風皆出於文王而有內外之異內得之深外得之淺故召南之詩不如周南之深周南稱后妃而召南稱夫人

图4-2-1 《诗集传》宋淳熙七年（1180年）苏诩筠州公使库刻本

府负责接待公务往来人员的专设机构，其经费由政府拨款，但数额有限，不敷使用，所以朝廷允许自开财源贴补。公使库各寻财路，多种经营，介入出版业，刻书卖书就成为一条极其有效的开源之路。据叶德辉《明时书帕本之缪》记载，仁宗嘉祐四年（1059 年），苏州知州王琪借公使库钱修葺官署，无力偿还。于是拿出家藏杜甫诗集的善本，“俾公使库镂板，印万本，每部直千钱，士人争买之”，不但还清公使库钱，还有盈余，所谓“大裨帑费，不但文雅也”。[1]

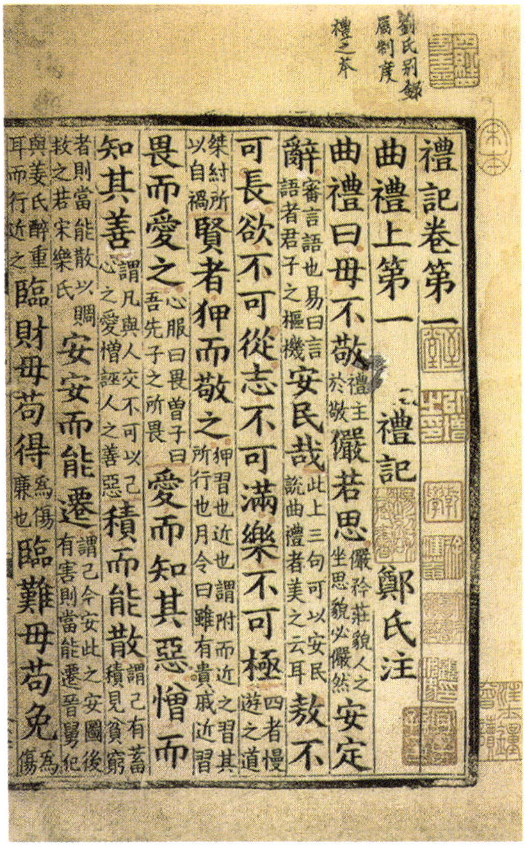
劉氏别錄屬制度

禮記卷第一　禮記　鄭氏注
曲禮上第一
曲禮曰毋不敬禮主於敬儼若思儼矜莊貌人之坐思貌必儼然安定
辭審言語也易曰言語者君子之樞機安民哉此上三句可以安民說曲禮者美之云耳敖不
可長欲不可從志不可滿樂不可極四者慢遊之道
桀紂所以自禍賢者狎而敬之狎習也近也謂附而近之習其所行也月令曰雖有貴戚近習
畏而愛之心服曰畏曾子曰吾先子之所畏愛而知其惡憎而
知其善謂凡與人交不可以己心之愛憎誣人之善惡積而能散謂己有蓄積見貧窮
者則當能散以賙救之若宋樂氏安安而能遷謂己今安此之安圖後有害則當能遷晉舅犯
與姜氏醉重耳而行近之臨財毋苟得爲傷廉也臨難毋苟免爲傷

图 4-2-2　《礼记注》宋淳熙四年（1177 年）抚州公使库刻本

公使库刻书，作为一种维持其正常行使公务职能的重要经济来源，逐渐形成产业化的趋势，积极网罗民间雕版高手，雕印了大量高质量的经史典籍，在宋代出版事业中占有重要地位。目前已知苏州、台州、明州、吉州、舒州、抚州、泉州、婺州等公使库都曾参与刻书，目前有记载可征者就由二十余种，其中以抚州公使库刻“十二经”最为著名（图 4-2-2）。

二、家刻

家刻，是指由私人出资校刻书籍的出版活动，所刻书籍称为“家刻本”或“家塾本”。家刻源于五代毋昭裔雕造《文选》《初学记》《九经》的出版活动，至宋成为时尚，以致形成与官刻、坊刻三家鼎足之势。参与家刻活动的大多数为官宦豪门、名流大族，他们刻书，除了附庸风雅，更多的是为了弘扬学术，传承文化，往往选刻名家名著，精加校勘，所刻书以精善扬名于世。

宋代家刻本可考者，北宋有仁宗宝元元年（1039 年）临安进士孟琪刻《唐文粹》，庆历六年（1046 年）京台岳氏刻《诗品》，嘉祐二年

1 叶德辉：《书林清话》卷七，中华书局，1957 年。

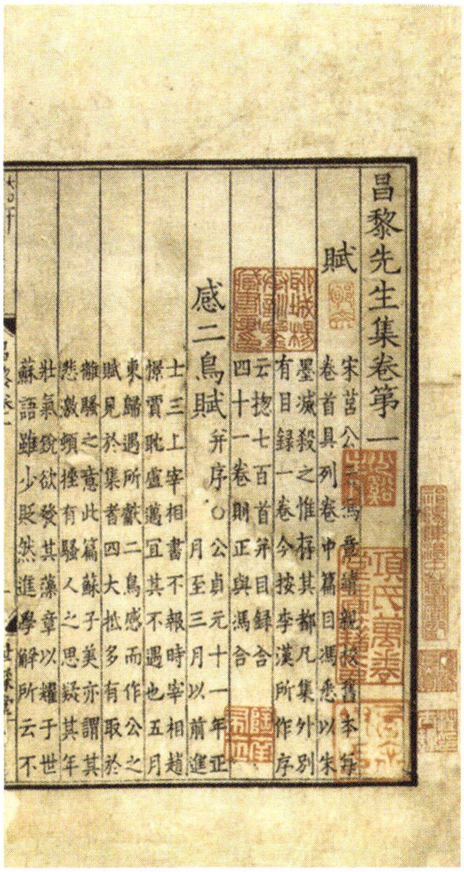
昌黎先生集卷第一
賦
感二鳥賦 并序

图 4-2-3 《昌黎先生集》宋咸淳廖莹中世綵堂刻本

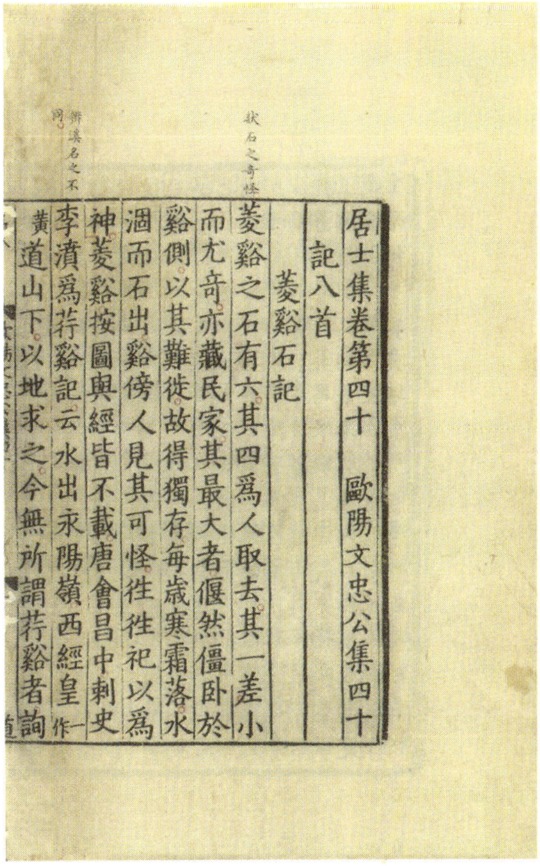
居士集卷第四十　歐陽文忠公集四十
記八首
菱谿石記
菱谿之石有六其四爲人取去其一差小
而尤奇亦藏民家其最大者偃然僵卧於
谿側以其難徙故得獨存每歲寒霜落水
涸而石出谿傍人見其可怪往往祀以爲
神菱谿按圖與經皆不載唐會昌中刺史
李濆爲荇谿記云水出永陽嶺西經皇
黃道山下以地求之今無所謂荇谿者詢

图 4-2-4 《欧阳文忠公集》南宋周必大刻本

（1057 年）建邑王氏世翰堂刻《史记索隐》，英宗治平三年（1066 年）建安蔡子文东塾刻邵雍《击壤集》，徽宗宣和元年（1119 年）寇约刻寇宗奭《本草衍义》等，但传本极少。

南宋家刻活动随着整个社会出版风气的旺盛而进入发展的佳期，其标志就是名家名刻不断涌现，且后世传本也相对较多。其中比较著名的有陆游幼子子遹刻《渭南文集》，廖莹中世綵堂刻《昌黎先生集》（图 4-2-3）和《河东先生集》，周必大刻《欧阳文忠公集》（图 4-2-4），黄善夫家塾刻《史记》三家注，蔡琪家塾刻《汉书集注》，朱熹刻《南轩集》等。

廖莹中（？—1275 年），字群玉，号药洲，福建邵武人。举进士后，谄事权相贾似道。度宗德祐元年（1275 年），贾似道革职待罪，于家服冰脑自尽。廖莹中曾在西湖旁建世綵堂，藏书刻书，成为南宋家刻中的名家。世綵堂刻书，以精美取胜。相传其刻印书籍，取数十种版本，经数百人校勘，用墨皆杂以泥金、香麝。所刻《昌黎先生集》，半叶九行，行十七字，书法在褚、柳间，秀雅绝伦。今北京国家图书馆藏有原刻本，纸润墨香，有宋版书中“无上神品”之誉。

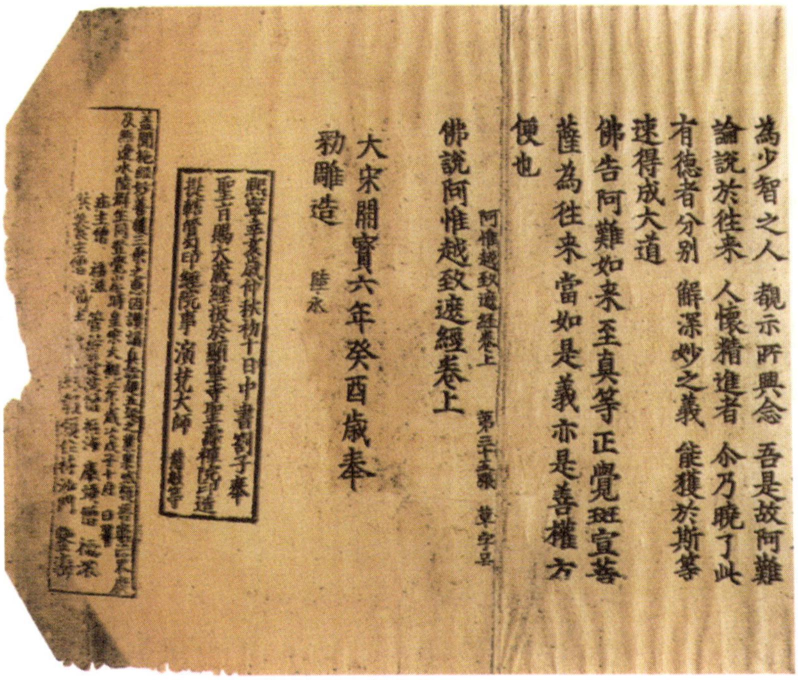

图 4-2-5 《开宝藏》

三、佛寺、道观刻书

寺观刻书，是指佛寺道观刊印本教典籍的出版活动，所刻称为“佛藏”和“道藏”。佛、道二教，一自西来，一滋本土，为宣扬教义，广征信徒，先后译经造藏，声势并起。

佛藏的雕版印刷，始于宋初开宝年间。开宝四年（971 年），太祖敕高品、张从信往成都雕大藏经，于太平兴国八年（983 年）雕印毕，凡 1076 部，5048 卷，装为 480 函，经版 13 万片。世称“开宝藏”，或“蜀藏”。《开宝藏》（图 4-2-5）书法端丽严谨，雕刻精良，且以黄麻纸印刷，开中国官刻佛教总集之先例，极大地刺激了后来寺院的刻经活动。终两宋之世，先后又刊印了五部佛藏：北宋神宗元丰三年（1080 年）福州东禅院开雕，徽宗崇宁三年（1104 年）刻竣的

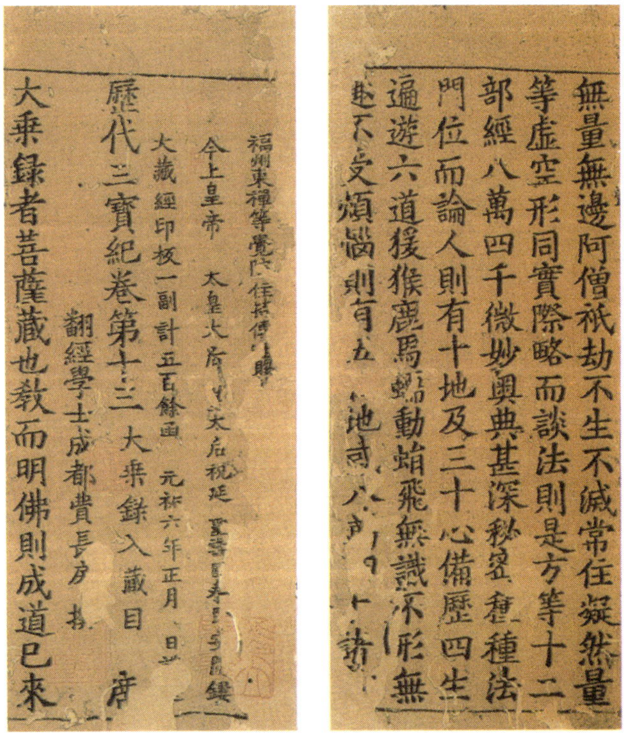

图 4-2-6 《历代三宝记》南宋绍兴年间（1131—1162 年）刻印于福州开元寺

《崇宁藏》；北宋政和二年（1112年）福州开元寺开雕的《毗卢藏》；南宋绍兴二年（1132年）基本刻竣的湖州思溪圆觉禅院的《圆觉藏》；南宋淳熙二年（1175年）刻竣的安吉州思溪法宝资福禅寺的《资福藏》；南宋宝庆至绍定间（1225—1233年）开雕的平江府碛砂延圣院的《碛砂藏》。

道藏的雕版印刷，始于北宋政和年间。崇宁年间，自称“教主道君皇帝”的宋徽宗诏令搜访道书，得5481卷，于政和年间（1111—1117年）雕印，名曰《政和万寿道藏》。这是历史上《道藏》首次全藏刊版印行，成为各地道观藏书的主要内容。

佛藏、道藏卷帙浩繁，通常都在五千卷以上，刻板则超过十万片，其书写、雕版、校对、印刷，需要耗费大量人力和财力。但是这种大规模的持久的雕印实践活动，对雕版印刷术本身的发展也产生了深远的影响（图4-2-6）。

四、书院刻书

书院是中国古代一种私学性质的教育组织，其名起于唐代，兴起于北宋，鼎盛于南宋，绵延至清末。书院远昭先秦以来私人讲学的遗风，近承唐代丽正书院藏书的传统，以讲学、藏书为基本规制。书院主持院务者称为山长，一般由知名学者担任，在大儒辈出的南宋，著名理学家朱熹、张栻、吕祖谦、陆九渊、魏了翁等先后出掌白鹿洞书院、岳麓书院、丽泽书院、象山书院和鹤山书院。

书院刻书是其藏书的来源之一，清叶德辉在《宋司库州军郡府县书院刻书》条中记录了宋代丽泽、象山、泳泽、龙溪、竹溪、环溪、建安、鹭洲等书院的刻书情况。清初学者顾炎武在《日知录》中指出：“闻之宋元刻书皆在书院，山长主之，通儒订之，学者则相互易而传布之。”进而总结书院刻书的三大优势：“山长无事而勤于校雠，一也；不惜费而工精，二也；版不贮官而易印行，

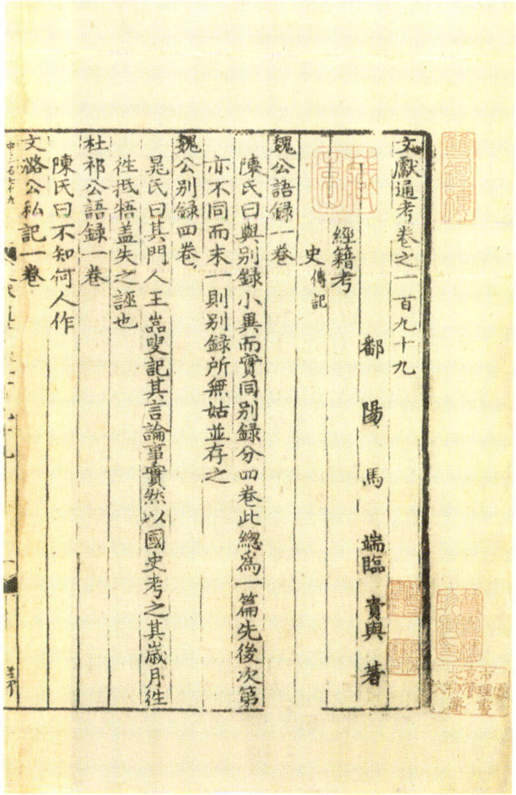
文獻通考卷之一百九十九
鄱陽馬端臨貴與著
經籍考
史 傳記
魏公語録一卷
陳氏曰與别録小異而實同别録分四卷此總爲一篇先後次第
亦不同而末一則别録所無姑並存之
魏公别録四卷
晁氏曰其門人王嵒叟記其言論事實然以國史考之其歲月往
往牴牾盖失之誣也
杜祁公語録一卷
陳氏曰不知何人作
文潞公私記一卷

图4-2-7 《文献通考》元泰定西湖书院刻本

三也。”[1] 对书院刻书活动作出了较高的评价（图 4-2-7）。

两宋时期频繁的雕版印刷活动和大量的书籍流通传播，在全国形成了著名的三大图书出版中心：以成都为中心的川蜀，以杭州为中心的两浙，以建阳为中心的福建。这些出版中心的形成，无一例外，都是三大刻书系统，包括寺观和书院刻书，在文化传播方面如何贯彻朝廷意志、满足社会需求而彼此竞争，相互促进的结果。

第三节 宋代“坊刻本”

坊刻，是指古代书坊的刻书活动，所刻书称为“坊刻本”。古代书坊是指由个人经营、以生产兼及销售印本书为主的手工业作坊，系从两汉时期的书肆发展而来。古代书肆是文献抄录时代的传播中介，而书坊则是雕版印刷技术广泛运用于实践，文献生产方式发生巨大变革时代的产物，其生产经营具有一定的规模。

据文献记载，书坊刻印文化典籍的活动始自北宋，繁盛于南宋，所刻书中经常出现官府没有收藏之本。北宋崇宁初，徽宗就曾诏令两浙成都府路，求取民间镂板的奇书上缴秘书省。

“书坊”之名迄今最早似见于北宋，这与雕版印刷技术广泛运用于社会书籍生产的时间基本一致。宋徽宗时供职翰林国画院的画家张择端曾以汴河为中心，创作了传世名作《清明上河图》，对北宋晚期京师开封的城市风貌作了全面细腻的描绘，其中在鳞次栉比的街面店铺中，有一家书坊正在经营。至南宋，“书坊”一名作为行业的概称，在官方文书中频繁出现。现在尚能见到的古代坊刻本，最早的绝大部分出自南宋书坊，说明南宋时期书坊已经发展到相当规模。

两宋坊刻活动主要集中在京师、福建建阳和四川成都、眉山地区。其中最为著名的是临安陈氏的陈宅书籍铺和建阳余氏的万卷堂。

陈宅书籍铺是南宋临安最负盛名的书坊，设肆于棚北大街睦亲坊，坊主陈起好学多艺，颇有诗名。刊书以唐人小集和时人诗集为主，版式划一，半叶十行，行十八字，白口，左右双边，字画方板，迹近欧体，精丽工整，传世者甚众，素为明清藏家宝爱，史称“书棚本”（图 4-3-1）。

陈起，字宗之，号芸居，南宋临安人，主要活动在宁宗、理宗时期。陈起以刻书在宝庆初受到“江湖诗案”的牵连，获罪流配。绍定五年（1232 年）因权相史弥远死，被提前赦还，继续从事刻书活动，直至去世。陈起死后，其子续芸主持陈宅书籍铺，最后书铺倒闭于宋末的社会动荡之中。陈宅书籍铺所刻书，见于

1 （明）顾炎武：《日知录》卷十八。

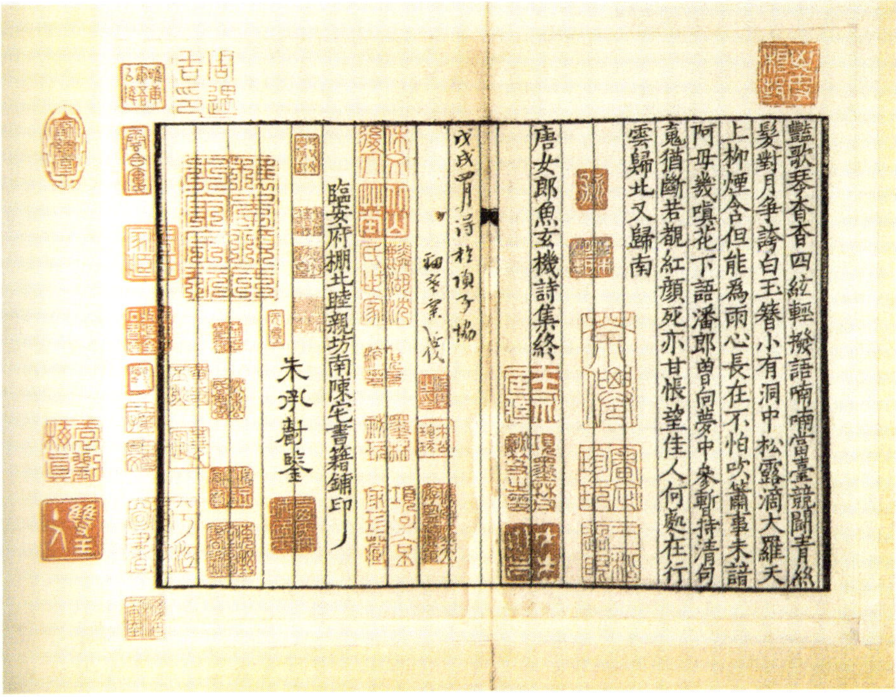
豔歌琴杳杳四絃輕撥語喃喃當臺競鬭青絲髮對月爭誇白玉簪小有洞中松露滴大羅天上柳煙含但能爲雨心長在不怕吹簫事未諳阿母幾嗔花下語潘郎曾向夢中參暫持清句魂猶斷若覩紅顏死亦甘悵望佳人何處在行雲歸北又歸南

唐女郎魚玄機詩集終

臨安府棚北睦親坊南陳宅書籍鋪印

朱承爵鑒

图 4-3-1 《唐女郎鱼玄机诗》南宋临安府陈宅书籍铺刻本

记载和流传至今者，大致可分为三类：唐人小集，子部杂著，南宋江湖诗集。

南宋江湖诗集是陈起所刻最丰富而情况最复杂的一类。陈起刻印江湖诗人作品的办法是随编随刊，最早的集名应是《江湖集》，当积有一定数量后，即别立一名续刻行世，于是就出现清四库馆臣从《永乐大典》中见到的《江湖前集》《江湖后集》《江湖续集》《中兴江湖集》等集名。由于宝庆初遭禁毁板，而《永乐大典》亦非全本，后世各家辗转传抄，著录亦各不相同，难详其实。《四库全书》收有两种与之相关的总集：《江湖小集》《江湖后集》，前者九十五卷六十二家，后者从《永乐大典》中辑得，凡二十四卷六十六家。

福建建阳余氏是我国古代经营时间最长，名声最著的民间书坊世家，从事书业活动自南宋至清初，绵延近六百年，其中尤以南宋余仁仲万卷堂最为著

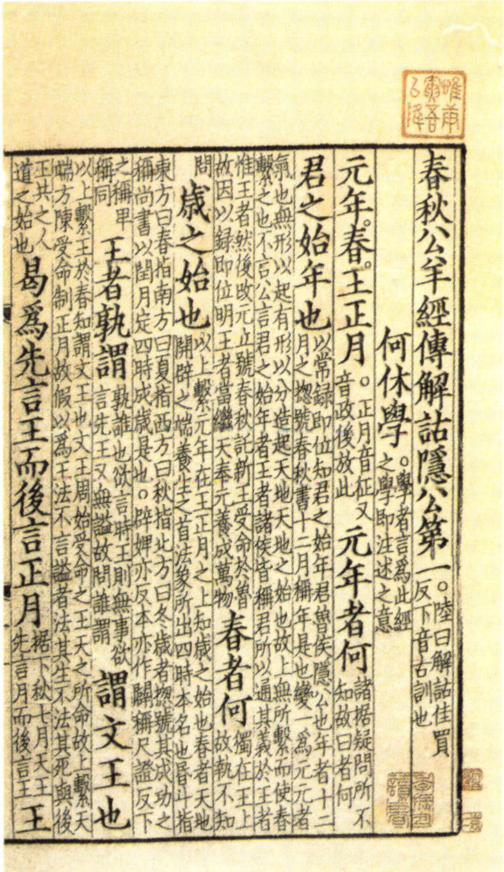
春秋公羊經傳解詁隱公第一

何休學

元年者何 君之始年也 春者何 歲之始也 王者孰謂 謂文王也 曷爲先言王而後言正月

图 4-3-2 《春秋公羊经传解诂》宋绍熙二年（1191 年）建阳余仁仲万卷堂刻印

名（图 4-3-2）。

余氏世家原居扬州府盱眙县泗州下邳郡，南朝梁武帝中大通二年（530 年），余焕随父余青入闽，为书林余氏始祖。传十四世，余同祖于广西安抚使任上退归，遂迁建阳书林定居，时在北宋初年。已知余氏刻书的最早记载为南宋中叶余仁仲万卷堂，以及稍后余唐卿明经堂等。

南宋岳珂《九经三传沿革例》开宗明义："世所传《九经》，自监、蜀、京、杭而下，有建余氏、兴国于氏二本，皆分句读，称为善本。"岳珂所说"建余氏"，即指余仁仲万卷堂。余氏万卷堂刻《九经》，历经七百多年的流传，历代藏家递相传授，至清末，仅《周礼》《春秋公羊传》《春秋穀梁传》尚存世间，而《周礼》已是残帙，惟公、穀二传，居然足本，藏家无不视为稀世之珍。

一、宋代民间书坊的发展

宋代民间书坊具有三个方面的特点。

其一，刻印书籍，完全视社会需求而动。综观现存历代坊刻本，以科举程式之书为多，而科举之书正是宋以来历代社会需求量巨大的图书品种。赵宋王朝以文为治，因而向读书士子广开科举之门，只要身家清白者，都有应试入仕的机会，就如苏辙在宋神宗熙宁二年（1069 年）《上皇帝书》中所言："今世之取人，诵文书，习程课，未有不可为吏者也。其求之不难，而得之甚乐，是以群起而趋之。凡今农工商贾之家，未有不舍其旧而为士者也。"[1] 在这种千军万马竞相驰逐于科举坦途的时代，各地书坊纷纷镌刻朝廷规定的举业之书，以供天下士子取备温习程式之用（图 4-3-3）。

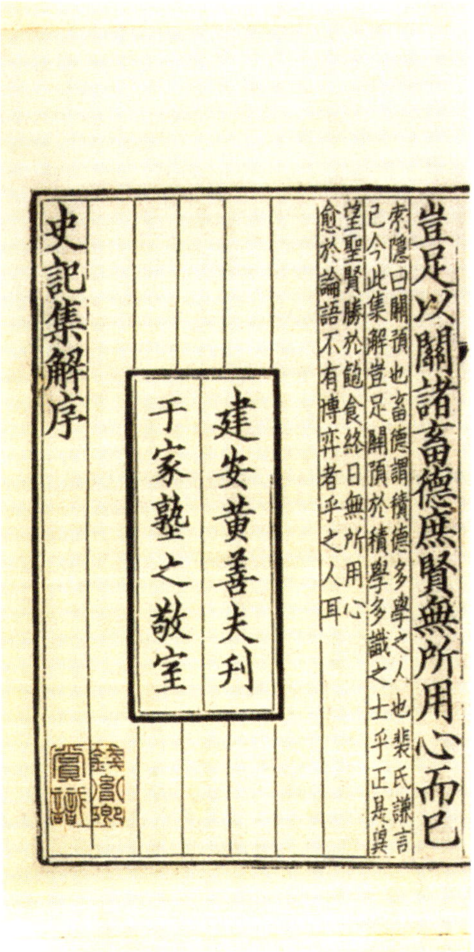

图 4-3-3 《史记集解》宋建安黄善夫家塾刻本

1 （宋）苏辙：《栾城集》卷二十一。

其二，刻书作为主要的经营活动，形成一定规模，这种规模主要体现在经营时间的持续性、刻书品种的丰富、拥有相对稳定的工匠等方面。书坊有家族长期经营的特点。如建阳余氏的勤有堂有六七百年历史。书坊为维持一定的经营规模和雕印质量，需要常年保持相对稳定的工匠队伍。许道和先生据《麻沙刘氏族谱》，描述南宋建阳刘氏三桂堂“曾聘有从事校勘加工工作的编辑，经部 8 人，史部 6 人，还雇有专事印刷的工人 16 人”[1]。这可能仅是一时一地的情况，但足以说明南宋书坊已具有一定规模。

其三，接受委托雕印的加工业务。书坊作为常年经营的手工业工场，一般具有相对固定的场地和工匠，为了维持正常的经营和盈利，除自己策划编刊书籍以外，也经常接受委托雕印业务。这种委托业务通常来自于地方官府和学者藏家。

有关北宋书坊活动情况的记载很少，可能多数书坊就以接受委托雕印为主要业务。苏轼《李氏山房藏书记》中有这样一段记述：“近岁，市人转相摹刻诸子百家之书，日传万纸。学者之于书，多且易致如此。”所谓 “近岁，市人转相摹刻”云云，是当时哲宗元祐时期京师开封民间雕刻印卖书籍的真实记述。宋代以紬书楼藏书知名于世的学者叶梦得曾于《石林燕语》中论及宋代的版刻情况：“今天下印书，以杭州为上，蜀本次之，福建最下。京师比岁印板，殆不减杭州，但纸不佳；蜀与福建，多以柔木刻之，取其易成而速售，故不能工；福建本几遍天下，正以其易成故也。”[2]《石林燕语》成书于叶氏宣和五年（1123 年）归隐浙江湖州读书宴游之余，在这段论述中，他评价了杭州、川蜀、福建和京师开封四地版刻的优劣，其中自然包括坊刻本。遗憾的是，北宋这四大刻书中心刊印的坊刻本，迄今未发现文献实物。

南宋是我国古代雕版印刷事业发展的兴盛时期，迄今见存的宋版善本绝大部分是这一时期的产物。在这个众多刻书机构百家争鸣，各类刻本百花齐放的时代，民间书坊及其刻本呈现出两个显著的特点：其一，出现声动全国、影响后世的著名坊肆，如淳熙、绍熙间刊行九经的建阳余仁仲万卷堂，宁宗、理宗时期遍刊唐人、宋人小集的临安陈起陈宅书籍铺，以刊行笔记小说为主的临安府太庙前尹家书籍铺。其二，自行刊印百卷以上大部书籍。南宋坊肆除了翻刻各类官刻本以外，开始自行刊印适应社会生活，尤其是士子应试需要的大型文选和日用百科全书型类书。孝宗淳熙初，临安书坊印行江钿新编《圣宋文海》一百二十卷，朝廷本欲取校重刊，后经周必大奏请，孝宗命吕祖谦重编，赐名《皇朝文鉴》。这是书坊自刊大型文选影响官刻的典型事例，从一个侧面反映了此类坊刻本的盛行和影响。

1 许道和：《历代刻书概况》，印刷工业出版社，1991 年，第 438 页。
2 （宋）叶梦得：《石林燕语》卷八。

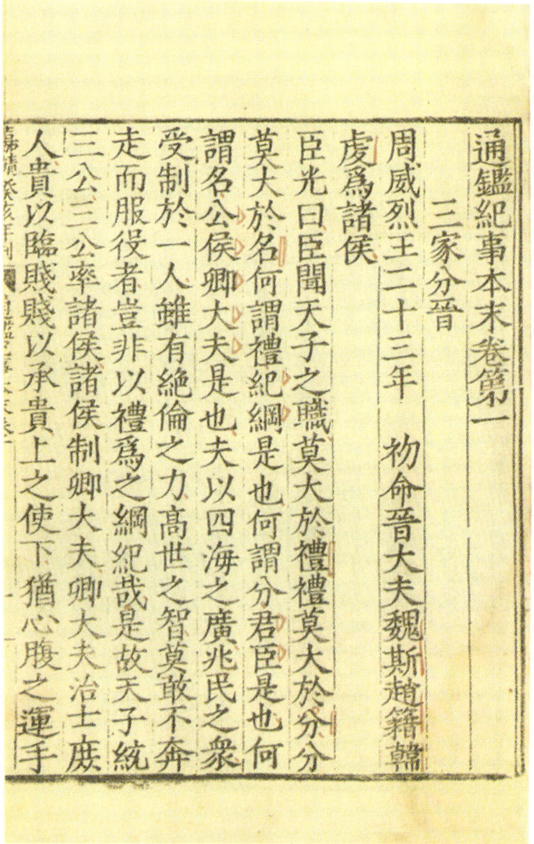

通鑑紀事本末卷第一
三家分晉
周威烈王二十三年　初命晉大夫魏斯趙籍韓
虔爲諸侯
臣光曰臣聞天子之職莫大於禮禮莫大於分分
莫大於名何謂禮紀綱是也何謂分君臣是也何
謂名公侯卿大夫是也夫以四海之廣兆民之衆
受制於一人雖有絶倫之力高世之智莫敢不奔
走而服役者豈非以禮爲之綱紀哉是故天子統
三公三公率諸侯諸侯制卿大夫卿大夫治士庶
人貴以臨賤賤以承貴上之使下猶心腹之運手

图 4-3-4 《通鉴纪事本末》宋刻元明递修本

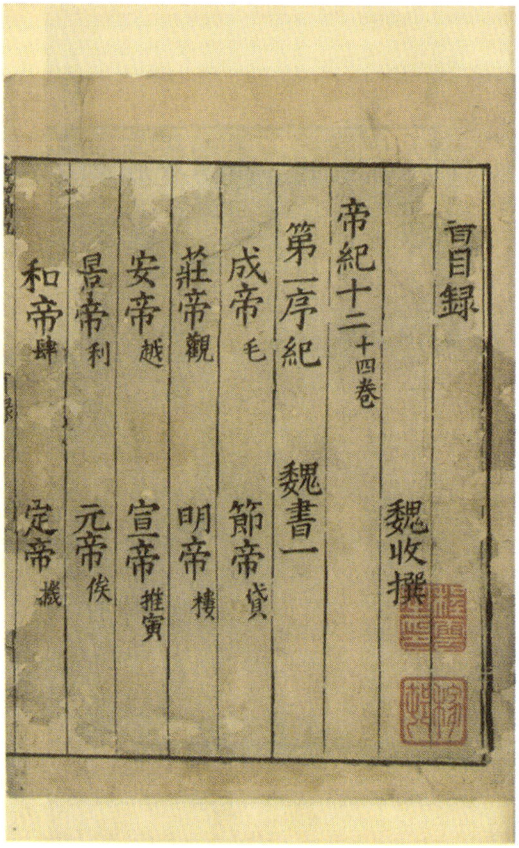

目録　魏收撰
帝紀十二 十四卷　魏書一
第一序紀
成帝 毛　節帝 貸
莊帝 觀　明帝 樓
安帝 越　宣帝 推寅
昰帝 利　元帝 俟
和帝 肆　定帝 機

图 4-3-5 《魏书》宋眉山刻元明递修本

当南宋初年各地官府大张旗鼓开雕经史典籍之际，民间书坊尚处于蓄势待发之中。宋孝宗淳熙年间（1174—1189 年）及以后，坊刻本蜂起，始成燎原之势，其内容又多触及朝廷之禁，致使绍熙元年（1190 年）朝廷命“建宁府将书坊日前违禁雕卖策试文字，日下尽行毁板”[1]。嘉泰二年（1202 年），新差权知随州赵彦卫又上言：“史馆成书，有三朝国史、两朝国史、五朝国史，莫不命大臣以总提，选鸿儒以撰辑，秘诸金匮，传写有禁。近来忽见本朝通鉴长编、东都事略、九朝通略、丁未录、与夫语录、家传，品目类多，镂板盛行于世。”[2] 奏请查禁。赵氏所列均系坊本，且未经官府审查，故有此禁。

仅就现存和见于历代学者藏家著录者而言，南宋的坊刻本品种遍及经史子集，尤以科举、医书和文集为盛。琳琅满目的坊刻本，充分显示了南宋民间书坊刻书事业的兴盛（图 4-3-4、图 4-3-5）。

书坊林立，坊本盛行，遂与官本、家刻风水互激，造成巨大声浪，有力地推动了古代雕版印刷事业的发展和文化传播活动的深入。

1 （清）徐松：《宋会要辑稿 · 刑法》二之一二一。

2 （清）徐松：《宋会要辑稿 · 刑法》二之一六六。

二、宋代坊刻本的文化影响

书籍，作为人类文化的主要承载物，具有再现已在历史时空中消逝的人类社会活动的功能。从整体而言，书籍就是一部记录人类文化积累的宏伟史诗。

中国古代书籍，仅保存至今者就有近十万种。在这现存近十万种古籍中，坊刻本的确切数字虽然尚无统计，但是肯定不在少数。由于坊刻本主要以适应中下层民众的生活日用和文化消费需要为目的，多数在传播使用过程中消耗，所以南宋以来社会图书传播流通总规模中，坊刻本所占份额应该远大于现存古籍之比例。有学者已经看到了这一点，郑氏《中国文献学概要》中，一曰：“版本之类有五，而书肆坊为其中坚”，再曰：“坊肆本者，诸书坊书肆所刻书也。书籍之流播，全赖坊肆之雕刻。”[1] 虽然语似有过，但强调坊刻本在古代文化传播中的重要作用无疑是正确的。

（一）与社会文化潮流互动

南宋以来，书坊刻书业应社会潮流而起，两相互动，规模不断扩大，坊刻本开始在社会文化传播体系中发挥重要作用（图 4-3-6）。宋之建阳，就是坊刻本全面介入文化传播，与社会潮流互动的典型。

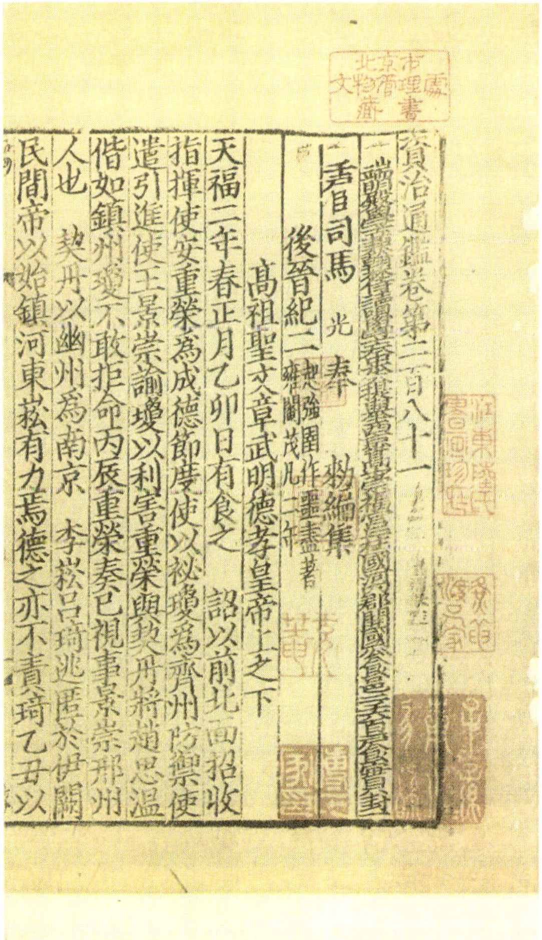
資治通鑑卷第二百八十一
後晉紀二 起強圉作噩盡著雍閹茂凡二年
高祖聖文章武明德孝皇帝上之下
天福二年春正月乙卯日有食之 詔以前北面招收
指揮使安重榮爲成德節度使以祕瓊爲齊州防禦使
遣引進使王景崇諭瓊以利害重榮與契丹將趙思溫
偕如鎮州瓊不敢拒命丙辰重榮奏已視事景崇邢州
人也 契丹以幽州爲南京 李崧呂琦逃匿於伊闕
民間帝以始鎮河東崧有力焉德之亦不責琦乙丑以

图 4-3-6 《资治通鉴》宋刻本

建阳麻沙、崇化两坊兴起于南宋文风炽盛之时。宋代闽中建阳一带学者辈出，朱、游、蔡、刘、熊氏世居其地，逮及南宋，刘子翚、朱熹、蔡沈等学者倡明道学，先后在建阳构精舍讲学，尤其是“琴书四十年，几作山中客”（朱熹《精舍》）的大儒朱熹先后兴建考亭书院、云谷书院、同文书院等，广招弟子，吸引全国众多学子联袂远投前来求学，同时不少著名学者入闽中建设为师友讲学之所，在建阳营造起浓郁的读书、讲学的氛围，时有“小邹鲁”之称。读书、讲学都离不开书籍，巨大的读者群形成了旺盛的市场需求，有力地促进了当地

1 郑鹤声、郑鹤春：《中国文献学概要》，上海古籍出版社，2001 年，第 167 页。

出版业的崛起发展。现存南宋坊刻本基本上都是孝宗淳熙以后所刻，其与以建阳为中心的闽中书院办学高潮，在时间上是一致的，清楚地体现了两者之间的互动关系。

读书讲学的时尚，需要的是儒家经典之著，科举讲习之书，南宋以刊行此类书籍得名的书坊不少，刻有九经的余仁仲万卷堂即其最著者。这样的刻书风气一直影响到元代，叶德辉遗著《元私本考》就《四库全书》经部所录百余部元版书进行版本考录，其中四分之一强属于坊刻，真所谓“五经四书泽满天下”。

建阳书坊业的崛起，很快在当地形成一个影响至全国的书市。嘉靖《建阳县志》记崇化书市盛况：“比屋皆鬻书籍，天下客商贩者如织，每月以一、六日集。”直至清初，朱彝尊《建阳》诗尚有句云：“得观云谷山头水，恣读麻沙坊里书。”稍后，查慎行《建溪棹歌词十二章》其四又曰：“西江估客建阳来，不载兰花与药材。点缀溪山真不俗，麻沙村里贩书回。”南宋以来建阳坊刻本在社会文化传播中所发挥的作用和影响是不可低估的。

（二）应社会民众需求而动

综观现存和见于著录的历代坊刻本，其中最多的为科举应试、生活日用和通俗文艺三大类书籍。前人诟病坊本，所谓多投时好，以为赢利之所在，指的往往就是这些。书坊刻书，作为一种民间的生产经营活动，赢利是其存在的基础，这就是坊刻与官刻、家刻的不同。所以选择刊行具有广泛社会需求的品种，对于书坊来说，本无可厚非。问题是必须对“多投时好”的现象作出客观的分析和评价。

唐宋以来，科举制度作为朝廷取士的国家大典，对社会产生了深远的影响。社会围绕科举作出了广泛的反映，形成波及全社会的文化现象，姑且称之为科举文化，大量为士子应试而编纂的书籍正是其重要的组成部分。

坊刻科举类书籍从内容和功用上大约可分而为三：一为朝廷指定经史典籍的有关注疏和解说之著，一为适应士子科场应试采掇之用的类书，一为时文。三类之中，时文最滥最下，可以毋论。

现存宋代坊刻本大都属于第一类，且为后人所重。这类书在体例上，都能从便利士子诵习理解出发进行创新，如建安刘叔刚桂轩一经堂刻《附音释礼记注疏》《附音释毛诗注疏》，其合经、注、疏、释文于一体，据清孙星衍《平津馆鉴藏记》所载，南宋闽中尚有春秋三传的附音释注疏本刊行。显然，这是书坊在编例上适应士子，或者说是适应市场需求的结果。

纂图互注重言重意类书籍，也是一种在图书内容编例上出新的科举考试用书，这种版本类型，主要流行在南宋，多为坊刻本，内容则集中在经、子二部。所谓重言，是指在一书某句文下，将本书其他篇章中文字相同的词句一一注出；重意，是在某一句文下，注出本书其他篇章中与之意思相近的句子；而纂图，就是绘图，是指书中有插图。

纂图、互注、重言、重意各项义例的确立，对于读书学子来说，确实有助于进行对比、联想，举一反三，深刻理解文意，易于记忆等优点。这对于现代图书的编纂，仍有其借鉴意义。

（三）活跃的民间贸易活动

宋代民间刻书业已经形成较大的规模，我们首先来看几则宋人的相关记载：

张咏《许昌诗集序》：咸平六年（1003年），得许昌薛侯四百余篇，"编为十卷，授鬻书者雕印行世"[1]。

张守《秦楚材易书序》："圣人之经，仅出于鬻书之肆，刊印射利，乃与传记、小说、巫医、卜祝、下里淫邪之词并寿于廛闬。大抵捐数千钱，则巾箱五经可以立办。"[2]

欧阳守道《送黄信叔序》："今书肆之书易得，有铜钱数百，即可得语录若干家。"[3]

张咏是太宗太平兴国进士，曾两次入川知益州，是宋初人。张守是徽宗崇宁进士，建炎初为御史中丞，北宋末南宋初人。欧阳守道是理宗淳祐进士，度宗咸淳三年（1267年）迁著作佐郎，南宋末年人。三人的生活年代正好贯穿两宋始末，他们的记述反映出当时书坊刻书巨大的整体规模，而景德三年（1006年）朝廷禁止民间以《九经》书疏以外的书籍去边界市场交易，又从侧面反映出宋初民间书坊的刻书内容就已经十分广泛。

生产规模的扩大，必定带动发行销售活动的繁荣。曹之根据《郡斋读书志》《遂初堂书目》《直斋书录解题》等宋人藏书目录的得书记载，统计编制了一份《宋代全国书市贸易分布地区表》，其中包括浙江21个地区，福建21个地区，四川10个地区，江西22个地区，湖北12个地区，湖南13个地区，江苏6个地区，安徽8个地区，河南3个地区，山西5个地区，广东3个地区[4]。这虽然仅是一份不完全的统计，但是已经足以说明宋代民间图书贸易市场遍及全国，书籍传播遍天下的事实。

在社会传播手段相对单一的宋代，出版图书几乎就是统治集团向天下宣扬官方思想，传达统治意志的最好形式。在雕版文化时代，如此规模的民间出版业和活跃的交易传播，一旦其中夹杂违禁书籍，对于朝廷统一的思想文化宣传会产生

1 （宋）张咏：《乖崖集》卷八。
2 （宋）张守：《毘陵集》卷十。
3 （宋）欧阳守道：《巽斋文集》卷七。
4 曹之：《中国印刷术之起源》，武汉大学出版社，1994年，第421页。

很严重的负面影响。于是，朝廷再三严申出版禁令，在朝廷与书坊之间围绕出版和传播展开了一场持久的拉锯战。

从仁宗天圣五年（1027年），因书坊所印包含国家机密的臣僚文集经交易流向辽国，诏令雕印文集须经朝廷官员审查核准，禁止私印，哲宗元祐五年（1090年）礼部出台查禁细则，至宁宗嘉泰二年（1202年）切严禁止书坊私刊本朝国史，违者施以重典，近两个世纪中，朝廷多次重申严禁之令和审查核准之制。查禁的内容，从北宋议时政得失、边事军机文字不得写录传布，本朝会要、国史实录不得雕印，到南宋科举策试文字、编类时文等，范围不断扩大。查禁手段也有所发展，从北宋毁板、鼓励知情者告发、官府按例发给赏钱，到各地凡有书肆，拉网式检查，违禁出版物一律焚书毁板，处理不能说不严厉。但是违禁雕印出版国朝史书、臣僚文集的事件还是不断出现。从一次次对相同问题下禁令的事实中可以看出，分散在各地，而且销售可以长途鬻贩，出版可以改头换面的书坊，正为着自己的商业利益，狡猾地与朝廷玩起了老鼠逗猫的游戏。

书坊之所以视禁令于不顾，乐此不疲地孜孜于违禁图书的编选出版，就是因为这些书有市场，多读者。以科举书为例，徽宗政和四年（1114年），提举利州路学事黄潜善曾以“读之则似是，究之则不根于经术本源之学，为害不细”[1]为由，奏请朝廷禁毁此类科举用书。然而百年后，时至南宋嘉定年间，其书竟然“充栋汗牛矣。建阳书肆方日辑月刊，时异而岁不同，以冀速售。而四方转致传习”[2]。这完全与朝廷的科举制度有关。当熙宁罢诗赋，重经义，以策论取士，天下学者都将博综古今、参考典制确定为自己应试的阅读目标，但又因为涉及的历代相关史料浩如烟海，实在难以穷遍而烦心苦恼。于是就有民间书坊与文人学者联手，及时推出专对科举应试问题的类书，如吕祖谦《历代制度详说》，林駉、黄履翁撰《古今源流至论》，无名氏《群书会元截江网》，等等。这类书籍往往针对科举考试可能涉及的问题，撮取纲要，析为条目，类聚史料，标示异同，排比连贯，荟萃成书。

此类科举用书除了供举子场屋采掇之用外，有两点值得注意：其一，由科考策论要求多及当代故事，所以编者于宋代典故引用尤详，间可裨补史阙。其二，书中大量涉及经史百家之书，其内容叙源流，提纲要，列书目，类似阅读指导。确实能为科举应试提供很多便利，况且参加考试的人在逐年递增。南宋万安有位名叫欧阳豹的举子，年逾花甲而决科之意未已，特将自己的读书斋取名“益壮”，周必大为书斋作铭，有“事竟成于有志，刚大亨于无妄”之句，以资鼓励。在如此持续旺盛的需求下，科举用书市场怎么能不火。

1 （宋）岳珂：《愧郯录·场屋编类之书》卷九。
2 （宋）岳珂：《愧郯录·场屋编类之书》卷九。

从根本上讲，朝廷的查禁依据的是政治标准，而书坊的传播瞄准的是市场利益，两者之间存在利益和目的的不一致，难以完全走到一起。不过，在朝廷的高压下，书坊的违禁出版不再无法无天。由于民间书坊数量多、分布散的特点，又使政府的查禁难以百分之百奏效。这种状况将延续下去。

第四节　诗文集与笔记小说的兴盛

自有书籍以来，士大夫无不以读书治学为务，而两宋的士大夫尤以极大的热情，正如黄庭坚所说：人久不读书，“照镜则面目可憎，对人亦语言无味”。米芾所谓“三日不读书，便觉思涩”。在相对安定的社会环境中，受朝廷重文崇儒政策的鼓励，士大夫、名公学者读书治学，吟诗问艺，追求高雅的文化生活，营造出浓郁的学术氛围。所以，王国维十分推崇宋代的学术文化，他在《宋代之金石学》一文中指出，宋代士大夫“各有相当之素养，赏鉴之趣味与研究之趣味，思古之情与求新之念，互相错综”。在一一列举宋人在哲学、科学、史学、文学艺术、金石学、考证学诸领域取得的成就后，得出了“宋代学术方面最多进步，亦最著”，“近世学术多发端于宋人”[1]的结论。清代学者赵翼在《陔余丛考》中曾统计历代文人学者的著述情况，所举著述最富的五人：乐史、周必大、李心传、李焘、王应麟，都是宋代学者。概括说来，宋代士大夫读书治学的活动，体现出文化传播的新气象。

一、宋代名家诗文集注

在传统的四部典籍中，以集部书居多，称得上鸿篇巨制，汗牛充栋。集部书中又以诗文作品居多，如恒河沙数，触目皆是。诗赋文章，往往出于作者胸臆，读其文如亲见其人，亲临其境，亲炙其学，得到美的享受，从而激起更为强烈、经久不退的阅读欲望。

宋代诗文作品的阅读欣赏活动十分普及（图 4-4-1）。如北宋仁宗时人才川涌云集，位列唐宋八大家的欧阳修、苏洵、曾巩、王安石、苏轼、苏辙，以及司马光、黄庭坚等的诗文集盛行于世。如与黄庭坚、秦观、晁补之并称苏门四学士的张耒的诗文集，仅南宋周紫芝就先后在大梁、杭州、浙西、四川四地得到四种刊本，书名不同，卷数各异。名家别集，“虽樵夫野老，市井庸人，皆能道其姓字而乐诵之”[2]。北宋宣和间唐庚的这一评说，足令我们遥想当时社会传播阅读的盛

1 王国维：《古史新证》，湖南人民出版社，2010 年，第 73—78 页。
2 （宋）吕荣义：《眉山唐先生文集序》。

况。又如唐王勃《滕王阁序》中的名句“落霞与孤骛齐飞，秋水共长天一色”，当时士无贤愚，都以为警绝。但是到了宋代，欣赏评价开始出现不同意见。陈善《扪虱新话》、吴曾《能改斋漫录》、叶大庆《考古质疑》、俞成《萤雪丛话》及王楙《野客丛书》都参与有关该句造语工拙、立意高下的讨论。普及之势，可略见一斑。另外，宋代科举虽然诗赋科目时兴时废，但由于“笔下五十弦锦瑟之奏，胸中三万轴牙签之储”已经成为社会衡量文人才识的标准，而诗文创作与阅读鉴赏水平则是社会上层交往的一张显示高雅身份的通行名片。所以阅读诗文不仅在于通过阅读获取审美愉悦，更大程度上在于学习揣摩赋诗作文的技巧。学习阅读的广泛需求，促进名家文集的编辑注释活动蓬勃开展。

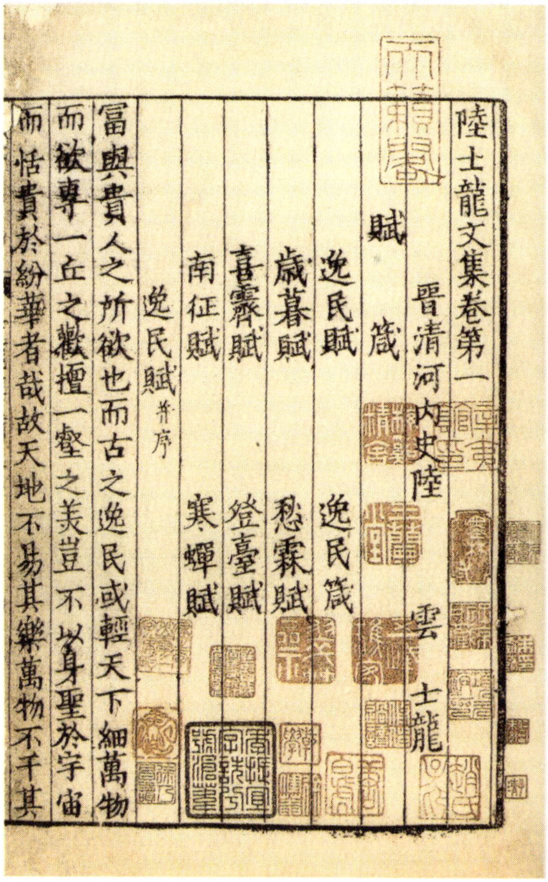
陸士龍文集卷第一　晉清河内史陸　雲　士龍
賦　箴
逸民賦　逸民箴
歳暮賦　愁霖賦
喜霽賦　登臺賦
南征賦　寒蟬賦
逸民賦并序
富與貴人之所欲也而古之逸民或輕天下細萬物
而欲專一丘之歡擅一壑之美豈不以身重於宇宙
而恬貴於紛華者哉故天地不易其樂萬物不干其

图 4-4-1 《陆士龙文集》宋庆元六年（1200 年）华亭县学刻本

体例多创新是宋代名家诗文集注的一个亮点，这一令人欣喜局面的出现，除了学术研究和图书编辑内部发展规律的作用外，社会传播和阅读需求的推动是一个十分重要的因素。

（一）编辑体例

随着诗文别集的大量问世，宋人开始从方便研究阅读的角度审视编纂体例。

从整体看，宋人编纂诗文别集的基本体例为编年、分体、分类三种。所谓编年，就是按照作者创作时间的先后次序排列作品，以年月编排诗文作品，可以较为清晰地反映作者创作与生平的关系，创作风格形成、发展的脉络，方便对作家作品的研究。由于考订作品创作的确切时间具有一定难度，所以宋人编纂本朝人文集采用编年体例者不多。

所谓分体，就是按照诗文的体裁编排，即诗按古诗、律诗、绝句；文按赋、书、序、表、状、记等归类编次。分体是自南朝萧统编纂《文选》以来，最普遍的诗文集编排样式，其优点在于归类容易，编次简单，从研究阅读者来讲，能较方便地根据爱好选读作者的各体作品，感悟其个人风格和艺术造诣。

分类的体例比较容易理解，就是按照作品的内容，如日月星辰、四季节序、飞禽走兽、花草虫鱼、日用器件等分门别类加以编排。

在实际编纂中，上述三种体例往往配合使用，如先编年后分体，或者是先分体再编年。应该说体例以编年为主的，用力在梳理作者生平与创作的关系；以分体为主的，侧重在突出作者各体创作的风格与特色；以分类为主的，则是着意于突出作品内容的生活气息和趣味性。宋人编纂诗文集，三种体例中都有，而分类编纂方式的出现，与当时社会传播和阅读的普及有极大的关系（图 4-4-2）。

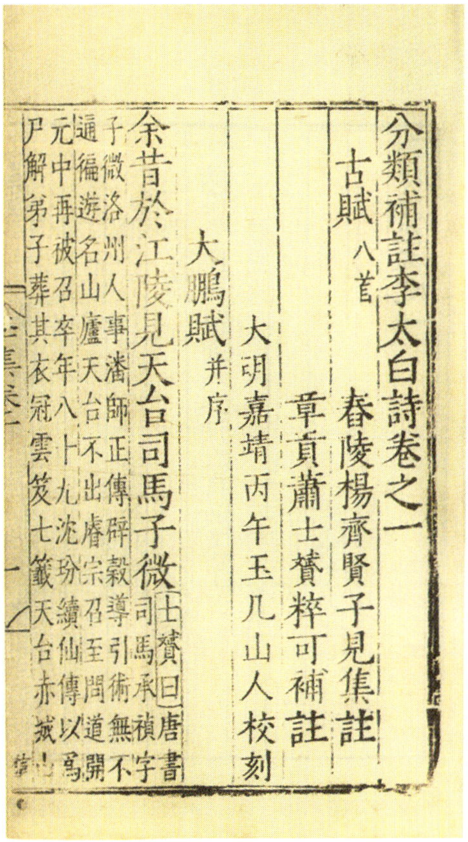
分類補註李太白詩卷之一
古賦 八首　春陵楊齊賢子見集註
章貢蕭士贇粹可補註
大明嘉靖丙午玉几山人校刻
大鵬賦 并序
余昔於江陵見天台司馬子微 士贇曰唐書司馬承禎字子微洛州人事潘師正傳辟穀導引術無不通徧遊名山廬天台不出睿宗召至問道開元中再被召卒年八十九沈玢續仙傳以爲尸解弟子葬其衣冠雲笈七籤天台赤城山

图 4-4-2 《分类补注李太白诗》明嘉靖玉几山人刻本

今天还能见到的宋代分类体诗文集，属别集的有《分门集注杜工部诗》《增刊校正王状元集注分类东坡先生诗》《类编增广黄先生文集》，属总集的有《分门纂类唐宋时贤千家诗选》《草堂诗馀》。这五部诗词集有几个共同的特点：不署编者，署编者的都为托名。据后人考证，编者的身份可能都是民间书坊主或受其委托的文人；分类与南宋民间流行的科举和日用生活类类书相仿。如《分门集注杜工部诗》的门类细目：月、星河、雨雪、云雷、四时、节序、千秋节、昼夜、梦、山岳、江河、陂池、溪潭、都邑、楼阁、登眺、亭榭、宫殿、宫词、省宇、陵庙、居室、邻里、寄题、田圃、仙道、隐逸、释老、寺观、皇族、世胄、宗族、外族、婚姻、园林、果实、池沼、舟楫、梁桥、燕饮、纪行、述怀、疾病、怀古、古迹、时事、边塞、将帅、军旅、文章、书画、音乐、器用、食物、投赠、简寄、怀旧、寻访、酬答、惠贶、送别、庆贺、伤悼、鸟、兽、虫、鱼、花、草、竹、木、杂赋等。其他书的门类大同小异。之所以不厌其烦地转录这一类目，意在说明其分类与社会活动、日常生活相通，这样的编排为社会普通读者的阅读提供了选择上的便利，体现了较为明显的通俗色彩和普及目的。明代徐𤊹在《徐氏笔精》中说到《草堂诗馀》“今世此书盛行，人人传诵”。清初朱彝尊曾在《词综发凡》中感慨道：古词选本，若《家宴集》《谪仙集》《兰畹集》《复雅歌辞》等“皆轶不传，独《草堂诗馀》所收最下最传，三百年来，学者守为《兔园册》，无惑乎词之不振也”[1]。这部在收录上被文人讥为“漫无鉴别”[2]的词集风靡数百年，其实个中的原因可能十分简单，就是通俗，从体例到内容都适应民众消遣阅读的习惯和趣味，体现了社会阅读与文化传播之间的辩证关系。

(二)编附年谱

《孟子·万章》中说：“颂其诗，读其书，不知其人，可乎？是以论其世也。”意思说读人家作品，不可以不了解他的为人之实。孟子这一知人论世的观念，被后人归结为古代最重要的读书观之一。在诗文别集中附编作者年谱及相关传记资料，就源于这样的观念，而真正动手编纂则始于宋代。梁启超在《年谱及其作法》中对此有较为详细的论说：“最古的年谱，当推宋元丰七年吕大防做的《韩文年谱》《杜诗年谱》。做年谱的动机，是读者觉得那些文、诗感触时事的地方太多，作者和社会的背景关系很密切。不知时事，不明背景，冒昧去读诗文，是领会不到作者的精神的。为自己用功起见，所以做年谱来弥补这种遗憾。”[3]梁启超从阅读的角度解释编纂年谱的动机是十分正确的，我们可以回味吕大防当年说的话来验证：“予苦韩文、杜诗之多误，既雠正之，又各为《年谱》，以次第其出处之岁月，而略见其为文之时。则其歌时伤世幽忧窃叹之意，粲然可观。又得以考其辞力：少而锐，壮而健，老而严，非妙于文章，不足以至此。”[4]

编纂年谱是一件十分艰难的学术工作，编者必须具有扎实的文献学功底，从史传文集、碑迹杂记中广泛搜集资料，然后进行梳理排比。其间要考岁月之先后，验记载之是非，参异订疑，搜亡补失。经如此精心考证，反复审订而完成的年谱，方能为后人的阅读研究提供可靠的帮助。尽管编纂存在学术难度，但是附编作者年谱，在完善诗文别集的体例，增强其阅读功能方面具有很大作用。素以适应社会阅读，开拓读者市场为首要目标的民间书坊迅速看到了附编年谱对推广传播、吸引读者的重要意义，积极跟上这一新风。南宋庆元中建阳书贾魏仲举辑刊《五百家注音辨昌黎先生文集》，附刻《韩文类谱》，收录北宋吕大防、程俱、洪兴祖三人所撰韩愈年谱；南宋乾道间麻沙书坊刘仲吉辑刊《类编增广黄先生大全文集》附黄㽦《山谷先生年谱》。

现在尚存宋刻宋人别集如晏殊、范仲淹、周敦颐、陈襄、文同、曾巩、苏轼、黄庭坚、张耒等，所附年谱绝大部分出自南宋学者之手，而且大都就是编注者本人或谱主亲友门人。将年谱编纂与作品注释有机地融合在一书之中，为后人的研究阅读提供了作者翔实的行事材料。由于宋刻本存世至今者过少，我们无法精确

1 （清）朱彝尊：《词综》，岳麓书社，1995年，第10页。

2 （清）永瑢、纪昀：《钦定四库全书总目》卷一百九十九集部五十二。

3 梁启超：《中国历史研究法》，上海古籍出版社，1987年，第210页。

4 （宋）吕大防：《北京图书馆藏珍本年谱丛刊11·韩部文公集年谱》，北京图书馆出版社，1999年，第27页。

描述这一编纂活动的规模。如南宋史学家李焘编纂韩琦、富弼、司马光、文彦博等名臣年谱的事实是见于当时记载的，而至今没有见到实物。但是，南宋为诗文集编附作者年谱已经蔚然成风的结论，无疑是符合事实的，也是与当时社会出版繁荣、阅读风气高涨的时代风貌相吻合的。

（三）注释方法

诗文作品的理解注释与经学典籍存在一定的差别。首先就作者创作而言，中国“诗言志”的诗学传统，“文章千古事，得失寸心知”（杜甫《偶题》）的写作心态，使作品成为一种特别需要重视寻绎作者原意和美感的文本（图 4-4-3）。其次，汉语丰富多变的艺术表达方式，以及文学创作雅尚比兴，妙在含蓄的美学追求，又使作者本意具有相当的隐秘性而更加难以把握。元好问所叹“诗家总爱西昆好，独恨无人作郑笺”（元好问《论诗三十首》其十二），指的就是这种情况。从注释实践的整体看，考证、体察、推求作品的本义仍是诗文作品注释的主流。诗文作品的注释活动具有较大的时空跨度，历代有关作家作品的注释和读者的接受形成了环环相扣的历史长链。在每一个环节，注释者为使自己的理解获得客观和权威的声誉，都力争在历时和共时的范畴内对相关注释进行检讨甄别。于是，诗文注释的集注、集释类著作体式应运而生。即使不以集注、集释为名，也多在注释中罗列众说，别出己见。

两宋时期，唐宋名家诗文集盛行，注家蜂起，尤其如杜甫、韩愈、柳宗元、苏轼、黄庭坚诸集。从文献记载和今存实物看，当时的注释本盛传于后世的往往是出于坊间的集注本或汇刻本。如宋刻《增广注释音辨唐柳先生集》，就是坊贾将原本各自为书的童宗说的《注释》、张敦颐的《音辨》与潘纬的《音义》合刊而成。《五百家注音辨昌黎先生集》虽不及五百之数，但所引两宋洪兴祖、朱熹、任渊、刘崧、周敦颐、方崧卿、刘安世、蔡梦弼、陆九渊、陆九龄、周必大等数十家考证音训之说，原书世多失传，魏仲举保存汇集之功尤不可没。乾隆《题宋版五百家注韩昌

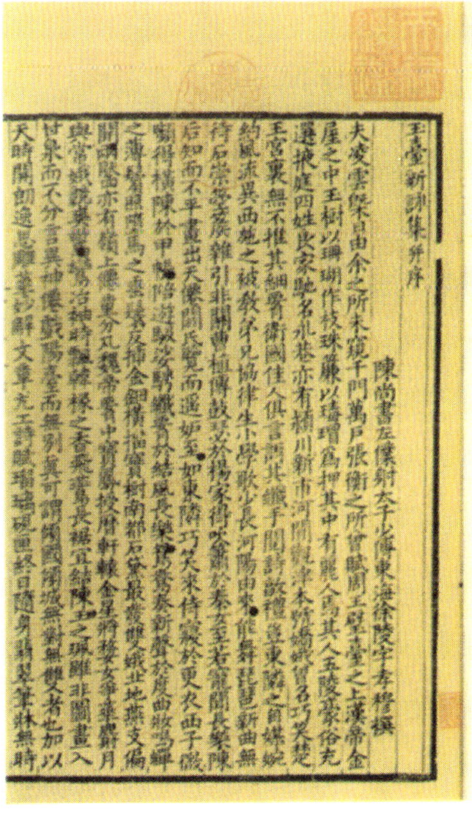

图 4-4-3 《玉台新咏》明崇祯刻本

黎集》中“注五百家孰窥奥，垂千万代独钧元”之句，就是对此作出的高度评价。所谓集注，就是汇集众家之说于一编，博采众长。一般有两种形式，一是采集各家之说，先后罗列；一是采撷各家之说，择善而列。由于今存宋刻集注本所引各家原注多已散佚，难以了解其采取何种形式。但是不管是何式，集注本身具有一编之中众说粲然的优点，同时也是对前人研究成果的一次全面梳理，对阅读理解的帮助和影响相对较大。明清以来，历代名家别集的集注之风更盛，这正是由集注体式本身的特点所决定的。

宋代名家别集注释活动中还出现值得引起我们重视的创新形式，就是诗文评点。今传《笺注评点李长吉歌诗》，除了吴正子的注释外，尚有南宋刘辰翁的评点。李贺《秋来》诗：“桐风惊心壮士苦，衰灯络纬啼寒素。谁看青简一编书，不遣花虫粉空蠹。思牵今夜肠应直，雨冷香魂吊书客。秋坟鬼唱鲍家诗，恨血千年土中碧。”吴注引古书解释络纬、青简二词以及血化为碧的典故。刘则评曰：“非长吉自挽耶？只秋夜读书自吊其苦，何其险语至此。然无一字不合。”又《金铜仙人辞汉歌》，刘评：“此意思非长吉不能赋，古今无此神妙。神凝意黯，不觉铜仙能言，奇事奇语不在言。读至‘三十六宫土花碧’，铜人泪堕已信。末后三句，可为断肠。后来作者无此沉著，亦不忍极言其妙。”可以看出，刘辰翁的评点重在揭示诗歌的本旨及其艺术特征，确实能启发增强读者对作品的理解把握。他自称是李贺诗的千年知己，评点确乎自出机杼。反复阅读体味，是评点的基础，正如刘辰翁自述的那样：“予评唐宋诸家，类反复作者深意，跋涉何限。”[1] 宋李壁《王荆公诗注》原本也有刘辰翁的评点，清人整理补注时以为品藻有所不当，而且杂于注中，眉目不清而删去。这样处理显然过于主观。宋代自欧阳修《六一诗话》出，诗话大兴。读其内容，都属品藻诗作的文字，或举一首一组，或拈一句一联，谈艺术，探本旨，实际上已开诗歌评点之风，只是零珠片玉未成七宝楼台。刘辰翁对唐宋诸家的评点，成为一股新风，引来明清小说评点的大潮，对推动社会阅读和文化传播活动的发展发挥了积极的作用。

二、笔记小说的勃兴

宋人著述的规模是空前的，仅别集一项，陈振孙《直斋书录解题》就著录了277种，另有诗、词集250余家。二十世纪八十年代，四川大学古籍整理研究所为编辑《全宋文》，对现存宋人别集进行搜集整理，得宋人诗文集，包括词集、各类文集及后人的辑本739家。在这些宋人别集中，保存了大量反映阅读经典作家作品体会感想的诗文。这些诗文或评论鉴赏，或发挥引申，或辩驳指谬，凸现出阅读对

1 （宋）刘辰翁：《刘辰翁集》，江西人民出版社，1987年，第208页。

作者思想文化修养的影响。而宋人读书活动的情况则更多地直接反映在他们精心倾情撰著的笔记小说中。

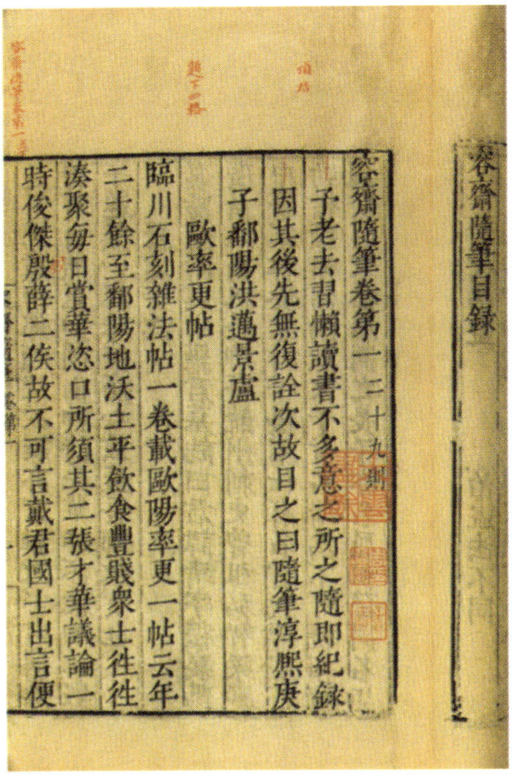
容齋隨筆目錄

容齋隨筆卷第一 二十九則
子老去習懶讀書不多意之所之隨即紀錄
因其後先無復詮次故目之曰隨筆淳熙庚
子鄱陽洪邁景盧
歐率更帖
臨川石刻雜法帖一卷載歐陽率更一帖云年
二十餘至鄱陽地沃土平飲食豐賤衆士往往
湊聚每日賞華恣口所須其二張才華議論一
時俊傑殷薛二侯故不可言戴君國士出言便

图 4-4-4 《容斋随笔》明崇祯刻本

在古代四部分类体系中，子部有杂家类、小说家类。杂家源于先秦诸子，而杂糅儒墨名法各家之说，其中重在辨证者，称为杂考，兼具议论叙述者，称为杂说。小说家源出古时为王者陈说里巷风俗的稗官，至唐宋间，衍为三派：或叙述杂事，或记录异闻，或缀辑琐语。其中杂事一类，谈朝国政事，兼及里巷闲谈、辞章掌故，出入于杂史杂家之间。两类图书有相同之处，古人习惯称为说部，一般概称为笔记小说或笔记。《四库全书总目》著录历代杂家著述 190 部，而宋人著述近 90 部，几占一半。其中杂考类，历代总数 57 部，宋人所著包括洪迈的《容斋随笔》（图 4-4-4）、吴曾的《能改斋漫录》、王应麟的《困学纪闻》等 28 部；杂说类，历代总数 86 部，宋人所著包括沈括的《梦溪笔谈》、苏轼的《东坡志林》、周密的《齐东野语》等 49 部，平均占 50%。小说家杂事类著录历代 86 部，宋人所著包括欧阳修的《归田录》、司马光的《涑水纪闻》、王明清的《挥麈录》等 52 部，占 60%。这些笔记的作者，几乎涉及两宋历朝的名臣大家，笔记内容涉及范围极其广泛，举凡经史学术、人文地理、语言文字、诗词博艺、名物制度、风俗民情、名人逸事、奇闻趣谈等，其共同特点是广征博引，语言生动活泼。从整体上看，宋人笔记可以视为一部社会生活史，既有严肃性，又具可读性，在社会上传播很快。即使尊贵为帝王，也喜为读者。如欧阳修致仕归田后，神宗看到他为《归田录》所写的序，派使者去索取原书。由于这部“以备闲居之览”的《归田录》所记“朝廷之遗事，史官之所不记，与夫士大夫笑谈之余而可录者”[1]中，有欧阳修不愿广传的内容，因而将其删去，缮写进览。洪迈的《容斋随笔》十六卷，淳熙间由金华民间书坊刻印后，经书商贩卖到京师，并辗转由贵人买入宫中，孝宗读后，称赞“煞有好议论”，使洪迈倍感“至荣”，五年后写成《续笔》十六

1 （宋）欧阳修：《归田录·序》。

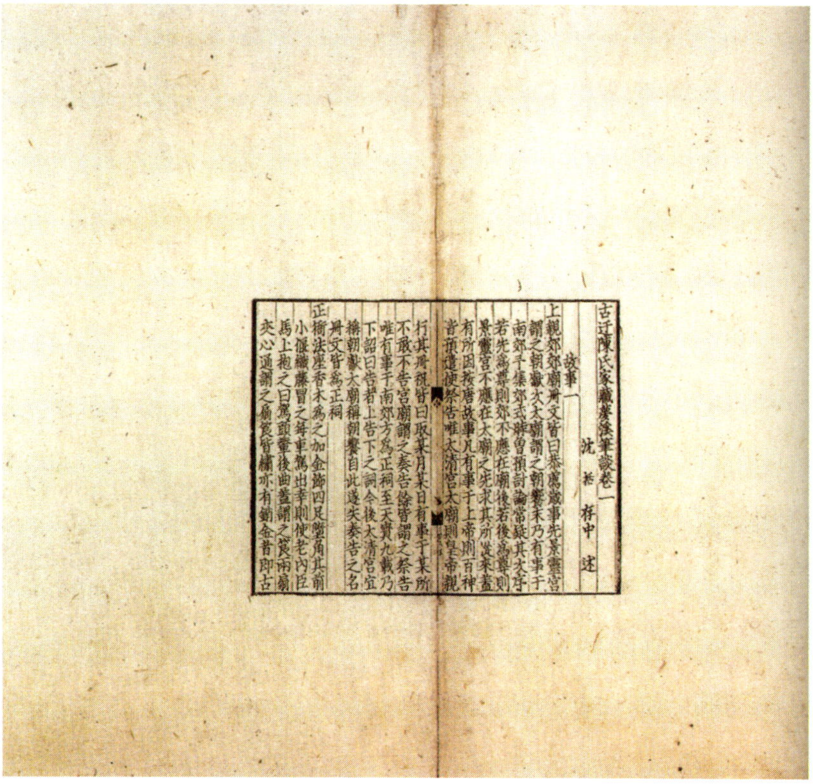
古迂陳氏家藏夢溪筆談卷一
沈 括 存中 述
故事一
上親郊廟冊文皆曰恭薦歲事先景靈宮
謂之朝獻次太廟謂之朝饗末乃有事于
南郊予集郊式時曾預討論常疑其次序
若先為尊則郊不應在廟後若後為尊則
景靈宮不應在太廟之先求其所從來蓋
有所因按唐故事凡有事于上帝則百神
皆預遣使祭告唯太清宮太廟則皇帝親
行其冊祝皆曰取某月某日有事于某所
不敢不告宮廟謂之奏告餘皆謂之祭告
唯有事于南郊方為正祠至天寶九載乃
下詔曰告者上告下之詞今後太清宮宜
稱朝獻太廟稱朝饗自此遂失奏告之名
冊文皆為正祠
正衙法座香木為之加金飾四足墮角其前
小偃織藤冒之每車駕出幸則使老內臣
馬上抱之曰駕頭輦後曲蓋謂之筤兩扇
夾心通謂之扇筤皆繡亦有銷金者即古

图 4-4-5 《梦溪笔谈》元蝴蝶装

卷行世。从书起源于宋代，南宋俞鼎孙、俞经辑刻的《儒学警悟》和左圭所辑《百川学海》作为我国最早的两部丛书，汇集的基本都是笔记，而且绝大部分是宋人著述。说明宋人笔记在当时就有通畅的传播渠道和广阔的读者群体。

元代学者袁桷受命撰修辽、金、宋史时，开出一个必备参考书目，《归田录》《涑水纪闻》《梦溪笔谈》（图 4-4-5）、《挥麈录》《能改斋漫录》等几十种著名的宋人笔记赫然在列[1]，充分说明这些笔记在学术研究和文化传播中的重要作用。如果我们从阅读和传播这样一个崭新的层面来考察宋人笔记的影响，可以得出同样的结论。因为这些笔记中有着大量有关阅读的内容，对历代读者产生了深刻的影响，明代学者娄坚对《容斋随笔》有“考据精确，议论高简，读书作文之法尽是矣”[2]的评价，有力地证明了这一点。

宋人笔记的内容，可以说是包罗万象，雅俗共赏，有关阅读的只是其中的一部分。近人丁传靖辑《宋人轶事汇编》，从近 500 种宋、元、明、清著述中辑录 600 余位宋人的有关材料、轶事，而所取 287 种宋人著述中以笔记居多。吴文治主编《宋诗话全编》，编纂宋代诗话 562 家，其中原已单独成书的 170 余种，新辑者近 400 家，很多即从存世文集、笔记等中辑出。其前言中说：“诗话盛行于宋代，由于不仅在内容上比较宽泛自由，可深可浅，在文字上也比较通俗易解，雅俗共

1 （元）袁桷：《清容居士集》卷四一。
2 （宋）洪迈：《容斋随笔》，中国世界语出版社，1995 年，第 610 页。

赏。这种体式为论诗提供了方便法门，因而他不仅能拥有广大的读者，而且也拥有广大的作者。”足以说明宋人笔记的这种特点。

拥有广大的读者，就意味着具有广泛的文化传播效果。上述所举并不足以穷尽宋人笔记在古代文化传播史上的意义。尽管如此，见一叶而感春，尝一脔而知味，从中还是可以体味到作者们为推进社会传播和阅读活动所作出的努力和贡献。

第五节　辽、金、元时期的书籍文化

辽代和金国是两个先后与北宋、南宋对峙的少数民族政权，元代是在消灭金国和南宋政权后建立起来的统一的蒙古贵族政权。受汉文化的影响，以及大量汉族文人出仕为官，辽、金、元政权的政治制度和文化政策，多沿袭宋代的定制，尤其在图书出版及文化传播方面。所以，在辽、金政权统治地区和元朝立国的近百年中，儒家经典、子史和文集类典籍继续得到出版和传播，尤其是通俗文学作品，更是异军突起。雕版印刷技术在实践中得到发展，木活字印刷技术走向成熟。

一、辽代的书籍文化

在北宋建国之前，916 年契丹族首领辽太祖耶律阿保机在中国北方建立辽国，建元神册，在汉人官员的帮助下，参照唐朝的国家模式进行政权建设，于潢河以北营建皇都，史称上京（今内蒙古巴林左旗南）。

在文化事业建设方面，太祖令文臣仿照汉字创制契丹文字，并到幽州采购万卷汉文图书，建立藏书楼——望海楼。946 年，辽太宗灭后晋，将其藏书捆载而归，辽国皇室藏书得到极大补充。

辽国还设立管理国家图书典藏的专门机构秘书监，设有秘书郎、秘书郎正字等属官。下辖著作局，设著作郎、著作佐郎、校书郎。其设监时间，史无明文。考圣宗统和中（983—1012 年），杨佶为校书郎。开泰元年（1012 年）李万为正字。太平十一年（1031 年），杨皙获授著作佐郎一职。辽圣宗在位近五十年，正当北宋太宗、真宗、仁宗三朝。重熙二十三年（1055 年），兴宗新建秘书监，并建乾文阁贮藏皇家图书。道宗清宁十年（1064 年），下诏广求乾文阁所阙经籍，并命儒臣精加校雠。

从历史记载看，辽国建立后，全面接受汉文化，修史，编实录，兴科举，颁行《五经传疏》，在涿州云居寺（今北京房山石经山）开凿石经。并在《开宝藏》的影响下，雕造《契丹藏》，在文化建设和图书编辑出版活动方面有所建树。

燕京（今北京），作为与北宋南北对峙的契丹政权辽的南京，是我国北方雕

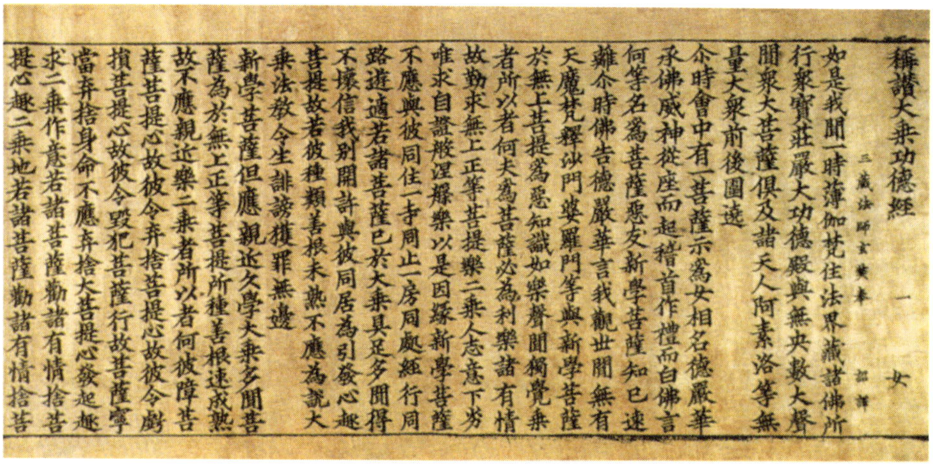
稱讚大乘功德經 一 女
三藏法師玄奘奉 詔譯
如是我聞一時薄伽梵住法界藏諸佛所
行衆寶莊嚴大功德殿與無央數大聲
聞衆大菩薩俱及諸天人阿素洛等無
量大衆前後圍遶
尒時會中有一菩薩示爲女相名德嚴華
承佛威神從座而起稽首作禮而白佛言
何等名爲菩薩惡友新學菩薩知已速
離尒時佛告德嚴華言我觀世間無有
天魔梵釋沙門婆羅門等與新學菩薩
於無上菩提爲惡知識如樂聲聞獨覺乘
者所以者何夫爲菩薩必爲利樂諸有情
故勤求無上正等菩提樂二乘人志意下劣
唯求自證般涅槃樂以是因緣新學菩薩
不應與彼同住一寺同止一房同處經行同
路遊適若諸菩薩已於大乘具足多聞得
不壞信我別開許與彼同居爲引發心趣
菩提故若彼種類善根未熟不應爲說大
乘法發令生誹謗獲罪無邊
新學菩薩但應親近久學大乘多聞菩
薩爲於無上正等菩提所種善根速成熟
故不應親近樂二乘者所以者何彼障菩
薩菩提心故彼令棄捨菩提心故彼令虧
損菩提心故彼令毀犯菩薩行故菩薩寧
當棄捨身命不應棄捨大菩提心發起趣
求二乘作意若諸菩薩勸諸有情捨菩
提心趣二乘地若諸菩薩勸諸有情捨菩

图 4-5-1 《辽藏》辽统和年间（983—1012 年）刻印于燕京

版印刷业的中心（图 4-5-1），叶恭绰先生曾推测著名的辽代官刻大藏经《契丹藏》就刻印于燕京，苦于尚无实物印证。1974 年，山西应县佛宫寺木塔进行抢修加固，在这座始建于辽道宗清宁二年（1056 年）的木塔四层释迦主佛像的胸、腹内发现一批珍贵的辽代雕版印刷品，经整理修复，得刻经四十七件，刻书及杂件八件[1]，其中正有题记刻于燕京的官刻《契丹藏》十二卷，完全证实了叶先生的推测。另有《上生经疏科文》题记“燕京仰山寺前杨家印造”，《妙法华莲经》题记“燕京檀州街显忠坊门南颊住冯家印造”，与北宋杭州晏家、钱家经坊刊印《妙法莲华经》的情况相仿，当为民间经坊所刻。刻书中有蝶装《蒙求》一册，存七页，卷后音义的天头上有儿童戏作墨绘人像，应该是民间书坊刊印的儿童读物。

另据题记，应县木塔经卷的雕印地点所及区域很广，有辽西京道云州（今山西大同）、南京道涿州、范阳（在今河北涿州市）等。关于范阳，我们还能从宋人的记载中了解到那里的书坊活动。宋王闢之《渑水燕谈录》中有这样一则记闻：“张芸叟奉使大辽，宿幽州观中，有题子瞻《老人行》于壁者。闻范阳书肆亦刻子瞻诗数十篇，谓《大苏小集》。”张芸叟名舜民，北宋名臣，宋哲宗元祐九年（1094 年）奉使辽国，有《甲戌使辽录》，记沿途山川、井邑、道路、风俗。范阳书坊刻印苏轼诗集当在此前。

综上所述，这批辽代雕版印刷品的刊刻时间大致与北宋立国相始终，从刻工刀法、所用纸墨，以及装帧等情况看，都与北宋刻本相仿，而民间书坊则体现了与南方各地书坊多刻印佛经和儿童读物的同一传统。所有这些都说明燕京及辽南京地区析津府（今北京）作为我国北方政治文化的中心区域，在雕版印刷方面体现了与北宋一脉相承的特点，其民间书坊的经营活动也与北宋处于同一发展阶段。

1 张畅耕等：《山西应县佛宫寺木塔内发现辽代珍贵文物》，《文物》1982 年第 6 期，第 6 页。

二、金代的书籍文化

1115年，北方女真族首领完颜旻在混同江边（东北松花江支流）建立金国，十年后，金太宗完颜晟举兵南下，一路势如破竹，轻取燕京（今北京），旋即挥师直指汴梁，北宋覆灭。1153年，金海陵王完颜亮迁都燕京，史称金中都。

金朝立国，间接或直接地得到北宋皇家并民间所藏的文化典籍。太祖完颜旻天辅五年（1122年）下诏："若克中京，所得礼乐仪仗图书文籍，并先次津发赴阙。"[1] 其统治集团十分重视汉文化传统，在礼仪、官制、科举等方面都借鉴赵宋朝廷的成例。金一朝在北方的统治延续了一百二十年之久，世宗完颜雍尊孔崇儒，为孔子修墓立碑；章宗完颜璟在位十九年，曾两次诏令搜访汉文典籍，一时文集大备。在金统治集团对汉文化的倡导下，宋朝的经学和理学都得到了进一步的传播。百年之间，赵秉文、王若虚、元好问、吴澄、许谦等魁儒硕士，彬彬集焉。

在文化制度和机构建设方面，金朝仿北宋，设立秘书监，下辖著作局、笔砚局、书画司、司天台等专门机构，负责经籍图书的收藏整理，以及编修日历等。

汉文化的倡导，儒家经学、理学的传播，都需要书籍的支撑，在某种意义上说，需要依靠书籍来实现。金朝相当重视刻书，官刻、家刻、坊刻，承宋而皆备，且在平阳设局置官，开雕经籍，书坊板片云集其间，形成新的雕版印刷中心。

（一）官刻

据《金史·选举志》记载：金朝的科举制度，沿袭辽、宋旧制，有辞赋、经义、策试、律科、经童、女直进士、制举宏词七科，并规定科举用书，凡经、《易》则用王弼、韩康伯注，《书》用孔安国注，《诗》用毛苌注、郑玄笺，《春秋左氏传》用杜预注，《礼记》用孔颖达疏，《周礼》用郑玄注、贾公彦疏，《论语》用何晏集注、邢昺疏，《孟子》用赵岐注、孙奭疏，《孝经》用唐玄宗注，《史记》用裴骃注，《前汉书》用颜师古注，《后汉书》用李贤注，《三国志》用裴松之注，及唐太宗《晋书》、沈约《宋书》、萧子显《齐书》、姚思廉《梁书》和《陈书》、魏收《后魏书》、李百药《北齐书》、令狐德棻《周书》、魏征《隋书》、新旧《唐书》、新旧《五代史》，《老子》用唐玄宗注疏，《荀子》用杨倞注，《扬子》用李轨、宋咸、柳宗元、吴秘注。上述各书都由国子监印行，授诸学校。

大定四年（1164年），世宗诏以女真字译书籍，五年（1165年）翰林侍讲学士徒单镒进所译《贞观政要》《白氏策林》等。六年（1166年）复进《史记》《汉书》等，诏颁行之。十五年（1175年），诏译经书。二十三年（1183年），译经所进所译《易》《书》《论语》《孟子》《老子》《扬子》《文中子》《刘子》及《新唐书》。

1 （元）脱脱：《金史·太祖》卷二本纪第二。

世宗谓宰臣曰："朕所以令译五经者，正欲女真人知仁义道德所在耳。"[1] 命颁行之。金章宗明昌五年（1194 年），诏置弘文院译写经史，并根据北宋国家书目《崇文总目》，广求皇室朝廷阙藏书籍。

（二）坊刻

金国民间书坊的刻书活动也十分活跃。根据现已掌握的材料，金国的书坊业主要集中在平水，其他各地目前只了解几家书坊和数种坊本。

平水是金代的刻书中心，其地据行政区名实为平阳，即今山西临汾一带。平水本水名，《水经注》卷六"汾水"注："汾水南与平水合，水出平阳县西壶口山。"金人刻书不曰平阳而多署平水，盖取义于平阳城临平水之形势。平水刻书，在金、元之际冠绝一时。究其缘由，叶德辉《书林清话》"金时平水刻书之盛"指出："金源分割中原不久，乘以干戈，唯平水不当要冲，故书坊时萃于此，而他处私宅刊本，亦间有之。"[2] 缪荃孙则以为："《金史·地理志》平阳府，有书籍。其倚郭平阳县有平水，是平水即平阳。史言有书籍，盖置局设官于此。元太宗八年（1236 年）用耶律楚材言，立经籍所于平阳，当是因金之旧耳。"[3] 考察平水金元之世以雕版之盛巍然崛起的原因，不外有此数端：平阳地居河东南路，金人入侵，战火不绝而战区南移，平阳"因不当要冲"得以休养生息，富庶一方。元代情况与金时相似。平阳物产丰富，盛产梨木、枣木和白麻纸，皆为刻板印书的好材料。金朝书籍，偶有南传，宋人或称为"北地枣本"，其因即此。加之宋、金南北长年不绝的文化交流，赫赫有名的宋代蜀刻，战乱之际中原雕版良工北上避难等，都对平阳形成刻书之风产生重要影响。上述条件促使金、元朝廷决定在平阳设置专门的出版机构，管理协调官私和民营书坊的刻书经营活动，最终使平阳建成北方璀璨的出版中心。

金代平阳书坊荟萃，但迄今可考者屈指可数（图 4-5-2、图 4-5-3）。现据历代藏家书目的著录题跋，分述如下：

1. 书轩陈氏，金世宗大定二十六年（1186 年）刻宋王唯一《新刊补注铜人腧穴针灸图经》五卷，卷首有夏竦序。宋仁宗天圣五年（1027 年），命医官王唯一纂集旧闻，订正讹谬，撰成《铜人腧穴针灸图经》三卷，翰林学士夏竦序，摹印颁行。显然书轩陈氏本出自北宋监本，而其所谓补注，并未明示成于何人。从中可见宋金书籍交流翻刻情况之一斑。

2. 平水中和轩王宅。金哀宗正大五年（1228 年）刻《道德宝章》一卷。

3. 平阳张氏晦明轩。晦明轩主人张存惠，字魏卿，其刻书由金入元，所刻

1 （元）脱脱：《金史·世宗》卷八本纪第八。
2 叶德辉：《书林清话》卷四，中华书局，1957 年。
3 （清）缪荃孙：《艺风藏书记》，中华书局，1993 年，第 169 页。

图 4-5-2 《四美图》金平阳姬家刻印

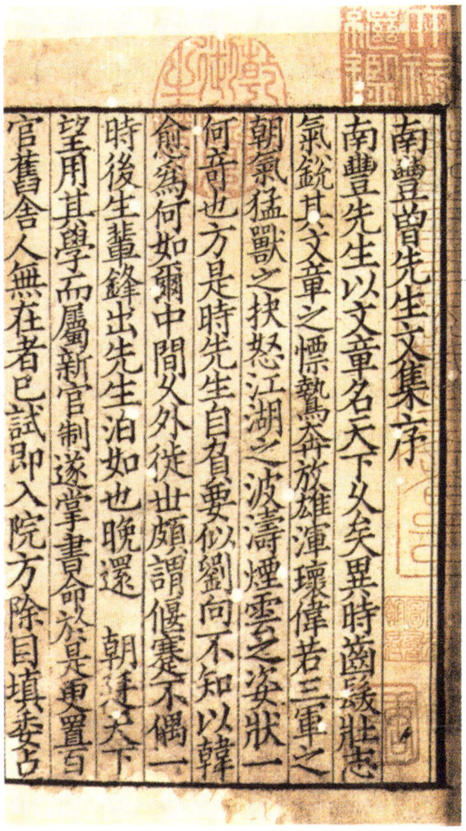

南豐曾先生文集序
南豐先生以文章名天下久矣異時齒髮壯志
氣銳其文章之慓鷙奔放雄渾瑰偉若三軍之
朝氣猛獸之抉怒江湖之波濤煙雲之姿狀一
何奇也方是時先生自負要似劉向不知以韓
愈爲何如爾中間久外徙世頗謂偃蹇不偶一
時後生輩鋒出先生泊如也晚還 朝廷天下
望用其學而屬新官制遂掌書命於是更置百
官舊舍人無在者已試即入院方除目填委占

图 4-5-3 《南丰曾子固先生文集》金平阳刻本

最著名者，即刻了金章宗泰和四年（1204 年）的《重修政和经史证类备用本草》三十卷。其他见于著录的还有金赵秉文《滏水文集》二十卷，宋文同《丹渊集》四十卷。

4. 平水刘敏仲，刻《尚书注疏》二十卷。敏仲，金藏书家刘祖谦子。考刘祖谦乃章宗承安五年（1200 年）进士，历官监察御史。哀宗正大初召为翰林修撰，开兴元年（1232 年）死于北迁兵乱。敏仲此书当刻于其父出仕后。

金代平阳以外见于著录的坊本还有《经史证类大观本草》三十一卷附《本草衍义》二十卷，清李盛铎《木犀轩藏书题记及书录》经部小学类著录金张天锡辑《草书韵会》五卷，日本重刊明洪武本。卷前有正大八年（1231 年）闲闲居士赵秉文序，序末有“见住燕京县角头郑州王家雕印”一行。

金国文化传播史上最著名的一件大事，便是佛教《大藏经》的雕造。金国雕印的《大藏经》，又称《金藏》；因为原藏山西赵城县霍山广胜寺，故亦称《赵城金藏》（图 4-5-4）。《金藏》是民间通过劝募，于金大定十三年（1173 年）在山西解州天宁寺雕刻完成的。据文献记载，潞州女子崔法珍断臂劝募刻经，得到民间的热烈响应，始于皇统九年（1149 年）开雕。《金藏》基本上是《开宝藏》的复刻本，卷轴装，每版 23 行，行 14 字。在现今《开宝藏》散佚殆尽的情况下，它的文化价值是无可比拟的。1933 年，《金藏》首次在广胜寺被发现，1942 年，日本侵略

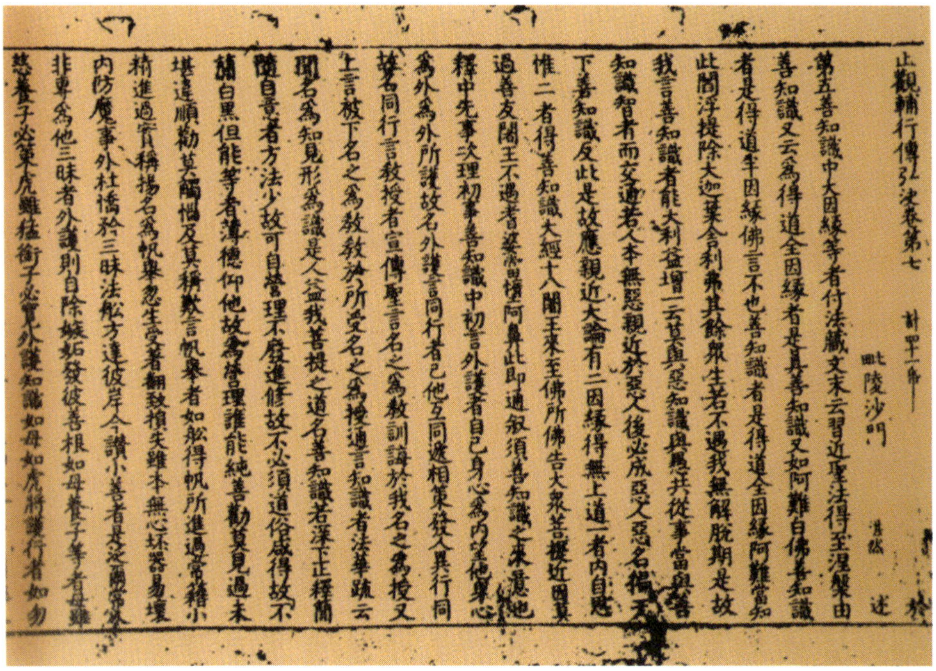
止觀輔行傳弘決卷第七
毗陵沙門　湛然　述
第五善知識中大因緣等者付法藏文末云習近聖法得至涅槃由
善知識又云爲得道全因緣者是真善知識又如阿難白佛善知識
者是得道半因緣佛言不也善知識者是得道全因緣阿難當知
此閻浮提除大迦葉舍利弗其餘衆生若不遇我無解脫期是故
我言善知識者能大利益增一云莫與惡知識與愚共從事當與善
知識智者而交通若人本無惡親近於惡人後必成惡人惡名遍天
下善知識反此是故應親近大論有二因緣得無上道一者內自思
惟二者得善知識大經十八闍王來至佛所佛告大衆善權近因莫
過善友闍王不遇耆婆必墮阿鼻此即通叙須善知識之來意也
釋中先事次理初事善知識中初言外護者自己身心爲內望他身心
爲外爲外所護故名外護言同行者己他互同遞相策發入異行同
非名同行言教授者宣傳聖言名之爲教訓誨於我名之爲授又
上言被下名之爲教教於所受名之爲授通言知識者法華疏云
聞名爲知見形爲識是人益我菩提之道名善知識若深下正釋簡
隨自意者方法少故可自營理不廢進修故不必須道俗感得故不
簡白黑但能等者薄德仰他故爲營理誰能純善勸莫見過未
堪進順勸莫觸惱及莫稱歎言帆舉者如船得帆所進過常藉小
精進過實稱揚名爲帆舉忽生貪著翻致損失雖本無心坏器易壞
內防魔事外杜憍於三昧法船方達彼岸今讚小善者是以兩字爲
非專爲他三昧者外護則自除嫉妒發彼善根如母養子等者母雖
慈養子必藉虎雖猛銜子必寬外護知識如母如虎將護行者如母

图 4-5-4　《金藏》（《赵城金藏》）

军进犯赵城，企图劫走佛经，被八路军及时转移保藏。现藏中国国家图书馆。

1986 年，美国在一尊由华人赠送给新奥尔良艺术博物馆的木雕观音像内，发现三种金刻本经折装佛经零卷：《佛说生天经》，贞元三年（1155 年）刻；《高王观世音经》，大定十三年（1173 年）刻本；另一件为泥土包裹，详情未知。其中《高王观世音经》有题识，落款为“洪洞县令耶律珪敬施”。洪洞在金代属于平阳府管辖，这再次证明当日平阳洪洞作为刻书中心，如孔天监《藏书记》所说，存在“家置书楼，人蓄文库”的文化景象。

三、元代的书籍文化

元朝是北方蒙古族征灭南宋后建立的统一政权，它的建立，使经历了三百多年宋、辽、金南北对峙的分裂重归于统一。1266 年，元朝在燕京东北郊大宁宫附近大规模营建都城宫室。1272 年，元世祖忽必烈改燕京为大都，次年正式定都大都。政治文化中心的北移，对全国图书出版的格局和文化传播的走向产生了重大影响。

蒙古贵族统治集团很早就受到汉文化的影响，太宗窝阔台即位后，听从耶律楚材“制器者必用良工，守成者必用儒臣”[1] 的奏对，重用以他为首的早已汉化的契丹贵族。太宗八年（1236 年），准耶律楚材之请，在燕京设立编修所，在平阳

1 （清）柯劭忞：《新元史·耶律楚材》卷一二七列传第二四。

设立经籍所，编集经史，并召集儒士讲习经义，以保存儒家典籍，传扬儒学精义。元世祖忽必烈也曾多次向汉人儒士集团询问治道之本，并延聘汉儒为太子教授。

元朝建国后，朝廷先后采取了尊经崇儒、兴学立教、科贡并举、荐贤招隐、保护工匠等一系列文化建设和文化传播的措施。

元政府的藏书主要来源于南宋和金国。元军在南方攻城略地时，很注意搜集南宋地方官府的书版。全国统一后，朝廷又多次委派官员南下购书。至元初，得到江南诸郡书版及南宋秘书省的大批藏书。至元十三年（1276 年），两浙宣抚使焦友直尽取南宋秘书省、国子监、国史院、学士院、太常寺所藏经籍捆载北上。至元十五年（1278 年），再次遣使至杭州等处取在官书籍版刻到京师。坐落在元宫中兴圣殿西的奎章阁是政府藏书的主要处所。

元中央政府于至元九年（1272 年）设立秘书监，编纂机构则有翰林国史院、奎章阁学士院等。

元世祖中统二年（1261 年）初立翰林国史院，诏修辽、金二史，纂修国史。皇庆元年（1312 年）升翰林国史院秩从一品。仁宗谕示大臣说："翰林、集贤儒臣，朕自选用，汝等毋辄拟进。人言御史台任重，朕谓国史院尤重，御史台是一时公论，国史院实万世公论。"[1] 显示了元帝对文化传播的重视。

奎章阁学士院，始设于文宗天历二年（1329 年），所设大学士、侍书学士、承制学士、供奉学士等职多以它官兼领其职。如集贤大学士赵世延为大学士，翰林直学士虞集为侍书学士等。又置典书、授经郎等属官。同年立艺文监，隶奎章阁学士院。

艺文监，专以国语敷译儒书，兼治儒书之合校雠者。设大监检校书籍事、少监同检校书籍事等属官。惠宗至元六年（1340 年）易名崇文监。又立艺林库、广成局，皆隶艺文监。艺林库，掌藏贮书籍；广成局，掌传刻经籍及印造之事。

奎章阁学士院曾受命与翰林国史院官共同采辑本朝典故，依唐、宋《会要》之体，编纂为《皇朝经世大典》。至顺三年（1332 年）还受命以国字译《贞观政要》，镌板模印，以赐百官。

元初在翰林国史院设兴文署，掌理得自江南的经籍书板，后废置不用。其职责转由广成局承担。

官修书籍是元代文化建设事业的重要组成部分，其中以正史《宋史》《辽史》《金史》，会要体史籍《经世大典》《元典章》，地志《元一统志》，农书《农桑辑要》等最为著名。

《宋史》《辽史》《金史》三史，元世祖至元年间（1264—1294 年）翰林国史院已经修成初稿，因体例未定一直没能成书。惠宗至正三年（1343 年）下诏开局

1 （明）宋濂等：《元史·仁宗》卷二四本纪第二四。

同时修纂，丞相脱脱为监修人兼都总裁。但是修史出力最大的是实际主持制定凡例的翰林学士、总裁官欧阳玄。三史修纂，各以本朝的国史、实录为依据，元刊本《辽史》卷首列有三史编修“凡例”五条：（1）帝纪：三国各史书法，准《史记》《西汉书》《新唐书》，各国称号等事，准《南》《北史》。（2）志：各史所载，取其重者作志。（3）表：表与志同。（4）列传：后妃、宗室、外戚、群臣、杂传。人臣有大功者，虽父子各传，余以类相从，或数人共一传。三国所书事有与本朝（即元朝）相关涉者，当禀。金、宋死节之臣，皆合立传。不须避忌。其余该载不尽，从总裁官与修史官临文详议。（5）疑事传疑，信事传信，准《春秋》。从中可以看出，三史修纂的着重点在于处理好三国与元朝相关的史事记载，余则因旧文裁入。至正四年（1344年），《辽史》116卷、《金史》135卷，五年（1345年）《宋史》496卷分别完成奏进。

《经世大典》，元文宗天历二年（1329年）诏令翰林国史院等纂修，历时两年修成。全书880卷，分为君事四篇：帝号、帝训、帝制、帝系，臣事六典：治典、赋典、礼典、政典、宪典、工典。元代典章制度，无不涵括。明代修《元史》，志的部分，主要就是利用这部《经史大典》。全书已于明代散佚。

《元一统志》1300卷，至元二十三年（1286年），元世祖诏令秘书监编修，纂修方法是类编天下地理志书。三十一年（1294年）编成，凡787卷，赐名《大一统志》。由于当时部分边远地区的资料没有收全，成宗时续修，至大德七年（1303年）最后完稿。全书以府、州为单位，详记其建置沿革、山川形势、风俗物产、名胜古迹、历代人物，采录史料之丰富，编辑体例之完备，超过宋代的志书，明清两代撰修《一统志》，都取为样本。原书惠宗至正六年（1346年）曾刊板行世，明代亡佚。

《农桑辑要》七卷，元世祖至元年间诏令司农司编纂的农书（图4-5-5）。全书以世祖“编求古今所有农家之书，披阅参考，删其繁重，

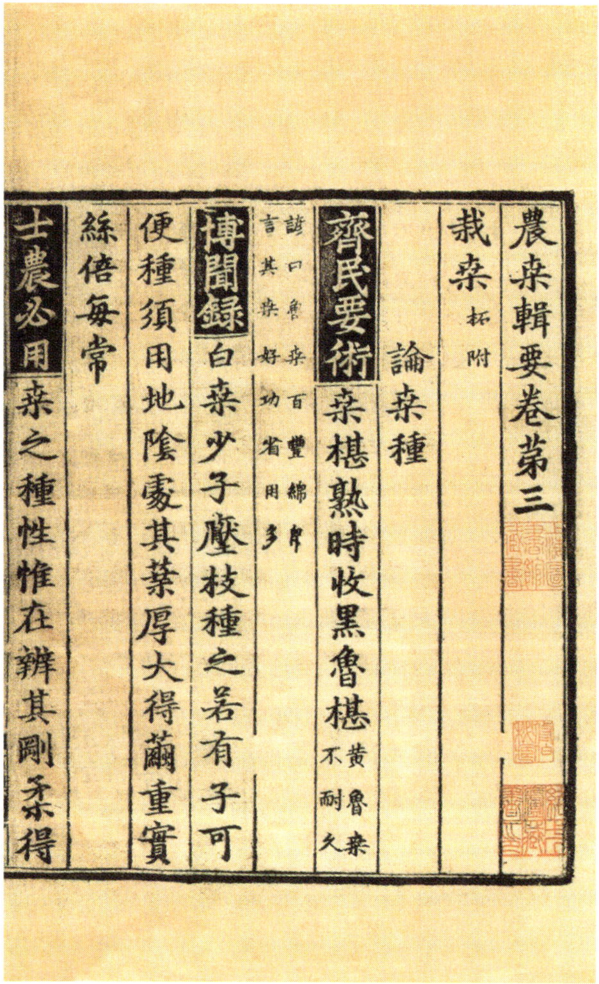
農桑輯要卷第三
栽桑 柘附
論桑種
齊民要術 桑椹熟時收黑魯椹 黄魯桑不耐久
諺曰魯桑百豐綿帛 言其桑好功省用多
博聞錄 白桑少子壓枝種之若有子可便種須用地陰處其葉厚大得繭重實絲倍每常
士農必用 桑之種性惟在辨其剛柔得

图4-5-5 《农桑辑要》元至元五年（1339年）刻本

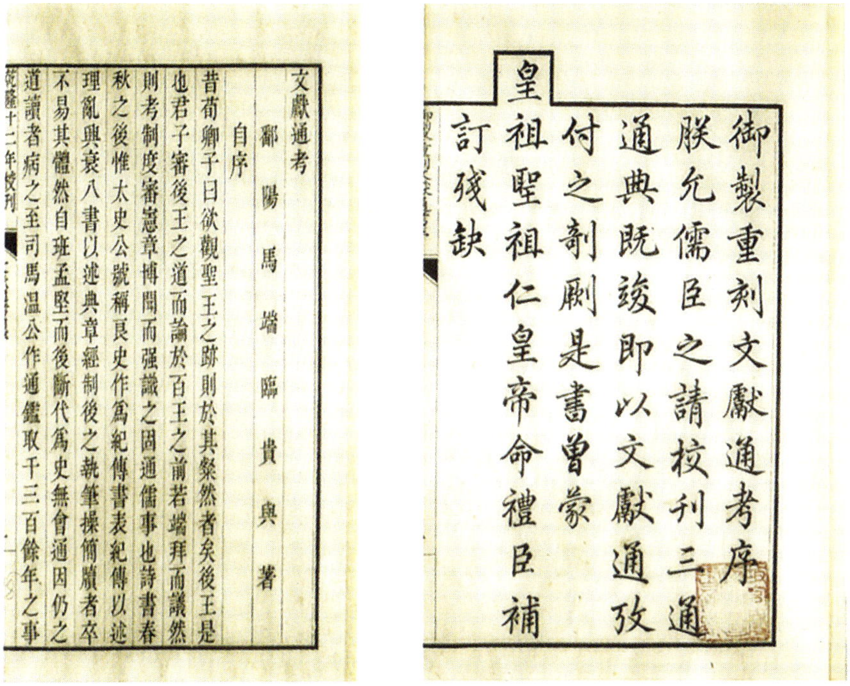
文獻通考
鄱陽馬端臨貴與著
自序
昔荀卿子曰欲觀聖王之跡則於其粲然者矣後王是
也君子審後王之道而論於百王之前若端拜而議然
則考制度審憲章博聞而强識之固通儒事也詩書春
秋之後惟太史公號稱良史作爲紀傳書表紀傳以述
理亂興衰八書以述典章經制後之執筆操簡牘者卒
不易其體然自班孟堅而後斷代爲史無會通因仍之
道讀者病之至司馬溫公作通鑑取千三百餘年之事
乾隆十二年校刊

御製重刻文獻通考序
朕允儒臣之請校刊三通
通典既竣即以文獻通考
付之剞劂是書曾蒙
皇祖聖祖仁皇帝命禮臣補
訂殘缺

图 4-5-6 《文献通考》清武英殿刻本

摭其切要”[1]要求为纲，广泛引录古农书三十多种，项目安排以《齐民要术》为范本。至元中首次刊行。其后仁宗在延祐二年（1315 年）诏命浙江行省印行一万部，颁发有司遵行劝课。此后，英宗、明宗、文宗、惠宗各帝都曾印行，颁发全国，影响至大。正如《四库全书总目提要》所说：“有元一代，以是书为经国要务。”[2]

元朝的官私著述中，能在古代文化传播史上占有一席之地的还有马端临的《文献通考》（图 4-5-6）。古代典志体史籍，以杜佑《通典》、郑樵《通志》（图 4-5-7）和马端临《文献通考》三书贯通古今为主旨，故历史上合称为“三通”。

马端临（1254—1324 年），字贵与，饶州乐平（今属江西）人。南宋度宗朝宰相马廷鸾的儿子，宋亡隐居不仕，倾二十余年的精力，撰著《文献通考》348 卷。全书记载上古至宋宁宗嘉定末年的政治、经济、文化各方面的典制沿革，分为 24 考：田赋、钱币、户口、职役、征榷、市籴、土贡、国用、选举、学校、职官、郊社、宗庙、王礼、乐、兵、刑、经籍、帝系、封建、象纬、物异、舆地、四裔。马端临以《通典》为蓝本，将其“八典”扩充为 19 考，而新增经籍、帝系、封建、象纬、物异 5 考。全书取材广泛，所载以宋代典制最详。

（一）元代的书籍出版

元代刻书，大都、平水、杭州、建阳为四大中心。元初曾任翰林国史院检阅

1 （元）司农司：《农桑辑要·原序》。
2 （清）纪昀等：《四库全书总目提要》卷一百二子部十二农家类。

官的袁桷在所著《清容居士集》卷二二“袁氏旧书目序”中说：“国家承平，四方无兵革之虞，多用文儒为牧守，公私闲暇，鲜享醴会僚属，以校雠刻书为美绩。至于细民，亦皆转相模锓以取衣食。”真实地反映了元初官府、私家和书坊在统一和平的社会环境中从容进行刻书传播活动的熙和景象。

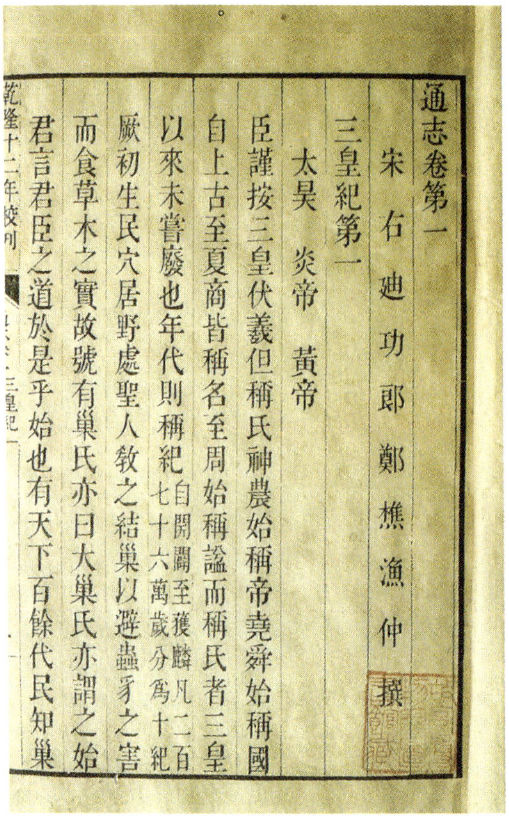
通志卷第一
宋 右迪功郎鄭樵漁仲撰
三皇紀第一
太昊 炎帝 黃帝
臣謹按三皇伏羲但稱氏神農始稱帝堯舜始稱國自上古至夏商皆稱名至周始稱謚而稱氏者三皇以來未嘗廢也年代則稱紀（自開闢至獲麟凡二百七十六萬歲分爲十紀）厥初生民穴居野處聖人敎之結巢以避蟲豸之害而食草木之實故號有巢氏亦曰大巢氏亦謂之始君言君臣之道於是乎始也有天下百餘代民知巢
乾隆十二年校刊

图 4-5-7 《通志》清武英殿刻本

1. 官刻与家刻

元太宗八年（1236年），“立编修所于燕京，经籍所于平阳，编集经史”[1]。元代的官刻开始于此，其时正当南宋理宗端平三年。南宋覆亡，国家藏书和江南各地书版被大量运往北方，元皇室建奎章阁、崇文院收藏图籍，设兴文署管理经籍书版。

元朝官府刻书机构，中央政府先有兴文署，后设广成局，而太史院的印历局、太医院的广惠局或医学提举司都有刻书的记录。兴文署刻书，以至元二十七年（1290年）所刻《胡注资治通鉴》最为著名。元大德三年（1299年），太医院刻《圣济总录》200卷。据文献记载，元朝官刻，除小部分由中央机构刊印外，大部分由中央机构辗转下达地方如儒学、书院、郡庠等刻印。如辽、金、宋三史就是由江浙、江西行中书省开雕印行的。

元代的书院刻书，在历史上享有盛誉，其中尤以西湖书院为最。西湖书院是元朝江南官方的最高学府，在南宋国子监的基础上组建而成。建立之初，就对南宋国子监所存书版进行修补，当时召集92名工匠从事写刻版工作，共补刻四部缺版7893块，修补残版1671块。所刻书精于校勘，质量上乘，其泰定元年（1324年）所刻《文献通考》348卷，堪称元本的代表作。其他如茶陵古迂书院元大德三年（1299年）刻《增补六臣注文选》，同年，铅山广信书院刻辛弃疾《稼轩长短句》，大德九年（1305年），茶陵东山书院刻沈括《梦溪笔谈》，这些都是元代书院刻本的佼佼者。

儒学是元代刻书比较活跃的地方刻书机构。庆元路儒学元泰定二年（1325年）

1 （清）柯劭忞等：《新元史·太宗》卷四本纪第四。

刻南宋王应麟杂学名著《困学纪闻》，扬州路儒学至元五年（1339年）刻元文学家马祖常的《石田先生文集》，嘉兴路儒学至正十四年（1354年）刻《汲冢周书》，皆有名于时。儒学刻书，以大德九年（1305年）江东建康道肃政廉访司组织下属九路儒学合刻十九史的行动最为壮观，尽管最终只有八路参与刻成十史，仍不失为元代一次重要的出版活动。

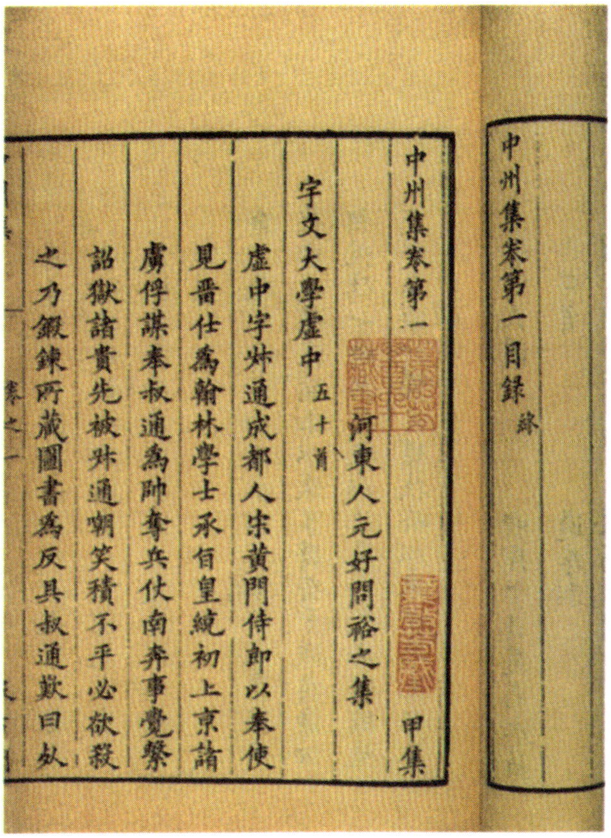

图 4-5-8 《中州集》

元代家刻也十分活跃，仅据叶德辉《书林清话》“元私宅家塾刻书”条记录，就有四十多家，其中以宪宗六年（1256年）北平赵衍刻唐李贺诗集《歌诗编》，大德八年（1304年）东平丁思敬刻宋曾巩《元丰类稿》，至大三年（1310年）平水曹氏进德斋刻元好问《中州集》（图4-5-8），相台岳氏荆溪家塾刻《春秋经传集解》等为代表。

2. 坊刻

金国覆灭后，元朝在平阳设经籍所，金时书坊，如中和轩王宅、张氏晦明轩等入元后继续开张刻书。元朝书坊主要集中在平水、建阳，而书坊刻书的盛况，较之南宋有过之而无不及。仅就迄今已知的书坊和流传至今的坊刻本，数量众多，犹如重枝繁花，掩映前朝。

元代是建阳书坊刻书的黄金时期，南宋余、刘两大世家入元后，书坊名声越传越响，刻书业务越做越大，仅以见存和书目著录者统计，余志安勤有堂刻书就达二十五种，品种遍及经史子集；刘君佐翠岩精舍、刘锦文日新堂等刻书都在二十种以上，且延续入明。现将元代建阳、平水可考书坊及其所刻书择要列举于下：

余志安勤有堂。建阳余氏刻书始于南宋，终于清康熙间，刻书时间持续五百多年，为中国刻书史上世家刻书之最。元代余氏书坊有勤有堂、勤德堂、双桂堂等，而以勤有堂刻书最多，名望最高。所刻书仅国家图书馆收藏的就有宋杨齐贤集注、元萧士贇补注《分类补注李太白诗》，宋徐居仁编次、黄鹤补注《集千家注分类杜工部诗》，元董鼎撰《书集传辑录纂注》《三辅黄图》，唐长孙无忌等撰《故唐律疏义》，元苏天爵辑《国朝名臣事略》，元胡炳文撰《四书通》，元张存中撰《四书集注通证》等。

建阳刘君佐翠岩精舍。叶德辉《书林清话》将其列为“私宅家塾刻书”，但是以其刻书规模和绵延入明的刻书活动来看，应属典型的坊刻世家。元仁宗延祐元年（1314 年）所刻《周易传义》十卷，是见知翠岩精舍最早的刻书。元泰定四年（1327 年）刻元胡一桂撰《诗集传附录纂疏》，元惠宗至正十四年（1354 年）刻元董鼎撰《书集传辑录纂注》，均见藏国家图书馆。

建安书林刘锦文日新堂。日新堂是元代建阳书坊刻书大户，《书林清话》卷四“元时书坊刻书之盛”章将其列为首家，并罗列其元时所刻书十种。

建安虞氏务本书堂。务本书堂是建阳名坊，从事书业由宋末历元至明初，其主要活动则在元代。传世刻本较多，其中最著名者为题宋王十朋纂集之《增刊校正王状元集注分类东坡先生诗》二十五卷，卷前有篆书条记“建安虞平斋务本书堂刊”。国家图书馆收藏有杨守敬题跋本。元惠宗至正元年（1341 年）刻《赵子昂诗集》七卷，目后有“至元辛巳春和建安虞氏务本堂编刊”阴文一行。

建安郑氏宗文书堂。这是建阳一家由元入明的著名书坊，刻书较多，著名者有元文宗至顺元年（1331 年）所刻元刘因《静修先生文集》二十二卷，元至正六年（1346 年）刻《春秋经传集解》三十卷。

建安虞氏。日本内阁文库以富藏中国古典小说戏曲闻名于世，其中元刊平话和崇祯本《二刻拍案惊奇》已是海内外孤本，天壤间秘籍。元刊平话，即由建安虞氏于元英宗至治年间（1321—1323 年）刊行，现存五种：《新刊全相平话武王伐纣书》三卷，《新刊全相平话乐毅图齐七国春秋后集》三卷，《新刊全相秦并六国平话》三卷，《新刊全相平话前汉书续集》三卷，《新刊全相三国志平话》三卷。民国间日本影印《武王伐纣书》，商务印书馆曾影印后四种，1956 年上海文学古籍刊行社据之再次影印。所谓平话，敷衍历史故事，为宋元讲史艺人表演的底本。书内正文插图，连环画式，版框两栏，上图下文。从书名有后集、续集之称，可知虞氏当日所刊不止五种。建安虞氏的详情已不可考知，若断其为一家以刊行通俗文学作品为主的书坊当无大误。

金、元时期，兼具说唱而以唱为主的金诸宫调、元杂剧、平话作为金元文学的重要创作形式十分繁荣，作家群星璀璨，作品洋洋大观。这种通俗文学作品拥有大量读者，民间书坊抓住这个发展的良机，开始刊行说唱文学作品。金诸宫调流传至今者有源于唐传奇《莺莺传》，董解元的《西厢记诸宫调》以及《刘知远诸宫调》。《刘知远诸宫调》是迄今发现金平水坊刻说唱文学作品的唯一传本，光绪三十三年（1907 年）在甘肃省张掖黑水城西夏遗址出土，被科兹洛夫掠往俄国。二十世纪五十年代初苏联政府将其归还我国，现藏中国国家图书馆，存五卷 42 页。

元杂剧经王国维、孙楷第、傅惜华等学者的研究，推知元时当有千余种行世，但现在所能看到的都是明人的抄刻本。元刻杂剧王国维《两浙古刊本考》著录七种一卷本：《古杭新刊的本关大王单刀会》《古杭新刊的本尉迟恭三夺槊》《古杭新刊的本关目风月紫云庭》《古杭新刊的本李太白贬夜郎》《古杭新刊关目霍光鬼谏》《古杭新刊关目辅成王周公摄政》《古杭新刊小张屠焚儿救母》，当系杭州坊间所刻，除关汉卿《关大王单刀会》外，余六种皆见于《元刊杂剧三十种》。由于坊刻戏文多不署名号，且历经传抄散佚，实已难考元坊刻戏文的详情。但是坊刻具有广阔社会需求的通俗文学作品的传统，到了明中叶才开始大放异彩。

元代刻本具有多用简字、俗字的特点。元朝自己曾创制蒙古新字作为国字，并规定公文往来必须使用国字，从而在一定程度上导致了对汉字书写刻板的规范化要求。同时，大量通俗小说、戏曲读本由书坊刻印应市。书坊刻书，为了抢市场，本来就图快；为了省成本，总是在图简。这样一来，元刻本，尤其是坊刻本中，简体、俗体字自然就多起来了。另外，与宋刻本相比，元刻本还有一个比较明显的特点，就是用字不避讳。这与元人礼制观念淡薄有关。

（二）元代书籍的印刷技术

雕版印刷，一次可以印成成百上千部书，对于靠一字一句手工抄写来讲，的确是一场了不起的革命。但是从雕版印刷的工序来考察，印一叶书，必须雕一块版，如果是一部卷帙浩繁的大书，需要雕刻成千上万块书版，这在人力、财力和时耗上都显得很不经济。古人在雕印实践中意识到了这一不足，并且努力探索新的改革途径。北宋仁宗庆历年间（1041—1048 年），临安毕昇发明了活字印刷术，这项发明比欧洲最早用活字印刷《圣经》的德国人谷腾堡要早 400 年（图 4-5-9）。

图 4-5-9　中国印刷博物馆内毕昇像

关于毕昇的这一重大发明，历史上最早的记载，是北宋著名学者沈括的《梦溪笔谈》，书中科学地记载了古代科学家和劳动者在科学、技术方面的杰出发明，毕昇的活字印刷术就是其中极其宝贵的一则记录。原文如下：

板印书籍，唐人尚未盛为之。自冯瀛王（道）始印五经，已后典籍，皆为印本。庆历中，有布衣毕升，又为活版。其法：用胶泥刻字，薄如钱唇，每字为一印，火烧令坚。先设一铁板，其上以松脂、腊和纸灰之类冒之。欲印，则以一铁范置铁板上，乃密布字印，满铁范为一板，持就火炀之。药稍熔，则以一平板按其面，则字平如砥。若止印三二本，未为简易；若印数十百千本，则极为神速。

常作二铁板，一板印刷，一板已自布字，此印者才毕，则第二板已具，更互用之，瞬息可就。每一字皆有数印，如“之”“也”等字，每字有二十余印，以备一板内有重复者。不用则以纸贴之，每韵为一贴，木格贮之。有奇字素无备者，旋刻之，以草木烧，瞬息可成。不以木为之者，木理有疏密，沾水则高下不平，兼与药相粘，不可取。不若燔土，用讫再火，令药熔，以手拂之，其印自落，殊不沾污。升死，其印为予群从所得，至今宝藏。[1]

沈括在这段文字中非常详细地记录了毕昇活字印刷的过程（图 4-5-10）。这一发明，在今天看来，显得十分原始，但它已经具备一套完整的活字印刷工艺流程：制活字、排版、印刷，与现代活字印刷技术完全相同。

北宋是我国雕版印刷的黄金时期，毕昇能在雕版印刷术正处于上升的态势时，就敏锐地发现其印一叶雕一版的根本缺陷，从而创造出活字排版的新技术，的确是很了不起的。可惜的是，毕昇作为一个社会地位低下的布衣，根本无能力也没有资本来推广自己的发明，甚至没有留下用活字印刷术印刷的只页片纸，致使这一伟大的发明长时期无法发挥其巨大的社会效益。

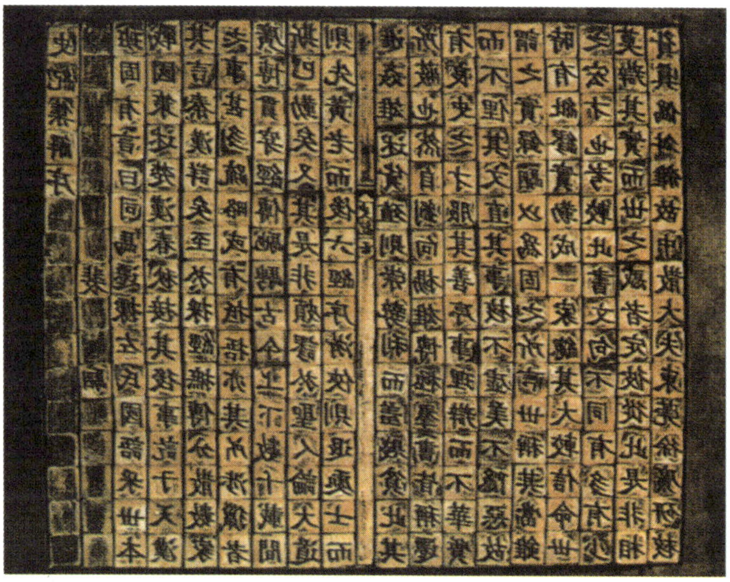

图 4-5-10　仿毕昇泥活字版模型

毕昇的生平事迹史无记载，仅沈括称他为“布衣”。有关研究者认为能发明活字印刷术，需要有雕版印刷经验的丰富积累，因此判断他是一位具有高超技艺的

1 （宋）沈括：《梦溪笔谈·技艺》卷十八。

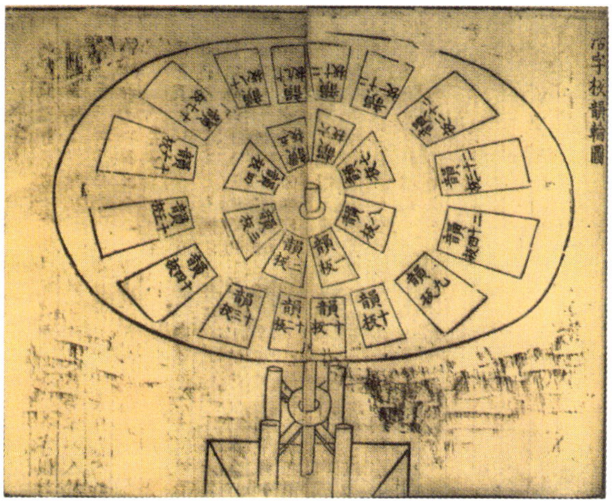

图 4-5-11 《农书》中活字版韵轮图

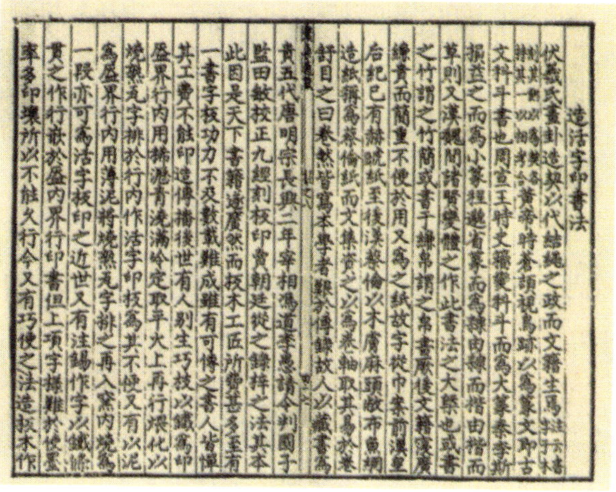
造活字印書法
伏羲氏畫卦造契以代結繩之政而文籍生焉注云書
黃帝時蒼頡視鳥跡以為篆文即古
文科斗書也周宣王時史籀變科斗而為大篆秦李斯
損益之而為小篆程邈省篆而為隸由隸而楷由楷而
草則又漢魏間諸賢變體之作此書法之大槩也或書
之竹謂之竹簡或書于縑帛謂之帛書厥後文籍浸廣
縑貴而簡重不便於用又為之紙故字從巾案前漢皇
后紀已有赫蹏紙至後漢蔡倫以木膚麻頭敝布魚網
造紙稱為蔡倫紙而文集資之以為卷軸取其易於卷
舒目之曰卷然皆寫本學者艱於傳錄故人以藏書為
貴五代唐明宗長興二年宰相馮道李愚請令判國子
監田敏校正九經刻板印賣朝廷從之鋟梓之法其本
此因是天下書籍遂廣然而板木工匠所費甚多至有
一書字板功力不及數載難成雖有可傳之書人皆憚
其工費不能印造傳播後世有人別生巧技以鐵為印
盔界行內用稀瀝青澆滿冷定取平火上再行煨化以
燒熟瓦字排於行內作活字印板為其不便又有以泥
為盔界行內用薄泥將燒熟瓦字排之再入窯內燒為
一段亦可為活字板印之近世又有注錫作字以鐵條
貫之作行嵌於盔內界行印書但上項字樣難於使墨
率多印壞所以不能久行今又有巧便之法造板木作

图 4-5-12 《造活字印书法》

雕版印刷工人。进一步的结论还有待新史料的发现。

沈括关于毕昇创造的活字印刷术的记载，还是在社会上引起了反响。两百多年后，元代王祯的木活字印刷技术问世。

王祯字伯善，山东东平县人。元成宗元贞元年（1295 年）任宣州旌德（今属安徽）县令。所著《农书》名登“元代三大农书”之列。《农书》写成于仁宗皇庆二年（1313 年），全书二十三卷，内分农桑通诀、百谷谱、农器图谱三部分，配有 306 幅插图，内容包括各种农具、农业机械、灌溉工具、纺织机械，画面附有文字，说明各种工具的构造和使用方法。《农书》（图 4-5-11）的篇幅比较大，计有 13 万字，刻印可能较繁。王祯打算采用木活字排印，请匠人制作了三万多个木活字。大德二年（1298 年），他用这套木活字试印了自己纂修的《旌德县志》，一部六万字的著作，不到一个月就印成 100 部，效率大大高于雕版印刷。王祯将自己活字印刷的实践和工序写成《造活字印书法》（图 4-5-12）一文，附在《农书》之末。

从《造活字印书法》的叙述看，王祯的木活字印书程序包括五项：（1）刻字。按韵将字写在纸上，糊到木板上刊刻，各字之间留出界路，以便分割。（2）锯字和整修。按界路把木板上的字一个一个锯开，然后依规格进行修整。（3）造轮贮字。造两个直径 7 尺的轮盘，固定在高 3 尺的转轴上。一轮以韵分格编号，木字按韵放入；一轮专贮杂字。（4）排字。采取一人按韵喊号，一人就盘取字，并依次放入印书板盔中。如有缺字，随时补刻。（5）刷印。先把版面修理平整，刷印是顺界行竖刷，严禁横刷。

由于《造活字印书法》的详细记载，王祯一直被视为木活字印刷的先驱。1991 年，宁夏贺兰山深处的一座西夏砖塔中发现一批西夏文佛经印本。经专家的深入研究，发现诸多活字印刷才有的特征。1996 年 11 月，经文化部组织专家鉴定，确认牛达生的研究结论："这批西夏文佛经是西夏后期由佛教寺院或民间印刷的木活字印本。……是迄今为止世界上发现的最早木活字版印本实物。"[1]

西夏，是以古代羌族的一支党项为主体民族所建立的国家，1038年，元昊称帝，国名大夏，汉籍中习称西夏。境土大致包括今宁夏全部、甘肃大部、陕西北部及青海、内蒙古的部分。其国传十世190年，先后与辽、北宋、金、南宋对峙，1227年为蒙古所灭。这批印刷于十二世纪下半叶的木活字印刷实物的发现，将我国木活字的发明和使用时间提早了一个朝代。

第六节　从蝴蝶装、包背装到印本书的"册叶制度"

在中国图书发展史上，随着书籍载体材料、生产方式以及人们需求的不同，书籍制度也相应地发生变化。我国最早的图书形态是用竹木条编连制作的缣帛书，从而产生了我国第一种书籍制度——简策制度。缣帛作为一种质地柔软的丝织品，其装订形式更为简单，通常一正一反折叠存放，或者在帛书左端粘接一轴，成为后世卷轴装的鼻祖。东汉蔡伦改进造纸术以后，纸本书开始出现，早期的纸本书由于受简策制度和帛书形制的影响，很自然地延续了缣帛的卷轴形式。通常是将一张张纸粘接成长幅，以木棒等做轴粘于纸的左端，以此为轴心自左向右卷成一束，即为卷轴装图书。

我国的印本书是在雕版印刷术发明以后形成的。所谓印本书，就是指通过雕版印刷生产的本子。在雕版印刷术发明以前，书籍都是手工抄写的，因此称之为写本书。卷轴装是写本书时期较为通行的书籍形式，也是中国图书史上一种重要的书籍制度。唐初雕版印刷术的发明对于图书的生产、图书的形态、书籍制度的变革，都产生了十分重要的影响。自此以后，印本书逐步取代了写本书，书籍制度也逐步发生了变化。

在印本书出现之初，图书的主要装帧形式仍然是卷轴装。晚唐工具书大量出现，工具书内容的繁杂与卷轴图书不便查检之间的矛盾，使得人们对印本书的卷轴形式进行了改进与变革，先后出现了经折装、旋风装，这些可以看作是图书由卷轴制度向册叶制度发展的过渡形式。然而，真正的册叶图书还是从蝴蝶装开始的，经过两宋的改进，至元代形成包背装形式，最后到明代中叶逐步出现线装形式的图书。这就是我国古代册页图书的发展与册叶制度确立的大致历程。

册叶图书的形制，与雕版印刷关系密切，同时也受装订方式的影响。与简策图书、缣帛图书、卷轴图书相比，它既有因袭相同的方面，更有一些不同的特点。

1 刘长荣等：《宁夏发现西夏文木活字印本》，《光明日报》1996年11月27日。

一、装帧

经折装受卷轴装的影响，仍将一张张纸粘接成长条，然后将纸卷一反一正折叠成长方形的折子（图4-6-1）。唐末在印度传入的佛教书籍的影响下，人们又借鉴佛教贝叶经的装帧方法，在前后分别加上两块硬纸板用来保护图书，类似于现代图书的封面和封底。因此，经折装有时又被称为梵夹装。经折装较卷轴装更为进步，人们可以直接翻阅某一页，避免了整卷的舒展和收卷。经折装虽然避免了展卷的麻烦，但是厚厚的一叠，查找或阅读时容易散开或扯断，于是出现了旋风装。

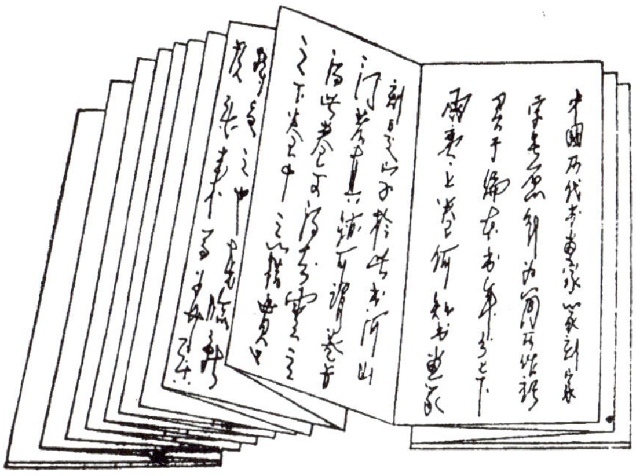
图 4-6-1　经折装

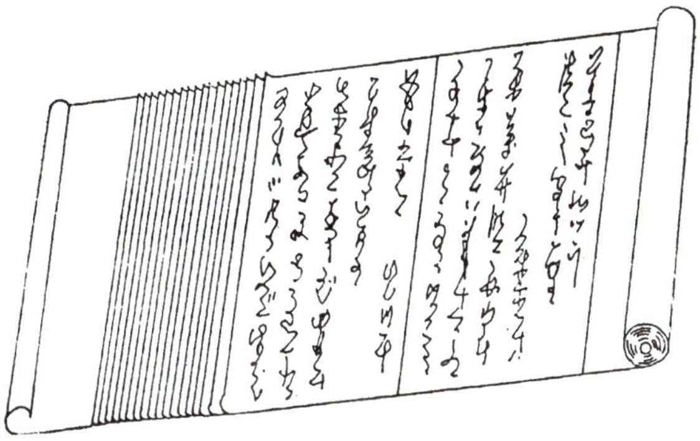
图 4-6-2　龙鳞装

关于旋风装目前有两种说法：一种认为旋风装来自经折装，但与经折装的不同之处在于它将经折装的最前一页和最后一页，用一张纸粘起来，即将经折装的前后封面改为一张整纸，翻阅时书叶宛如旋风，故称为旋风装。另一种意见认为：旋风装不来自经折装，而来自卷轴装。就是在卷轴式的底纸上，将书叶鳞次相错地粘裱，打开时，形似龙鳞；收卷时，书叶鳞次朝一个方向旋转，宛如旋风，所以又称为龙鳞装（图4-6-2）。[1]

蝴蝶装，简称蝶装，是由经折装演化而来的一种原始册页装形式（图4-6-3）。它是将印有文字的纸面朝里对折，再以中缝为准，把所有页码对齐，用糨糊粘贴在另一包背纸上，然后裁齐成书。蝴蝶装的书籍翻阅起来就像蝴蝶飘飞的两翼，故称蝴蝶装。蝴蝶装大抵出现在唐代后期，五代沿用之，盛行于北宋。据《明史·艺文志》记载："秘阁书籍皆宋、元所遗，无不精美。装用倒折，四周向外，虫鼠不能损。"所谓"装用倒折，四周向外"指的就是蝴蝶装的书本形式。叶德辉在《书林清话》中说："蝴蝶装者，不用线订，但以糊粘书背，夹以坚硬护面，以版心向内，单口向外，揭之若蝴蝶翼然。"[2]

1 姚伯岳：《中国图书版本学》，北京大学出版社，2004年，第87—88页。

2 叶德辉：《书林清话》卷一，中华书局，1957年。

蝴蝶装的形式虽然比较美观，也便于一目十行地观书，但书叶翻动过多，仍不免脱落之虞。另外，蝴蝶装每读一页需连翻两页才能继续阅读，非常不便。因此，自北宋后期起，它逐渐被包背装（图 4-6-4）所取代。包背装的装帧方法与蝴蝶装正好相反，就是把书页有字的折在外面，使版心成为书口，而将书叶两边的余幅粘在一张裹背纸上。这样，翻阅起来就可以避免蝴蝶装那种要连翻两页才能看到文字的毛病。但是，由于它装帧时必须逐页粘连，十分费事，于是逐渐有人改进为先用纸捻穿订起来再行粘贴，最后装上封面。包背装开始于宋代，是元代和明初最为流行的书籍装帧方式。李致忠在《五代刻书述略》中披露：“今天北京图书馆所藏宋刻本《文苑英华》即保留着宋代包背装的原样，卷末有‘景定元年十月廿五日装背臣王润管讫’字样，说明南宋包背装已很流行，并有专人管理了。”[1] 此外，该馆珍藏的宋版书《册府元龟》《欧阳文忠公集》，也都是包背装。中国国家图书馆的古籍书库中，即典藏有元刊元装的包背本《汉书》《文献通考》。

图 4-6-3 蝴蝶装

图 4-6-4 包背装

由于包背装的书口向外，竖放容易磨损书口，所以包背装图书一般是平放在书架上。包背装图书的装订及使用较蝴蝶装为方便，但装订的工序也比较复杂一些，因此，很快被另一种改进型的装帧形式——线装所取代。线装兴起于明代中叶，其折叠书叶与穿纸捻的方法同包背装一样，但不再用一张裹背纸包背，而改为前后各加一书皮，然后打眼穿线，装订成册。线装书是我们现在最常见到的古籍装订形式。但明代编纂的《永乐大典》、清代编纂的《四库全书》，采用的依然是包背装形式。

因此，就装帧形式而言，宋、元版书籍大多采用的是蝴蝶装和包背装。

1 李致忠：《历代刻书考述》，巴蜀书社，1990 年，第 96 页。

二、版式

所谓版式，即版面的安排方式。我国最早的图书形式——简策，已有一定的版式安排，简之长短虽不十分规则，但还是有一些规定的，一般长简为二尺四寸，中简一尺二寸，短简八寸。一枚简一般只写一行，有时也写两行或者三行。书写顺序取自上而下，从右向左的定制，这种形式一直影响着我国历代的书写和阅读习惯。帛书的版式安排很简单，基本同简策的版式相同，但出现了用朱砂或墨画着的行格，后人称红的为“朱丝栏”，称黑的为“乌丝栏”。这就是后世图书界行和边栏的滥觞。

就纸本书而言，版式是指一张书叶的雕版格式（图 4-6-5）。纸写本书保持了从上往下、自右向左的书写习惯，偶尔也有描栏画界的，但一般说来，版面简洁，多数仅只有文字而已。印本书版面有了比较固定的格式，古代纸张质量不高，一般为单面印刷，印叶上的每一事项都有一定的名称，主要有——

版面：一块版所占的面积。版面四周的黑线叫“版框”，也称“边栏”或“栏线”。四周单线印的叫“四周单边”或“单边栏”；四周双线印的叫“四周双边”或“双边栏”。还有一种仅左右由双线印的称“左右双边”或叫“左右双夹线”。此外，还有一种总称为“花边”的，四周边栏由各种花纹图案组成，有卍字栏、竹节栏或博古栏等。

界行：版面内分行的直线叫“界行”，又叫“边准”，但也有不分界行的，称“白文”。

天头、地脚：每张印纸上版面印出以外的部分，在上者称“天头”，在下者称“地脚”，合称“天地头”。左右部分各称为“边”。

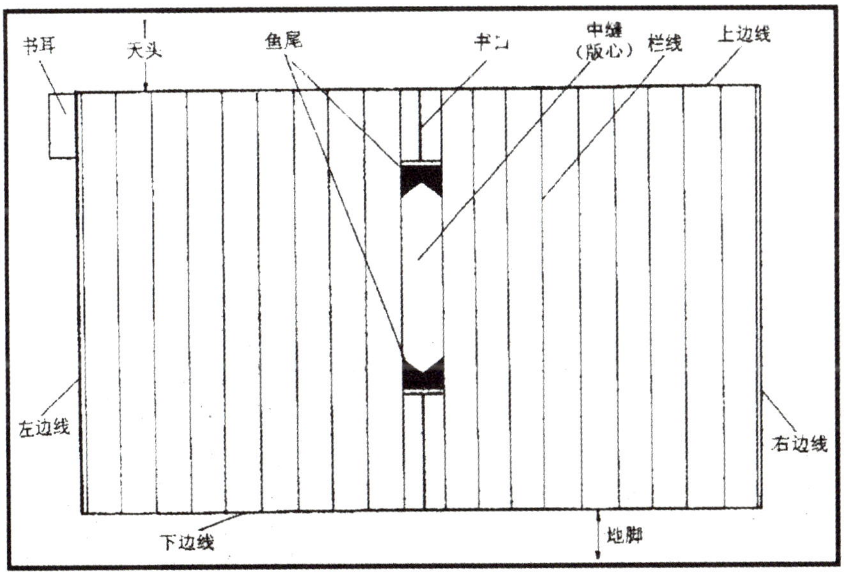

图 4-6-5　版式

版心：版面的中心一行，通常较窄，叫“版心”，也称“版口”或称“版中缝”“中折行”“书口”，是印页对折的标准。

鱼尾：在版心中间，距离上边约四分之一版高处刻有一个像鱼尾似的图形，这就叫“鱼尾”。有时版心下方与上方对称处也刻有鱼尾，只刻有一个的称“单鱼尾”，刻有两个的称“双鱼尾”。“双鱼尾”中又有“顺鱼尾”（方向相同）和“对鱼尾”（方向相反）之分。其中，黑色者叫“黑鱼尾”；空白的叫“白鱼尾”；由平行线构成的，叫“线鱼尾”；带有花纹的，叫“花鱼尾”。元末刻书，多用花鱼尾。鱼尾将版心分为三个部分，中间一般用来题写书名、卷次、页数；上面原多是刊刻页数的，后来把中间书名移此，也有刊刻出版家名称的；下面原多记刻工姓名，后多记出版家名称或从书总名。

象鼻：版心中的鱼尾上下到版框之间的部分叫“象鼻”。象鼻中印有黑线的称为“黑口”，其印有较细黑线者称为“细黑口”（或称“小黑口”），黑线较粗者或全黑者称为“粗黑口”（或称“大黑口”“宽黑口”）。上面的黑口称为“上黑口”，下面的黑口称为“下黑口”，上下都是的，称为“上下黑口”。其中，刻有文字的称为“花口”或称“口题”，没有黑线和文字的，则称为“白口”。版心中的黑线和鱼尾是折叠书页的标记，因为版刻书都是整页单面印刷，装订时需要折叠。

书耳：在版框左右两边栏外的上角，有时刻有一小方格，称为“书耳”，或称“耳子”“耳格”，简称“耳”。书耳上多记书的篇名（或称小题），其在左的称为“左耳题”，在右的称为“右耳题”，是为阅读时方便翻检而设的，多见于宋、元版书中。

行款：又称行格，指正文的行数与字数，通常以半个版面为计数标准。同一种书，不同时期、不同刻家刻印行格字数往往不同，因而行款也是鉴别版本的根据之一。

字体：版片上的字，是经人手写而后摹刻的，所以各具风格，并无定制。

三、结构

由许多书叶装订成册，即为一部图书，因此，其结构就是指一部具体图书的形式和内容的各种组成部分的构成形式。古代的册页图书是较为讲究的，而且随着图书形制和内容结构的不断发展而逐步完善，各组成部分也有了通用一致的名称（图4-6-6）。

（一）外形结构

书脑：书页经折叠后，左右边栏以外锥眼订线的地方。

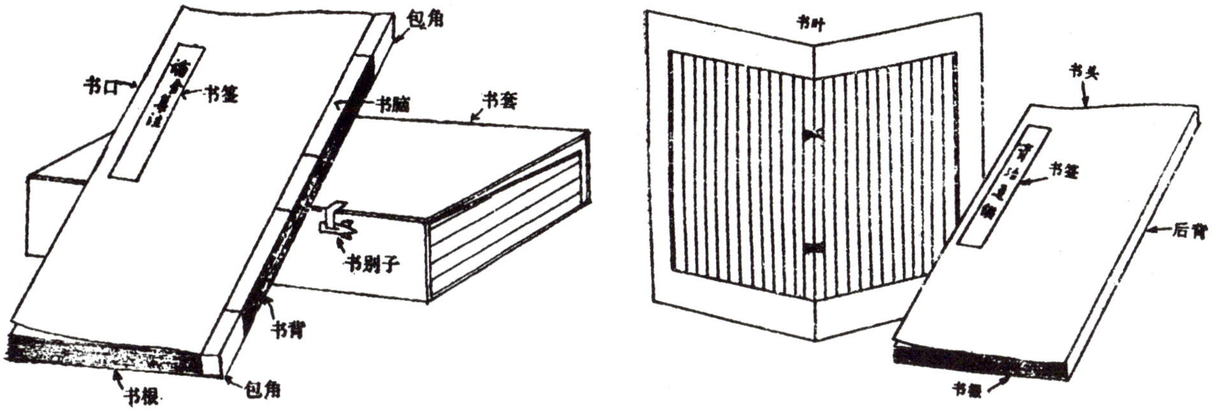

（1）　　（2）

图 4-6-6　册页图书的外形结构

书脊：亦称书背，一书装订缝合处的侧面。

书首：经装订成册后的图书的最上部位。

书根：经装订成册后的图书的最下部位。

书皮：亦称书衣、书面、内封面护封，是一部古书的最外层，起保护图书的作用。

书签：亦称书皮题签，是粘贴在书皮上的题有书名等事项的长方形签条。

封面：也称封皮，是为保护图书内容在书皮之外附加装订的封页，介于书皮与正文之间。一般印有书名、撰注者姓名、刊刻地、刊刻者等事项，不少古书除书皮外还有封面。

（二）内容编排

序跋：指书籍的前言、后语。这类文体名目很多，《汉书·艺文志》中有总序、大序、小序、赠序、引等。至于题跋，汉晋之书没有，到唐宋时才出现，明清以后用得较多。序，即序言，一般列于书首。序言中的自序，以叙述自己的家世、行事活动、著书宗旨、目的及写作体例为内容，也有为别人作序的，通常是写著者的生平事迹和图书的内容价值。除此之外，在古代作家的别集序文中，往往有对作者的生平事迹、创作成就、思想倾向、艺术风格及其著作集流传情况等方面的介绍。跋，又称书后，或后序，多数叙述本书的版刻源流、刊刻经过和目的等，以校刻者写的居多。绝大多数跋放在正文最后，但也有列于书前的。隋唐雕版印刷术兴起后，写书者有序，刻书者有序，作者的许多亲朋好友亦有序，使得一书往往有三四个甚至更多的序，而且刻印次数越多，序也就越多。

目录：指一书正文前的篇章名目。古人著书，同时也写有关目录的文字，如宋司马光作《资治通鉴目录》三十卷，清代王鸣盛在《十七史商榷》中说：“公既成《通鉴》，又略举事目，年经国纬，以备检寻，为《目录》三十卷。”[1]古书中目录一般都在卷末，而不是像现代图书一样放置卷首。较大型的古书除卷首有总目录外，各部分还有分目录。一些有前集、后集或正编、续编之类的古书，则往往没有集中的目录，目录分散于各部分。但也有不少古书最初没有目录，目前看到的目录往往是后人所加的。宋曾巩在受诏校雠史书时，就对《南齐书》《梁书》《陈书》做过一番目录工作，如他在《陈书序》中说：“其书旧无目，列传名氏多阙谬，因别为目录一篇，使览者得详焉。”目录不仅可以使我们了解图书内容的概貌，对清理古书也有较大的作用。

凡例：即书的编制体例说明，多用于字典、词典、手册、年谱、资料等具有工具书性质的图书。常见的内容包括编选原则、条目安排、查检方法、注释体例、资料来源等项，一般列于目录之前，也有的没有。少数在凡例后还题有凡例作者姓名。

正文：是全书的主要部分。正文多数分卷，一般依据内容和篇幅来划分卷第，各卷自为起讫，卷与卷之间用顺序数加以表示，每卷的开头称为卷端，卷端书写书名，大部分古书卷端也记录有本书的著者名。

卷首、卷末及附录：正文之外，往往有附录等参考资料，材料多时，往往自成一部分，不计在正文卷数内。这种参考资料有时编列在目录之前，叫作卷首，有时放在正文之后，叫作卷末。有些古书附刻资料不叫卷首末而称附录。附录对于考证图书的作者及其时代以及版本等都有一定的参考价值。

牌记：位于古书书名页的后半页，也有位于目录、序文之间或一书最后的。通常分三行书写，第一行刻作者姓名，第二行为书名，第三行为刻书人的姓名、室名、书铺字号或斋、堂名。正上方边栏有时还刻上刻印的年月日，并采用图形花样；在图形内刻印上出版人、出版时间等，俗称“书牌子”，也叫“木记”，如《词林第一枝》卷末刊“万历新岁孟冬月叶志元梓”双行牌子。[2]

雕版印刷的宋本书籍，特别受到人们的珍视，主要是因为它具有以下五方面的特点：

第一是校刻比较精。古书在流传过程中，会出现不少错误，如错字、掉字、增字、重复等等情况，不加以校勘，就会失真。而宋代读书人、刻书人都非常重视校勘工作，有不少校勘名家，如宋敏求、马端临等。凡出自这些名家校雠的书，都被人视为珍宝。

第二是刻工上佳。宋代刻书的地方不少，尤其是浙江的杭州，人文荟萃，良工毕集，连皇室刻书，也多到杭州雕版。以后杭州成为了南宋的首都（即当时临

1 （清）王鸣盛：《十七史商榷·缀言二》卷一百。

2 卢贤中：《中国图书学》，安徽大学出版社，2004年，第105—111页。

安），刻书史为有名，刻印的书籍，十分精美。

第三是字体书写好。宋人崇尚欧阳询、颜真卿、柳公权的字体，风气所尚，也影响到板刻事业。北宋早期盛行欧体，后期逐渐转向颜体和柳体，但各地区刻书又有分别。川本颜体居多，间架开阔，字形丰满；建本柳体居多，笔画刚劲，字硬如骨；浙本则多欧体，纤细秀雅，字形略瘦；江西刻本既有柳体，又有欧体。宋元祐年间刊印的司马光《通鉴考异》，清代乾隆皇帝评论说："是书字体浑穆，具韩柳笔意，纸质薄如蝉翼，文理坚致，为宋代所制无疑。"[1]

第四是纸墨优良。宋代造纸技术较为发达，宋代刊书多选用好纸，为避免虫蛀，选用一种所谓的椒纸，"椒纸者，谓以椒染纸，取其可以杀虫，永无蠹蚀之患也"。另外，浙本、川本多用皮纸，即以桑树皮和楮树皮为原料制成的纸张，色白而厚，两面光洁。《书林清话》中有云："字画刻手古劲而雅，墨气香淡，纸色苍润，展卷便有惊人之处，所谓墨香纸润，秀雅古劲，宋刻之妙尽矣！"[2]

第五是书籍的版式颇为考究。从版式看，北宋刻本大多是白口，左右双栏或四周双栏，也有一些早期刻本采用四周单栏。南宋中叶开始流行黑口，多见于建本。版心中往往标出书名、卷次、页码及刻工姓名，有的还标出字数。官刻本卷末一般镌刻有校勘人名衔，坊刻本则多有书耳和牌记。

1 叶德辉：《书林清话》卷六，中华书局，1957 年。
2 叶德辉：《书林清话》卷六，中华书局，1957 年。

第五章

明版清刊的书籍制度及其近代化嬗变

明、清两代是中国历史上最后两个封建集权的统一王朝。其中明朝 277 年，清朝从 1644 年入关至 1911 年辛亥革命，统治时期累计长达 268 年。在明代的洪武、永乐、宣德三朝，清代的康熙、雍正、乾隆三朝，国势不断稳定，民生元气得以逐步恢复。统治者们为实现皇家政权的世代传承，全面维护皇亲国戚的既得利益，努力追求国家政体的长治久安，强化儒家伦理道德对全国各民族百姓的教化作用，为此，大量编刊并颁行官版书籍，并先后应运而生了两部中国历史上最大的写抄本巨著《永乐大典》和《四库全书》。

明永乐十九年（1421 年），明成祖朱棣迁都北京。新都北京作为全国政治经济文化中心，在各方面开始进行与帝都地位相适应的气势恢宏的建设，中央官府迅速建立起北上后新的刻书机构，官刻本被大量刊行。在明代，北京是全国最大的书籍贸易集散地。胡应麟在《少室山房笔丛·经籍会通四》中说："燕中刻本自稀，然海内舟车辐辏，筐篚走趋，巨贾所携，故家之蓄，错出其间，故特盛于他处。""凡燕中书肆，多在大明门之右，及礼部门之外，及拱宸门之西。每会试举子，则书肆列于场前；每花朝后三日，则移于灯市；每朔望并下澣五日，则徙于城隍庙中。灯市极东，城隍庙极西，皆日中贸易所也。灯市岁三日，城隍庙月三日，至期百货萃焉，书其一也。""凡武林书肆，多在镇海楼之外，及涌金门之内，及弼教坊，及清河坊，皆四达衢也。省试则间徙于贡院前，花朝后数日，则徙于天竺，大士诞辰也。上巳后月余，则徙于岳坟，游人渐众也。梵书多鬻于昭庆寺，书贾皆僧也。自余委巷之中，奇书秘简，往往遇之，然不常有也。"[1]这种随节庆人流的趋向而迁徙的书市，可以肯定主要是一些举业帖括之本、生活日用之书、通俗文艺之作。但由此可知当时北京、杭州书市兴盛之一斑。

明版书籍的基本制度，以明世宗朱厚熜（1507—1567 年）当政的嘉靖年间为界，前后时期有所不同。大抵嘉靖以前，"完全沿袭元代的风气，装订是包背形式，版式多为大黑口，字体多是软体。刊刻的精美程度与元刊没有区别"，嘉靖以后，刊刻风气丕变，仿古复古趣味大盛，刊印书籍多以两宋尤其是北宋刻本为楷模，版式改变为白口，"版心上方往往刻有字数，

1 （明）胡应麟：《少室山房笔丛》卷四。

下方有刻工姓名，有时有写样人姓名。字体又转向欧（阳询）、颜（真卿）一派，整齐严谨，但缺乏流利生动之态。到万历年间更趋方正，终于发展成横轻直重的所谓‘宋字’，而成为现代铅字的标准。装订也由包背而改为线装”[1]。至于在印书用纸方面，明朝初期多用黄纸，嘉靖时期多用白纸，嘉靖以后又多用黄纸。这些物质因素和书籍特征，成为版本学者鉴定明刻本的主要依据。

在中国书籍文化史上，清代是出书数量最多的一个王朝。据杨家骆统计，清代出版的著作达 126649 部，170 万卷[2]。李灵年、杨忠主编的《清人别集总目》，更是著录有近二万名著者的别集约四万种。傅惜华《清代杂剧全目》著录清代杂剧约一千三百种，而传奇据不完全统计有一千七百多种，小说也有一千种以上。仅按这样一个有存书或记载可考的数字，就可以知道清代存在一个庞大的图书市场，或者说大规模的图书流通系统来接纳、消化这样巨量的出版物。

清版书籍，以清初期的官刻本，尤其是内府、武英殿刻书质量为最高。如顺治年间刊刻的五色套印本《劝善金科》，康熙年间刊刻的《全唐诗》《历代诗余》《渊鉴类函》《佩文韵府》，雍正、乾隆年间刊刻的《十三经注疏》《二十四史》等，“其中许多书是用软体字（楷书）写刻的。纸张都是洁白坚韧的上等开化纸，有的也是彩色套印”，成为后世不可多得的善本古书。而私家刻书如徐乾学主持刊刻的《通志堂经解》，王士祯的诗集《渔洋精华录》写刻本，毕沅主持刊刻的《经训堂丛书》，黄丕烈刊刻的《士礼居丛书》，鲍廷博刊刻的《知不足斋丛书》，孙星衍的《平津馆丛书》等等，都为后人所珍视。尤其值得称道的是，乾嘉考据学的发展，乾嘉时代一些私人藏书家、刻书家如黄丕烈、顾千里等“模写宋刻原版式样，上版雕印”[3]的翻宋、仿宋之举，使得一些重要古书得以以影刻或精刻的精印本面貌传世，为中华珍贵古籍延续了文化学术之命。而坊刻本如席氏扫叶山房等出品的书籍质量和产量，也令人称道。

第一节 官府的书籍编纂

一、明、清官府的编纂机构

明、清两代，官府的主要编纂机构为翰林院。明设翰林院，总领著作、修史、图书诸事务，囊括前朝秘书监、史馆、著作局等众多文化机构的职能。清沿明制，

1 刘国钧著，郑如斯订补：《中国书史简编》，书目文献出版社，1982 年，第 82—83 页。
2 杨家骆：《中国古今著作名数之统计》，载《新中华》复刊第 4 卷第 7 期，1946 年。
3 刘国钧著，郑如斯订补：《中国书史简编》，书目文献出版社，1982 年，第 89—91 页。

置翰林院掌管编修国史、草拟制诰等事务。

吴元年（1363年），朱元璋初置翰林院，设学士、侍讲学士、直学士、修撰、编修等职官，洪武二年（1369年）略作改动。学士为翰林院长官，总领制诰、史册、文翰等事务，奉敕主持实录、玉牒、史志诸书的纂修。侍读、侍讲，掌讲读经史。修撰、编修、检讨为专职史官，掌修国史。凡天文、地理、宗潢、礼乐、兵刑诸大政，及诏敕、书檄，皆籍而记之，作为编修实录的基础史料。国家有纂修著作之命，则分掌考辑撰述之事。史官设置无定员，洪武十四年（1381年）置修撰三人，编修、检讨各四人。

翰林院还专设"典籍"一职，定编二员，掌管院内藏书事务。洪武三年（1370年），明王朝还设置秘书监，掌管内府书籍。十三年（1380年）并入翰林院典籍。

清顺治元年（1644年），设翰林院，长官为掌院学士，满、汉各一人，属官有侍读、侍讲学士各若干，修撰、编修、检讨、庶吉士等则无定员。掌院学士掌国史笔翰，侍读学士以下职司撰著记载，凡遇编修实录、国史、志书，则充任提调、总纂、纂修、协修等官。

清官府常设的编纂机构还有起居注馆。起居注馆始设于康熙九年（1670年），馆址在太和门西庑。馆内置日讲起居注官，满十人，汉十二人。满记注官四人，汉八人，以日讲官兼摄。日讲官掌侍直起居，记言记动，凡经筵临雍、御门听政、祭祀耕籍、朝会燕飨、勾决重囚等重大活动，都要安排二人侍班。凡谒陵、校猎、巡狩方岳，请旨、扈从、侍直，都要在皇帝身边，以便听请圣训谕旨，作为记注材料。馆内另设主事，满二人，汉一人，掌校勘典籍等。清代起居注馆除了康熙五十七年（1718年）以记载不实，涉嫌泄密的理由一度裁撤外，持续工作到清末。所以清代编修"起居注"数量最多，保存也最完整的，仅北京第一历史档案馆就保藏有3863册，成为研究清史的重要资料。

明、清两代由官府组织的修书活动极为频繁，其编修任务则经常由特设机构承担，如明永乐十二年（1414年）诏令在东华门外开馆，纂修《五经四书》《性理大全》。清代开馆修书的情况更为常见，设有"《四库全书》馆""《明史》馆""《三通》馆"等。

二、从《永乐大典》到《古今图书集成》的类书编纂

《永乐大典》是我国历史上一部篇幅最大的类书，编成于明永乐年间（图5-1-1）。全书22877卷，目录60卷，约3.7亿字。书中保存了明代以前有关政治、经济、军事、教育、史学、哲学、文化、宗教和应用科学等各方面的丰富资料。它不仅在中国图书编辑史，而且在人类文化史上都享有崇高的声誉。

《永乐大典》的编辑原则是：用韵以统字，用字以系事。全书按照《洪武正韵》

图 5-1-1 《永乐大典》

的韵目分列单字，各单字下详注历代字书、韵书的音韵训释，再列出该字篆、真、行、隶、楷、章草等字体的写法，然后分总叙、典故、诗文、地名、姓氏等项目，依次辑录与该字相关的各种文字记载，常常是整段整篇，甚至是整本整部地抄入。据不完全统计，当时辑入的图书多达七八千种，包括经史子集四部书，佛经道书，以及被摒弃在四部之外的小说、平话、戏文、杂剧等通俗文学作品，可以说囊括了明初存世的古书精华。

《永乐大典》全部采用印有朱丝栏的上等白宣纸，端楷精抄。书中所涉及的各种器物、山川地貌，都绘有清晰工致的图形。凡引用书名，标示字体名称者，如“篆书”“隶书”等，以及断句圈声的小圆圈，皆用朱笔，以与正文相区别。全书纸质如玉，版面清朗，墨光似漆，朱笔粲然。《永乐大典》抄清后分装成11095册，全部包背装，书面硬裱，以黄绫作书衣，溢光流彩，蔚为壮观。

作为类书，《永乐大典》由于自身独特的编辑体例和史无前例的浩大规模，“把中国古类书的编纂形式发展成为百科全书的形式”[1]，具有他书无法比拟的重要价值，主要有：

（1）保存大量古书。《永乐大典》的体例，引据材料，皆直取全文，一字不易，全篇或全书抄录，所以元代以前的图书典籍，多赖以保存。清代修《四库全书》，曾从《大典》中辑出古代佚书385种，4926卷。其中如邵晋涵辑薛居正《旧五代史》150卷，徐松辑《宋会要》500卷等，都具有重要的文献价值。

（2）雅俗兼收，开编辑史上敕撰书籍绝无仅有之例。《永乐大典》不但收录保存了很多古代科技类书籍，如北宋李诫的《营造法式》、元薛景石的《梓人遗制》，还打破传统儒家观念的束缚，大量集录了宋、元的小说戏文和杂剧作品。

1 王重民：《〈永乐大典〉的编纂及其价值》，《社会科学战线》1980年第2期。

如《小孙屠》《张协状元》《宦门子弟错立身》三本戏文是目前存世最古的南戏作品，“辽”字下全录我国最古的平话《薛仁贵征辽》等。

因卷帙浩繁，《永乐大典》当时只抄录了一部，后于嘉靖间又摹写一部副本。清康熙年间，大臣徐乾学、高士奇在皇史宬发现尘封已久的《永乐大典》，经检点，证明是嘉靖副本，且已有残缺。后移藏翰林院，乾隆修《四库全书》时发现已散佚二千四百多卷。自此，清廷疏于管理，官员监守自盗，到清末光绪年间，只剩区区千余册。1900 年，八国联军洗劫北京城，《大典》最后散亡。

中华人民共和国成立后，党和政府十分重视《永乐大典》的搜集复制工作。中华书局经过长期访查，于 1959 年和 1982 年分别出版两个影印本， 1986 年合两个印本于一集，16 开精装十册，附目录六十卷，成为目前收集最为齐全的《永乐大典》影印本，但也仅是这部旷世巨典原书的 3.5%。

清修《古今图书集成》一万卷，是我国现存篇幅最大的类书（图 5-1-2）。原名《古今图书汇编》，主要成书于清康熙间学者陈梦雷之手，而且在编辑形式和方法上，与前代类书多有不同之处，在古代编辑出版史上具有特殊的地位。

从编纂体例上考察，《古今图书集成》较历代类书更为完善。全书分六汇编三十二典，下复分 6109 部，各部皆分项排比资料，首汇考，次总论、图、表、列传、艺文、造句、纪事、杂录、外编诸目，分类细密，内容繁复，引文忠实于原著，并详出处，标注征引文献的书名、篇名及作者，“国外学者往往藉此为资料的根据，故著述中的东方文献参考资料目录，称为《康熙百科全书》”[1]。

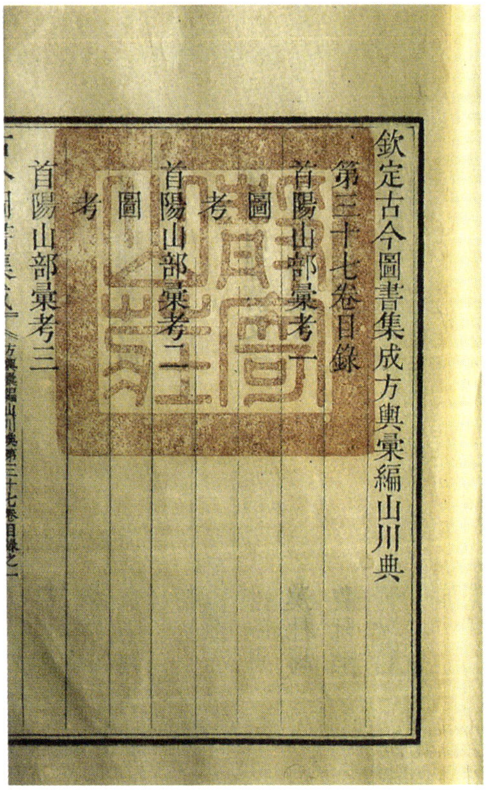

图 5-1-2 《钦定古今图书集成》

1 程焕文：《中国图书论集》，商务印书馆，1994 年，第 268 页。

三、《四库全书》的编纂和“七阁”收藏

丛书是我国古代一种重要的图书编纂类型，它按照一定的意图，把若干种书籍汇辑在一起，并冠以总名而成，所以亦称丛刻、丛刊、丛编、汇刻等。收录在丛书中的书籍首尾完整，各自独立，称为“子目”。丛书在古代文化传播史上具有重要的地位，其编辑历史可以溯源于先秦两汉，一般以南宋咸淳九年（1273 年）左圭辑刊《百川学海》为定型之作。此后，历代编刻丛书蔚然成风，尤以清代为盛。而清代的丛书则以《四库全书》为最（图 5-1-3）。

图 5-1-3 《四库全书》

（一）《四库全书》的编纂

《四库全书》是我国古代规模最大的一部丛书，共汇辑图书3503种，79337卷，装成 36304 册[1]，基本上囊括了清初以前的各类重要文化典籍。前后有 4200 多名学者和专业人员参加编修，历时 14 年才完成。它的卷数、册数是《永乐大典》的 3 倍。

《四库全书》的编纂，堪称我国文化史上一次工程最为浩大的编辑活动，数百名学者济济一堂，按照严格的考校程序和取舍标准，对通过各种途径集中到四库馆内的上万种图书，进行甄别、辑校、考辨和编目等全面的整理工作。从底本来源考察着手，全书的编纂主要分为三大块：《永乐大典》的辑佚，内府书籍的改纂增补，进呈书籍的办理。清宫内府藏书，主要是前代流传的官刻旧书，以及清代历朝皇帝敕纂的书籍。其工作程序为：（1）甄别。区分罕见之书，寻常之书，剔

1 《四库全书》因抄成时间有先后，各部种数和卷数不尽相同，文中数字是中华人民共和国成立后据文津阁本统计得出的。

出琐屑无当、违碍悖逆之书。乾隆三十九年（1774年）八月禁书谕旨下达后，许多书籍被划入禁书范围。（2）校阅。经初步甄别的书籍，由总裁分发各纂修官作详细的考订校阅，包括版本鉴定、辨伪、考证。此项工作耗费精力最巨。（3）提要。在上述两项工作的基础上撰写提要，这是纂修官的最后一项任务。

在我国书籍文化史上，《四库全书》的编纂具有重要意义，概括来说大致有如下数点：

（1）系统保存了古代重要的文化典籍，并扩大了这些典籍的传播流通。《四库全书》收录之书都是从全国广泛征集的数万种图书中遴选出来的，并经当时的一流学者如纪昀、陆锡熊、戴震、邵晋涵、翁方纲、王念孙、周永年、金简、任大椿等精心校勘考订，先秦至清乾隆间尚存和新版的重要典籍借此以新的定本形式保存下来。江浙三阁向社会读者开放，读书人、藏书家纷纷入阁阅读抄录各种平日难以寓目的善本，对传播和弘扬民族传统文化，发挥了积极的作用。

（2）对传统学术作了全面的总结评价。《四库全书》在编修过程中，编纂官为每一种过目的书撰写一篇提要，对作者生平、写作旨要、成书经过、内容篇章、学术价值等情况作出概述。提要原来粘在各书开卷副页右方，随书进呈。后来各篇提要被分别辑出，汇编成二百卷的《四库全书总目》，单行流传。《总目》按四部分类编排，部和类前各有总序和小序，说明源流和立类根据。各类先列著录书，次列存目书。所谓著录书是指已经收入《四库全书》的，共三千四百余种。所谓存目书，是指经纂修官过目并撰有提要、后来以为非重要典籍而没有写入《四库全书》的，共六千七百余种。这一万余篇提要，加上几十篇部类的序，对先秦以来的传统学术作了全面的梳理和评价。这些提要都出于学有专攻的著名学者之手，最后经总纂官纪昀笔削定稿，具有很高的学术价值。乾隆六十年（1795年），《总目》经武英殿刊行后，迅速在阅读治学和目录编纂两方面影响全国。

最后，有一点必须指出，乾隆下令编修《四库全书》，是想通过大规模的征书和编修活动，完全禁除各类书籍中有碍清朝统治的思想内容。当时清廷设立三个查办机构：红本处、四库全书馆、军机处，对呈进之书进行严厉的审查。乾隆的这次禁书活动是历史上规模最大的，与《四库全书》的编修时间大致相始终。据不完全统计，在这场旷日持久的禁书活动中，先后有三百种左右的书被销毁，使传统文化典籍遭受一场空前的劫难。这是我们今天在利用《四库全书》时应该加以了解的。

在纂修《四库全书》的过程中，还出现几部与之相关的丛书：（1）《四库全书荟要》，抄本，收书四百七十二种。当时乾隆令馆臣“著于《全书》中撷其菁华，缮为《荟要》，其篇式一如《全书》之例，盖彼极其博，此取其精，不相妨而适相助”[1]。可见，《荟要》是《全书》的一个选本。（2）《武英殿聚珍版丛书》，木活

1 郭伯恭：《四库全书纂修考》，岳麓书社，2010年，第184页。

图 5-1-4　天一阁

图 5-1-5　天一阁宝书楼

字印本，选刻《全书》中一百三十八种，其中大部分为《永乐大典》中辑出的宋、元人著作。乾隆以为活字版名称不雅，特赐名“聚珍版”。（3）《宛委别藏》，嘉庆时大臣、著名学者阮元辑刻，收录《四库全书》未收的一百六十余种珍贵图书。

（二）庋藏《四库全书》的“内廷四阁”和“江浙三阁”

早在开馆编修《四库全书》的第二年，乾隆就已经筹划丛书修成后的贮藏问题，下令按浙江宁波范钦建于明代的藏书楼天一阁的样式（图 5-1-4、图 5-1-5），陆续建成四座皇家藏书楼，即位于北京紫禁城中的文渊阁、圆明园内的文源阁、河北承德避暑山庄的文津阁、沈阳故宫的文溯阁，称为“内廷四阁”。抄成的第一部《四库全书》就入藏在文渊阁。后来乾隆考虑南方为人文荟萃之地，存放《四库全书》可以扩大自己文治的社会影响，就在江、浙增建三座藏书楼，即位于镇江金山寺院内的文宗阁、扬州大观堂的文汇阁、杭州西湖圣因寺的文澜阁，称为“江浙三阁”。

在乾隆的亲自过问下，“七阁”的建造，均仿“天一阁”构建之制，但又注意因书、因地制宜，与实际收藏和阅读需要进行了融合。设计者首先对藏书数量和建筑面积的对应关系进行了周详的考虑。《四库全书》每部分装三万六千余册，纳为六千一百四十四函，加上《古今图书集成》和《四库全书总目》《四库全书考证》等书，总共多至六千七百余函，比天一阁藏书（图 5-1-6）多出一倍以上。因此设计者沿袭了天一阁正宇上下六楹、各通为一间，暗合六之成数的做法，而对内部结构予以很大改进，采取了明两层暗三层的“偷工造”法，即外观重檐两层，实际上却利用上、下楼板之间通常被浪费的腰部空间暗中多造了一个夹层，全阁上、中、下三层都能用来贮藏书籍。这样既充分利用空间，又节省工料，体现了清代宫廷建筑师们在工程设计和建造艺术上的深厚造诣和高超技巧。它还继承了天一阁前有曲池，旁有假山的做法，借山水葱郁之气庇护阁书永存。

在注重防火的同时，还要防止潮气侵入。据记载，七阁阁体的山墙厚达三尺四寸，内墙四周还安装了护墙板一层。虫蛀也是古书的大敌，为此，“七阁”之书首先是以珍贵的楠木或樟木制作函套及夹板，其次为免生虫蚁，周围不植树木，隙地仅种青竹若干，径可盈寸，高三丈余，幽静雅致。稍特殊的是文渊、文溯两阁，因深居宫禁，不宜种竹，只种上不多的几株苍松，尤显静穆拙朴。

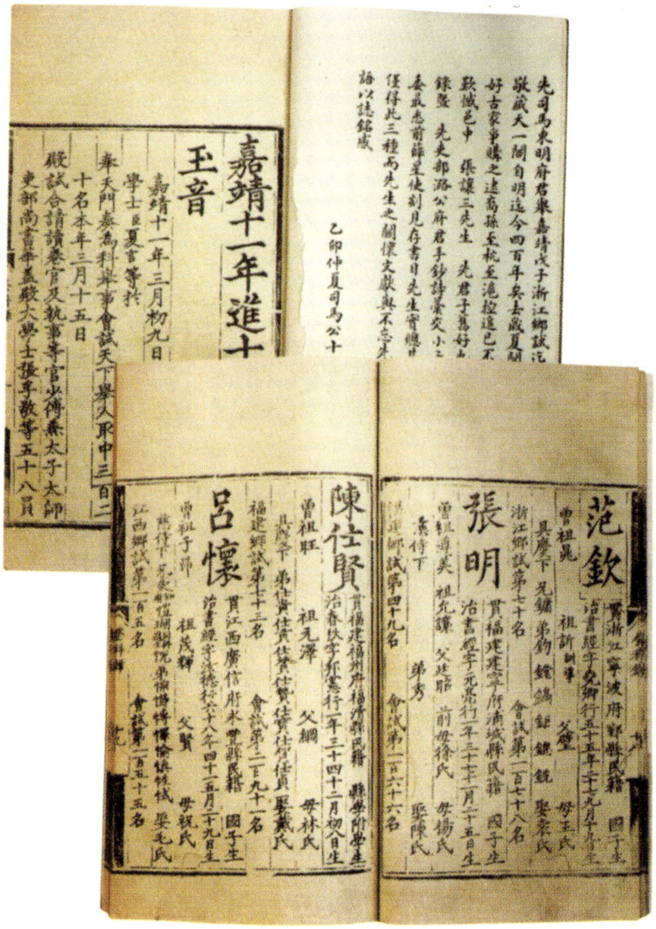

图 5-1-6 天一阁藏书

藏书楼不仅贮书，还要供人在楼内阅览，因此采光、通风问题也被七阁设计者充分考虑到。七阁正面均设有游廊，并装栏杆一列，阁内阅览一般是在一层大厅，为保证光线能尽量多地射入这里，槛窗后退至金柱之间，加上外栏低矮，比较其他大多数清宫建筑内的昏暗阴森，七阁内可算明亮宜人了。储书的书架和博古橱、碧纱橱等，按照需要排放在空旷的大厅内，又使得格局灵动自由，富于变化。

外观上，七阁均为水磨丝缝砖墙，清宫惯例的朱红墙色因其火气十足而被易为较沉静无华的灰色，廊柱和窗槛等为绿色。文渊阁还易天一阁的硬山式屋顶为颇具宫廷味的歇山顶。屋顶上覆黑琉璃瓦，檐头镶以绿琉璃瓦边，即所谓的“绿剪边”。油漆彩画也一改皇宫中金龙和玺的富贵堂皇，而代以清新的苏画，为了显示建筑功能，特地绘以河马负书和翰墨卷帙画面，并以波涛流云为点缀，色调清雅。“北四阁”地处皇家宫禁园囿中，在一片金碧辉煌中卓然不群，独擅朴素之美；“南三阁”更是与传统的江南园林和谐一致，达到了宫廷建筑与民间建筑的高度统一。

为藏书久远，乾隆不仅仿其式，并借其名，在“水”字上下功夫，意在“以水克火”，保护四库藏书“以垂久远”。于是，“水”便成了七阁命名的重要组成部分。不难发现，“七阁”的名字有一个共同特征，即都是三个字，并前后两字全一样，首字为“文”，末字为“阁”，只有中间一字不相同，但都带有“水”旁（文宗阁除外）。其名字寓意十分明白，即首字“文”，意在代表清王朝的文化盛世和书籍文化的博大精深等。“七阁”的名字中带“水”旁之字，则寓有以水克火之意。如文宗阁，“细籀其涵义，则固寓‘江河朝宗于海’之意”[1]。

七部《四库全书》皆端楷抄写，书迹秀美，纸润墨香。“内廷四阁”本全部用上等开化榜纸，质地坚韧洁白。“江浙三阁”本用坚白的太史连纸，质地细匀而纸色较开化纸略黄。装帧全部采用绢面包背装。装帧一新的书籍，每若干册放入一个精致的樟木书匣，称为一函。匣内还衬有香楠木夹板，把书册上下夹束起来。函匣外面刻写书名，标注序号，美观精巧，查阅方便。

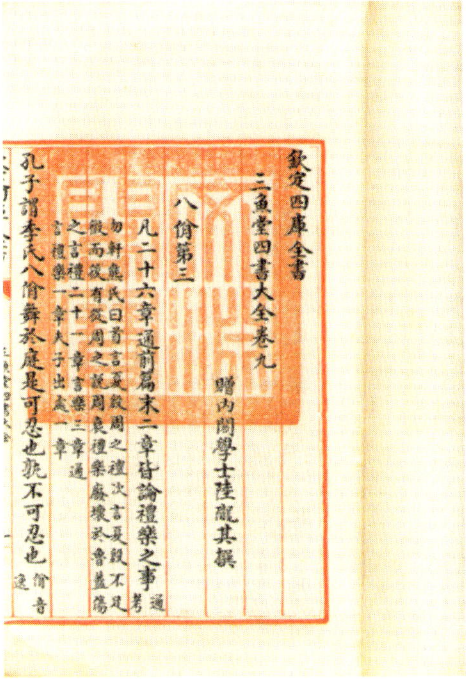

图 5-1-7　文渊阁藏《四库全书》

富丽堂皇的七部《四库全书》抄毕后，分别入藏南北雄峙的七大藏书阁中（图 5-1-7）。但是好景不长，嘉庆、道光以后，清朝统治日渐衰微，内忧外患，中国社会进入了一个战乱纷纭的动荡时期。在这一百余年风风雨雨中，“七阁”与其中的七部《四库全书》，饱经战火的摧残，厄运接连不断。

首当其冲的是“江浙三阁”。文宗阁和文汇阁藏本于咸丰三年（1853 年）毁于太平天国起义的战火中。文澜阁藏本于咸丰十一年（1861 年）太平军攻陷杭州城时散失很多，后经晚清四大藏书家之一的“八千卷楼”主人丁申、丁丙兄弟冒险收集，又组织人员三次补抄，大体恢复原样，后又屡经补抄校正，复于齐全，现藏于浙江省图书馆。

北方，清王朝在英法联军的炮火中也是焦头烂额。文源阁藏本于咸丰十年（1860 年）被英法联军火烧圆明园时焚毁。文渊阁所藏《四库全书》在抗日战争前后曾被运到上海、重庆，1948 年运到台湾，现藏台湾“故宫博物院”。文津阁藏本于 1915 年从避暑山庄运到北京，交北京图书馆收藏。1911 年发生辛亥革命后，文溯阁藏本曾被运到故宫的保和殿存放，1925 年运回沈阳。1966 年，中华人民共和国文化部决定将文溯阁《四库全书》移交当时的“战备图书馆”——甘肃省图

1 张崟：《文澜阁四库全书浅说》，《浙江图书馆馆刊》1933 年第 1 期，第 39 页。

书馆代管，这套书遂从沈阳被迁至兰州，迄今一直保存在甘肃省图书馆。

第二节 明、清两代的刻书事业

一、明代的刻书业

明代开国之初，朝廷即有“书籍田器不得征税”之令，《明史》“食货五·商税”载曰：“明初务简约，其后增置渐多，行赍居鬻，所过所止各有税。其各物件析榜于官署，按而征之。惟农具、书籍及他不鬻于市者勿算，应征而藏匿者没其半。”[1]虽然其中有两项事宜未明：其一，书籍免税的政策施行至何时，是否仅因“务简约”而设，其后“增置渐多”而废；其二，免税仅指书籍生产过程，还是延及书籍交易鬻卖。但是不管如何，这项政策的实施，对明初刻书业的促进作用应是巨大的。

明代刻书业仍沿袭宋代形成的三大系统分别发展，但是各系统的消长态势发生一些变化。明嘉靖以后，在江南富庶地区，工商业蓬勃发展，资本主义开始萌芽。城市里聚居着大量市民，官宦、工商业主及其子弟、文人在人文新思潮的熏染下，逐步形成了追求自由、热衷娱乐的生活习惯，看戏、听书、读小说迅速进入他们的日常生活。于是大量动人曲折、反映人情世故的历史故事，被精心编织成一部部戏曲小说，亮相于舞台，传阅在人手。这类出版物数量巨大，以浩如烟海来形容，可以说毫不为过。傅惜华《明代杂剧全目》著录明代杂剧五百二十三种，《明代传奇全目》著录明传奇九百五十种，江苏省社科院明清小说研究中心所编的《中国通俗小说总目提要》共著录一千六百余部，其中宋、元刻本仅数种，绝大部分系明、清小说，它们的刊行主要依赖民间书坊。换言之，明、清小说戏曲等通俗内容的出版物，主要为坊刻本。而清初黄虞稷《千顷堂书目》著录明人别集六千余种，其大部分是私刻或坊刻本。所以“篇帙繁富，远过前人”，尤其是嘉靖、万历年间坊刻通俗文学读本盛行，是明代出版和文化传播的一大特点。

（一）官府刻书

明代官府刻书，以内府、国子监、藩府为盛（图5-2-1、图5-2-2）。明代的私家刻书，已知刻书较多的名家主要集中在经济文化发达的江南地区。

明代内府设有庞大的太监机构，号称“二十四衙”，即内府十二监、四司、八局，其中司礼监列十二监之首（图5-2-3、图5-2-4），其职掌中有一项为书

1 （清）张廷玉等：《明史》卷八十一。

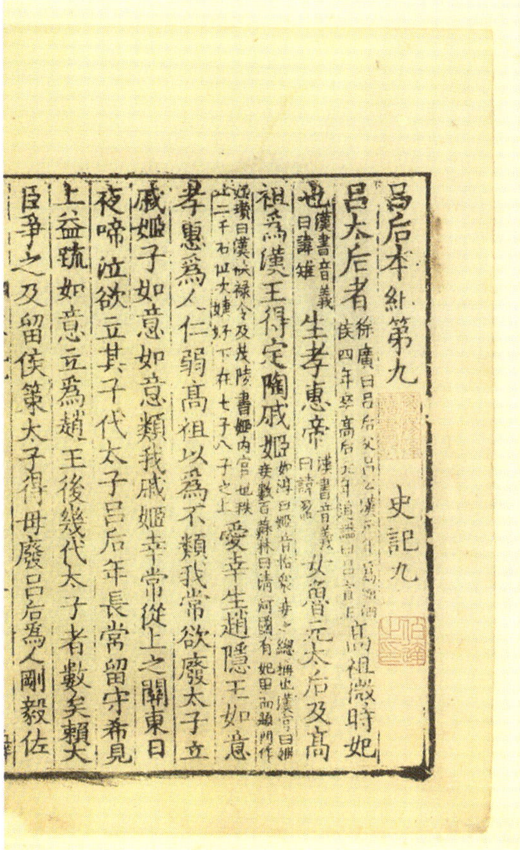

图 5-2-1 《史记》明国子监刻本

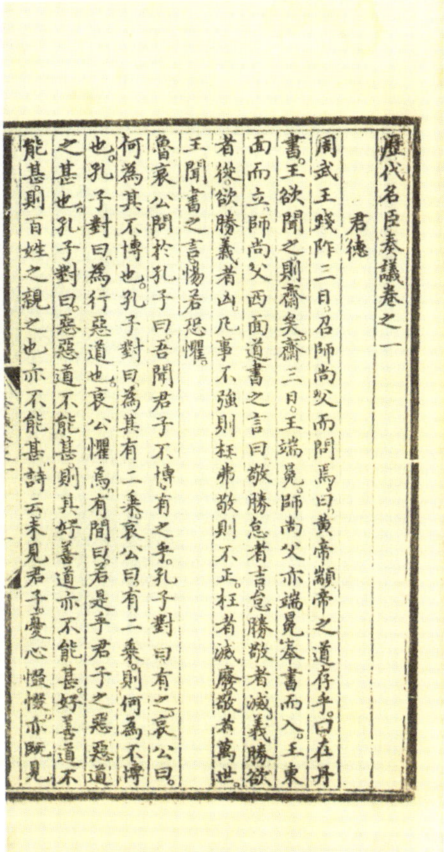

图 5-2-2 《历代名臣奏议》明永乐内府刻本

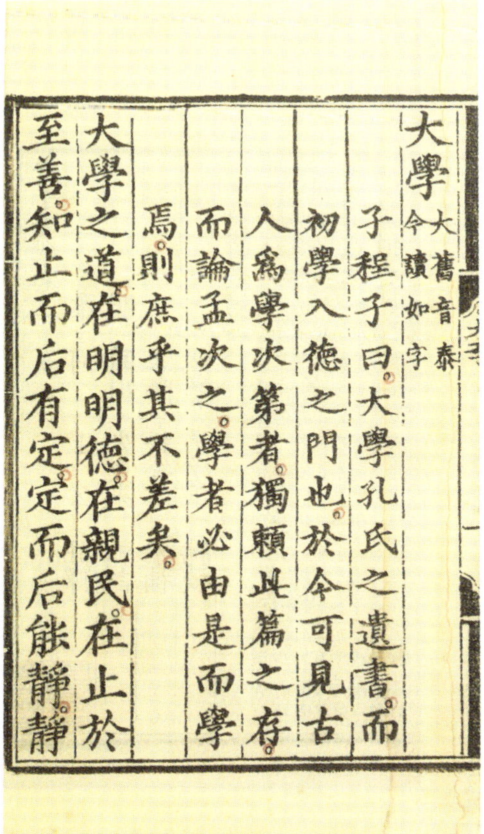

图 5-2-3 《大学》明司礼监刻本

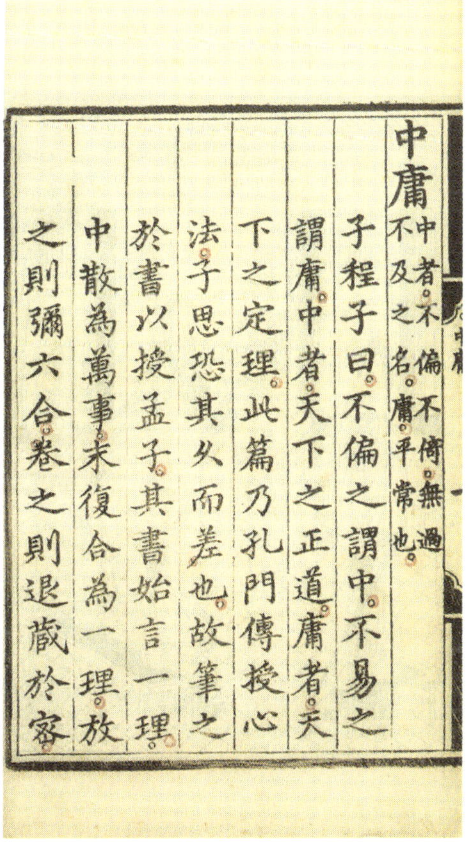

图 5-2-4 《中庸》明司礼监刻本

籍名画，经厂就是监中负责刻印书籍的专门机构。所谓内府刻书就是指经厂刻书，所刻书称为“经厂本”。

经厂的规模不小，其刻书的数量，嘉靖时周宏祖《古今书刻》中著录八十三种，明末太监刘若愚《酌中志》记载为一百六十一种，去除重复，计得一百七十七种[1]。这一百七十余种图书，当然仅是经厂所刻书的一部分。经厂刻书，听命于皇帝，因此刻书以儒学经书为多。

洪武建国，以南京为都城；永乐继位，迁都于北京，所以南京、北京各有一个国子监，习称“南监”“北监”。有明一代，南监、北监都刻书，而南监刻书，多利用元代旧版。周宏祖《古今书刻》著录南监刻印图书二百七十种，清《钦定国子监志》著录北监刻书一百四十四种，这仅是见于记载的，实际刻书的数量当然要大大超出这个数字。由于疏于校勘，明代国子监所刻书的质量整体不高。

明代官刻本中，质量以藩刻本为佳。所谓藩刻，是指明代各地藩王的刻书活动，其所刻书称为“藩刻本”。明代藩王享有极高待遇，拥有雄厚的经济实力，丰富的珍本藏书，优质的人才储备，具备刊刻众多高质量书籍的优厚条件。明代藩府的刻书情况，潘承弼、顾廷龙在《明代版本图录初编·藩府》中作了这样的概述：“明时藩邸王孙袭祖宗余荫，优游文史，雕椠之业，迈轶前朝，今可溯者殆十数家。”[2]指出明藩府刻书，以蜀府最先，而宁藩、唐藩、晋藩、秦藩、赵藩、郑藩等，在刻书内容、版式等方面各擅胜场。据文献的记载，已知可考的藩府刻本有三百余种。

（二）以臧懋循、顾元庆、范钦等为代表的私家刻书

在明代的版刻史上，私家刻书业绩斐然。叶德辉《书林清话》卷五“明人刻书之精品”中，列举了吴郡沈与文野竹斋、昆山叶氏菉竹堂、震泽王延喆恩褒四世之堂、吴郡袁褧嘉趣堂、顾春世德堂、东吴郭云鹏济美堂、东吴徐时泰东雅堂，嘉兴项笃寿万卷堂等等，可谓名家云集，精品迭现[3]。而臧懋循刻《元曲选》，顾元庆刻小说丛书和范钦刻《范氏奇书》等活动，都在明、清文化传播史上产生过重要影响。

臧懋循（？—1621年），字晋叔，号顾渚，浙江长兴人。明万历进士，曾为南京国子监博士。臧氏为著名戏剧家，其刻书以戏曲作品为主，尤其以《元曲选》一百卷最为著名。现在传世的一百五十六种元杂剧，赖《元曲选》保存的就有九十六种之多，其中如《陈州粜米》《伍员吹箫》《秋胡戏妻》等十五种当时就是孤本。臧氏刻书，是在经济窘迫的情况下进行的。他在《负苞堂集·寄黄贞夫书》

1 曹之：《中国古籍版本学》，武汉大学出版社，1992年，第252页。
2 潘承弼、顾廷龙：《明代版本图录初编》卷四，开明书店，1940年。
3 叶德辉：《书林清话》卷五，中华书局，1957年。

中说："刻元剧本拟百种，而尚缺其半，搜辑殊不易，乃先以五十种行之。且空囊无以偿梓人，姑藉此少资缓急。"[1] 足见其刻书的情志。

顾元庆（1487—1565 年），字大有，室名夷白堂，吴中长洲人。顾氏为吴中藏书名家，他从夷白堂藏书中精选善本小说，先后刻成《顾氏文房小说四十种》《梓吴四十种》等。叶德辉以为，明季小说丛刻，以顾氏为最精。

范钦（1506—1585 年），字尧庆，号东明，浙江鄞县人。嘉靖进士，官至兵部右侍郎。有天一阁藏书，名冠天下。范钦在藏书的同时，也校订和刻印书籍。校刊有《范氏奇书》二十种等。

（三）毛晋汲古阁刻书

江苏常熟有虞山，素有读书、藏书的书香传统。毛晋（1599—1659 年），原名凤苞，字子晋，号潜在。毛氏是富有田产的大地主，世居常熟城迎春门外七星桥。毛晋一生未涉仕途，仅以秀才的身份，凭借家中丰厚的田租收入，终身从事藏书、刻书的文化传播事业，贡献殊大。据考证，其所交往的藏书之士、刻书之家，多达三十七人[2]。

汲古阁是毛晋藏书和刻书的地方，据统计，自明万历设肆至清初四十多年间，汲古阁刻书近六百种，包括经史巨帙《十三经注疏》《十七史》以及《说文解字》等，诗文词曲《唐人选唐诗八种》《元人十种诗》《宋六十名家词》《六十种曲》《文选注》《四唐人集》《乐府诗集》《唐诗纪事》等，乡邦文献《吴郡志》《琴川志》《吴地记》《吴郡图经续记》《海虞古文苑》等，以及佛经道藏，大型丛书《津逮秘书》等。世称"毛刻本"，或汲古阁本，名动士林，因有"毛氏锓本走天下"[3] 之誉。后世读书人和藏书家都不愿把汲古阁列入"坊刻本"范畴，原因在于他刻书校勘精善，雕刻隽美，纸润墨香，其印书用纸特于千里之外的江西定制，厚者谓"毛边"，薄者曰"毛太"，其讲究质量绝非一般以逐利为旨的书坊所及。

毛氏汲古阁刻书，无论数量、种类，还是雕印书籍的质量，都前无古人。杨绍和海源阁旧藏汲古阁影宋精抄《五经文字》，卷末有毛晋季子毛扆跋称："吾家当日有印书作，聚印匠二十人，刷印经籍。扆一日往观之，先君适至，呼扆曰：'吾缩衣节食，遑遑然以刊书为急务，今板逾十万，亦云多矣。'"仅印书工匠就达二十人，则雕刻工匠当远过于此。

毛晋不仅自己刻书，还代人刻印，如为张溥刻《汉魏六朝百三名家集》《南史》，为王象晋刻《群芳谱》，为钱谦益刻《列朝诗集》，为李玙刻《群芳清玩》，

---

1 （明）臧懋循：《负苞堂集》卷四。
2 （日）三浦理一郎：《毛晋交游研究》第六章，华东师范大学出版社，2012 年，第 135 页。
3 （清）朱彝尊：《曝书亭集·严𤊹人墓志铭》卷七十九。

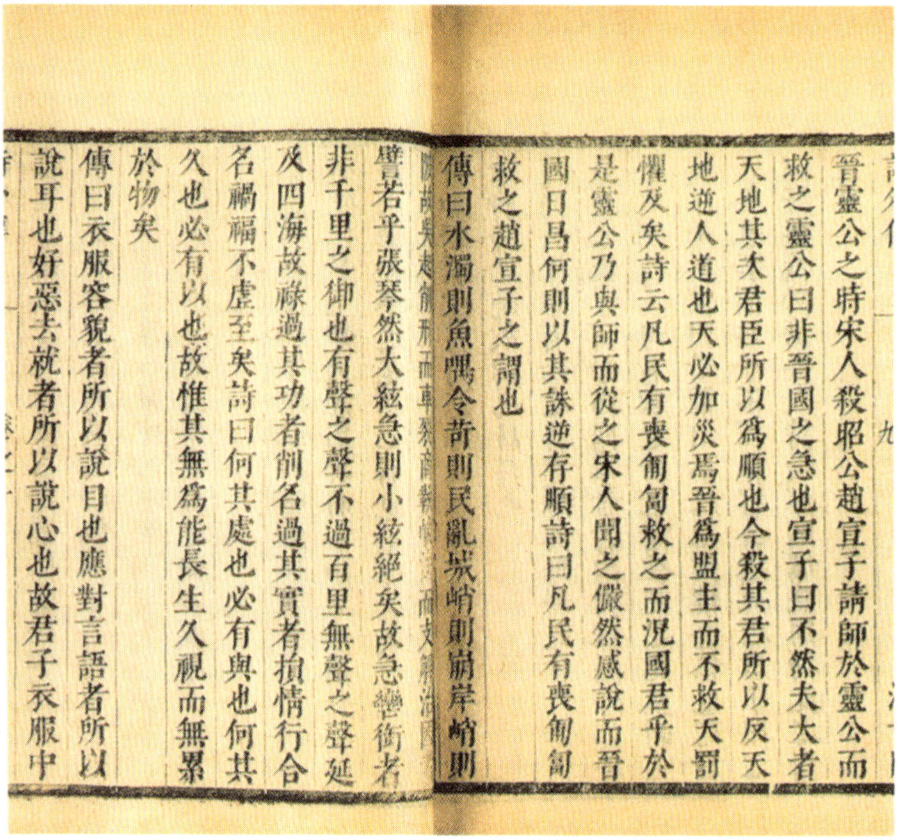
晉靈公之時宋人殺昭公趙宣子請師於靈公而
救之靈公曰非晉國之急也宣子曰不然夫大者
天地其次君臣所以爲順也今殺其君所以反天
地逆人道也天必加災焉晉爲盟主而不救天罰
懼及矣詩云凡民有喪匍匐救之而況國君乎於
是靈公乃與師而從之宋人聞之儼然感說而晉
國日昌何則以其誅逆存順詩曰凡民有喪匍匐
救之趙宣子之謂也
傳曰水濁則魚喁令苛則民亂城峭則崩岸峭則
譬若乎張琴然大絃急則小絃絕矣故急轡銜者
非千里之御也有聲之聲不過百里無聲之聲延
及四海故祿過其功者削名過其實者損情行合
名禍福不虛至矣詩曰何其處也必有與也何其
久也必有以也故惟其無爲能長生久視而無累
於物矣
傳曰衣服容貌者所以說目也應對言語者所以
說耳也好惡去就者所以說心也故君子衣服中

图 5-2-5 《津逮秘书》明崇祯汲古阁刻本

为张潜刻《苏门六君子集》，为虞山乡贤冯班刻《冯定远全集》等。从中国书籍文化传播的视角来审视汲古阁刻书的贡献，有两个卓绝之处：

一是影响研究、刊书的风尚。东汉许慎的《说文解字》开古代字典编纂的千年风尚，然元、明两代，学者不重小学，公私刻书，竟无顾及，一代经典遂有沉晦之虞。毛晋崇祯间购得北宋刻小字本《说文解字》，即予翻雕行世。清代许学大盛，名家辈出，汲古阁本的刊行流传对此具有一定的影响和促进作用。大规模汇刻词集，毛晋的《宋六十名家集》是宋以后的第一家，直接影响了清代词集刊刻之风，为后世宋词研究保存了宋词创作的历史原貌。

二是保存了大量珍稀古籍的足本。《津逮秘书》（图 5-2-5）是毛晋精心校刻的大型丛书，所收以宋、元著述为主。他一改明末汇刻丛书随意删削节取之风，百计求取善本、全本刊入。

作为一个富有事业心的藏书家和刻书家，毛晋对于底本选择和校勘问题十分审慎。他刻书所据底本多为宋、元善本，并延聘学者专任校勘之职，每一书校刻毕，则跋数语于后，多述版本流传渊源、底本选择诸事。上海图书馆研究员潘景郑（1907—2003 年）广事搜稽，共辑得二百四十九篇，编为《汲古阁书跋》，1958 年由上海古典文学出版社出版。

（四）民间书坊刻书

明中叶以后，城市和商品经济迅速发展，而小说、戏曲等通俗文学的创作出现繁荣局面，两者结合，为图书出版业创造了巨大的发展空间，民间书坊编刻的通俗文学读本大量面市，汹涌如潮，文化传播有冲破朝廷禁限的态势。

明代坊刻与宋、元时期相比，具有明显的时代特色。首先是专业性强，传统的四部典籍与新兴的通俗文学类书籍是明代坊刻的两大系列，各地书坊多以后者为主要刊行对象（图 5-2-6），尤其金陵、建阳两地荟萃了以刊行通俗文学类书籍行名天下的著名书坊，如刊行大量戏曲剧本的金陵唐氏富春堂，金陵唐氏文林阁；刊行大量通俗小说的建阳余氏三台馆，建阳熊氏忠正堂。仍有相当的书坊继续在传统领域里发展，如由元入明的建安刘氏日新堂，郑氏宗文书堂，以及金台汪谅、刘氏安正堂、刘氏慎独斋等。

其次是经营规模不断扩大，出现异地设肆经营的新情况。家族同宗经营书业的现象较之宋元更为突出，若建阳的余氏、刘氏，金陵的唐氏，苏州的叶氏，他们或联手或竞争，把当地的书市搞得轰轰烈烈。同时一些巨富望族青睐具有相当赢利空间的书业，开始投资设肆，如锡山华氏的会通馆、兰雪堂，安氏桂坡馆；吴兴闵氏、凌氏；金陵胡氏十竹斋、汪氏环翠堂；常熟毛氏汲古阁等。我国雕版印刷的新技术——金属活字板、套版印刷、饾版拱花印刷、影抄等，都是在他们的积极投入和实验下成功推广的。从而创造出许多巧夺天工，精美绝伦的印本新品，为读者喜闻乐见，为市场争相接纳，极大地丰富了明代的书业市场，促进社会文化传播的进一步深入扩展。

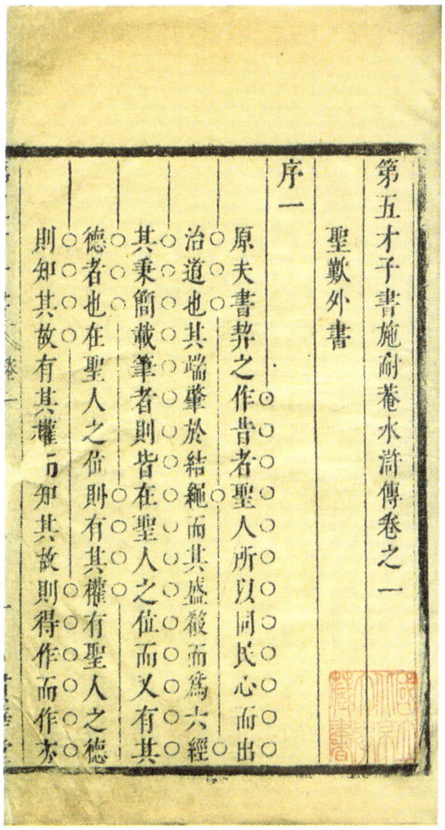
第五才子書施耐菴水滸傳卷之一
聖歎外書
序一
原夫書契之作昔者聖人所以同民心而出治道也其端肇於結繩而其盛殺而爲六經其秉簡載筆者則皆在聖人之位而又有其德者也在聖人之位則有其權有聖人之德則知其故有其權而知其故則得作而作亦

图 5-2-6 《第五才子书施耐庵水浒传》明崇祯贯华堂刻本

明代刻书形成三大中心地区：以金陵为中心的吴地，以杭州为中心的越地，以建阳为中心的闽中。就坊刻而言，由于明代刻书几乎是遍地开花，所谓两京十三省，无处不刻书，所以它形成了星罗棋布于全国，北京、苏州、杭州、湖州南北辉映，而以金陵、建阳为龙头的格局。

1. 金陵坊刻

洪武建国，定都南京。南京，秦、汉为秣陵县地，三国东吴建都时改名建业，晋易名建康。东晋成帝时朝臣谋议迁都，丞相王导有言："建康，古之金陵，旧为帝里。"[1] 此后世人多以金陵为南京别称。明代南京书坊喜欢在名号前冠以金陵或秣陵二字，盖以其地历史之悠久、名望之显赫为自豪。金陵书坊的刻书活动，明初并不活跃，明太祖洪武至武宗正德近二百年间，目前知见的书坊不满十家。而世宗嘉靖至神宗万历末近百年间，就猛增至四十多家，嘉靖、万历年间是金陵坊刻历史上发展最好的时期，此后则日渐衰落，盛况不再。

金陵书坊云集于三山街及太学前，所以有的书坊常冠以"三山街书林""三山书坊"字样。1980 年，张秀民先生根据历代藏书家书目及原书牌子，考录了明代金陵书坊的名号和数量，凡得五十余种，结论"稍少于建阳而多于北京"。数年后，张先生根据新材料作了修正，举出九十三家金陵书坊，其"多于建阳九家，更远远超过北京"[2]。刻书以戏曲小说、医书良方为多。

明代金陵书坊以唐氏为最，有名号可考者多达十五家，蜚声金陵；周氏居其后，达十三家。唐氏书坊以富春堂为首，中国国家图书馆藏有《绣刻演剧》残本，题明金陵唐氏富春堂辑刻，而卷内除题唐氏富春堂、世德堂外，尚有金陵文秀堂、文林阁等名。已知除文秀堂外，其他均系唐姓书坊。全书共分六套，每套十本，套前各有书衣一页，题"绣刻演剧第几套"。王重民以为："此编显系两家或数家书林所刻，后其书版殆均归唐氏，始汇为是编。"[3] 其实并不一定是版归富春堂，而是几家唐姓书坊联手推出畅销戏曲剧本丛刊，名望所归，举富春堂领衔署名。富春堂万历间以刻曲著称，所刻据载有百种之多，仅现存辑入《古本戏曲丛刊》初、二集者就达二十五种。此外，富春堂还刻有不少医书、诗集、琴谱等。

2. 建阳坊刻

明宣宗宣德四年（1429 年），曲阜衍圣公孔彦缙经礼部批准，派遣专人远赴千里之外的建阳选购大批图书，插架圣名赫赫的孔府。故黄璿在景泰四年（1453 年）所修《建阳县志》中自豪地宣称："天下书籍备于建阳之书坊。"弘治十三年（1500 年），麻沙遭受特大火灾，古今书板尽毁。然崇化书坊毫发无损且愈益滋蕃，其地书业继续往日"图书之府"的繁荣景象，麻沙书坊也在十多年的时间里逐渐恢复生机，以至嘉靖五年（1526 年），朝廷特在建阳设官署监校麻沙书板，派遣侍读学士汪佃执掌其事。足见建阳书林在明代刻书业中的地位。

有明一代，建阳麻沙、崇化两坊的书业上承宋元前人所创基业继续发展，据

1 （唐）房玄龄等：《晋书》卷六十五。
2 张秀民：《中国印刷史》，上海人民出版社，1989 年，第 348 页。
3 王重民：《中国善本书提要》，上海古籍出版社，1983 年，第 689 页。

明周宏祖《古今书刻》载建宁府书坊书目三百六十五种，而嘉靖《建阳县志》所载建阳书坊书目及《儒学尊经阁书目》中注明的书坊板，亦多至三百余种。书目下有注云：诸书“皆嘉靖丁酉教谕章悦捐资购置”，丁酉为嘉靖十六年（1537 年），则此建阳书坊书目反映的仅是明中叶的情况[1]。而明代建阳书坊的刻书高潮则在万历时期，小说、杂书大量行世，其数虽无确载，但当在千种左右。两项相加，数字十分可观，从中可知建阳书坊明代继续发展的规模与盛况（图 5-2-7）。

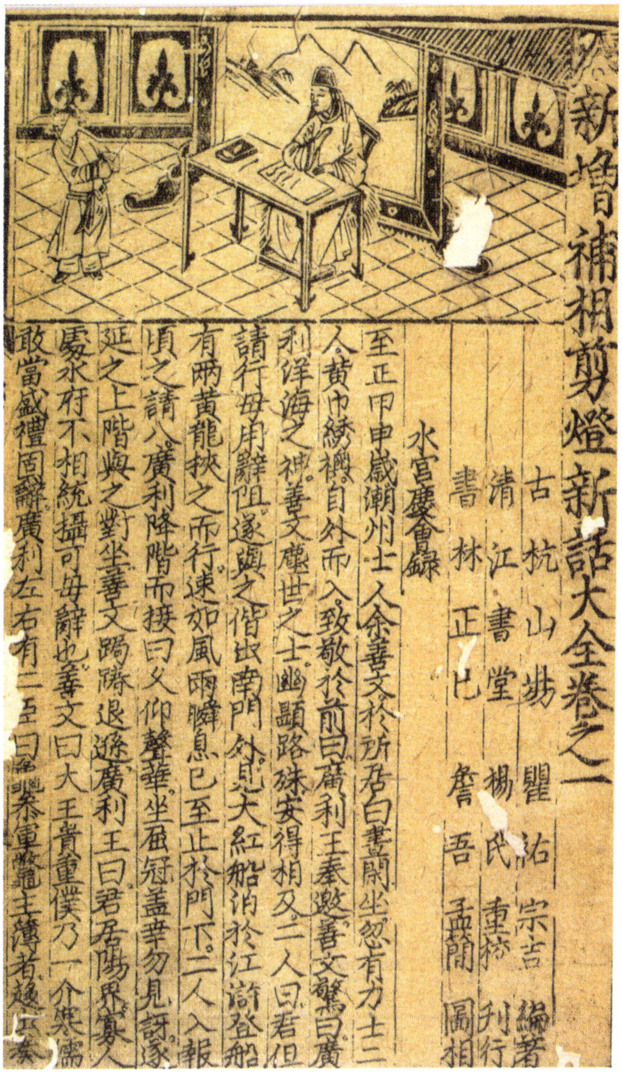
新增補相剪燈新話大全卷之一
古杭山陽瞿佑宗吉編著
清江書堂楊氏重梓刊行
書林正己詹吾孟簡圖相
水宮慶會錄
至正甲申歲潮州士人余善文於所居白晝閒坐忽有力士二人黃巾繡襖自外而入致敬於前曰廣利王奉邀善文驚曰廣利洋海之神善文塵世之士幽顯路殊安得相及二人曰君但請行毋用辭阻遂與之偕出南門外見大紅船泊於江滸登船有兩黃龍挾之而行速如風雨瞬息已至止於門下二人入報頃之請入廣利降階而接曰久仰聲華坐屈冠蓋幸勿見訝遂延之上階與之對坐善文踧踖退遜廣利王曰君居陽界寡人處水府不相統攝可毋辭也善文曰大王貴重僕乃一介寒儒敢當盛禮固辭廣利左右有二臣曰……

图 5-2-7 《新增补相剪灯新话大全》明正德六年（1511 年）建阳杨氏清江书堂刻本

明代建阳书坊有名号可考的，依然主要集中在宋元以来累世传承的几家大姓，如刘氏翠岩精舍、刘氏日新堂、虞氏务本堂、叶氏广勤堂、郑氏宗文堂等，这些由元入明的老坊，沿用旧有名号，保持既成传统，刻书仍以四部典籍为主，基本不赶嘉靖以后刊行通俗小说戏曲读本之潮。而如刘氏慎独斋、刘氏安正堂，虽出刘姓，却是明代新设书坊，并以精刊四部典籍而成为坊中龙凤。

另有一类情况有所不同，即继承刻书祖业但另设名号，刻书上也别开蹊径。熊氏是明代新入书业的大族，其书坊名号以熊宗立的种德堂、熊大木的忠正堂最为响亮，前者以自编自刊日常生活不可或缺的医书，后者以自撰自刊社会民众喜闻乐见的小说为人所乐道，名著一时。大小书坊，新旧面孔，家家窥测动向，人人紧盯市场，翻刻新编，买稿自撰，各显身手，一时龙腾虎跃，将建阳的书业点缀得有声有色。

刘氏慎独斋、余氏三台馆是明代建阳书业最负盛名书坊，慎独斋主刘洪长于史学，弘治正德间以编刊史部著称于时。三台馆主余象斗以通俗小说家的身份及

1 《嘉靖建阳县志》卷五。

书坊主的职业，在万历年间创作并刊行了大量通俗小说，名声极大，可与慎独斋相媲美。

二、清代前期的刻书事业

清代前期的刻书业，尤其是康、雍、乾三朝，无论在刻书的数量或质量上，都属于历史上最好的时期之一。其中官刻、家刻特别强盛，而坊刻则相对较弱。一方面，当时官府处于强势时期，财源充足，帝王们都想通过大规模编刊书籍来表达稽古崇文之意，以点缀盛世。另一方面，清初三朝罗织了森严的文网，面对冷酷的文字狱，文人学者纷纷自囚书斋，潜心于整理旧籍，考究古学，考据之风弥漫学界。一大批优秀的版本学、校勘学家加入官府或私家的刻书活动，使这一时期的官刻、家刻本书籍具有较高的版本和学术价值。

（一）武英殿刻书

清康熙以来，官府大张旗鼓地刻印书籍，以表彰朝廷稽古右文之政教。官府刻书，武英殿、国子监、官书局三管齐下，而以武英殿为最。武英殿刻书始于康熙十九年（1680 年），所刻多皇帝钦定之书，然后通过赏赐、颁行、发卖等多种渠道流通天下，世称“殿本”。嘉庆朝礼亲王昭梿曾列出达一百三十多种[1]，近代陶湘《故宫殿本书库现存书目》著录的殿本就达三百多种，足可想见当日武英殿刻书之盛况（图 5-2-8、图 5-2-9、图 5-2-10）。

武英殿，位于紫禁城内熙和门西、西华门东，始建于明代。清康熙中确定为内府刻书处，称为武英殿修书处，隶内务府营造司。下设监造处、校刊翰林处、档案房等。监造处复设书作，负责书籍装潢；刷印作，负责图书刻印；铜字库、聚珍馆分别负责铜活字和木活

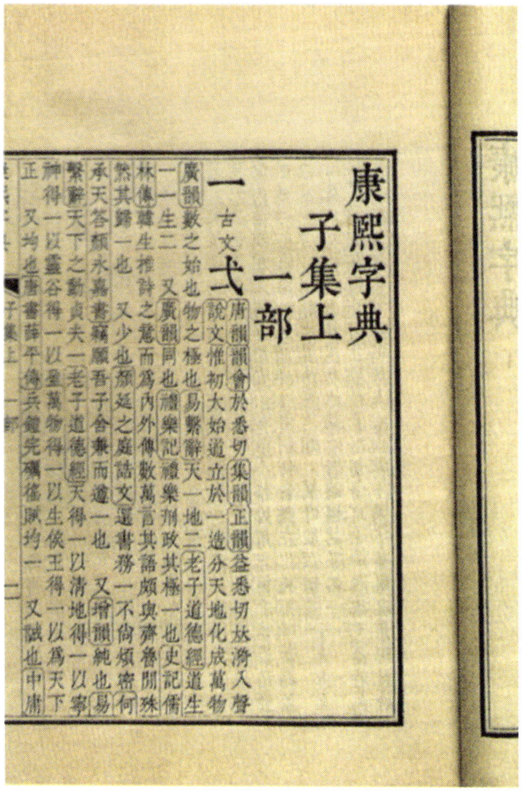

图 5-2-8 《康熙字典》清武英殿刻本

1 （清）昭梿：《啸亭续录》，中华书局，1980 年点校本，第 400 页。

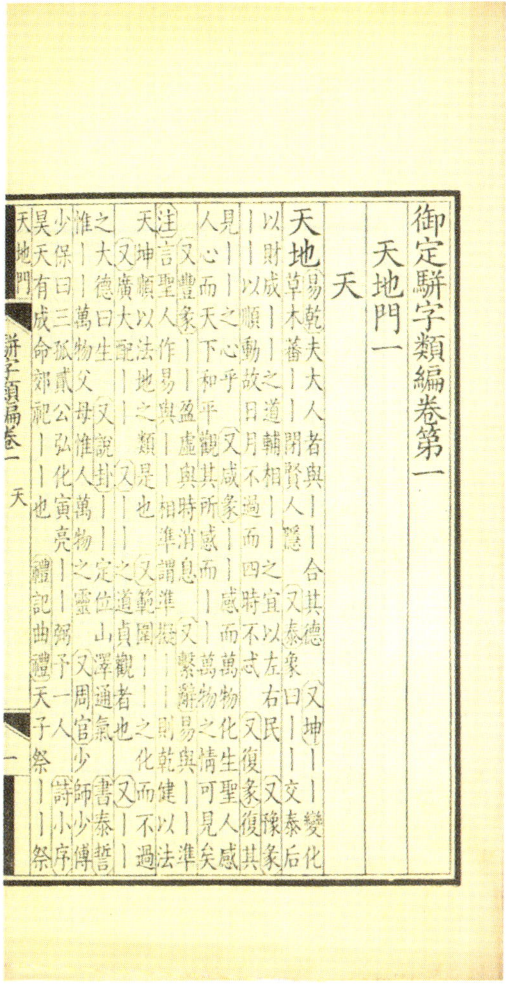
御定駢字類編卷第一
天地門一
天
天地

图 5-2-9 《御定骈字类编》清雍正六年（1728 年）内府刻本

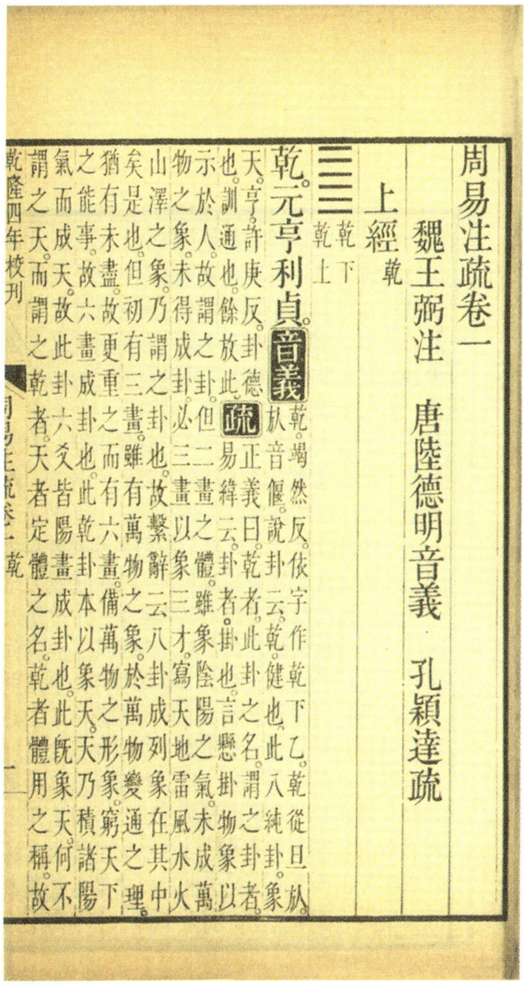
周易注疏卷一
魏王弼注 唐陸德明音義 孔穎達疏
上經 乾
乾下乾上
乾元亨利貞
乾隆四年校刊

图 5-2-10 《十三经注疏》清乾隆武英殿刻本

字印书。

康、雍时武英殿已经成为官刻中最主要的部分，共刻书一百二十八种，一万七千余卷。康熙时，武英殿刻书用唐欧阳询、元赵孟頫体精写上版，用精制的开化纸印刷，字体娟秀工整，书叶洁白光亮，形成康熙刻书的特点，称为“康版”。康熙四十四年（1705 年），江宁织造曹寅奉命在扬州开诗局校刊《全唐诗》，次年刊成。全书九百卷，精工细楷镌刻，笔迹秀丽匀称，一时成为“康版”的代表作。雍正时用宋体铜活字印《古今图书集成》一百部，成为我国出版史上首次用活字印刷万卷巨著的出版印刷活动。

乾隆时武英殿刻书走向极盛，六十年中刻书三百零八种，占清代殿版总数的 60%，并以木活字印成《武英殿聚珍版丛书》。负责木活字印刷工程的户部右侍郎金简，在元王祯印书法的基础上，将其转轮排字架改造为格橱排字架。在刷印工序方面也有独特之处：版面界栏先在另版上雕好，接着将书名、卷次、页码等活字嵌入版心，连同界栏先印出，然后再覆于正文版槽上套印成书。武英殿聚珍版图书的刻印成功，对我国活字印刷事业作出了很大贡献。乾隆十五年（1750 年），武英殿还彩色套印《御制唐宋诗醇》四十七卷。

嘉庆以后，随着国势的趋弱，武英殿刻书的财政拨款减少，工料不足，匠人减缩，当时殿本如《八旗通志》《熙朝雅颂集》等，在字体、纸墨、校勘质量等方面都已远远不能与康乾时期相比。道光、咸丰、同治三朝，殿本书据陶湘书目记载为十五种、九百八十一卷，仅占清代总数的 2.9% 和 1.85%。

（二）私家刻书

清代乾嘉时期，一代学者先后以毕生的精力才智，孜孜于对古代文献的整理研究，以考据学的丰硕成果，在我国古代学术思想史上写下了极其辉煌的一页。考据学的研究，首先在于恢复古代文献的本来面貌，校刊古籍自然成为一个不能回避的重要课题。于是，学者藏家竞起刻书，至成一代风尚，正如张之洞在《书目答问补正·国朝著述诸家姓名略》中所说："前代经史子集，苟其书流传自古，确有实用者，国朝必为表章疏释，精校重刻。"[1]

校刊古籍除了彰显学术以外，还能以保存古籍之功传名于世，这一点尤为藏家所看重。张之洞的《劝刻书说》对此作了精彩的阐述："凡有力好事之人，若自揣德业学问不足过人，而欲求不朽者，莫如刊布古书一法。但刻书必须不惜重费，延聘通人，甄择秘籍，详校精雕，其书终古不废，则刻书之人终古不泯，如歙之鲍，吴之黄，南海之伍，金山之钱，可决其五百年中必不泯灭，岂不胜于自著书、自刻集者乎。且刻书者，传先哲之精蕴，启后学之困蒙，亦利济之先务，积善之雅谈也。"[2] 文中所列鲍廷博、黄丕烈、伍崇曜、钱熙祚，都是清代以家刻名世的编辑出版家，所刻《知不足斋丛书》《士礼居丛书》《粤雅堂丛书》《守山阁丛书》等，名闻天下。

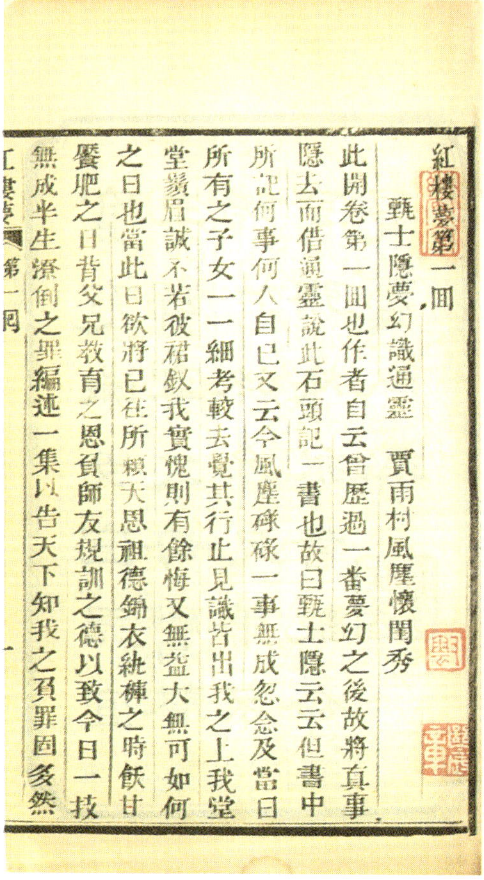
紅樓夢第一回
甄士隱夢幻識通靈　賈雨村風塵懷閨秀
此開卷第一回也作者自云曾歴過一番夢幻之後故將真事隱去而借通靈說此石頭記一書也故曰甄士隱云云但書中所記何事何人自已又云今風塵碌碌一事無成忽念及當日所有之女子一一細考較去覺其行止見識皆出我之上我堂堂鬚眉誠不若彼裙釵我實愧則有餘悔又無益大無可如何之日也當此日欲將已往所賴天恩祖德錦衣紈袴之時飫甘饜肥之日背父兄教育之恩負師友規訓之德以致今日一技無成半生潦倒之罪編述一集以告天下知我之負罪固多然
紅樓夢　第一回

图 5-2-11 《红楼梦》清乾隆程伟元木活字印本

1 （清）张之洞：《书目答问补正》，江苏古籍出版社，2000 年，第 302 页。
2 （清）张之洞：《书目答问》，上海古籍出版社，1983 年校点本，第 341 页。

除了张氏所说四家外，清代著名的家刻还有周亮工、卢见曾、卢文弨、吴骞、孙星衍、张敦仁、张海鹏、阮元、胡克家、缪荃孙、王先谦、黎庶昌、叶德辉、罗振玉等。清代刻书以丛书为盛，张之洞《书目答问》附录清代著名丛书一百二十部，叶德辉《书林清话》又增十九种，绝大部分出于他们之手，足见清代家刻的繁荣（图 5-2-11、图 5-2-12）。

（三）书坊刻书

有清一代民间书坊及其所刻书应该具有相当大的数量，主要生活在清初雍乾时期的吴敬梓，在所著《儒林外史》第二十回“匡超人高兴长安道，牛布衣客死芜湖关”中，借匡超人之口，自称六年之间选了九十五部“八股文”选本，每种印数竟达一万。虽然不无信口夸张之意，但书坊编刊此类“选家”之书泛滥于时的事实是存在的。由于书坊的业务主要集中在科举用书、生活日用、通俗文艺类书籍方面，以及接受官刻、家刻的委托刻印。所以，称得上名坊，公认为善本的书坊及其所刻书自是寥寥无几。

北京、苏州是清代坊刻比较集中的地方，而琉璃厂则为北京书坊的集中地。琉璃厂位于北京南城正阳门西，辽时名“海王村”。自明代起，其地即有书肆。清初，随着“《四库全书》馆”的开馆，在编修过程中所产生的前所未有的古旧书需求，极大地刺激了北京乃至全国的古旧书贸易活动。孙殿起辑《琉璃厂小志》引翁方纲《复初斋诗注》语云：“乾隆癸巳（三十八年，1773 年）开四库馆……每日清晨，诸臣入院，设大橱，供茶饭。午后归寓，各以所校阅某书应考某典，详列书目，至琉璃厂书肆访之。是时，浙江书贾，奔辏辇下；书坊以五柳居、文粹堂为最。”[1] 清中叶以

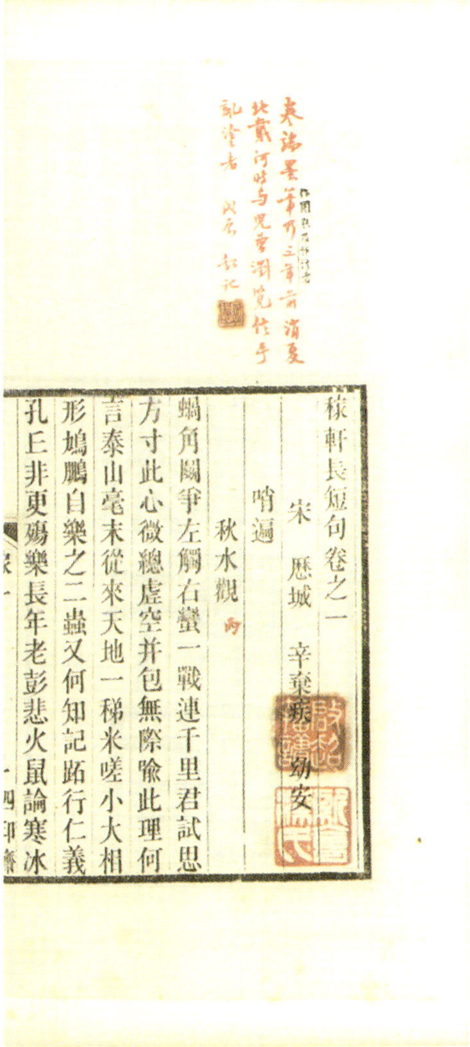
稼軒長短句卷之一
宋 歴城 辛棄疾 幼安
哨遍
秋水觀
蝸角鬬爭左觸右蠻一戰連千里君試思方寸此心微總虛空并包無際喻此理何言泰山毫末從來天地一稊米嗟小大相形鳩鵬自樂之二蟲又何知記跖行仁義孔丘非更殤樂長年老彭悲火鼠論寒冰

图 5-2-12 《稼轩长短句》清光绪王鹏运刻本

1 孙殿起：《琉璃厂小志》，北京古籍出版社，1982 年，第 32 页。

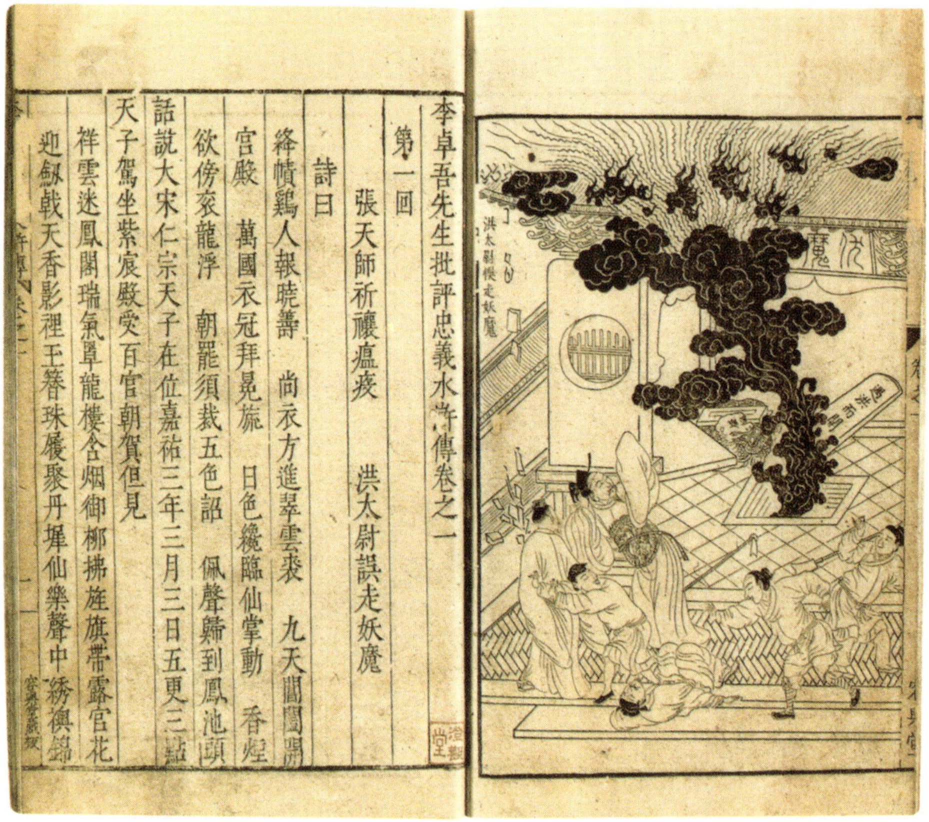
李卓吾先生批評忠義水滸傳卷之一
第一回
張天師祈禳瘟疫　洪太尉誤走妖魔
詩曰
絳幘鷄人報曉籌　尚衣方進翠雲裘　九天閶闔開
宮殿　萬國衣冠拜冕旒　日色纔臨仙掌動　香煙
欲傍袞龍浮　朝罷須裁五色詔　佩聲歸到鳳池頭
話說大宋仁宗天子在位嘉祐三年三月三日五更三點
天子駕坐紫宸殿受百官朝賀但見
祥雲迷鳳閣瑞氣罩龍樓含烟御柳拂旌旗帶露宫花
迎劍戟天香影裡玉簪珠履聚丹墀仙樂聲中綉襖錦

图 5-2-13　《李卓吾先生批评忠义水浒传》

后，琉璃厂书肆开始自行刊书，但为数仍然不多，一百多家书铺中仅三成有刻书的记载，而所刻种数一般仅数种，多者数十种。陶氏五柳居则是其中的佼佼者。

苏州书坊上承明代的强势继续保持在全国的领先地位。根据史料记载，清代有名号可考的苏州书坊在七十家左右，且家家有刻书的记载。如由明入清的金阊赵氏书业堂，自康熙至道光先后刻有《花镜六卷图》《新评龙图神断公案》《后西游记》《说呼全传》《豆棚闲话》《芥子园画传》《景岳全书》《韵综》等。清初金阊书林尤氏宝翰楼，康熙至道光间先后刻有《五朝诗七律英华》《增订广舆记》《中晚唐诗》二十一种、毛宗岗评《四大奇书第一种》（即《三国演义》）、《李卓吾先生批评三国志真本》《李卓吾先生批评忠义水浒传》（图 5-2-13）等数十种。与书业堂、宝翰堂并称“清初三大家”的绿荫堂，康熙时刻《百名家词钞》一百卷、《江右三大家诗钞》九卷、《平妖传》（图 5-2-14）等。

有清一代，民间书坊经营时间延续最久，刻书数量最多，社会影响最大的，要数常熟继毛晋汲古阁而起的席氏扫叶山房。

席氏本苏州洞庭东山著姓望族，其刻书始自清初席启寓，而以扫叶山房名设肆刻书的则是席世臣。席世臣，字邻哉，席启寓玄孙，曾以商籍学生身份与校《四库全书》，乾隆五十一年（1786 年）钦赐举人，两年后成进士。世臣嗜古好学，家中多藏书，每见佳本，则手自校雠，因以“扫叶山房”名室，盖取义于“校书如扫落叶”之句。所刻书以史部为主，曾得汲古阁十七史书板，予以重印。当书业扩大后，即在苏州阊门设书铺，以“扫叶山房”为号，所刻书版心多刻以“扫叶山房”字样，扫叶山房之名随着所刻书籍行销天下而传扬四方。

席世臣扫叶山房刻书始自乾隆末年，主要在嘉庆间，瞿冕良先生《琴川书志》“扫叶山房”条下较详细列出了一个知见目录，较著名的有《十七史》《四朝别史》《大唐六典》《贞观政要》《东观汉记》《旧五代史》，等等。

扫叶山房在席世臣身后，继续经营书业。咸丰末年，扫叶山房书板在太平军与清军在江南军事拉锯中损失惨重，书坊正在刊印的《旧唐书》书板即毁于当时战火之中。光绪中，扫叶山房的经营活动有所发展，曾汇刻清李兆洛《李氏五种》，收录《历代地理志韵编》《皇朝舆地韵编》等舆地著作五种。据耿文光记载，题署“清光绪中吴县朱氏槐庐家塾刻本”的《槐庐丛书》，为扫叶山房所刻。

同治、光绪年间，扫叶山房将经营中心迁往上海，先后在彩衣街、棋盘街设立营业所，且引进石印、铅印新技术，扩大印刷规模和经营范围，线装石印本成为主要出版样式。据民国间所编书目的不完全统计，扫叶山房编印的书籍就达七百多种，在清末民初的古书市场上占有很大份额。有学者指出：“自席世臣创办扫叶山房以来，网罗旧籍，保存古书，这一出版宗旨贯穿了其发展的整个历史。尤其是清末民初以来，其不断扩大规模，开设分号五家，除四家在松沪一带，还有一家开至汉口，发行范围较广，使一些传本较少的古书也藉以广泛流传。正因为如此，扫叶山房在当时获得了较好的声誉。”[1]

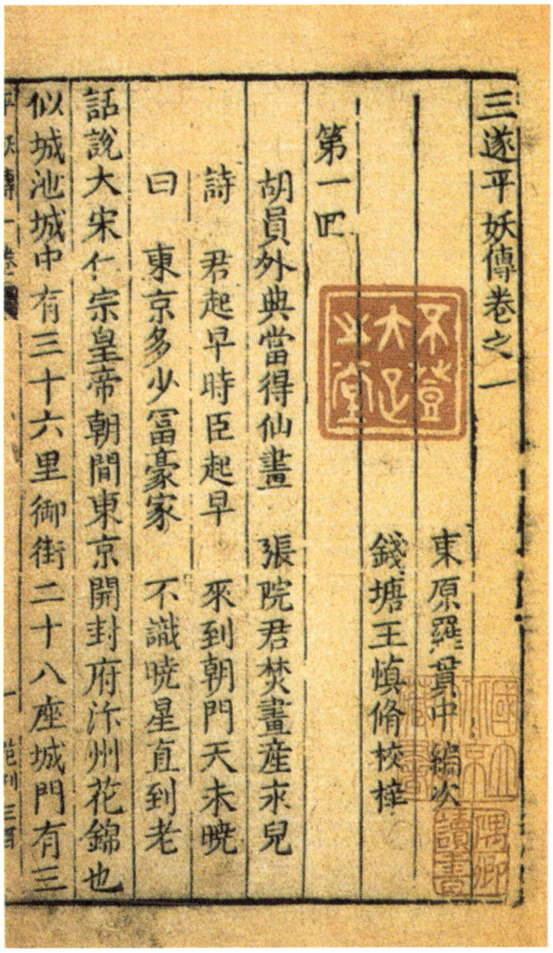
图 5-2-14 《三遂平妖传》

随着民国间更大规模的现代民营出版企业如商

1 杨丽莹：《扫叶山房研究》，复旦大学出版社，2013 年，第 201 页。

务印书馆、开明书店等先后出现，中国古籍图书市场不断萎缩，扫叶山房虽在民国初期时也曾缀以“书局”之称，但业务日见萧条，终于1954年关门大吉。从扫叶山房的命运，可以略窥清代中叶以后，中国传统书坊逐渐退出历史舞台的无奈过程。复旦大学杨丽莹博士著有《扫叶山房研究》（复旦大学出版社2013年版），述其始末甚为翔实。

三、晚清四大藏书楼

常熟瞿绍基的“铁琴铜剑楼”与湖州陆心源的“皕宋楼”，杭州丁申、丁丙兄弟的“八千卷楼”，山东聊城杨以增的“海源阁”，在清末并称“四大藏书楼”，而其中尤以瞿、杨二氏藏书为最，时有“南瞿北杨”之称。在这四大藏书楼中，能五世递藏而不衰的，唯有瞿氏“铁琴铜剑楼”。

（一）铁琴铜剑楼

铁琴铜剑楼的前身是“恬裕斋”。“恬裕”二字，取古书“引养引恬，垂裕后昆”之义，意即让子孙后代也能享受这份恬静安逸的生活，由瞿绍基创立。瞿绍基（1772—1836年），字厚培，号荫棠。瞿氏祖上因经商致富，到瞿绍基的父亲瞿进思好读书，曾授“州同知”衔。瞿绍基自幼力学工文，但却屡试不第，仅当了不到一年的阳湖县学训导，旋即归隐古里村。归隐后，在其父所藏的经史书籍的基础上，广购宋元善本，旁及金石古玩。嘉庆、道光间，恰值常熟城中陈揆稽瑞楼和张金吾爱日精庐藏书先后散出，瞿绍基又遴选其中善本购取，增置插架，由此奠定了瞿氏藏书的基础。

瞿绍基之子瞿镛（1794—1840年），字子雍，克承父志，搜罗益勤。瞿镛对金石文字、尊彝古玩无不精研，得到铁琴一张、铜剑一把，因此别称其楼为“铁琴铜剑”。咸丰年间，长洲汪士钟艺芸书舍藏书散出，艺芸书舍之藏源于黄丕烈士礼居，多宋元旧椠，其中精品多为瞿镛所得，其余归杨氏海源阁。

聚书难，守书亦不易。铁琴铜剑楼传至第三代主人瞿秉渊（1820—1886年）、瞿秉清（1828—1877年）手中时，正是太平农民军暴动，南方社会动乱，江南各藏书家多遭兵燹。战火烧近常熟时，为避兵灾，兄弟俩先是将家藏善本分散寄存亲朋好友之所。常熟陷落后，二人又急忙赶往各处转移藏书，舍去十分之三，择千余种精本先后寄于四地。1863年，为更安全，他们再次取舍，将金元刊本、精校本渡江藏于海门大洪镇。这样的漂泊生活持续了四年之久，四年间，他们将古籍辗转迁移了七次！颠沛流离之际，他们还不忘重金搜求异书。这样一来，江浙藏书家流散出来的旧藏精本归于铁琴铜剑楼名下的不在少数。待乱后归来，请江阴画家吴俊绘有《虹月归来图》以志庆幸。

也有令人扼腕的损失，比如名闻遐迩的镇楼之宝宋刻《玉函经》。据黄丕烈考证，《广成先生玉函经》是稀世罕见的医学古籍。它初由苏州沈之文收藏，后流于浙江钱塘何元昌梦华馆。清嘉庆二十年（1815年），黄丕烈与何元昌交换藏书，此书回到苏州，藏于黄氏士礼居。万没想到，它居然和另几部书一起，被太仓鹿河一个小人以收购棉花的旧账册偷换之后，携往上海出售。瞿秉渊、秉清兄弟为此悔恨心痛了一生，直至临终还遗命子孙："如遇旧物，虽破产赎之宜也，非过也！"[1]

战后重建，秉渊、秉清兄弟决定增订《铁琴铜剑楼藏书目录》。为确保书目质量，他们多方延请名家校勘旧籍。1877年8月，瞿秉清偕同邑张瑛亲赴苏州邀请诸友到古里完成编目，舟行回家途中，瞿秉清不幸染上霍乱，竟命丧异乡。瞿秉渊遂率领启文、启科二侄继续编订书目，终于1879年定稿。可未及付梓，叔侄三人已接踵而逝！

及至瞿秉清最小的儿子二十八岁的瞿启甲，是为第四代传人。瞿启甲将先人苦心经营数十年的《铁琴铜剑楼藏书目录》悉加厘定，于光绪二十四年（1898年）刊行问世。1922年，又取家藏宋金元刻本，择其较为罕见者一二页，仿杨守敬《留真谱》之意，影印为《铁琴铜剑楼宋金元本书影》。最难能可贵的是，启甲一反旧时藏书家概不借阅的习惯，对登门求阅者总是尽力提供种种便利，铁琴铜剑楼的名声更大了。

历经二十世纪的战乱人祸，藏书楼侥幸独存。藏书楼原有四进，其中第一、第二两进毁于抗日战争中。第三与第四进楼上供藏书之用，第三进楼下则为读书处，第四进楼下为家祠，同时收藏古物、石刻，楼下右方原有梯登楼。

遵照父亲"书勿分散，不能守则归之公"[2]的嘱托，瞿济苍、瞿旭初、瞿凤起兄弟将《玉函经》等数百种善本、珍贵碑拓、名家字画，以及那张代表了瞿氏家族精神、见证了铁琴铜剑楼变迁的唐代铁琴全部献予北京图书馆，其余大多归属常熟文物部门。为此，时任文化部副部长的郑振铎特意代表中央政府表达谢意。

1987年3月1日，80岁的瞿凤起先生溘然长逝。至此，铁琴铜剑楼第五代传人悉数驾鹤。四年后的12月5日，铁琴铜剑楼纪念馆在古里原址正式对外开放。为筹建纪念馆，乡人特意到当时的北京图书馆善本特藏部看望了铁琴和《玉函经》。包裹铁琴的仍是瞿家旧物，只是铁琴锈得更加厉害，恐怕即使换上新弦也弹不出声音了。《玉函经》则保存完好，这部海内孤本正享受着国宝级的待遇。

（二）海源阁

海源阁原位于山东聊城城内万寿观街路北杨氏宅院内，面南背北，二层四间，

1 仲伟行：《琴剑流芳：铁琴铜剑楼纪念馆》，上海文化出版社，2009年，第53页。
2 仲伟行：《琴剑流芳：铁琴铜剑楼纪念馆》，上海文化出版社，2009年，第72页。

杨以增亲书匾额。杨以增（1787—1856年），字益之，号至堂，晚号东樵。道光二十年（1840年），在家乡东昌府（今山东聊城）建筑了一座专门的藏书楼——海源阁。

八年后，杨以增开始到“人文渊薮”的江南担任河道总督，不论从声望、地位，还是资财上都为他广收书籍提供了极大便利。最直接的一点，他在当地收集的大批书籍可以凭身份借助官方漕运粮船运回老家。聊城当时是大运河“九大商埠”之一，有了这样的便利，“南书北运”就有了“捷径”。再有就是当时江南一带战乱频仍、经济崩溃，尤其是太平军、捻军在此与清军作战，兵燹连年，江南旧家藏书多不能守，大量散失，流入市场，给杨以增大批收购珍贵善本提供了机会。如号称“三百年来藏书之巨擘”的黄丕烈，晚年家事多艰且病魔缠身，不得不卖书解窘，其所藏尽归汪士钟艺芸书屋。咸丰初年，艺芸书屋所藏复散出，大多归于瞿氏铁琴铜剑楼与海源阁，而以海源阁为最，其中经黄丕烈手校的书籍就达八十余种。除此之外，瞿氏恬裕斋部分流散之书、韩泰华玉雨堂元人集部书以及鲍廷博知不足斋等江南名家藏书均归于海源阁，这是海源阁藏书数量和质量的一次大飞跃。

除了上述因素，还有一个原因：杨以增凭借自己的声望与地位，得以广交朋友，延揽学士文人，为自己寄赠、选择、鉴别、审订、校刻书籍。

杨以增留下的著述有《退思庐文存》《杨端勤公奏疏》。另外，他作为旧时代的藏书家，对图籍的利用主要在于阅读与校勘。他参照各种版本，对书籍进行仔细的校订，并且记述购书的经过及版本的优劣。其子杨绍和编撰了《海源阁书目》《宋存书室宋元秘本书目》和阁内善本藏书记《楹书偶录》初编、续编，后来其子杨保彝又增删为《海源阁书目》和《海源阁宋元秘本书目》。

海源阁藏书到了杨以增的儿子杨绍和手里又得以精进。杨绍和（1830—1875年），字彦合，一字念徽，号勰卿，又号筠岩。杨绍和善于鉴别古籍，在北京充翰林时专事收购图书。时值慈禧发动宫廷政变，顾命八大臣以狂悖被杀，怡亲王载垣也在其中，怡府建有乐善堂、明善堂、安乐堂专门庋藏珍贵图籍，汇聚徐氏传是堂、季氏静思堂珍籍，宋版书多至数百种，异常珍罕。事发后杨绍和乘机购得善本不下百本。这样，海源阁又汇聚了北方王府藏书之精华。

杨氏藏书考虑缜密，海源阁藏书尽属珍本，外有木匣，内有锦函，晒书时将每册书按次序散列案上，在阳光下晒一至两个小时即移回室内，再按原来次序排列原架隔上，并用白丝棉纸将樟脑面包成许多小包，随书在函中放入一二，但不得放入书中。此番工作之后，五至七天内上午十时至下午四时，将藏书楼所有门窗悉数打开，以使日暖风和之气徐徐进入，并将架隔上浮尘掸尽。过此时期即将全部门窗重行关闭，严密封锁，同时封条安藏。

同时海源阁藏书实行绝对的关门主义，外人与戚族一概不能入藏书楼一步。

这其中的苦心是外人不易理解的。历来藏书聚难散易，稍有不慎便灰飞烟灭，况且时值战乱频仍，藏书之艰难更是苦不堪言，海源阁藏书搜集于乱世，其间感受更加深切。光绪十八年（1892 年）冬，《老残游记》的作者刘鹗冒雪前往海源阁，竟不能得见海源阁藏书，扫兴而归。像刘鹗这样被海源阁拒之门外的文人学士不在少数，像历城解元徐金铭为得见海源阁藏书求为杨氏童子师（即给海源阁第四代杨敬夫当老师），而最终也没能如愿。

海源阁藏书到了第三代主人杨保彝时，尚称完整，但杨保彝晚年无子，恐身后族人瓜分海源阁藏书，便于宣统元年（1909 年）开列书目及金石、书画、祭田、房产、粮地等项，呈请归入其祖父祠堂，并以族子杨敬夫为继嗣，于是杨敬夫成了海源阁第四代主人。

1929 年，军阀王金发纠集残部进驻聊城，其所从书记官兰山樊天民、堂邑杨道南将海源阁之宋元秘籍、金石书画择优掠去，海源阁藏书惨遭损毁。1930 年，土匪王冠军占据聊城，海源阁再次遭劫。此后，杨氏将残存书籍部分运往济南，剩留部分与杨氏用以刻印《海源阁丛书》的全部刻版、木活字、铁范等则运往聊城西南田庄杨氏祖茔之旁的“弘农丙舍”。1938 年日寇攻陷聊城，“尽遭火焚”。此为海源阁三次劫难。

在海源阁遭劫前的 1928 年，其末代主人杨敬夫先后两次将海源阁珍善书籍运存天津，第一批二十六种宋元珍本运津后，除宋本《会稽三赋》未售外，其余二十五种先后为国内藏书家所购。第二批运津一百一十九种宋元本书籍，其中九十二种经平津人士王绍贤、常耀奎等努力，1946 年 2 月 5 日由北平图书馆正式收藏，另外二十七种由山东省图书馆收藏（现存山东省博物馆）。二次遭劫后的海源阁之书经济南人士辛铸九、苗兰亭、张蔚斋等努力，时任山东省立图书馆代理馆长罗复唐斡旋，1945 年 10 月归入山东省图书馆收藏，共计二千三百余种，其中元版书两种、明版书三百六十八种，山东省图书馆辟海源阁书库专藏，并配“奎虚书藏”阅览室供读者使用。

海源阁藏书起于战乱，最终又大部分毁于战乱。在海源阁藏书印中有一方“子子孙孙永保用享”，美好的梦想在战火中随着诸多珍本星散四方而破灭，为历代书厄添加了辛酸的一笔。但它还是为我们留下了许多“劫后余珍”，以及为传承中华文化自强不息的一个个身影与一段段往事。

（三）皕宋楼

在晚清藏书史上，有一个中国人心中永远的痛，那就是陆心源的“皕宋楼”背井离乡了。

“皕宋楼”主人陆心源（1843—1894 年），字刚父，号存斋，晚称潜园老人，浙江归安（后称吴兴县，1981 年并入湖州市）人。清咸丰九年（1859 年）考中举人，曾任广东知府、南韶兵备道、福建盐法道等职。

陆心源开始大规模购书的时候，正值太平天国运动和第二次鸦片战争，动乱中图书聚散无常。陆心源借此大力收罗。他的大部分藏书得自上海郁松年宜稼堂，他从宜稼堂购得近五万册图书，奠定了藏书的基础。此后，又购得数家遗藏，加上旧有藏书，总数达到十五万卷，成为江南首屈一指的大藏书家。

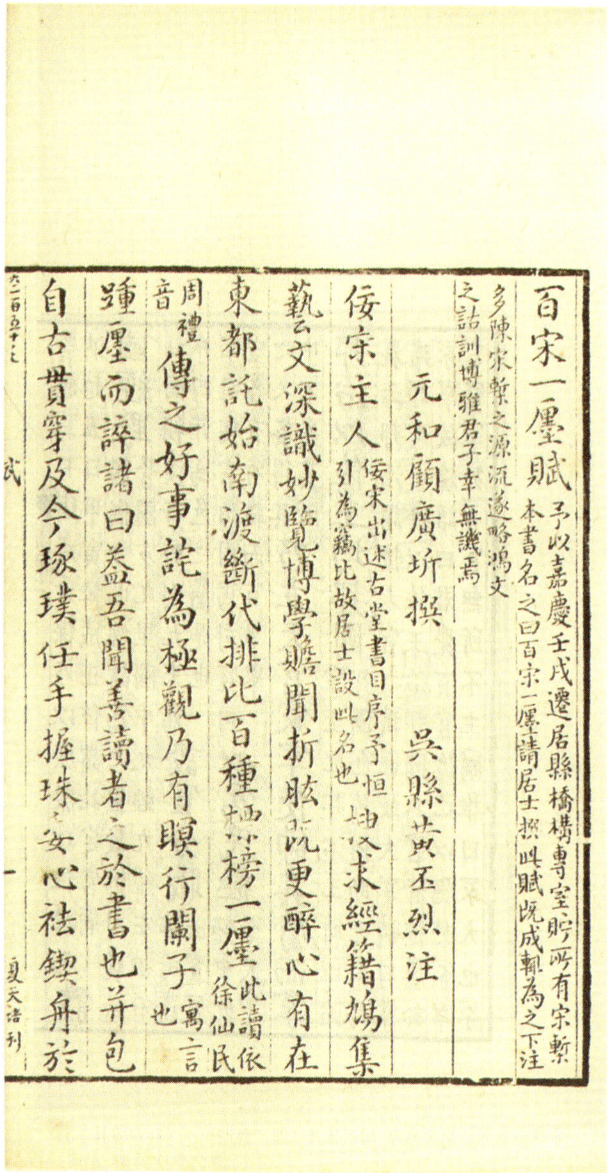
百宋一廛賦 予以嘉慶壬戌遷居縣橋構專室貯所有宋槧本書名之曰百宋一廛請居士撰此賦既成輒為之下注多陳宋槧之源流遂略鴻文之詁訓博雅君子幸無譏焉

元和顧廣圻撰　吳縣黃丕烈注

佞宋主人 佞宋出述古堂書目序予恒引為竊比故居士設此名也 抴拔求經籍鳩集藝文深識妙覽博學聵聞折肱既更醉心有在東都訖始南渡斷代排比百種標榜一廛 此讀依徐仙民周禮音 傳之好事詫為極觀乃有瞑行闒子 寓言也 踵廛而辭諸曰盍吾聞善讀者之於書也并包自古貫穿及今瑑璞任手握珠安心祛鍥舟於

图 5-2-15 《百宋一廛赋》清嘉庆道光间黄氏刻本

陆心源的藏书处有守先阁、皕宋楼、十万卷楼等处。归里后，陆心源在归安城东莲花庄北修造园林庭院潜园。守先阁在潜园内，其中贮藏一般图书，按照经、史、子、集四部分类法分别插架。十万卷楼和皕宋楼均在陆心源的旧居月河街。皕宋楼专收宋元旧椠，十万卷楼收明以后秘刻、名人手校、手抄及近儒著述。

皕宋楼的藏书特点，一是藏书多名家旧藏本，其中包括钱曾、毛晋、徐乾学、季振宜、黄丕烈等大藏书家的传藏本（图 5-2-15）；二是藏书中有很多《四库全书》未著录版本或者不同版本；三是藏书不仅重视宋元旧椠，而且注重藏书的“足本”和“全本”。

陆心源还是一位具有开放意识和公益心的藏书家。他曾在光绪八年（1882 年）春上书归安太守，将守先阁所藏的四千二百余种、十一万五千余卷图书化私为公，供公众阅览。

他一生著作颇丰。他凭借自己丰富的藏书，刊校古籍，其遗作汇成洋洋大观的《潜园总集》，达九百四十余卷。其中《皕宋楼藏书志》《皕宋楼藏书续志》《仪顾堂题跋》《仪顾堂续跋》四部书目和题跋之作在近代目录学史上影响很大，有很高的学术价值。

皕宋楼藏书的最后归宿令人十分痛惜。陆心源死后十三年，清光绪三十三年（1907 年），一个让全国藏书界和学术界深感震惊的消息突然从湖州传出，皕宋楼的全部藏书已经被陆心源的后人售予日本静嘉堂文库。

出售皕宋楼藏书的经手人为陆心源的长子陆树藩。陆树藩是光绪十五年（1889年）恩科举人，因其父捐守先阁图书，特赏二品衔，赏载花总翎军机部存记，分发江苏候补道，曾任江苏实业学堂及铁路学堂监督、苏州孤儿院院长。陆树藩也有著述，如《吴兴词存》《皕宋楼藏书三志》《穰梨馆过眼三录》等，他是了解皕宋楼藏书价值的。但当时陆氏家道中落，亏欠巨款，已经没有财力来支持皕宋楼的管理。在这种情况下，陆树藩起初尚无将书售予外邦的决心，而想求其书能不失散、完整地在国内转让，他曾向两江总督端方和上海工部局提议，将全部藏书捐给地方政府，条件是由官方建藏书楼贮藏，但未能获允。他也曾登报声明愿捐献给有经济实力的藏书家建新楼妥善管理，但由于陆氏藏书量多质优，估价高昂，又力求保持原藏的完整性而不肯拆零易售，故一时国内无人响应。后来，陆家经济状况进一步恶化，为偿债及维持家庭生活，变卖家产及皕宋楼藏书已成唯一出路。陆树藩遂产生了将书高价卖给日本宫廷的想法。他通过在日本留学的堂弟牵线联系，先希望由日本宫内省收购，但未成功。后来静嘉堂文库创建者岩崎弥之助得知了此部分书籍的价值，下决心由文库收购。

岩崎弥之助是日本三菱财团第二代主要人物，也是静嘉堂文库的创始人。他拥有巨大财力，不惜重金收购汉学古籍。他于光绪三十二年（1906年）初，派书志学者、静嘉堂文库库员岛田翰来中国对皕宋楼藏书进行了实地考察，后又经过交涉、讨价还价，最后从五十万压至十万余银元成交。次年六月，陆氏皕宋楼、十万卷楼的全部藏书四万余卷，终远离故国归于东瀛。从此这批珍贵古籍即归日本静嘉堂文库所有。

皕宋楼珍藏流入日本，使热爱祖国文化的人们无不痛心疾首。当时张元济先生听说陆氏要售书的消息后，曾在光绪三十二年（1906年）赴京，力劝京师图书馆拨款购买。后来，他又急筹六万元，想为上海商务印书馆涵芬楼收购此藏，无奈款项未及筹足，皕宋楼藏书已经尽载以东了。这不能不说是我国藏书事业史上的奇耻大辱。但不过二十五年，海源阁藏书中又有宋刻二十三种近二百册流入日本。这些珍贵典籍，流失异邦，终不可返，造成中国图书典籍无可估量的损失。有关这一段历史，徐桢基先生著有《潜园遗事——藏书家陆心源生平及其他》（上海三联书店在1996年出版）及《藏书家陆心源》（陕西人民教育出版社2007年版），以及王绍仁所著《皕宋楼藏书流布及宋元版追踪》（吉林人民出版社2009年版）可以参阅。

（四）八千卷楼

在清末四大藏书家中，杭州丁氏兄弟有功于中国文化至巨，人们至今犹感念其德。

时人称为“双丁”的丁氏兄弟中，兄为丁甲（？—1887年）。光绪七年（1881年）以抄补文澜阁《四库全书》之功，赏加四品顶戴。他辑录有《武林藏书录》一书，书内记载了文澜阁建造修复经过，北宋以来杭州地区刻书、藏书、采书情况，以及自三国至清的杭州文献家事迹。弟为丁丙（1832—1899年），字嘉鱼，别字松生，晚号松存。别署钱塘流民、八千卷楼主人、竹书堂主人、书库抱残生等。丁丙二十三岁入杭州府学，后一心属意于地方公众事务及文献、书籍搜罗保存，终身未仕。丁丙留下的著述有《谈礼私记》《礼经集解》《九思居经说》《说文部目详考》《松梦寮集》等。

丁氏几代均有藏书传统。丁氏祖父丁国典慕其北宋先人丁顗有书八千卷之雅事，始于杭州营建藏书楼，并请当时名士梁山舟为题“八千卷楼”匾额，传至丁氏父亲丁英（字洛耆），插架渐富。但可惜的是，丁氏八千卷楼前期由丁氏兄弟祖、父两代搜集的典籍，在太平天国战乱中遭到焚毁，侥幸保存下来的仅剩丁国典在世时平日把玩的《周易本义》一书。丁氏兄弟的作用正是在此时显示出来。

丁氏兄弟的功绩主要有两项：一是在战乱中尽力抢救和保护了杭州文澜阁的《四库全书》；二是重新建立了八千卷楼。咸丰十一年（1861年），太平军再破杭州，丁氏兄弟避难于城外，无意中发现了散出的文渊阁《四库全书》的书页，痛惜之余，兄弟俩开始了搜寻、修复文澜阁本《四库全书》的艰难历程。经过不懈的努力，兄弟俩先后竟抢救得《四库全书》近九千册。丁氏兄弟先是把书运到当时比较安全的上海，后来又运回杭州。由于其时文澜阁已经遭到破坏，丁氏兄弟运回之书只能暂时藏于杭州郡学尊经阁。

光绪皇帝得知后，让丁氏兄弟继续负责收集散佚的文澜阁《四库全书》，抄补缺失部分，并让他们负责重修文澜阁的工程。受到皇帝委托，丁氏兄弟不敢怠慢，组织了大规模的抄补工作。历七年之久，终于使文澜阁《四库全书》大体上恢复了原貌。文澜阁的重建工程开始于光绪六年（1880年），一年之后竣工。

丁氏八千卷楼藏书的恢复与发展，正是与丁氏兄弟抢救、补抄文澜阁《四库全书》同步进行的。从补配文澜阁《四库全书》开始，丁氏兄弟就开始大规模购书。他们一心将家资投入于藏书事业。丁甲去世后的第二年，光绪十四年（1888年），丁丙开始重修丁氏私家藏书楼，地基选在丁丙所居正修堂的西北边，占地二百余亩。藏书楼总名“嘉惠堂”。八千卷楼收《四库全书》已著录之书；后八千卷楼专藏“四库”未收之书；小八千卷楼收藏善本书籍。丁氏藏书目录主要有二：一是《八千卷楼书目》二十卷，由丁丙的儿子丁立中编成，是丁氏藏书总目；二是《善本书室藏书志四十卷》，由丁丙撰述，丁立中排纂，著录小八千卷楼所藏宋元旧椠、名钞名校及稿本。

光绪三十三年（1907年），丁氏后人因经商失败，亏空巨万。鉴于皕宋楼藏书东流的教训，经两江总督端方和江苏藏书家缪荃孙的斡旋，八千卷楼藏书以七万五千银元归于我国最早的公共图书馆——“江南图书馆”，即现在南京图书馆的前身。复旦大学博士石祥著有《杭州丁氏八千卷楼书事新考》（上海古籍出版社 2011 年版），叙其史事颇详，足资参阅。

第三节　“西学东渐”潮流中的书文化嬗变

1811 年，伦敦会传教士马礼逊在广州出版第一部中文西书，揭开晚清“西学东渐”的序幕。到十九世纪中叶，欧美列强用武力启开了清王朝闭关自封的国门，资本主义的观念及其强势，迫使中国社会酝酿巨大而深刻的变革。挟势而来的西方传教士通过编辑出版书刊，强化了西学在中国的传播。中国部分开明的知识分子和官吏，则在西学中不断撷取新知识、新观念和新学问，编辑出版各类现代书刊，不断启迪民智，推进社会改革。

从 1840 年鸦片战争爆发，到 1911 年辛亥革命推翻清王朝的七十年间，中国的书籍文化通过吸纳西方先进的印刷技术和设备，建立了现代民营出版企业，从书籍内容的价值取向到物质形态，都发生了深刻的变化。

书籍装订技术的发展，主要因材质不同而定。随着海禁大开，各种洋货涌入我国市场，洋纸、化学木浆同时传入。书籍的装帧形式开始走向“中式”与“西式”并驾齐驱的时期，当时有用传统手工制作的连史纸和毛边纸印书的，也有用洋纸的；有用传统的中国纸单面印刷的线装书，也有洋纸单页双面印刷的洋装书。从装订形式上看，我国古代的“线装书”是折页齐栏线订，洋装书是大张连折的装订形式，并且开始有了精装的形式。但是这一时期，仅是实行平装、精装的初期，书籍装帧基本上沿用或者保存古籍线装书的题签形式，线装书仍占重要地位。

一、“西学东渐”时代思潮中的译书活动

1842 年，英、法、美等国依据清廷被迫签订的不平等的《南京条约》《望厦条约》《黄浦条约》，获取了觊觎已久的书刊出版和文化传播特权，迅速在上海、宁波、福州、广州、厦门等通商口岸建立西学传播基地，在上海开设首家西书出版机构——墨海书馆，中国知识分子开始参与译书活动。1862 年，清官府设立京师同文馆，组织翻译西方书籍。翻译西书很快成为近代文化传播活动的重要内容，在思想文化和科学知识方面，为现代新文化运动的发动奠定了坚实的基础。近代译书活动，大致可以分为传教士译书、官方译书和民间译书三部分。

(一) 传教士译书

西方传教士在华翻译西书的历史，可以追溯到明代万历年间。以利玛窦、汤若望、南怀仁、艾儒略等为代表的天主教传教士，在明、清之际，先后来华传教，其间翻译部分西方科技著作，其中以意大利传教士、学者利玛窦最为著名。

利玛窦（1557—1610 年）于明万历十年（1582 年）获准进入中国，辗转来到北京，广泛结交朝廷官员和社会名流，传播西方天文、地理、数学等科学技术知识（图 5-3-1）。中国学者徐光启、李之藻等相与交游，师学西方科学知识。1605 年，与徐光启合译欧几里得的《几何原本》；与李之藻合译《同文算指》，开西学书籍翻译之先声。然而，这批译书并没有在当时社会上产生明显的影响。徐光启晚年在给崇祯皇帝的上疏中说出了自己对这种现象的担心："臣所惧者，诸臣以惶恐畏咎之心，坚其安习溺闻之陋。臣等书虽告成，而愿学者少，有倡无继，有传无习，恐他日终成废阁耳。"[1] 大致说明了少数开明士大夫并不能推动西学传播活动的历史原因。

图 5-3-1 《坤舆万国全图》明万历三十六年（1608 年）意大利利玛窦绘

晚清传教士再次来华进行传教译书活动，来自英国伦敦会的基督教新教，传教士马礼逊是开展这一活动的第一人。马礼逊（1782—1834 年），英国诺森伯兰人。毕业于戈斯波特传教士学院，后在伦敦学习天文、医学和中文。1807 年受伦敦传教会的指派，来中国传教，先后在广州、澳门和南洋马六甲从事编译中文书籍和传教活动。1815 年，在马六甲创办英华书院，作为培养传教人员和刊发宗教印刷品的

1 （明）徐光启：《徐光启集》卷八。

基地。他经过十五年的努力，首次完整地将《圣经》译成中文，以《神天圣书》之名，由英华书院印刷所陆续排印出版。这一译书活动的成功，在中西文化交流史上具有重要意义。此后，马礼逊还主持编纂了六卷本《中英词典》，由东印度公司出资刊行。《词典》内容包括单字、词汇、成语、句型等，全部英汉对照，开中国近代双语辞书编纂之风气。

由于当时清官府禁止西方传教士来华传教，马礼逊和稍后来华的英美传教士的活动被限制在东南沿海或南洋地区，其编译书籍以宗教内容为多，影响相对亦不大。

鸦片战争后，西方传教士蜂拥进入首批开放的五个通商口岸城市。传播出版权的开放，极大地改变了传教士译书活动的方式和内容。从 1843 年到 1860 年短短十七年中，在香港和五个通商口岸共计出版了四百三十四种西书，其中非宗教类的科技和历史、经济类著作一百零五种，占总数的 24.2%[1]。1843 年麦都思将墨海书馆迁至上海，标志着这种改变的开始。

麦都思（1796—1857 年），英国伦敦人（图 5-3-2）。1817 年来到马六甲的英华书院工作，在南洋二十多年中学会了中文和编译技能。1843 年，他带着在南洋巴达维亚（即今雅加达）的印刷所来到上海，将印刷所定名为墨海书馆，成为中国境内第一家近代印刷所。墨海书馆作为专门的翻译出版机构，很快在国内产生影响。后来以创办《循环日报》著称的报刊政论家王韬，早年就受聘在书馆协助伟烈亚力翻译西方科技书籍，并接受西学影响。

伟烈亚力（1815—1877 年）也是伦敦会的传教士，1847 年来到上海协助麦都思主持墨海书馆的翻译活动，曾与中国学者李善兰合译当年利玛窦、徐光启未能完成的《几何原本》的后九卷、《代微积拾级》，与王韬合译《重学浅说》等，对书馆翻译出版西方科技著作作出了重要贡献，并主编近代上海第一份综合性中文杂志《六合丛谈》（图 5-3-3）。后来他应邀到清政府官办翻译机构江南制造局翻译馆继续从事翻译工作，直到 1877 年因患眼疾双目失明回国。

图 5-3-2　麦都思画像

（二）官方译书

十九世纪六十年代，在清政府部分官僚发动旨在实业救国的洋务运动初期，洋务派先后创办了京师同文馆和江南制

1 熊月之：《西学东渐与晚清社会》，上海人民出版社，1994 年，第 8 页。

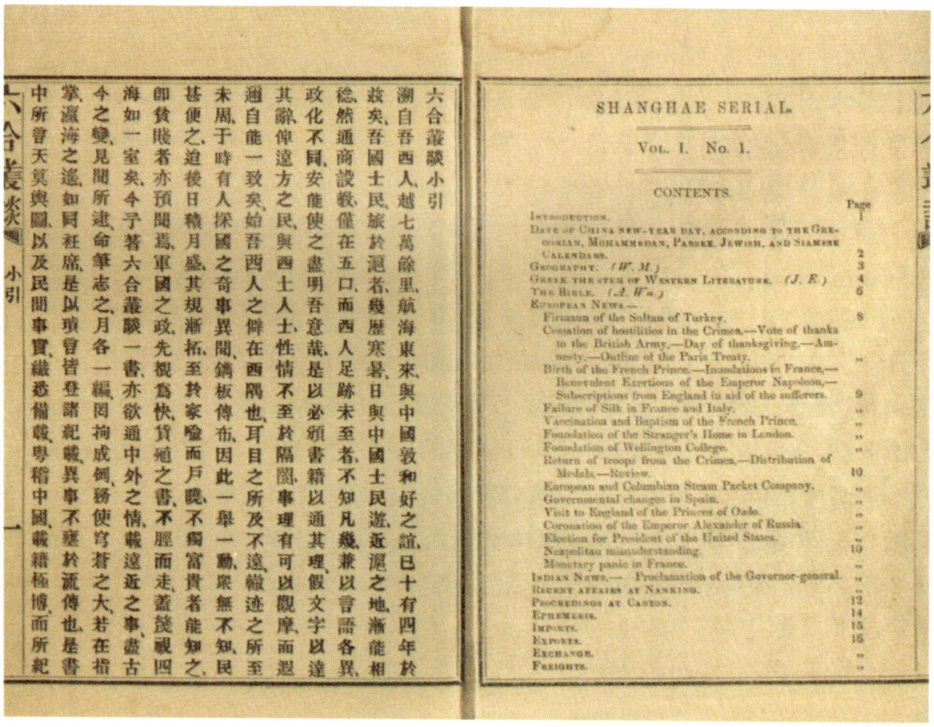

图 5-3-3 《六合丛谈》墨海书馆铅字印

造局，并在其中设立翻译出版机构，开始了官方译书活动。

京师同文馆是清政府培养外交人员的学校，招收学生学习各国语言及天文、数学、物理、化学等知识。学制五年，规定最后两年，学生必须译书，聘请的西方教习也都有译著，凡质量好的，都由同文馆出版。同文馆译书基本上是自译、自编、自印，所译二十六种西书中，以丁韪良所译美国律师惠顿的《万国公法》最为著名，清总理衙门曾印三百部颁发各省督抚备用。1902 年，同文馆并入京师大学堂。

江南制造局，全称江南机械制造总局，为官办军事工业企业，1865 年创办于上海。同治七年（1868 年），下置出版印刷机构——翻译馆。翻译馆是晚清官办译书机构中历时最长、译书最多、影响最大的一家，其成就的获得，依赖于所聘优秀的编译人员，尤以傅兰雅、徐寿、华蘅芳最为知名。

傅兰雅（1839—1928 年），出生于英格兰海德镇一个传教士家庭。1860 年受英国圣公会委派出任香港圣保罗书院院长，两年后接受清官府聘请任同文馆英文教习。1868 年南下上海，任江南制造局翻译馆翻译，主持制定了一套包括译名的确定、新名词的创造、中西翻译名词对照表的编定等内容的翻译原则和具体方法。翻译馆 1871 年开始出版译书，至 1899 年共出书一百二十六种，其中傅兰雅所译为七十七种，很多译本，尤其是化学译本创造了近代中国第一的纪录（图 5-3-4、图 5-3-5）。

徐寿（1818—1884 年），字雪村，江苏无锡人。早年在墨海书馆师从数学家

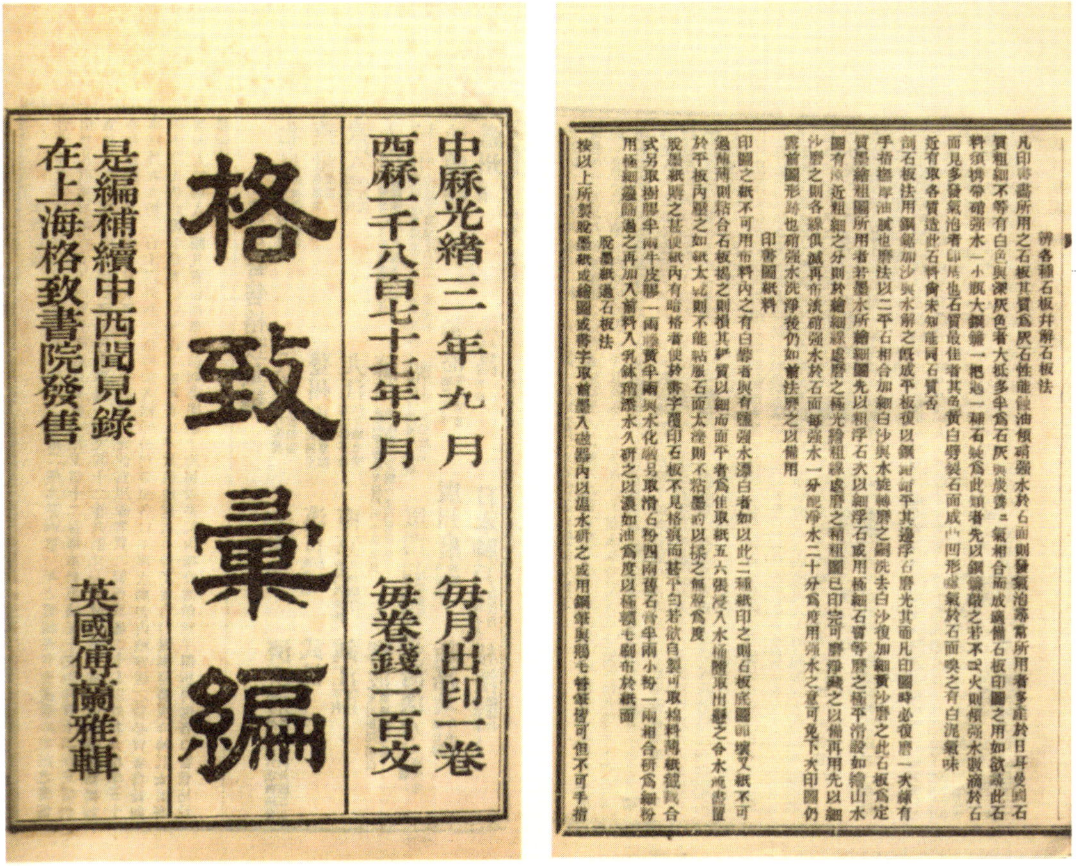
中西麻光緒三年九月
西麻一千八百七十七年十月
每月出印一卷
每卷錢一百文
格致彙編
是編補續中西聞見錄
在上海格致書院發售
英國傅蘭雅輯

論各種石板并解石板法
凡印書畫所用之石板其質爲灰石性能收油傾硝强水於石面則發氣泡尋常所用者多産於日耳曼國石質粗細不等有白色與深灰色者大抵多半爲石灰與炭養二氣相合而成適備石板印圖之用如欲試此石料須携帶硝强水一小瓶大鋼鑢一把遇一種石疑爲此類者先以鋼鑢鑢之若不出火則傾强水數滴於石面見多發氣泡者即是也石質最佳者其色黃白劈裂石面成凹凸形嗅氣於石面嗅之有白泥氣味
近有取各質造此石料會未知能同石質否
削石板法用鋼鑢加沙與水磨之既成平板復以鋼鑢鑢平其邊浮石磨光其面凡印圖時必復磨一次而有手指摸摩油膩也磨法以二平石相合加細白沙與水旋轉磨之翻洗去白沙復加細黃沙磨之此石板爲定質墨繪粗圖所用者若墨水所繪細圖先以粗浮石次以細浮石或用極細石膏等磨之極平滑設如繪山水圖有遠近粗細之分則於繪細線處磨之極光繪粗線處磨之稍粗圖已印完可磨淨鹹之以備再用先以細沙磨之則各線俱滅再布淡硝强水於石面每强水一分配淨水二十分爲度用强水之意可免下次印圖仍露前圖形跡也硝强水洗淨後仍如前法磨之以備用
印書圖紙料
印圖之紙不可用布料內之有白礬者與有鹽强水漂白者如以此二種紙印之則石板底圖面壞又紙不可過稀薄則粘合石板揭之則損其紗質以細而面平者爲佳取紙五六張浸入水桶隨取出疊之令水滴盡置於平板內壓之如紙太乾則不能粘服石面太溼則不粘墨可以揉之無痕爲度
脫墨紙用之甚便紙內有暗格者便於寫字覆印石板不見格痕而甚平勻若欲自製可取棉料薄紙鐵與合式另取樹膠半兩牛皮膠一兩淡黃半兩與木化繡号取滑石粉四兩舊石膏半兩小粉一兩相合研爲細粉用極細羅篩過之再加入前料入乳鉢稍添水久研之以濃如油爲度以極軟毛刷布於紙面
脫墨紙過石板法
按以上所製脫墨紙或繪圖或寫字取前墨入磁器內以溫水研之或用鋼筆與鵝毛管筆皆可但不可手指

图 5-3-4 傅兰雅主编的《格致汇编》

李善兰，接触西学。1867 年到上海襄办江南制造局，建议曾国藩创办翻译馆，并成为馆内最重要的中国译员。在翻译馆翻译了十六部科技书籍，多与傅兰雅合作，以化学、机械类书籍居多。

华蘅芳（1833—1902 年），字若汀，江苏无锡人。早年即以精于数学知名，曾与同乡徐寿结伴入墨海书馆求知。1868 年参与翻译馆的筹建，并成为主要译员。一生著译丰硕，译著以“足兼信、达、雅三者之长”称誉于世。所译《地学浅释》享有中国近代早期最好的地质学译著的声誉，与傅兰雅合译的《决疑数学》是西方传入中国的第一部概率论专著。

江南制造局翻译馆的译书活动，正处于中国近代译书运动的早期，馆内译员无

歷覽英國鐵廠記畧
序○是篇爲本館主人於八年前在英國歷覽製造各種鐵器之廠回華後始編輯者所閱各廠僅爲鐵路便通之處又因時日急促不使悉閱且遊覽之時亦未思及欲記錄之厰而華友相會屢勸撰述又蒙當時製造局內總辦可囑故僅於所記憶者草草鋪陳撰成一册蒙徐雪村筆述之潤色之並改之遂覺可觀旣以活字鉛板在製造局印成若干本分送與各好者今其書已鉄屢有欲閱者而示案購並囑印諸彙編以便衆人共賞惟自覺是書恐無大意頗愧貽笑方家而所有雖詞要當歸功筆述好者閱之或不無益裨於編中加以圖幅便於顯明其意非徒取譜壯觀閱者其幸諒之
素在中國有二十年蒙遠近華友過爲謬愛屢有賜贈詞章獎譽優渥捧讀之下不勝惶愧前數年前適有鋼板草像華友見之屢囑印於彙編使人共識又蒙多君持論讚言欲實像後惟自愧庸愚恐負隆奬故不敢印呈高明以徒貽笑口也今因此像存留已久幾歸無用是以藉此一册實印其中或閱者覩之不厭嫌歟
格致彙編 歷覽記畧 十

图 5-3-5 《格致汇编》中傅兰雅像

一精通中外两种语言，无法独立承担译书任务。译书采取传统口译笔述的二步流水方式：先由西方传教士口译成中文，再由中国译员加以润色。加之在选择西书底本上存在一些问题，翻译馆的译本在二十世纪初就逐渐被新版的译本替代。总结翻译馆在中国编辑史的贡献，主要体现在对译书体例的改进和翻译原则的制定上。

（三）民间译书

十九世纪六十年代后，一批出使、留学或游历欧美各国，亲身接触西方近代科技文明和议会制度的进步官吏和知识分子，不满洋务派种种不触及制度改革的行为，从而提出具有资产阶级政治思想色彩的改良主义要求。与这种社会政治思潮相适应，译书活动开始注重西方社会科学方面的著述。1894 年中日甲午战争之后，这种译书风气的转变表现得更加明显，以资产阶级改良分子为主体的民间译书活动开始发展，他们设立译书学会，编译西学丛书，西方社会科学名著被大量译成中文。其中严复和林纾的翻译活动独树一帜。

严复（1854—1921 年），字几道，福建侯官人。早年肄业于福建船政学堂。1877 年赴英国格林尼治海军大学留学，两年学成归国后，出任天津北洋水师学堂总办。甲午战争后，极力主张变法救国，办报和译书是他实现自己政治主张的两大行动。

严复先后翻译了赫胥黎的《天演论》、亚当斯的《原富》、孟德斯鸠的《法意》、斯宾塞尔的《群学肆言》（即《社会学原理》）等名著，比较系统地介绍了西方资产阶级的政治、经济和社会学说。严译名著在中国思想界产生了重大影响，尤其是《天演论》。《天演论》原名《进化论与伦理学》，赫胥黎旨在用达尔文关于生物界“物竞天择，适者生存”的进化论思想，来分析解决社会问题。这本是一种庸俗进化论的观点，但是在当时中国的历史条件下，确实起到了惊醒国人奋起自救，变革图强的作用。当译著在严复自办报纸《国闻报》的旬刊《国闻汇编》上连载后，迅速成为维新派宣传变法改良的理论依据。

在社会科学类译著得到重视的同时，西方文艺作品，尤其是小说的翻译介绍也受到重视。近代文学家、不谙外文的林纾，成为外国文艺作品翻译的大家。

林纾（1852—1924 年），字琴南，福建闽县人。光绪举人，任教于京师大学堂。早年曾参加资产阶级改良主义的政治活动。他一生翻译一百七十多种外国文学作品，很多是西方名著，其中法国小仲马的《巴黎茶花女遗事》、美国女作家斯托谴责奴隶制的小说《黑奴吁天录》最为有名，在知识界产生很大影响。林纾靠他人口述，用娴雅的古文翻译，译笔流畅，很受中国读者的喜爱，为外国文学在中国开拓了巨大的阅读空间，并且进一步推动了西方文艺类书籍的翻译活动。

二、近代教育的兴起与新式教科书的编制

中国沿袭了千余年的教育体制和教科书模式，在近代社会的改革大潮中成为改革的重要对象。

与洋务运动的兴起差不多同时，要求在中国发展新式教育的呼声已经遍及朝野。所谓新式教育，是指以培养人才而非应试为目的，采取循序渐进的方法，增加自然科学内容的教育模式。1862 年的京师同文馆，1863 年的上海广方言馆就属于官方兴办的实验型新式学校。

戊戌变法前后，维新派在提出的政治改良方案中，把育人才、开学校列为社会变革的重要举措。1895 年百日维新期间，光绪皇帝采纳维新派关于改革教育的计划，下诏兴办学校。而其时西方在华兴办的教会学校已经有近五百所，在读学生约二万人 。这些采用西方教育模式的教会学校，与国人自己创办的新式学校相互影响，形成了中国近代教育的新格局。所以，戊戌变法失败后，清政府下令废除各省的学校，但是民间私立学校依然新式办学。对此，梁启超在《戊戌政变记》一文中解释为“民智已开，不可遏抑”。

近代新式教育的重要内容，在于课程设置和教科书的编写。课程设置以教会学校为参照系，增设自然科学课程，改革社会科学课程的内容。课程改革的成功与否，教科书是一个十分关键的因素。中国旧式以《三字经》《百家姓》为代表的启蒙课本和《四书》《五经》等科举应试文本，都已经不能适应新式教育的需要，必须重行新编。

中国近代新式教科书首先出现在教会学校。1877 年，基督教传教士在上海召开大会，决定成立学校教科书委员会，中文名称为“益智书会”，傅兰雅、狄考文等具体负责编写教科书。至 1890 年，先后推出九十八种教科书，另加几十种教学挂图和图说。1902 年清政府颁行新学制后，益智书会所编的这些新式教科书纷纷被各地学校选用[1]。

中国自己编写新式教科书，起于由盛宣怀创办的南洋公学。1897 年，南洋公学设立相当于小学的外院，师范生陈懋治、杜嗣程、沈叔逵等仿西方教科书体例，用文言合作编写《蒙学课本》三编。这一编写活动被视为近代国人自编新式教科书的开始。有学者根据新史料发现，1885 年，浙江学者陈虬为自办利济学堂自编的教本《利济教经》，内分三十六门，知识体系包括西学内容，属于新式教科书[2]。

1898 年，俞复、杜嗣程、吴稚辉等人开始采用新法编制蒙学教科讲义，先后编成七编，按照由浅入深的教学规律，将识字、故事、图画组合在一起。1902 年

1 熊月之：《西学东渐与晚清社会》，上海人民出版社，1994 年，第 664、665 页。

2 熊月之：《西学东渐与晚清社会》，上海人民出版社，1994 年，第 664、665 页。

俞复等人组建文明书局，将自己这套教科书命名为《蒙学读本》，出版发行，深受欢迎，多次重印。

近代国人新编教科书影响最大的，要数商务印书馆。1902 年，清学部颁布了学堂章程，对各等学堂的学制作了规定。在此前编定的教科书都与新学制不吻合，对教学带来不便。商务印书馆抓住这一时机，果断设立编译所，聘请蔡元培出任所长，次年改由张元济继任，蒋维乔等人为编辑，从《初小国文》入手，开始大规模的新式教科书编辑活动。

1904 年，编译所的第一本教科书《最新初小国文教科书》第一册出版。这册按照新学制要求，经过多次研究探讨，借鉴综合多家新教材之长的教科书，一经面市，立即受到欢迎。编译所随即陆续推出初小、高小、初中各级教科书，组成一套《最新教科书》，风行全国。

1906 年，清学部设立图书局，以管理和规范教科书的编写和使用，拟定的职责为编制国定教科书，在国定教科书出版之前，审定颁布暂用书目。我国教科书的编写和使用逐步走向规范化、统一化。

课本和教材自古以来一直是编辑出版的重要内容，近代面向社会大众的新式教育的兴起，使它们的作用突破了科举应试的狭隘范畴，成为全面系统传播历史文化和科学知识的重要载体，社会需求量大增。

三、西方教会出版机构的出版活动

西方传教士以其进步的传播理念、先进的印刷技术和成熟的经营意识，在近代中国的编辑出版舞台上，开展了有声有色的编辑出版活动，对中国近代编辑出版事业的发展产生了重要影响。在众多西方教会出版机构中，上海墨海书馆、美华书馆、广学会、益智书会、博济医局、上海土山湾印书馆等比较知名。

（一）墨海书馆

上海自开埠以来，逐渐成为引进西方文化的前哨，吸引了大批传教士的到来。墨海书馆是英国传教士麦都思创办，取“墨流成海”之意，它不仅是“近代中国的第一家西式印刷厂”[1]，而且还出版了大量的宗教书籍以及较有影响的西学著作，揭开了新一轮西学东渐的序幕。

麦都思（1796—1857 年）是早期来华传教士中著述最多、名声最响的人物，墨海书馆创办前三年共出版十七种书，其中十六种由麦都思编写。为翻译《圣经》，麦都思曾邀请王韬入馆，从事文字润色工作。此外，传教士美魏茶、艾约

1 苏精：《马礼逊与中文印刷出版》，台北学生书局，2000 年，第 237 页。

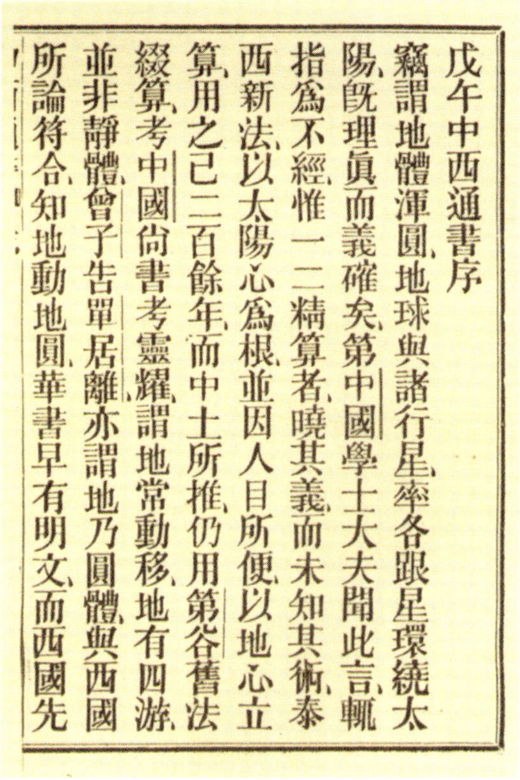
戊午中西通書序
竊謂地體渾圓地球與諸行星率各跟星環繞太陽旣理眞而義確矣第中國學士大夫聞此言輒指爲不經惟一二精算者曉其義而未知其術泰西新法以太陽心爲根並因人目所便以地心立算用之已二百餘年而中土所推仍用第谷舊法綴算考中國尙書考靈耀謂地常動移地有四游並非靜體曾子告單居離亦謂地乃圓體與西國所論符合知地動地圓華書早有明文而西國先

图 5-3-6　艾约瑟编《中西通书》墨海书馆 1858 年活字印刷

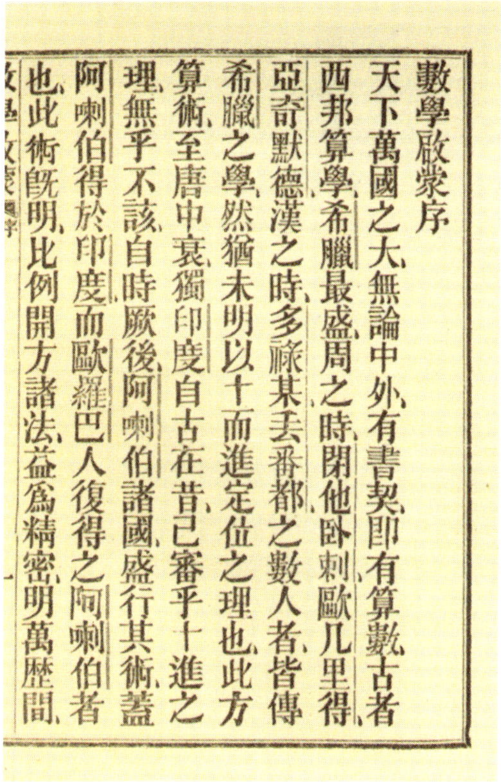
數學啟蒙序
天下萬國之大無論中外有書契即有算數古者西邦算學希臘最盛周之時閉他卧剌歐几里得亞奇默德漢之時多祿某丢番都之數人者皆傳希臘之學然猶未明以十而進定位之理也此方算術至唐中衰獨印度自古在昔已審乎十進之理無乎不該自時厥後阿喇伯諸國盛行其術蓋阿喇伯得於印度而歐羅巴人復得之阿喇伯者也此術旣明比例開方諸法益爲精密明萬歷間

图 5-3-7　伟烈亚力著《数学启蒙》墨海书馆 1853 年活字印刷

瑟、伟烈亚力以及中国学者李善兰、管嗣复等也先后应聘来馆工作（图 5-3-6、图 5-3-7）。

墨海书馆早期的书籍多为教会书刊，重视《圣经》的翻译和出版。自伟烈亚力和艾约瑟到馆之后才逐渐开始规划出版西学方面的书籍。1852 年李善兰的入馆标志着书馆正式转向西学书籍的翻译。李善兰在数学方面颇有造诣，参与了书馆多部西学著作的编译。据统计，自 1844 年至 1860 年，墨海书馆共出版书刊一百七十一种，以宗教读物为主，共一百三十八种，占总数的 80.7%，其他三十三种为科学知识类书籍，占总数的 19.3%[1]。虽然西学所占比重不大，却也不乏有影响力的著作，如《几何原本》《谈天》《重学》《代微积拾级》《代数学》《植物学》和《博物新编》等等，这些西学著作受到早期近代知识分子的热烈欢迎。

然而，墨海书馆仅仅是英国伦敦会在上海传教的一个附属部门，“在伦敦会上海站中，墨海书馆是个独立性不强，地位不高，管理不太高明的部门”[2]。该书馆的创办只是为了满足印刷《圣经》的需要，一旦满足需求，书馆再无存在的理由。1860 年美华书馆迁来上海，墨海书馆原在上海的出版中心地位被取代，以后逐步淡出上海出版界。

1　汪家熔：《墨海书馆时期——世俗书刊的开始》，《黑龙江图书馆》1998 年第 5 期。
2　叶斌：《上海墨海书馆的运作及其衰落》，《学术月刊》1999 年第 11 期。

图 5-3-8　上海美华书馆

（二）美华书馆

美国基督教长老会设在中国的印刷出版机构，其宗旨就是“以出版之物推广圣教，假印刷之工阐扬福音”[1]。该机构不仅出版了数以万计的宗教出版物，而且实现了中国印刷史上的革新，大大提高了印刷的速度和效率。

美华书馆的前身是 1844 年设在澳门的华花圣经书房，其“华”指中国，“花”指“花旗国”，即美国。1845 年迁宁波，在宁波十四年间，约印书一百三十二万册。1859 年再迁上海，改现名，由丁韪良、姜别利先后负责，以出版宗教书籍为主，兼及数学、物理、化学等（图 5-3-8）。

姜别利（1830—1886 年），出身于英格兰的美国长老会传教士，是美华书馆发展史上里程碑式的人物，1858 年来华主持华花圣经书房。姜别利积极致力于书馆印刷

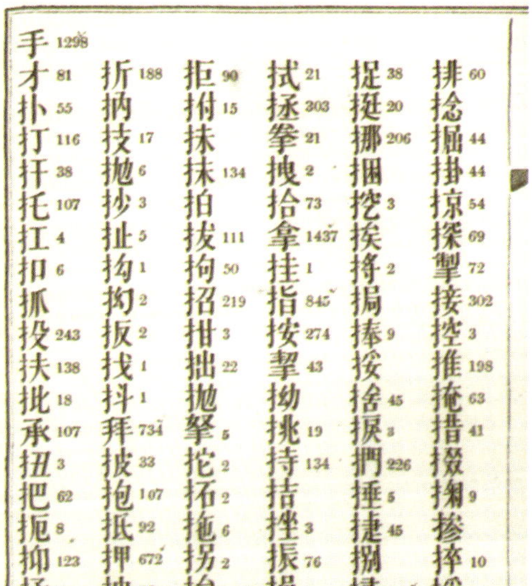

图 5-3-9　姜别利 1865 年汉字拼合活字样本

1　李楚材：《帝国主义侵华教育史资料——教会教育》，教育科学出版社，1987 年，第 391 页。

技术的改进，发明了电镀中文字模和汉字字盘，极大地改善了书馆的印刷条件（图5-3-9）。

据谢振声统计，自1845年至1860年，美华书馆在宁波已出版的书籍确定可考的有一百零三种，其中属于基督教义、教礼、教史、教诗的有八十五种，占总数的82.5%；天文、地理、物理、历史等科学知识方面的书籍共18种，有《日食图说》《航海金针》《指南针》《地球图说》《古今万国纲鉴》等，占总数的17.5%[1]。另外，美华书馆出版的不少科学知识类书籍成为晚清经世派士人"开眼看世界"的重要知识来源，魏源在撰写《海国图志》一书时曾广泛参考了美华书馆出版的历史、地理类书籍。

（三）广学会

广学会是晚清影响最大的教会出版机构，由英、美基督教新教传教士和外交人员、商人在中国创办的出版机构。1887年成立于上海，初名"同文书会"。1894年易名广学会，寓含"以西国之新学广中国之旧学"之意。英国伦敦会传教士韦廉臣（1829—1890年）、李提摩太（1845—1919年）先后任总干事。李提摩太在《广学会第十一届年报纪略》中曾谈及广学会宗旨时称："会中本旨，期取各国至善之法，以及国势盛衰之所系，著书立说，明告中国官吏绅士。更阐明救世教之真谛，俾知教化之与政治息息相关，五洲万国，皆真教之所弥纶。"[2]因此该会的主要工作就是出版书籍，目标是通过传播基督教和西学知识改造中国社会并最终达到使中国基督化的目的，为此广学会出版了大量的宗教和西学书刊。

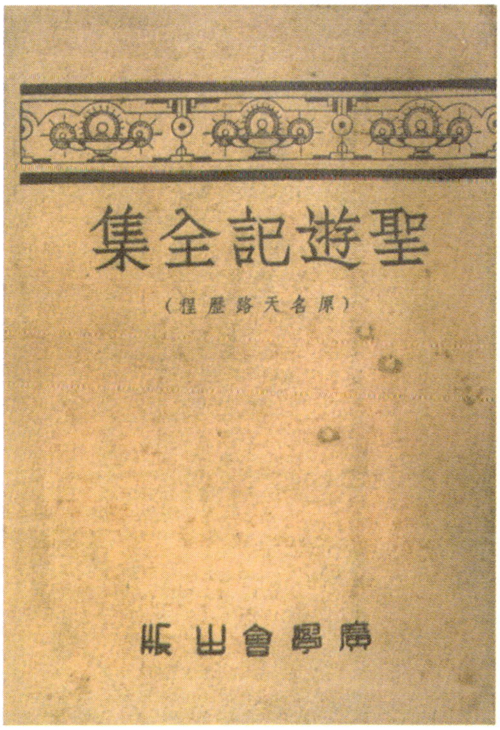

图5-3-10 《圣游记全集》广学会出版

广学会对中国社会的影响主要产生在1900年以前，尤其在"戊戌变法"时期。不仅出版了一批有影响力的出版物，开创了西学传播的新局面，而且影响了晚清的社会改革和士人思想，对

1 元青：《中国近代出版史稿》，南开大学出版社，2011年，第52—53页。
2 清华大学历史系编：《戊戌变法文献资料系目》，上海书店出版社，1998年，第1264页。

近代社会发展有着不可忽视的作用（图 5-3-10）。自创办以来至 1900 年，该会共出版书籍约一百七十余种，其中以李提摩太的《泰西新史揽要》《百年一觉》，林乐知的《中东战纪本末》《文学兴国策》，韦廉臣的《格物探源》等影响较大。广学会在 1888 年至 1900 年十多年的时间里，通过赠送的方式，将累计三十余万册书籍送入流通领域，使所出版的西书充分发挥传播效应，对中国思想界产生深刻影响。还办有《万国公报》《孩提画报》《成童画报》《大同报》等报刊。后来与其他三个基督教出版机构合并，成立中国基督教联合书局。

四、“洋装书”的舶来与中国近代图书馆的兴起

与此同时，在印刷出版物的类型上，产生了报纸、期刊、教科书等新型读物。由于线装期刊可以拆解后重新装订，因此本土创刊的早期文艺性期刊基本都是采用线装的形式。如晚清最初创刊的文学刊物：《瀛寰琐纪》《寰宇琐纪》《四溟琐纪》《侯鲭新录》等都是线装本，1892 年创刊的第一份小说专刊《海上奇书》也是线装本。

中国第一本两面印刷西式装订的书，是 1900 年作新社发行的《东语正规》，这是一部学习日语用的教材，在日本印刷。其再版序文中说，“以东文之书，殊未便于中国发刊，不得不于东付刊之”[1]，它的问世开创了中国现代书籍装订的先声。1902 年《新小说》于日本横滨创刊，受日本先进印刷出版技术的影响，采用洋装。由它开始，晚清小说期刊纷纷采用日本“洋装”，即现代意义上的平装，由此掀开了小说期刊装订技术革新的一页，即由线装改为“平装”。到二十世纪初期时，平装或精装逐步占据主流地位，成为最通行的两种书刊装订方式。

在现在看来，平装是操作最基本的装订工艺，但在晚清世纪转型、中西文化杂沓的时期，还属于新生事物，象征着姿态迥异的出版文化。所以，从整体来看，线装书和平装书并非简单的装订技术的改换，它们分别代表着古典和现代两种不同的文化。新类书刊像身着洋装的留学生，洋溢着异域文化的激情；传统类书刊则更像身着长袍的传统士人，保持着本土文化的朴实典重。

现今，我们一般将民国以前（即 1912 年以前）的古旧书称为“线装书”，将民国时期（1912 年至 1949 年）的平装书统称为“旧平装书”，将当代（1949 年 10 月以来）的平装书称为“新平装书”。民国时期的“旧平装书”因为历时短暂，保存难度大，加之其在内容上又有重要价值，因此成为当下旧书市场上炙手可热的收藏品。

早在十九世纪，西方传教士就已有在中国创立图书馆的尝试，最著名的是北堂图书馆。北堂图书馆系北京西什库北天主教堂（简称北堂）所属图书馆。该天

1 （日）实藤惠秀著，谭汝谦、林启彦译：《中国人留学日本史》，北京三联书店，1983 年，第 255 页。

主教堂系康熙三十九年（1700 年）由皇帝拨地拨款所建，是当时西方天主教传教士先后在北京建成的四座著名教堂之一。其他三座分别是：成立于万历二十八年（1600 年）的南堂、肇始于顺治七年（1656 年）的东堂和建于雍正三年（1725 年）的西堂。最初，四堂均设有图书馆，其中北堂的藏书在当时数量最多，也最有价值。后因战乱和清政府实行禁教、闭关政策，在北京的西方传教士的活动受到了严格的限制，最后被彻底禁止。随着传教士的活动被禁止，传教士被驱逐，教堂逐渐衰败，四堂的图书馆也不复存在，它们的藏书或被毁或并入北堂图书馆，而幸存下来的只有北堂图书馆。

十九世纪四十年代以后，西方传教士进入中国东南沿海进行传教和文教活动。当时英、法、美、德、俄、澳 、意等国国内普遍设有各级各类图书馆，其馆藏书、报、刊的管理方法和先进技术，以及开放公益性的图书馆阅览规则，图书在民众中的流通状况和藏书利用程度，给先知先觉的国人以强烈的观念震撼。

当西方传教士踏上古老的中国大地之后，便在中国的一些城市的教堂机构和教会大学创建了一座座令中国藏书家瞠目结舌的明显居于先进水平的新式图书馆，从而启开了中国藏书楼走向近代图书馆的进程。如 1847 年耶稣会传教士在上海建立的天主教藏书楼——“徐家汇天主堂藏书楼”，共藏图书资料二十余万册（西方图书八万册，中文十二万册），不久上海徐家汇一带各天主教组织，如“耶稣会”“修士院”“天文台”“博物院”“徐汇公学”“徐汇师范”“文学院”等都设立了专门的或小规模藏书楼，大约共有中西书籍八万册，徐家汇一带的存书合计达三十万册左右；1849 年西侨社会在上海创办了“工部局图书馆”（1851 年改称“上海图书馆”），1913 年改名为“公众图书馆”，因其英文名称 Public Library, S.M.C. 而译作“工部局公众图书馆”。

此外，西方传教士们在中国各地创办的许多教会大学也大都有藏书楼或图书馆，如 1894 年创办的上海圣约翰大学图书馆，于 1915 年实行开架阅览；1903 年建立的文华公书林，将文华大学的中西文图书、期刊公开陈列，凡武汉地区、各机关、学校及一般民众均可使用，同时打破旧式贮之高阁的藏书楼观念，采取开架式供人阅览，成为中国图书馆史上图书馆最早向社会开放的文字记载。

1911 年建立的金陵大学图书馆，由美国专家克乃文（Harry Clemens）主持。克乃文于 1913 年在该校开设图书馆课程，它是中国图书馆史上出现最早的专门图书馆教育。此外，还有 1911 年建立的华西协合大学图书馆和东吴大学图书馆，1912 年建立的之江文理学院图书馆，1916 年的福建协和大学图书馆，1919 年的燕京大学图书馆，1922 年的齐鲁大学图书馆，1925 年的辅仁大学图书馆，法国天主教会建的天津工商学院图书馆等等。这些藏书楼及教会大学所属的图书馆，尽管规模有限，但却起到了“为天下之先”的作用，带来了西方新式图书馆的思想、观念、管理方式和先进技术。

从十九世纪末起，我国的洋务派和维新派人士才开始提出、宣传和筹办新型的图书馆。二十世纪初出现的如京师大学堂藏书楼、古越藏书楼、湖南图书馆等，与西方传教士创办的图书馆在时间上相差半个多世纪。可见西方传教士在中国创建的图书馆，客观上促进了中国古代藏书楼向近代图书馆的转变。而中国近代图书馆的建立，又使得馆藏内容发生了普遍而深刻的变化。中国线装古旧书，不再成为唯一追求的收藏资源了。

第四节　晚清官书局的兴衰

官书局，是晚清政府地方官刻机构的重要代表，兴起于同治初年，并在“同光中兴”期间得以迅速发展。今日版本学上有所谓“局本”之名，即专指官书局刊刻之书。在近代中国的出版格局中，晚清官书局与教会出版机构、民间出版机构鼎足而立，在雕版印刷日趋衰落，新印刷技术日渐兴旺之际，有承前启后的作用，共同推进了中国图书出版业由传统向近代的转化。光绪末年，随着整个清王朝国势的颓危，官书局亦逐步趋向衰落。

晚清第一批官书局，由督抚自行创设于地方，最早出现在我国文化最为发达，同时也是受太平天国战乱破坏最为严重的江南地区。就督抚设局刻书而言，曾国藩（1811—1872 年）为首创。接着，各省督抚纷纷仿行，浙江书局、崇文书局、广雅书局、湖南书局、淮南书局、江西书局、山东书局、福州书局、贵州书局、云南书局等先后设立，开展刻书活动。

同治六年（1867 年）五月，清廷发布上谕，饬令各省振兴文教，“将列圣御纂、钦定经、史各书，先行敬谨重刊”[1]，从而变地方督抚自行设局为奉旨设局刊书。以此为契机，各省官书局相继设立，厘定章程、筹措经费、遴派提调、延聘编校，渐渐步入了较为正规的发展轨道。据统计，迄于清末，全国各地先后成立的大小官书局共有四十余所，金陵书局和广雅书局是其中较有成就者。

一、金陵书局

金陵书局，其前身为曾国藩于安庆开办的书局。咸丰十一年（1861 年）八月，湘军克复安庆，部署粗定，令莫子偲采访遗书，又商之其九弟沅圃（即曾国荃），刊刻王船山遗书。此次刊书活动，由曾氏兄弟出资，首刻《船山遗书》三百二十二卷，以表彰乡贤前哲。曾国藩本人在行军用兵之余，亦亲自参加了书稿的雠校工作。

1 邓文峰：《晚清官书局论述稿》，中国书籍出版社，2011 年，第 80 页。

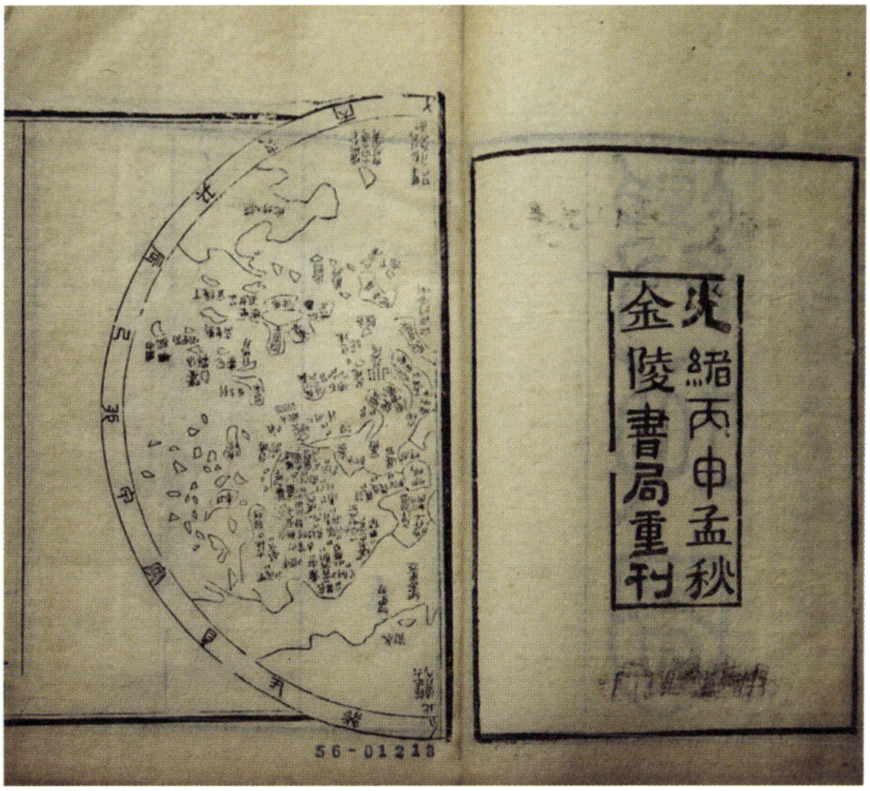

图 5-4-1　金陵书局刊本

同治三年（1864 年）六月，湘军克复金陵，时任两江总督的曾国藩遂移节金陵，以书局自随，因其地所在而改称为“金陵书局”。据方宗诚记：“曾公既克复金陵，立书院以养寒士，立难民局以招流亡，立忠义局以居德行文学之士，立书局校刊《四书》《十三经》《五史》，以聘博雅之士。故江浙被难者，无不得所依归。”[1] 同年，曾国藩移督直隶，李鸿章继督两江，继承曾国藩刊书之志，金陵书局规模亦得以不断扩大。同治五年（1866 年）十一月，曾国藩回两江总督原任，一以整顿书局为意，筹措经费，延聘学者，并于次年移局冶城山之飞霞阁，开始大规模刊刻经史典籍。同治七年（1868 年），曾国藩调任直隶总督，但其本人对金陵书局的关心并未人去事歇，而是时时致函书局中人，就刊书经费、学者延聘、宜刊书目等事共同磋商。同治九年（1870 年），曾国藩三任两江总督，而金陵书局刻书事业日见其盛（图 5-4-1）。

在曾氏任两江总督、直隶总督的十年间，金陵书局发展可谓达至顶峰，人才荟萃，经费充裕，刊书数量众多且内容极为精审。同治十一年（1872 年），曾国藩病逝于两江总督之任，金陵书局刻书事业亦因之受到极大影响，其后虽间有刻书，但终因人才凋零、经费困难而逐步趋向衰落。光绪二十七年（1901 年）并入江楚编译局。

1 （清）方宗诚：《柏堂师友言行记》卷三。

金陵书局聚集了当时一批知名学者，如汪士铎、莫友芝、刘毓崧、张文虎、李善兰等，由于专家学者荟萃，故金陵书局所刊书籍多经通人校勘，素称精审。在数十年的发展史上，金陵书局共计刊书七十余种，除《船山遗书》外，还刻印了《楚辞》《文选李善注》《唐人万首绝句选》等。该书局除首刻之《船山遗书》因系曾国荃私人出资，未署局名外，同治年间所刻各书均有“金陵书局”木记，至光绪初改名江南书局（图 5-4-2）。

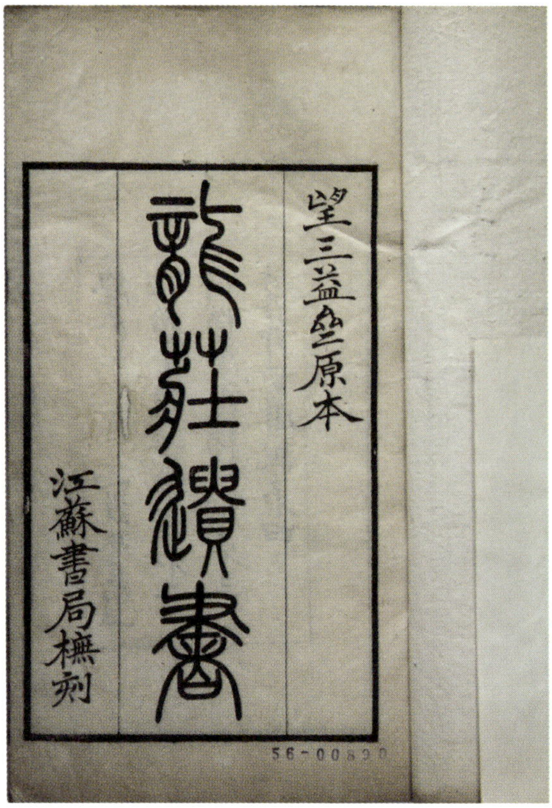

图 5-4-2　江苏书局刊本牌记

二、广雅书局

光绪十二年（1886 年）三月，两广总督张之洞（1837—1909 年）开设于广州。据张之洞《札运司开设书局》称：“近年江、浙、楚、蜀诸省，各设书局，刊行甚多。广东岭海名区，人文荟萃，此举未备，殊为阙如……即在菊坡精舍设立书局……择日开局，并将详细章程议拟详定，略仿钟前运司（即钟谦钧）刊刻各书办法，参酌尽善。”[1]最初，书局并无具体名称，且规模较小，仅可视为此后广雅书局的雏形。

次年十月，张之洞又与广东巡抚吴大澂上书清廷，奏请设局刊书，“即将省城内旧机器局量加修葺，以为书局，名曰‘广雅书局’”[2]，此为广雅书局创设之始。广雅书局筹款方式多样，有海关经费、官绅捐款等，经费充裕是其一大特点。广雅书局创设之初，曾在刻书方向上几经反复，颇有一番周折。最初拟以刊刻经书、史书和有关洋务方面的书籍为主，兼及子、集两部中的“佳者”。但几经商议后，广雅书局最终决定以刊刻史部之书为主，而以经部之书为辅。因此，同其他官书局相比，广雅书局在刊刻史书方面可谓独领风骚，特色鲜明（图 5-4-3）。

1 吴剑杰：《张之洞年谱长编》，上海交通大学出版社，2009 年，第 168 页。
2 吴剑杰：《张之洞年谱长编》，上海交通大学出版社，2009 年，第 211 页。

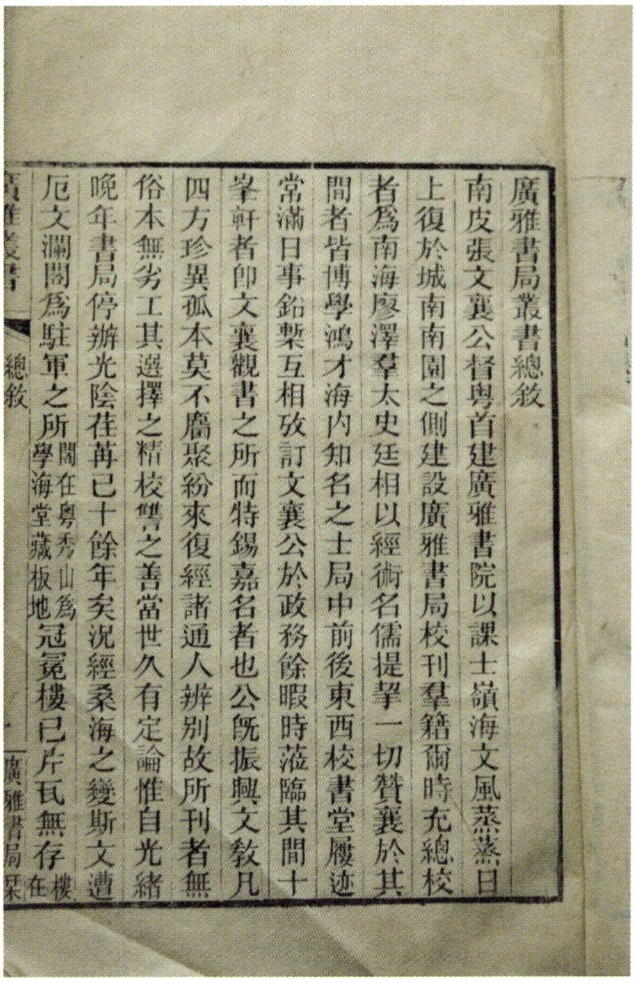
廣雅書局叢書總敘
南皮張文襄公督粵首建廣雅書院以課士嶺海文風蒸蒸日上復於城南南園之側建設廣雅書局校刊羣籍爾時充總校者爲南海廖澤羣太史廷相以經術名儒提挈一切贊襄於其間者皆博學鴻才海內知名之士局中前後東西校書堂屐迹常滿日事鉛槧互相攷訂文襄公於政務餘暇時蒞臨其間十峯軒者即文襄觀書之所而特錫嘉名者也公既振興文教凡四方珍異孤本莫不麕聚紛來復經諸通人辨別故所刊者無俗本無劣工其選擇之精校讐之善當世久有定論惟自光緒晚年書局停辦光陰荏苒已十餘年矣況經桑海之變斯文遭厄文瀾閣爲駐軍之所學海堂藏板地冠冕樓已片瓦無存

图 5-4-3 《广雅丛书》广雅书局刊刻

在晚清各官书局中，广雅书局不仅刻书数量众多，且以质量上乘而享誉士林，这同书局众多学者的精心校勘是分不开的。由于规模宏大、刊书众多，为了保证刊书质量，广雅书局设有六所校书堂，以为专门的校书之所。据徐信符（1879—1947 年）《广东版片记略》记载，广雅书局实行了严格的三校制：书局章制，有提调专司雕刻印刷诸事，有总校提挈文字校勘事宜，其下设分校多人，每雕刻一书，卷末必署名，某人初校，某人覆校，某人总校，以专责成。故广雅版本，必经三校，迥异俗本[1]。此外，为确保刻书底本的精良，张之洞还委派缪荃孙在京访求善本、稿本，或借或抄，发局刊刻。

光绪十五年（1889 年），张之洞移节湖广，李瀚章继任两广总督。李氏虽非科举仕途出身，但对刻书事业亦非常热衷，因此，广雅书局刻书数量不减当初，且始终坚持了以刊刻史书为主的出版宗旨。据徐信符在《广雅丛书总叙》中说，广雅书局于光绪末年停办。广雅书局共刻书三百多种，是晚清官书局中

1 广东省文史研究馆：《广东文物》卷九，上海书店出版社，1990 年，第 859 页。

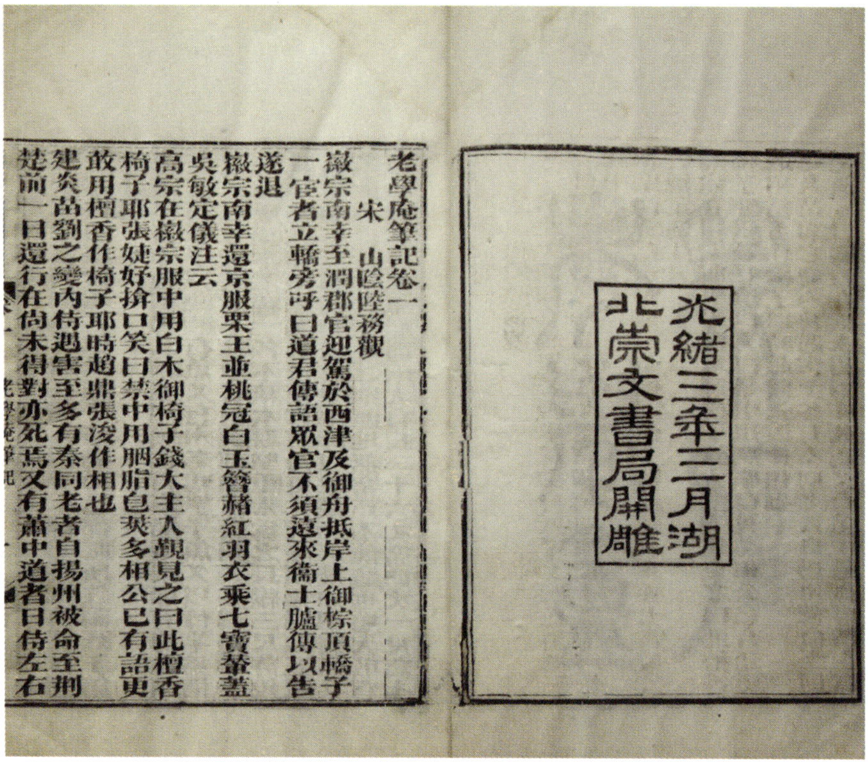
老學庵筆記卷一
宋 山陰陸游務觀
徽宗南幸至潤郡官迎駕於西津及御舟抵岸上御棕頂轎子
一宦者立轎旁呼曰道君傳語衆官不須遠來衛士臚傳以告
遂退
徽宗南幸還京服栗玉並桃冠白玉簪赭紅羽衣乘七寶輦蓋
吳敏定儀注云
高宗在徽宗服中用白木御椅子錢大主入覲見之曰此檀香
椅子耶張婕妤掩口笑曰禁中用胭脂皂莢多相公已有語更
敢用檀香作椅子耶時趙鼎張浚作相也
建炎苗劉之變內侍遇害至多有秦同老者自揚州被命至荆
楚前一日還行在尚未得對亦死焉又有蕭中道者日侍左右

光緒三年二月湖北崇文書局開雕

图 5-4-4 《老学庵笔记》湖北崇文书局刻印

刻书较多者。

作为近代中国图书出版业的一个重要组成部分，各官书局整理刊刻了大量古书，其中以经、史书籍居多，子书次之，诗文集最少，同时也刻印过部分定价低廉的普及读物。各书局之间建立图书代销业务，江南金陵、淮南、江苏、浙江、崇文五书局（图 5-4-4）还联合刻印了《二十四史》。

第五节 近代民营书业的崛起与书业系统的建立

同治间官书局的崛起，使市场上书籍供应量增大，但在民间，宋元古本日益稀少，从事古书收购鬻卖的赢利机会更大。于是，刻书坊开始分化，一部分以经营销售为主，间亦刻书；一部分既自刻书亦接受委托刻书；一部分则成为专门接受委托刻书业务的专业作坊。如北京琉璃厂、隆福寺作为坊刻的集中地，清中叶以来确实印行了不少书籍，但是应该指出的是，这些书籍绝大部分为重印或影印，自主编刻者较少。

近代自刻书较多的书坊为南京李光明庄，坊主李光明，字椿峰，号晓星樵人，室名“何陋居”，于咸丰、同治间设书铺于三山街大功坊秦状元巷。所刻宋蔡沈《书经集传》附刊书目录，计一百六十七种，各书版心下刻有“李光明庄”四字。

卢前在《书林别话》中曾记及清代南京书林故事，称："金陵三山街为明代刻书者所聚。近百年刻书业则始于'洪杨事变'之后，随曾、左而起者曰'李光明'，江南官书局所刻皆出李氏。"[1] 说明李光明庄自刻的同时，也大量承接官书局的委托业务。

卢前曾在《书林别话》中还提到南京东牌楼党家巷有姜文卿者，"所刻有合肥李氏《集虚草堂丛书》、金坛冯氏《蒿庵类稿》、宝应成氏《遗书》、贵池刘世珩《暖红室》、南陵徐乃昌《积学斋丛书》及《闺秀词》，而江阴缪艺风书为姜氏刻者尤多"[2]。文卿的儿子姜瑞书，与卢前为友，朱祖谋的《彊村丛书》，卢前的《饮虹簃丛书》都出自瑞书之手。姜氏父子似经营着一家刻书坊。而以能刻仿宋及软体字有名于清末的湖北黄冈人陶子麟，亦专营刻书业，在武昌设刻书肆，为近代藏家学者如缪荃孙、刘世珩、刘承幹、董康、叶德辉诸人摹刻古书。

当传统的坊刻开始近代化蜕变的同时，国内相继产生了一批以出版印刷新学图书为主的铅印和石印书局，它们运用西方先进的印刷技术，大规模出版社会广泛需求的普及性文化教育书籍，民营出版企业开始走上历史舞台。

石印技术之传入，最早可以追溯到十九世纪中期来华传教的著名传教士麦都思。1876 年，上海徐家汇土山湾印书馆办了一个石印印刷所，由法商和华人邱子昂主其事，一般认为这是近代中国石印业之滥觞。但此馆"专印宣教之品，仅传播于信徒，不流于外"[3]，实际上影响并不大。因此，点石斋石印书局成为中国真正意义上最早使用石印技术印书的出版机构。

光绪五年（1879 年），英商美查（Ernest Major，1830—1908 年）于上海创办点石斋石印书局（图 5–5–1）。印书局开办之初，美查就聘请土山湾石印所的邱子昂为技师，率先采用照相缩印技术翻印木刻古书，此举开石印书籍之先河，书局石印的古籍有殿版《康熙字典》《四库全书简明目录》，以及《佩文韵府》《渊鉴类函》等大型类书。1884 年，点石斋石印书局又石印出版了《点石斋画报》旬刊，连史纸印，线装。由于石印书籍"比较原形不爽毫厘，书版尺寸，又可随意缩小，蝇头小楷，笔画判然"[4]，因此在市场上风行一时。1882 年，点石斋石印书局在石印《康熙字典》的经营中，首版四万部，数月售罄，再版六万部，又数月销完，开创了中国近代出版史上的销书纪录。丰厚的利润，吸引了大批民族资本家纷纷投资石印，各地石印机构层出不穷。到十九世纪末，石印已基本上取代了传统的雕版印刷，成为当时颇为流行的印刷方法。在各地相继开设石印书局中，以同文书局、商务印书馆最有代表性。

1 转引自张静庐辑注：《中国现代出版史料：丁编》，中华书局，1959 年，第 635 页。
2 转引自张静庐辑注：《中国现代出版史料：丁编》，中华书局，1959 年，第 635 页。
3 张静庐辑注：《中国近代出版史料二编》，中华书局，1957 年，第 356 页。
4 张静庐辑注：《中国近代出版史料二编》，中华书局，1957 年，第 356 页。

图 5-5-1 清光绪十年（1884 年）上海点石斋石印书局（吴友如画）

一、同文书局

继点石斋石印书局之后设立的石印出版机构中，以上海的同文书局名声最大。1881 年广东人徐鸿甫、徐雨在上海创办同文书局，这是中国人自营的第一所大型石印印刷企业。书局设印刷厂于上海西华德路，购置石印机二十架，雇用职工五百余人，专门翻印古文善本。1898 年，同文书局因库存积压太多歇业。徐润在《记同文书局》一文中对此记述说：“（同文书局）唯十余年后印书既多，压本愈重，知难而退，遂于光绪二十四年戊戌停办。”[1]

同文书局从创办到 1898 年歇业，短短十几年，用石版印刷术印刷了不少书籍。其中工程最大的是《古今图书集成》和殿版《二十四史》。《古今图书集成》翻印过两次，第二次是在光绪十七年（1891 年），费时三年，由清政府出资近五十万两交由书局影印了一百部，美轮美奂，被清政府用于赠送外国或颁赏大臣，成为当时印刷出版界的一件大事，同时也为同文书局赢得了盛誉。殿版《二十四史》的影印，底本精良，印刷精美，读之赏心悦目，世人也颇多喜爱，称其为

1 华南师院历史系中国近代史教研室编：《中国近代史参考资料（中）》，1979 年，第 348 页。

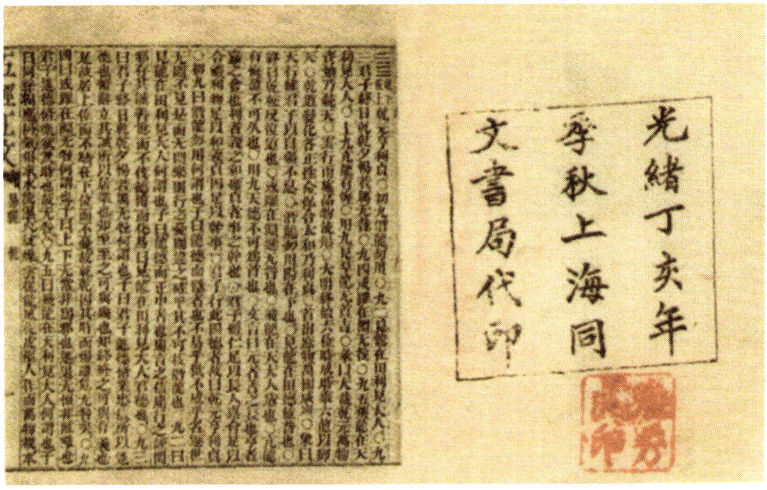

图 5-5-2 《五经》清光绪上海同文书局石印

"同文本"。此外，部头较大、印数较多的，还有1884年印刷的一百六十卷的《子史精华》，1887年印刷的四百五十卷的《渊鉴类函》、二百四十卷的《骈字类编》和一百二十卷的《御批历代通鉴辑览》等[1]。

徐润等创办的同文书局在近代印刷史上具有独特的地位（图5-5-2）。作为民族印刷业崛起先声的同文书局，首先打破了外国人开办的点石斋印书局独据石印业的局面，形成了与拜石山房、点石斋印书局三家鼎立之势。对此，光绪十三年（1887年）正月十三日的《申报》报道说："石印书籍肇自泰西，自英商美查就沪上开点石斋，见者悉惊奇赞叹。既而宁粤各商拜石山房店主为宁波人，同文书局店主为广东人，故云'宁粤各商'仿效其法，争相开设。而新印各书无不钩心斗角，各炫其长，大都字迹虽细若蚕丝，无不明同犀理。其装潢之古雅，校对之精良，更不待言。诚书城之奇观，文林之盛事也。"

此外，上海还有其他一些石印书局，如凌佩卿等创办的鸿文书局，是我国最早石印五彩图画的书局；魏允文、魏天生创办的中西五彩书局，是最早由国人创办的彩印书局。还有钟寅伯创办的积石书局，何瑞堂创办的鸿宝斋书局等。当时，上海已成为中国石印书业的中心，在上海石印书业的影响下，南京、武昌、广州、苏州等地也相继有人开创石印书局，石印书风靡一时。

二、商务印书馆

商务印书馆是我国近代民营出版印刷业中最有影响的一家，1897年由夏瑞芳、鲍咸恩、高凤池等人创办于上海。商务印书馆最初专营印刷，主要印商业用品的

1 （清）徐润：《徐愚斋自叙年谱》，江西人民出版社，2012年，第44页。

名片、广告、簿记、账册之类，故名“商务”。它的成立和发展标志着中国近代出版企业进入了一个新的发展阶段并日趋成熟。

清廷在甲午战败以后，社会上维新变法的呼声高涨，废科举、兴学校渐成潮流，创办者夏瑞芳意识到商务印书馆单单从事印刷业务是不行的，开拓出版业务迫在眉睫。因此，本时期书馆相继编印出版了《华英进阶》一、二、三、四、五集，《华英国学文编》及其首册《华英国学文编训蒙篇》，《华英亚洲课本》及其首册《华英亚洲课本启悟集》等新式教科书。1899 年又将邝富灼所编的华英词典加以修订出版，书名为“商务印书馆华英字典”，收录单词四万多个。这些教育读物的出版给商务带来了巨大的商业利润，为其之后不断拓宽业务范围，扩大经营规模奠定了坚实的基础。

光绪二十六年（1900 年），商务印书馆以极低的价格收购了日本人在上海办的修文印书局。“凡大小印机、铜模、铅字切刀、材料，莫不完备，于是大加扩充，宛然成一有规模之印书房……商务之基础稳固乃发轫于此。”[1] 同年，又在河南路设立发行所，并聘请了俞志贤、吕子泉、沈知方等一批富有推销能力的人才。光绪二十八年（1902 年），商务印书馆始设编译所，成为一家集出版、印刷、发行为一体的全能型新式出版机构。光绪二十九年（1903 年），张元济正式任编译所所长，进馆主持编辑工作。张元济利用其社会地位和声望，大力引进人才，汇聚了一批学有所长的知识分子，他们的加盟，使商务印书馆开始了一场巨大的变革。同年，商务印书馆引进日资，使其资本规模更加雄厚，其主营业务方向也由印刷业完全转向出版业，规模逐渐扩大，商务开始成为真正意义上的近代出版业巨擘。据 1906 年学部第一次审定初等小学教科书共计一百零二册，由民营出版业出版的八十五册，其中《最新初等小学国文教科书》等五十四册由商务印书馆出版，其影响可见一斑。

商务印书馆的创办，对新式民营出版业的发展起了重大的推动作用。继之，文明书局、开明书店、广智书局、有正书局、贵阳文通书局、小说林、群学社等新式出版企业先后创办。光绪三十二年（1906 年），上海成立第一个书业商会，据上海书业商会的统计，当时仅登记入会的出版企业就有二十二家，显示民营出版机构开始逐渐取代教会出版、官书局而成为出版业界的主要力量。

三、近代化书业市场的形成

在近代西方先进的机械化印刷技术广泛运用于出版业后，书籍的大批量生产已经不再困难，出版业得以良性循环的关键开始聚焦到了市场发行的环节。发行

1 高翰卿等：《商务印书馆九十五年》，商务印书馆，1991 年，第 4 页。

在出版业的母体里逐渐取得与编辑、出版鼎足而三的地位。中国近代图书发行的类似变化出现在十九世纪初，它的出现与西方传教士的出版活动有关。

1815 年，英国传教士罗伯特·马礼逊（Robert Morrison，1782—1834 年）在马六甲刻印中文书籍，然后向东南亚及中国东南沿海地区发行。当时采取的发行方式是委托他人便中携带，如发行《察世俗每月统计传》，就是通过“友人通信游历船舶之便利”[1] 实现的。后来他们发现了中国有大量读书人参加的地方或国家科举考试，这应该是一个有潜力的图书市场。通过对广东高州一次考试的实验，他们对自己的判断增强了信心：因为仅在数天时间里，就向各地来考试的生童赠送了 700 册宗教书籍。

发现了市场，传教士们开始用自己的理念在各省寻找考试市场的图书发行代理人，并希望能建立一个考市图书发行网。1891 年，上海同文书会在第四号《年报》“计划采取的方法”中表达了他们的这一希望：“在每一个考试中心设立一个代销处，以便出售我们的出版物。”[2] 据广学会（前身即同文书会）在第十次《年报》中披露，1897 年乡试时期，他们已经在十二个省的考市中设立了经销点。

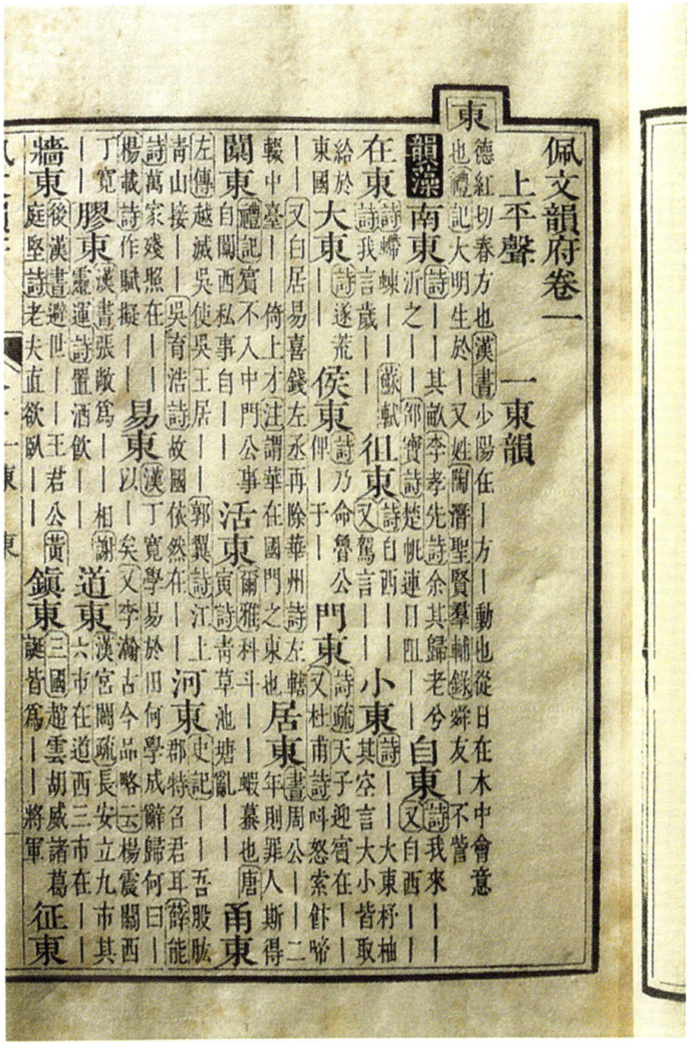
佩文韻府卷一
上平聲 一東韻

图 5-5-3 《佩文韵府》清扬州诗局刻本

传教士出版机构不仅盯住考市，还把目光撒向全国。在同文书会《组织章程》的第三条中，他们确定了这样的目标：“在上海设立一个发行中心，并在十八省省会和主要城市，以及其他商业中心，如香港、横滨、星加坡、槟榔屿、巴达维等地，尽量设立一些代销机构。”[3]

1 戈公振：《中国报学史》，三联书店，1955 年，第 370 页。
2 《同文书会年报》第四号，《出版史料》1988 年第 3、4 期合刊。
3 《同文书会组织章程》，《出版史料》1988 年第 2 期。

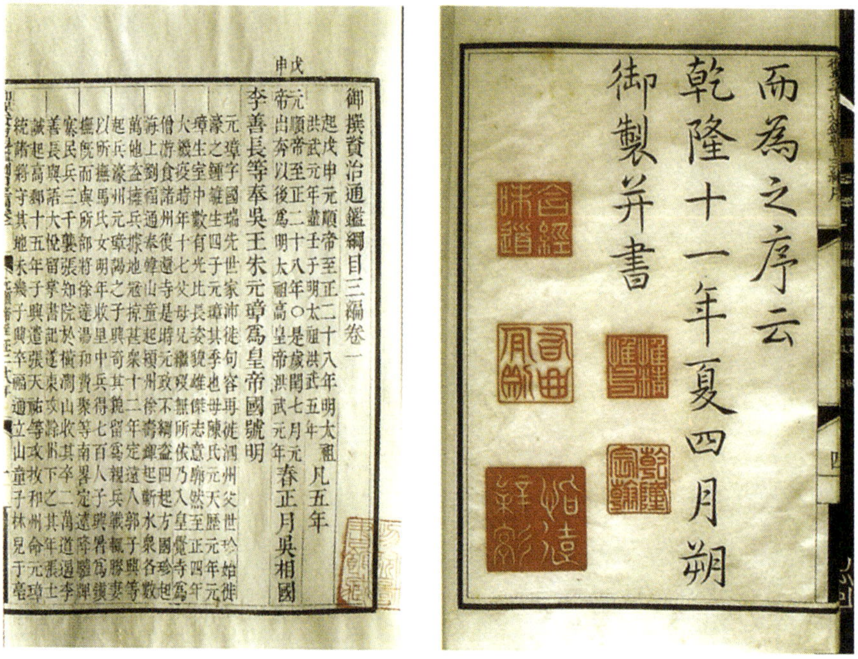

图 5-5-4 《御撰资治通鉴纲目》清苏州诗局刻本

到十九世纪末，广学会基本上实现了自己预定的目标。

与此同时，清末官书局的图书发行也采取全国官书局联合代销的方式，一方面由书局自售，另一方面则批发给各地书铺分销，并代理邮购业务。在近代图书发行中，印制销售书目的做法比较普遍，如编印《扫叶山房书目》等发赠顾客。据一份 1899 年扫叶山房的单叶广告，当年铺址位于上海新开发的“抛球场”（即高尔夫球场）南首。而在出版物方面，以“西算”“西政”“西学”“英轺”“海外”“瀛环”等主题词为书名的图书，格外引人注目[1]。这也标志着，至此，一个以市场经济为制约机制的中国近代化书业市场基本形成，中国书籍在内容和形式两个方面，都开始进入了一个与史不同的新型发展时期（图 5-5-3、图 5-5-4）。

1 徐雁：《中国旧书业百年》，科学出版社，2005 年，第 294 页。

后　记

“诗书易，礼春秋，号六经，当讲求……”是自宋代以来，在学童中代代相传的《三字经》里的名言。正因为孔子当年以“韦编三绝”的研读精神，致力于整理《诗》《书》《礼》《易》《乐》《春秋》六部古书传世，并坚持以“不学《诗》，无以言”，“不学《礼》，无以立”之类的教育主张，因材施教，有教无类，才使得这些原本为王公贵族所秘藏专用的竹简书册，得以流向民间，为中国儒家学派的确立奠定了文献基础。

诚然，作为“中国古书之祖”，编简为策的竹简书册，在物质文化的层面奠定了中国历史上最早的，也是最基本的书籍制度，对于华夏书文化的形成和发展，有着不可磨灭的影响。

基于所用材料及样式的不同，不同历史时期的书籍，自有不同的物质文化和精神文化属性。而随着书籍形态的不断省便化，诸如“积财千万，无过读书”“耕读传家久，诗书继世长”“贫者因书而富，富者因书而贵”之类说法，更易于深入人心。完全可以这样说，正是历代文人学士在价值观上，对于书籍的功利性依赖和精神青睐，才推动着书文化的不断发展，造就了唐代文学家刘禹锡（772—842年）所谓“声明文物，振耀古今”的文明璀璨格局。

“宋人之书，纸坚刻软，字画如写……用墨稀薄，虽着水湿，燥无湮迹，开卷一种书香，自生异味。”（高濂《遵生八笺》）原来纸本盈室，书叶杂叠，最易招蠹。于是前贤为敬惜字纸，爱护书卷，便在樟木书橱或者楠木盒里，甚至在书页之中，置放一种名为“芸香”的多年生中药草以驱蠹，于是开卷读书之时，松烟墨的幽香与草木的清香，再加上书室里焚烧的香料，不免组合而成一种扑面袭人的雅气，是谓“书香”。明清间流行民间的《增广贤文》训蒙增广改本中的“家熟不如国熟，花香不及书香”一语，正是以儒家经典为核心的书文化价值观的具体体现。

宋代文学家苏轼（1037—1101年）就颇为欣赏黄庭坚（1045—1105年）的这番话：“士大夫三日不读书，则义理不交于胸中，对镜觉面目可憎，向人亦语言无味。”明代思想家王夫之（1619—1692年）也说：“医俗无别方，惟有读书是。”先贤所道，就是说读儒家圣贤著述、行人间仁义善事，乃是疗治人生流俗、提升品格气质的最佳修养方式。虽说“读书是福”，但真正能有缘享用者，却从来为数无多，因为世间稀缺，“书香世家”才成为最具中国文化特质的褒义佳评之词。如《红楼梦》中有“虽系世禄之家，却是书香之族”的说法，《儒林外史》中也有“早养出一个儿子来叫他读书，接进士的书香”的描述等。

旅美学人柳无忌先生（1907—2002年）在《梦里简书香》一文中说：“我特别爱好‘书香’这个形容词，它与‘铜臭’作一强烈的对照……书香既然有那么一回事，书香社会也并非是渺茫的、凭空的构想；它有实现的可能”，“倘使在我的梦想中会出现一个理想的世界，它不是柏拉图的共和国、托马斯·莫尔的乌托邦、培根的新阿特兰提斯岛，而是一个十足中国味道的书香社会”，而其实现途径，就是“要提倡读书，养成读书的嗜好”。他指出，在传统的封建社会内，有所谓“书香世家”；在现今这个新时代，我们盼望能有无尽数的书香家庭、读书社团、清茶书铺，以及为读者服务的图书馆，联合起来，构成一个理想的、却并非不能实现的“书香社会”。

出生在“书香门第”的朱家溍先生（1914—2003年）在《我家的藏书》一文中曾实话实说道，最具体的“书香”的含义，应该说就是“书散放出真的香味”，但并不是任何书都能“散放香味”的，因为“线装木板书或抄本书能有香味，而平装铅印书没有香味，影印的线装书也没有香味，而有油墨味”。当下已是数字化世界，电子书大行其市的时代，自然更无“香味”可言了，那么，人们为什么还口口声声沿用着“书香”一词，对“书香社会”还念念不忘呢？

据我个人的治学体会，这是因为书本中的芬芳知识和知识芬芳，曾经长时期地被人们所认同，因此，在主观移情的审美心理驱动下，国人对于“书香”的礼赞，也正是对于“晴耕雨读”之类人生佳境的恋想和神往。

本世纪初叶，我应邀领衔编著了《中国图书文化简史》（中华书局、上海古籍出版社2010年联合出版）。该书作为“文史中国”丛书之一，是为青少年读者编写的文化读物。全书共分三章，从写本书起笔，写到手工雕版印书业和高科技时代的图书出版业。无独有偶，时任苏州大学新闻传播学院教授的黄镇伟兄，也编写了一部《中国古代的文化传播》（南方出版社2008年版）。该书在导论之外，分为“历史”和“专题”两篇，是为大学生编写的专业教材。

本书是在参考了《中国图书文化简史》和《中国古代的文化传播》有关内容基础上，重新编撰而成的。为切合“物质文化”这一新的视角，我邀约了南京大学信息管理学院研究生张芳，助理了全书的图文工作，又邀约了当时在读的研究生石莹，拟写了有关帛书的篇章。在本书被纳入《中国古代物质文化史》项目选题和编辑出版的过程中，焦向英先生、魏红岩女士的督促和宽容，让笔者铭感在心，特此鸣谢！

农历辛酉年寒春间徐雁写于金陵江淮雁斋

图书在版编目（CIP）数据

中国古代物质文化史．书籍／徐雁，黄镇伟，张芳著．
-- 北京：开明出版社，2018.1
ISBN 978-7-5131-2588-8
Ⅰ．①中… Ⅱ．①徐… ②黄… ③张… Ⅲ．①物质文
化-文化史-中国-古代②图书史-中国-古代 Ⅳ．
① K220.3 ② G256.1

中国版本图书馆 CIP 数据核字 (2018) 第 010515 号

出 版 人：陈滨滨

责任编辑：魏红岩　温尔虹　董晓君　肖维玲
美术编辑：周怡君　郑雯月
装帧设计：羽人·高伟

出　版：开明出版社（北京市海淀区西三环北路 25 号青政大厦 6 层）
印　制：保定市中画美凯印刷有限公司
开　本：889×1194　1/16
印　张：16.5
字　数：210 千
版　次：2018 年 4 月 北京第 1 版
印　次：2018 年 4 月 北京第 1 次印刷
定　价：150.00 元

ISBN 978-7-5131-2588-8
9 787513 125888 >